税务及成品油行业从业人员案头必备工具书

成品油行业税收政策解析与实务处理

杨洋　孙丽英　李聪◎编著

中国经济出版社
CHINA ECONOMIC PUBLISHING HOUSE
·北京·

图书在版编目（CIP）数据

成品油行业税收政策解析与实务处理 / 杨洋，孙丽英，李聪编著．--北京：中国经济出版社，2024. 10.
ISBN 978-7-5136-7910-7

Ⅰ. F812. 423

中国国家版本馆 CIP 数据核字第 20244D6L37 号

选题策划 雷 生
责任编辑 彭 欣
责任印制 马小宾
封面设计 任燕飞

出版发行 中国经济出版社
印 刷 者 北京富泰印刷有限责任公司
经 销 者 各地新华书店
开 本 710mm×1000mm 1/16
印 张 32
字 数 455 千字
版 次 2024 年 10 月第 1 版
印 次 2024 年 10 月第 1 次
定 价 118. 00 元
广告经营许可证 京西工商广字第 8179 号

中国经济出版社 **网址** http://epc. sinopec. com/epc/ **社址** 北京市东城区安定门外大街 58 号 **邮编** 100011
本版图书如存在印装质量问题，请与本社销售中心联系调换（联系电话：010-57512564）

前言
Preface

成品油行业是国民经济的重要支柱产业，为纺织、建筑、汽车等国民经济各领域提供了重要的原材料。由于该行业产业链条长、产品种类多、覆盖面广，几乎涉及现行税制的所有税种，尤其在消费税税收政策方面有很多特殊的规定。随着我国税收制度改革和税收征管体制持续优化，纳税服务和税务执法的规范性、便捷性、精准性不断提升。国家税务总局在持续推进对各行业进行税收政策扶持的同时，加强了预防性制度建设，加大了依法防控和监督检查力度。用好用足、及时准确地享受税收政策红利，正确理解适用税收政策、合法合规进行涉税处理，避免产生税收风险和承担相关法律责任，既是纳税人、扣缴义务人、缴费人关心的问题，也是税务人员依法征税、开展税收征管活动的必修课。本书致力于提高税务干部对成品油行业的管理能力，促使该行业纳税人税务合规，建立税务干部与行业纳税人沟通的桥梁，为行业的健康发展贡献一份力量。

本书的整体框架按照成品油行业链条搭建。成品油行业链条上涉及多种类型企业，如采掘业（油田企业）、制造业（炼化企业）、批发业（经销企业）及零售业（加油站）等。为帮助读者更好地了解成品油行业的税收政策，本书在第一章对该行业进行了综述，尤其对一些专业术语进行了说明。本书第二章、第三章、第四章分别对上述企业的税收政策与实务处理进行了阐述。考虑到成品油行业产品终端使用环节能够作为判断产品种类的重要依据，本书添加了第五章内容，即石油炼化产品应用行业税收政策解析与实务处理。考虑到该行业链条上大部分企业在一些重要事项的税收政策和税务处理方面存在共性问题，不便在每个章节赘述，本书添加了第六章内容，即特殊业务税收政策解析与实务处理。考虑到发票是行业税收问题的重要载体，发票的不当开具与使用也是行业部分涉税违法行为的重要表现，本书添加了第七章内容，即成品油行业增值税发票管理。

本书框架下的内容按照业务流程梳理。由于成品油行业具有鲜明特点，读者在不了解业务流程的情况下，很难理解和准确把握行业税收政策，进而影响对行业税收处理的合规性操作。因此，本书的写作思路是：在梳理税收政策之前按照基本流程介绍行业特点，以及行业生产经营管理制度，必要情况下会对行业财务核算进行介绍。对内容的把握力求囊括行业财税三个方面，做到内容清晰、分析透彻、处理适当，特别强调行业税收管理的专业性和针对性。

除此之外，本书还兼具以下三个特点：

（1）税收政策全梳理。为帮助税务干部及行业纳税人全面、准确、深度掌握行业税收政策，本书几乎梳理了全部具有行业特点的税收政策，并标注文号及其出处，方便政策的查询与学习，是读者学习行业税收政策的工具书。

（2）理论实务全涵盖。本书基本按照税收政策依据、政策内容、政策解析、政策延伸、实务举例等方面进行梳理，切实做到将理论与实务相结合。本书包含大量的实务例题及案例介绍，是读者学习行业实务问题的好帮手。

（3）行业链条全包括。由于部分行业的涉税问题属于产业链条业的持续行为，本书内容涵盖从原油开采一直到油品终端使用环节的税收政策。力争由点成线、由线成面，为读者搭建学习成品油行业知识的体系框架，便于深入研究、全面掌握。

本书既可作为财税政策参考的工具书，供成品油行业的管理人员、财务人员以及为该行业提供中介服务的人员学习使用，也可作为财税政策查询的依据，为在税务系统中从事成品油行业征管、稽查，以及想学习成品油行业税收实务的税务干部提供参考。

“人生万事须自为，跬步江山即寥廓。”本书在编写的过程中，倾注了笔者的大量心血和努力。本书由国家税务总局税务干部学院（大连）孙丽英教授、杨洋老师，以及国家税务总局盘锦市税务局稽查局李聪老师合力完成。本书的成功出版，得到了中国经济出版社雷生主任和彭欣编辑的支持与帮助。书中引用了大量文献资料，在此对其作者一并表示感谢。

由于成品油行业现行税收政策还在不断更新和完善中，加之笔者的学识水平有限，书中难免有思虑不周、理解不当之处。真诚希望读者朋友可以将意见和建议反馈给我们，以便进一步修改和完善，使本书内容更加丰富、准确和实用。谢谢大家！

孙丽英　杨　洋　李　聪

2024 年 9 月

目录
Contents

第一章 成品油行业概况

第二章 油气田企业行业特点及税收政策的理解与适用

第四章 成品油经销企业税收政策的理解与适用

第七章　成品油行业增值税发票管理

第一章　成品油行业概况

成品油行业经济总量大、产业关联度高，是支撑国民经济发展的基础性、支柱型产业。成品油行业链条包括原油的勘探、开采，成品油的炼化，油品的批发、零售等多个环节，每个环节上的业务流程复杂、产品琳琅满目。因此，掌握成品油行业的一些基础知识，对深入了解成品油行业具有重要意义。

第一节　成品油行业基本情况

一、成品油行业介绍

（一）成品油行业大背景

2023 年 10 月 10 日，《国家发展改革委等部门关于促进炼油行业绿色创新高质量发展的指导意见》（发改能源〔2023〕1364 号）指出，推进我国炼油行业绿色创新高质量发展的基本原则之一是“绿色低碳、高效安全。统筹发展和安全、绿色和经济、整体和局部、长期和短期的关系，协调推进炼油行业高端化、智能化、绿色化发展，提升产业链供应链韧性和现代化水平”。主要目标是“到 2025 年，国内原油一次加工能力控制在 10 亿吨以内，千万吨级炼油产能占比 55% 左右，产能结构和生产力布局逐步优化，技术装备实力进一步增强，能源资源利用效率进一步提升，炼油产能能效原则上达到基准水平、优于标杆水平的超过 30%。‘十四五’期间污染物排放和碳排放强度进一步下降，绿色发展取得显著成效。到 2030

年，产能结构和生产力布局进一步优化，化工原材料和特种产品保障能力大幅提升，能效和环保绩效达到标杆水平的炼油产能比例大幅提升，技术装备实力、能源资源利用效率达到国际先进水平。绿氢炼化、二氧化碳捕集利用与封存（CCUS）等技术完成工业化、规模化示范验证，建设一批可借鉴、可复制的绿色低碳标杆企业，支撑2030年前全国碳排放达峰”。

纵观2023年我国原油开采、加工、进口总量，国内油气产量当量超过3.9亿吨，连续7年保持千万吨级快速增长势头，年均增幅达1170万吨油气当量，形成新的产量增长高峰期。其中，原油产量达2.08亿吨，同比增产300万吨以上，较2018年大幅增产近1900万吨，国内原油2亿吨长期稳产的基本盘进一步夯实。海洋原油大幅上产成为关键增量，产量突破6200万吨，连续4年占全国石油增产量的60%以上。2023年，原油总加工量约7.35亿吨，同比增长8.71%；成品油产量大幅增加，汽油、柴油、煤油产量分别为1.61亿吨、2.17亿吨、0.5亿吨，分别同比增长11%、14%、68%。2023年，我国进口原油56399万吨，同比增长11%。

（二）成品油行业现状

当前，成品油行业已成为我国国民经济重要的基础原材料产业和支柱型产业，为国民经济建设和社会发展做出了突出贡献。我国的石油和化学工业已经形成油气开采、炼油、基础化学原料、化肥、农药、专用化学品、橡胶制品等重要子行业约50个，可生产产品6万多种，涉及国民经济各领域的完整工业体系。

成品油行业的主要参与者有：“三桶油”（中国石油、中国石化和中国海油）、中化集团、中国化工和中国化学，民营地炼企业、社会调油商和零售商等。

1. 中国石油

中国石油，全称“中国石油天然气集团公司”，在我国油气行业占主导地位，是我国最大的油气生产和销售商，也是世界最大的石油公司之一。中国石油的主要业务范围包括四部分：油气和新能源业务，炼油化工和新材料业务，成品油销售业务，天然气销售业务。近年来，中国石油降本增效成果显著，盈利能力显著提升，业绩不断创新高，彰显了央企改革的决心。中国石油在原油开采及勘探方面具有一定的优势。

2. 中国石化

中国石化，全称“中国石油化工集团有限公司”，是上、中、下游一体化的大型能源化工公司，主营业务范围包括勘探及开发、炼油、化工、营销分销等。中国石化是中国大型油气生产商、中国最大的成品油和化工品供应商，炼油能力排名世界第一位，乙烯产能排名中国第一位、世界第二位，在中国拥有完善的成品油销售网络。中国石化上游业务着力夯实资源基础，增储稳油、增气降本，推动原油效益开发和天然气效益上产；炼油业务着力推进低成本“油转化”“油转特”，调整装置结构和建设优势产能；化工业务坚持“基础＋高端”方向，强化高附加值产品“产销研用”一体化管理，提升产品竞争力，培育高质量发展新优势；销售业务大力创新商业模式，发展新能源终端，推动“油气氢电服”综合能源服务商建设取得新成效。因此，中国石化在炼化、销售环节更具有优势。

3. 中国海油

中国海油，全称“中国海洋石油集团有限公司”，是我国最大的海上原油及天然气生产商，也是全球最大的独立油气勘探及生产企业之一，主要业务范围包括勘探、开发、生产及销售原油和天然气。中国海油着力于扎实推进增储上产、科技创新和绿色发展三大工程，实施提质增效升级行动，不断提升价值创造能力。

4. 中化集团

中化集团，全称“中国中化集团公司（Sinochem Group，Sinochem）”，是最早进入《财富》世界五百强排行榜的中国企业。中化集团不仅是中国四大国家石油公司之一，也是中国最大的农业投入产品（化肥、种子、农药）一体化经营企业，还是中国领先的化工产品综合服务商，主要业务分布在能源、农业、化工、地产、金融五大领域。

中化集团成立于1950年，曾经是中国最大的外贸企业，前身为中国进口公司，是新中国成立后第一家国营对外贸易公司。其旗下有中化国际、中化化肥、中国金茂等多家上市公司，是“远东宏信”的第一大股东。因此，中化集团是一家多元化集团。

5. 中国化工

中国化工，全称“中国化工集团公司（China National Chemical Corporation，ChemChina）”，是在原化工部所属企业基础上组建的国有企业，也是中国最大的化工企业。1984 年 9 月，担任化工部化工机械研究院团委书记的任建新，带领 7 名共青团员，借款 1 万元在甘肃兰州创办了中国第一家专业化清洗公司——蓝星。1996 年，蓝星公司总部迁至北京，“蓝星清洗”股票在深交所上市。2000 年 4 月，中国蓝星（集团）总公司交由中央管理。2004 年，中国化工集团公司正式挂牌运营，成为以化工新材料为主导，在行业中居领航地位的国有大型企业。从 2005 年开始，中国化工陆续收购了法国安迪苏公司（Adisseo）母公司、澳大利亚最大的乙烯生产商凯诺斯公司（Qenos）、法国罗地亚公司有机硅及硫化物业务、挪威奥克拉（Orkla）集团埃肯公司、以色列马克西姆—阿甘公司（后更名为“安道麦公司”）、意大利高端轮胎制造商倍耐力（Pirelli）、瑞士农业化学巨头先正达（Syngenta）等。2016 年，中国化工名列《财富》世界五百强第 234 位。中国化工集团成立至今基本专一于化工业务。

6. 中国化学

中国化学，全称“中国化学工程股份有限公司”，是一家工程建设公司。中国化工是中国化学工程集团有限公司（China National Chemical Engineering Group Corporation）旗下的公司。中国化学工程集团有限公司是中国最大的工业工程公司，在化工、石油化工、炼油、煤化工等行业的工业工程领域居领先地位，承揽、设计并建造了大量具有标志性和代表性的化工、石油化工、炼油等行业的工厂或装置。1953 年，国家重工业部成立重工业设计院和建设公司；1984 年，中国化学工程总公司成立；2005 年，更名为“中国化学工程集团公司”，完成改制后又更名为“中国化学工程集团有限公司”。中国化学工程集团有限公司成立以来，专注于化工、石油化工、电力、市政、建筑、环保等工程建设、服务及相关业务，承建了我国大部分化工、部分石油化工和炼油项目，以及一大批电力、建筑、市政、环保、医药等领域的工程项目。自 1995 年以来，中国化学工程集团公司连续被美国权威刊物《工程新闻纪录》（ENR）评为全球最大的 250 家承包商之一，其中 2015 年度名列第 29 位。

另外，民营地炼企业、社会调油商和零售商也在成品油市场中占据了一席之地。

（三）成品油行业特点

按照生产过程划分，成品油行业包括油气勘探、油气田开发、钻井工程、采油工程、油气集输、原油储运、石油炼制、化工生产、油品销售等，以及生产社会需要的汽油、煤油、柴油、润滑油、化工原料、合成树脂、合成橡胶、合成纤维、化肥等 3000 多种石油、化工产品，这些都与人民的衣、食、住、行密切相关。成品油行业具有以下特点。

1. 产业链条长

成品油行业产业链上游主要涉及油田的勘探与开采及原油进口；产业链下游主要是成品油的直接消费群体，包括汽车行业、农用车及农用机械、航空航天、公路建设、航运业、燃油发电等。成品油行业主要包括成品油生产、批发及零售等，涵盖采掘业、制造业、商贸业、建筑业、服务业等多元化产业，呈现产业链条长的特点。

2. 生产工艺技术复杂

要了解成品油的生产工艺，需要具备与原油蒸馏装置、催化裂化装置、催化重整装置、加氢精制装置、加氢裂化装置、延迟焦化装置等相关的知识。装置的复杂性增加了对成品油行业税收政策把握的难度。

3. 生产产品种类繁多

随着我国石油炼化工艺的发展，市面上的油品种类多样、名目繁多，如有机热载体、稀释沥青、混合芳烃、轻循环油、橡胶增塑剂、芳烃、白油、甲基叔丁基醚（MTBE）等，税务部门及纳税人对应税油品与非应税油品的界定比较困难，通过质量检测往往难以得出有实用价值的结果。

4. 税收风险高

近年来，国家税务总局重点关注成品油行业。自2018年8月起，国家税务总局联合有关部门开展打击“假企业”“假出口”“假申报”专项行动。由于石化企业、煤化工企业进行的石化产品及成品油购销、生产、加工等经营业务交易量庞大，成为这次打击“三假”的重点监管对象。2022年6月27日，时任国家税务总局党委书记、局长王军同志在国家税务总局官网上刊登的题为《以深入开展“学查改”专项工作为契机　扎实推动习近平经济思想在税务系统落地生根》的文章中指出，税务部门紧紧围绕贯彻落实习近平总书记重要指示批示精神，聚焦……成品油……等重点行业，毫不手软打击偷逃骗税行为。2023年3月7日，最高人民检察院检察长张军在第十四届全国人民代表大会第一次会议上做《最高人民检察院工作报告》时明确指出，“一些不法加油站、黑加油点购销‘非标油’，隐匿收入、偷逃税款、危害生态环境”，而加油站隐匿收入进行偷税的行为依然是税检部门重点关注的领域。

随着税收征管水平显著提升，我国的税务监管更加精准、高效。在这一背景下，2023年以来，我国对成品油行业“严查狠打”的监管态势有增无减。

二、成品油行业产业链条与业务范围

（一）成品油行业产业链条

成品油行业产业链条主要包括上游勘探开发、中上游炼油化工、中下游分销（批发）及下游成品油零售（加油站）。本书从成品油行业的税收征管与税收政策整体分析角度出发，增加了成品油产品用油环节的内容（具体见本书第五章）。

1. 上游勘探开发

勘探开发是指中国石油、中国石化、中国海油等大型油田企业在认识和掌握油田地质构造及其变化规律的基础上，确定油气藏分布的情况，合理布局油井和投产顺序，通过调整采油井的工作制度和其他技术措施，把地下油气资源提升到地面的全过程。勘探开发的主要产品为石油天然气、凝析油、液化气与原油。

2. 中上游炼油化工

中上游炼油化工是指将原油炼化成为成品油及其他化工产品的过程，即以原油为原料，加工生产成各种燃料油（汽油、煤油、柴油等）和润滑油，以及液化石油气、石油焦炭、石蜡、沥青的加工过程，具有多工序连续式复杂生产，在同一生产过程中用同一种或几种原料油生产出两种或两种以上炼油联产品的特点。通常，炼油的主要生产装置有原油蒸馏（常、减压蒸馏）、催化裂化、加氢裂化、延迟焦化、催化重整及炼厂气加工、石油产品精制等，主要生产的产品有：汽油、航空煤油、煤油、柴油、燃料油、润滑油、石蜡、沥青、石油焦炭和各种石油化工原料。

参与中上游炼油化工的企业既包括主营炼厂（中国石油、中国石化等），也包括独立炼厂（地方炼油企业及民营炼化企业）。对于主营炼厂来说，原油的购进来源有两个：一个是油田企业开采的原油，另一个是进口的原油；对于独立炼厂来说，油品的购进来源更多为中国石油、中国石化等贸易公司的进口原油。

3. 中下游分销（批发）

中下游分销（批发）环节包括负责成品油出口的贸易商与销售公司。成品油出口贸易商主要是中国联油等企业，销售公司则是将主营炼厂及独立炼厂炼化的油品进行汇总后，批发给零售企业和大型用油企业。

4. 下游成品油零售（加油站）

加油站是成品油销售的终端。截至 2023 年，我国加油站的数量为 11.15 万座，其中中国石化和中国石油的加油站数量占据了一半的市场份额。根据 2023 年最新数据，在国内加油站中，中国石化加油站数量占比为 29.0%，中国石油加油站数量占比为 21.1%，外资加油站数量占比为

3.6%，其他加油站数量占比为46.3%。

5. 下游用油企业

对于成品油行业的税收分析来说，下游用油企业也是关键环节之一，比较典型的为石油炼化产品应用于化工行业、建筑行业及交通运输行业等（第五章）。

（二）成品油行业的主要业务

成品油行业的主要业务有：油气开采、油气合作、煤炭开采、其他矿产资源开采、输油输气、炼油生产、化工生产、润滑油、供电供汽、供排水、空压空分、炼油销售、化工销售、催化剂生产、贵金属、油品销售、油品销售企业非油品业务、国际贸易、商业储备原油串换、科研、钻井作业、测（录）井作业、物探作业、井下作业、工程建设、机械制造、勘察设计、咨询服务、信息化建设服务、境外合作劳务、金融、保险、固定资产租赁、社区物业服务、市政管理、宾馆、餐饮、医疗卫生支出、教育培训、出版发行、物资供应、地热开发利用、合同能源管理等。对其中的重点业务介绍如下。

1. 油气开采业务

油气开采是指在认识和掌握油田地质构造及其变化规律的基础上，确定油气藏的分布情况，合理布局油井和投产顺序，通过调整采油井的工作制度和其他技术措施，把地下油气资源提升到地面的全过程。油气开采活动包括矿区取得、油气勘探、油气开发、油气生产和弃置处理等阶段。

2. 油气合作业务

油气勘探开发属于高投入和高风险的活动，因此通常采用油气合作开发的模式，由参与油气合作开发的各方根据合同约定给予资金投入，组织油气资产勘探开发和生产，取得相应产品或收益分成，承担石油资源勘探开发及油气生产风险。油气合作开发的合同模式主要包括矿税制合同、产品分成合同、风险服务合同。

3. 输油输气业务

输油输气业务是指利用管道进行输送原油、天然气或成品油的业务活动。输油输气业务不是生产新的物质产品，而是根据输销油气指令和油气流向，将一种或若干种不同品质（物理特性）的原油、天然气或成品油，采用顺序、间歇或混输等方式，从接油点（油气田或原油码头、油气库、炼厂等）输送到销油点（原油码头或客户终端），以满足客户对原油、天然气或成品油的需求。

4. 炼油生产业务

炼油生产业务是将原油加工精制成石油和润滑油，以及液化石油气、石油焦炭、石蜡、沥青的加工过程，具有在同一生产过程中用同一种或几种原料油生产出两种或两种以上的炼油联产品等特点。

5. 化工生产业务

化工生产业务分为化工、化纤生产业务。化工生产业务一般按照车间（装置）进行核算与管理。化工产品具有连续生产，按照顺序加工，一套装置可以同时产出多种联产品等特点。

6. 润滑油业务

润滑油业务包括生产和销售业务，根据润滑油生产工艺流程简单但产品品种、规格繁多的特点，润滑油分公司所属企业统一采用品种法核算产品成本。

7. 炼油销售业务

炼油销售业务是指中国石化炼油销售有限公司从事的沥青、石油焦炭、硫黄、石蜡、液化气等炼油产品（主要是非成品油、燃料油部分）的购销、代理业务。

8. 催化剂生产业务

催化剂生产业务分为裂化催化剂、加氢催化剂、重整催化剂、聚烯烃催化剂、基本有机催化剂、其他类催化剂和助剂等生产业务。催化剂产品具有连续生产、按照顺序加工等特点。催化剂生产业务一般按照装置进行核算与管理。

9. 油品销售业务

油品销售业务的经营对象主要是成品油，包括燃料油等石油制品。油品购进按采购渠道分为集团公司配置资源和集团外资源。油品销售方式主要分为批发、零售、直销。主要按照国家、企业总部规定的价格购进与销售成品油。

10. 国际贸易业务

国际贸易是指不同国家（地区）之间商品和劳务的交换活动。国际贸易业务主要包括自营进口、代理进口、自营出口、代理出口、转口贸易、来料加工、代收代支、进料加工、委托加工等。

第二节　成品油行业财务核算

成品油行业财务核算相对复杂，原因在于该行业业务多元化及产品多样化。成品油行业有着完整的财务核算体系，本节重点介绍成品油行业财务核算特点与核算内容，成品油产业链条上各行业财务核算、成品油行业财务共享中心。

一、成品油行业财务核算特点与核算内容

成品油行业根据《中华人民共和国会计法》《企业财务会计报告条例》《企业会计准则》及“新收入准则”及其指南和相关解释的规定，开展财务核算工作。

（一）成品油行业财务核算特点

1. 业务多元化导致财务核算复杂

如前所述，成品油行业产业链条涉及的主要业务包括采掘业、制造业、商贸业和服务业，其中执行的行业会计制度有《企业会计准则》《小企业会计准则》，行业成本核算执行的是《企业产品成本核算制度（试

行)》，业务的多元化导致成品油行业财务核算复杂。

2. 产品多样化导致财务核算难度大

无论是原油开采业务，还是成品油炼化业务，都会涉及产成品、副产品及联产品等上千个品种。由于每个品种产品的成本组成都非常复杂，成本核算及分摊难度大。

（二）成品油行业主要会计科目与核算内容

鉴于成品油行业的特殊性，以下介绍成品油行业涉及的特殊会计科目及该科目核算具体内容。

1. “物资采购（1201）”科目

“物资采购（1201）”科目为资产类科目，用于核算企业购入材料的采购成本。会计处理为：企业在支付材料价款和运杂费等时，按应计入物资采购成本的金额，借记本科目；按可抵扣的增值税额，借记“应交税费——应交增值税（进项税额）”科目；按实际支付或应付的款项，贷记“银行存款”“库存现金”“其他货币资金”“应付账款”“应付票据”“预付账款”等科目。

2. “预付大型设备款（1133）”科目

“预付大型设备款（1133）”科目为资产类科目，用于核算企业为进行工程项目建设预付的大型设备款。会计处理为：在预付大型设备款时，借记本科目，贷记“银行存款”等科目；在收到所购设备时，按应计入购入物资成本的金额，借记“在建工程”“物资采购”等科目，按应付金额，贷记本科目。对于补付的款项，借记本科目，贷记“银行存款”等科目；对于退回多付的款项，借记“银行存款”等科目，贷记本科目。

3. “油气资产（1501）”科目

“油气资产（1501）”科目为资产类科目，用于核算石油天然气开采企业持有的矿区权益和油气井及相关设施的原价，应按照油气资产的类别、项目和不同矿区或油田进行明细核算。会计处理为：自行建造的油气资产，在油气勘探、开发工程达到预定可使用状态时，借记本科目，贷记

“油气勘探支出”“油气开发支出”等科目。

4. “油气勘探支出（1507）”科目

“油气勘探支出（1507）”科目为成本类科目，用于核算油气开采企业进行油气勘探过程中发生的各项钻井和非钻井勘探支出。会计处理为：在发生支出时，借记本科目，贷记“银行存款”“应付职工薪酬”等科目。

5. “油气开发支出（1508）”科目

“油气开发支出（1508）”科目为成本类科目，用于核算石油天然气开采企业进行石油天然气开发、钻凿开发井、补充井、调整井、注水井等及相应地面开发配套设施发生的支出。会计处理为：在发生各项相关支出时，借记本科目，贷记“银行存款”“原材料”“应付职工薪酬”“油气辅助生产”等科目。

6. “专项应付款（2331）”科目

“专项应付款（2331）”科目为负债类科目，用于核算企业取得政府作为企业所有者投入的、具有专项或特定用途的款项。企业因城镇整体规划、库区建设、棚户区改造、沉陷区治理等公共利益搬迁，收到的政府从财政预算直接拨付的搬迁补偿款，也通过本科目核算。

7. “专项储备（3144）”科目

“专项储备（3144）”科目为资产类科目，用于核算企业安全生产费用的计提和使用，本科目按提取和支出分别设置以下科目进行核算。

（1）提取数：反映按照规定计提的安全生产费用。本年贷方发生额反映本年计提金额，本年借方发生额反映本年冲销金额。

（2）安全防护设备、设施支出：用于完善、改造和维护安全防护设备、设施支出，核算安全生产费用的资本性支出。

（3）应急救援设备支出：用于核算配备安全生产必要的应急救援设备发生的资本性支出。

（4）安全隐患治理资本化支出：用于核算重大危险源、重大事故隐患治理形成资产发生的各项资本性支出。

（5）应急救援器材支出：用于核算为保证安全生产而配备必要的应急救援器械材发生的费用性支出。

（6）现场安全防护物品支出：用于核算为保证安全生产而配备必要的现场作业人员安全防护物品等费用性支出。

（7）安全生产检查与评价支出：用于核算为保证安全生产发生的安全生产检查与评价等费用性支出。

（8）修理费：用于核算重大危险源、重大事故隐患治理未形成资产的各项修理维护支出。

（9）安全技能培训及应急救援演练支出：用于核算安全宣传教育培训、安全技能培训及应急救援演练发生的费用性支出。

（10）其他安全生产直接相关支出：用于核算除以上费用外发生的其他与安全生产直接相关的费用性支出。

8.“合同取得成本（1903）”科目

“合同取得成本（1903）”科目为成本类科目，用于核算企业为取得合同发生的、预计能够收回的增量成本，如合同签订后支付给销售人员的佣金提成。对于摊销期限在1年以内的，可以简化处理，直接计入销售费用。

9.“合同资产（1171）”科目

“合同资产（1171）”科目为资产类科目，用于核算企业已向客户转让商品而有权收取对价的权利。会计处理为：企业在客户实际支付合同对价或在该对价到期应付之前，已经向客户转让了商品的，应当按照因已转让商品而有权收取的对价金额，借记本科目或“应收账款”科目，贷记“主营业务收入”“其他业务收入”等科目；企业在取得无条件收款权时，借记“应收账款”等科目，贷记本科目。另外，涉及增值税的，还应进行相应的处理。

10.“合同负债（2131）”科目

“合同负债（2131）”科目为负债类科目，用于核算企业已收或应收客户对价而应向客户转让商品的义务。

11. “合同结算（2501）”科目

“合同结算（2501）”科目为损益类科目，对于按照履约进度确认销售收入的工程和劳务服务企业，统一使用合同结算的共同类科目。

12. “油气生产成本（0010）”科目

“油气生产成本（0010）”科目为成本类科目，用于核算油气开采单位在油气生产过程中发生的各项费用。油气生产成本包括管理和维护油气井及有关设施与设备发生的人工费用和维护费用，消耗的燃料、材料、折耗及摊销等费用。

13. “输油输气成本（0028）”科目

“输油输气成本（0028）”科目为成本类科目，用于核算管道运输企业发生的各项费用。从事原油、成品油、天然气管道输送及压缩天然气业务的企业，应在上述功能范围内根据业务特点和经营管理的需要选择适用的功能范围。其中，对长输管线专项用于反打孔盗油和管道清障发生的直接及事后处理各项费用支出，包括赔偿费、抢修费、车辆费、差旅费、劳务费、宣传费、管道巡护费、联防费、办案费、反打装备费、警犬费、巡线员意外伤害保险、管道清障费、通信费、巡线人员内部奖励费、外部奖励费等，应在输油输气成本——管道保护功能范围内按照费用要素进行明细核算。

14. “机械作业（0052）”科目

“机械作业（0052）”科目为成本类科目，用于核算施工企业及其内部独立核算的施工单位、机械站和运输队使用自有施工机械与运输设备进行机械作业（包括机械化施工和运输作业等）发生的各项费用。施工企业内部独立核算的机械施工、运输单位使用自有施工机械或运输设备进行机械作业发生的各项费用，应当按照成本核算对象和成本项目归集。成本项目一般分为：职工薪酬，燃料及动力费，折旧费，其他直接、间接费用（为组织和管理机械作业生产发生的费用）。

15. “钻井作业（0054）”科目

“钻井作业（0054）”科目为成本类科目，用于核算钻井劳务企业实际发生的合同履约成本。会计处理为：企业在进行合同钻井劳务发生人工、材料、机械使用，以及钻前准备作业、录井作业、测井作业、固井作业、试油作业、技术服务、钻后治理、事故处理等其他直接费用时，借记本科目（费用项目），贷记“应付职工薪酬”“原材料”等科目。

16. “物探作业（0021）”科目

“物探作业（0021）”科目为成本类科目，用于核算物探劳务企业实际发生的合同履约成本。会计处理为：企业在进行合同物探劳务发生人工、材料，以及资料处理、施工赔偿、分包工程等其他直接费用时，借记本科目（费用项目），贷记“应付职工薪酬”“原材料”等科目。企业计提的能直接计入各物探工程项目成本的固定资产折旧，借记本科目（折旧费），贷记“累计折旧”科目。

17. “待摊进货费用（1294）”科目

“待摊进货费用（1294）”科目为费用类科目，适合商品流通企业用于核算企业在采购商品的过程中发生的运输费、装卸费、保险费、包装费，运输途中的合理损耗，入库前的挑选整理费，以及其他可归属于商品采购成本的费用。会计处理为：发生费用时，借记本科目，贷记“银行存款”“应付账款”等科目。

二、成品油产业链条中各行业财务核算

成品油行业产业链条中涉及的业务主要包括采掘业、制造业、商贸业等。下面就每个细分行业的财务核算要点进行介绍。

（一）采掘业财务核算要点

油气开采业务对应采掘业，包括矿区的取得、油气勘探、油气开发、油气生产、油气资产弃置处理等阶段。对于采掘业来说，重点和难点是每个阶段的成本核算。

1. 矿区取得阶段的财务核算

需要先明确“矿区”的概念。原则上，一个油气藏可作为一个矿区，但是若干个相邻且地质构造或储层条件相同或相近的油气藏也可作为一个矿区。严格意义上说，矿区的取得属于企业取得一项资产，因此为取得矿区权益发生的成本应当在发生时予以资本化，企业取得的矿区权益应当按照取得时的成本确认为油气资产。

2. 油气勘探阶段的财务核算

在油气勘探阶段，企业为完成油气勘探项目会发生各种支出成本。因此，油气勘探支出通过“项目成本”科目核算。成本发生时，按不同项目分别记入“项目成本”。

3. 油气开发阶段的财务核算

油气开发是指为了取得探明矿区中的油气，建造或更新井及相关生产设施的活动。油气开发阶段相当于项目的建造阶段，因此油气开发活动发生的支出，应当根据用途分别予以资本化，作为油气开发形成的井及相关生产设施建造的成本。油气开发支出通过“项目成本”科目核算。成本发生时，按不同项目记入“项目成本”科目；项目完工后达到预定可使用状态时，由“项目成本”科目转入“油气资产——井及相关设施”科目，在后期按产量法计提折耗并按受益对象记入“油气生产成本过程”。

4. 油气生产阶段的财务核算

油气生产是指将油气从油气藏提取到地表，以及在矿区内收集、拉运、处理、现场储存和矿区管理等活动。油气生产成本按区块和生产过程归集，并以原油、天然气、凝析油、液化气等产品为核算对象。在 ERP 实务中，可以通过建立不同的 CO 生产订单，实现油气产品成本归集。

按生产过程，油气生产成本可以划分为油气提升成本、驱油物注入成本、井下作业成本、稠油热采成本、油气处理成本、轻烃回收成本、测井试井成本、输油输气成本、油区维护成本等。油气生产阶段的财务核算处理主要是成本费用要素的归集及成本结转。

5. 油气资产弃置处理阶段的财务核算

油气资产弃置是指井及相关生产设施形成资产后，在油气资源枯竭，或者油气资产损坏、不能修复，又或者存在重大安全环保隐患等，导致油气资产不能再给企业带来经济利益时，对其进行包括井的封堵、计量间和其他相关生产设施的拆除，以及原有地貌的恢复作业等废弃处置活动。油气资产弃置以单项油气资产为核算对象，应当根据承担的符合预计负债确认条件的矿区废弃处置义务提取矿区弃置费，并按现值计入预计负债，相应增加井及相关生产设施的账面价值。受国家和企业标准变化的影响，油气集输、处理、注采设施原来计提的弃置费用被统一归集到所属矿区，以后不再计提弃置费用。

（二）制造业财务核算要点

炼化企业执行制造业会计制度，用于核算其购进原油或者其他油品加工炼化成为成品油和化工品的过程。制造业财务核算的重点是明确成本核算对象，确定产成品、联产品、副产品及半成品的种类和数量。制造业财务核算的基本要点如下。

1. 成本核算对象

炼油企业属于多工序连续式复杂生产，在同一生产过程中用同一种或几种原料油生产出两种或两种以上的炼油联产品，应当以炼油联产品作为成本核算对象。成本核算对象有：

（1）产成品，指已经完成生产过程，并已经验收合格入库可供出售的产品。

（2）自制半成品，指经过初步加工，存放于中间储罐中，需要进一步加工后才能形成产成品的产品，包括可供出售的自制半成品。

（3）辅助生产部门生产、加工（包括转供）的各种水、电、蒸汽、风等产品和提供的劳务。

2. 成本项目的划分

炼油产品制造成本是指企业生产过程中实际消耗的原材料、辅助材料、燃料、动力、直接职工薪酬和制造费用。其成本项目如下。

（1）原材料，指经过加工构成产品实体的各种原材料及主要材料，包括炼油企业的各种原料油、添加剂等。

（2）辅助材料，指生产过程中投入的有助于产品形成的材料，如各种催化剂、化工材料、生产过程中使用的净化材料，以及非周转使用的包装物等。

（3）燃料，指为满足生产耗用的各种固体、液体、气体燃料。

（4）动力，指生产过程中耗用的水、电、蒸汽、风等。

（5）直接职工薪酬，指企业直接从事产品生产人员的薪酬，具体包括工资（含奖金、津贴、补贴）、社会保险费用、福利费、职工教育经费、工会经费、住房费用、劳务费用、非货币性福利等。

（6）制造费用，指炼油企业下属生产车间、部门为组织和管理生产发生的各项间接生产费用，主要包括生产装置发生的机物料消耗、管理人员的人工费用、计提的固定资产折旧、转输费、租赁费、低值易耗品、取暖费、水电费、办公费、差旅费、运输费、设计制图费、试验检验费、排污费等各项间接费用。

3. 成本核算科目

根据成本、费用发生的地点或用途等，炼油生产企业为每个成本对象（成本中心、内部订单、生产订单等）指定一个对应的功能范围，同时按费用要素设置费用科目，通过费用计入的成本对象对应的功能范围区分成本费用的大类，通过“功能范围＋会计科目”两个维度的组合实现成本费用的明细分类核算。基于费用大类定义的功能范围，成本核算科目主要有“制造费用”“生产成本”。

（1）“制造费用”科目。

制造费用是指炼油生产车间为组织和管理生产经营活动发生的不能直接计入生产成本的各项间接费用，对应“职工薪酬类”“劳动保护费”“折旧费”“财产保险费”“办公费”“通信费”“印刷费”“差旅费”“低值易耗品摊销”“运输费”“租赁费”“环境卫生费”“水电取暖费”“化

（检）验计量”“外部加工（劳务）费”“设计制图费”“停工损失”“车辆使用费”“中试产品扣除”“信息系统运行维护费”“长期待摊费用摊销”等费用类科目。

（2）“生产成本”科目。

生产成本是指炼油生产企业基本生产部门生产各种产品（包括产成品、自制半成品）的成本，对应“原材料及主要材料”“辅助材料”“燃料油”“燃料气”“其他燃料”和“水、电、汽（气）、风”等动力科目，以及“自制半成品”“加工商品”“职工薪酬”“副产品”等费用类科目。

为了分别核算基本生产成本和辅助生产成本，还应在“生产成本”总账科目下分设“基本生产成本”和“辅助生产成本”两个二级科目。为了减少二级科目，简化会计分录，可以将“生产成本”总账科目分为“基本生产成本”和“辅助生产成本”两个总账科目。

①“基本生产成本”总账科目及其明细账的设置。基本生产是指为完成企业主要生产目的而进行的产品生产或劳务供应。“基本生产成本”账户是为了归集进行基本生产活动发生的各项生产费用和计算基本生产产品成本设立的。“基本生产成本”总账科目借方登记为进行基本生产发生的各项费用，贷方登记完工入库的产品成本；期末如有余额在借方，则为月末在产品成本，即生产过程占用的资金。“基本生产成本”总账科目应按产品品种等成本计算对象分设明细账，一般称为“产品成本明细账”或“产品成本计算单”“成本计算单”“本月完工产品成本”和“月末在产品成本”。

②“辅助生产成本”总账科目及其明细账的设置。辅助生产是指为基本生产服务进行的产品生产和劳务供应，如工具、模具、修理用件等产品的生产和修理，运输、供电、供水等劳务的供应。辅助生产提供的产品和劳务虽然有时也对外销售，但这不是它的主要目的。

辅助生产成本是指辅助生产部门生产、加工（包括转供）的各种水、电、汽（气）、风等产品和提供辅助劳务发生的各项费用。“辅助生产成本”总账科目对应“原材料及主要材料”“辅助材料”“燃料油”“燃料气”“其他燃料”和“水、电、汽（气）、风”等动力科目及“职工薪酬”等费用类科目，就是为了归集进行辅助生产发生的各项费用，计算辅助生产产品和劳务成本设立的。其借方登记为进行辅助生产发生的各项费用，贷方登记为完工入库产品的成本和分配转出的劳务费用；期末如有余额在借方，则表示辅助生产在产品的成本，即辅助生产在产品占用的资金。“辅助生产成本”总账科目应按辅助生产车间及生产的产品、劳务分设明细账，账中按辅助生产的成本费用项目设专栏或专行进行明细登记。

4. 成本核算过程

成本核算过程就是将生产过程中发生的原材料、燃料和动力、职工薪酬、折旧等费用，按照成本核算的要求，通过一系列归集和分配手续，逐步汇总到产品成本中；月末，对归集的生产费用在完工产品和在产品之间进行分配，确定产成品成本和在产品成本；编制成本报表并进行报表分析。成本核算过程如下：

（1）生产费用在各个成本计算对象之间进行归集和分配。

成本计算对象是指企业承担费用的对象。对于本期发生的应计入产品成本的费用，应在各个成本计算对象之间进行归集和分配，计算出各个成本计算对象本期发生的生产费用。生产费用在各个成本计算对象之间进行分配和归集，实际上是要正确划分各个产品成本的界限，从而确定本期应计入各个产品（各个成本计算对象）成本的费用。

（2）生产费用在完工产品与月末在产品之间进行分配。

对各成本计算对象承担的生产费用，如果期末有的产品已完工，有的产品尚未完工，则应当在完工产品和期末在产品之间进行分配，以确定本期完工产品的实际总成本和单位成本。如果生产费用在本期完工产品与月末在产品之间进行分配，则应当正确划分本期完工产品和月末在产品之间的界限。

（3）完工产品成本的结转。

会计期末，企业应将本期完工产品成本作为产成品成本结转入库，形成企业库存商品（存货）的价值。

（三）商贸业财务核算要点

成品油链条上经销企业（包括批发企业和加油站）的财务核算方式属于商贸企业的财务核算方式。对于成品油经销企业来说，其核心业务是商品的购进和销售，尤其是商品购进业务，因受到购买时间、数量、供应商等多方面影响，每个批次商品的购买单价都不同。因此，在发出商品时，最重要的财务核算是商品发出的基本方法，分为“先进先出法”“月末一次加权平均法”和“移动加权平均法”。

1. 先进先出法

先进先出法是指按照“先购进，先发出”的原则，对于发出的库存商品以先购进库存商品的成本计价，从而计算发出库存商品成本的方法。采用先进先出法的优点是能够及时反映库存商品的收、发及结存的数量和金额，便于监督储备资金的变化情况；缺点是计算工作量较大。由于库存商品的期末库存是根据近期库存商品采购成本计价的，其价值接近市场价格，当库存商品采购成本持续上涨时，计算出的库存商品成本将会偏低；当库存商品采购成本持续下降时，计算出的库存商品成本将会偏高。相关计算公式如下：

发出存货成本 = 发出数量 × 单位成本

期末结存存货成本 = 期末结存数量 × 单位成本

2. 月末一次加权平均法

月末一次加权平均法是指在一个计算期内综合计算库存商品的加权平均单价，再乘以销售库存商品的数量，从而计算销售库存商品成本的方法。相关计算公式如下：

全月加权平均单价 =（月初结存库存商品成本 + 本月购进库存商品成本）÷（月初结存库存商品数量 + 本月购进库存商品数量）

本月发出库存商品成本 = 全月加权平均单价 × 本月发出库存商品数量

月末结存库存商品成本 = 月初结存库存商品成本 + 本月入库库存商品成本 − 本月发出库存商品成本

如果加权平均单价是一个除不尽的小数，则一般先计算期末结存库存商品成本，再倒挤计算发出库存商品成本。

采用月末一次加权平均法计算发出库存商品的成本较为均衡，计算工作量也较小。但该方法只能在月末计算发出库存商品成本，平时无法反映库存商品的结存金额，不利于加强库存商品管理。

3. 移动加权平均法

移动加权平均法是指以各次收入库存商品的数量和金额与各次收入前结存的数量和金额为基础，计算出移动加权平均单价，进而计算发出库存商品成本的方法。相关计算公式如下：

移动加权平均单价 =（本次收入前结存商品金额 + 本次收入商品金额 ÷（本次收入前结存商品数量 + 本次收入商品数量）

本月发出库存商品成本 = 移动加权平均单价 × 本月发出库存商品数量

采用移动加权平均法计算发出库存商品的成本最为均衡，并能随时计算发出库存商品成本，便于管理者及时了解库存商品的收、发及结存情况，但每次购进库存商品都要重新计算移动加权平均单价，工作量较大。

三、成品油行业财务共享中心介绍

（一）建立财务共享中心的工作要求

早在 2011 年 8 月，国务院国资委就在《关于加强中央企业财务信息化工作的通知》（国资发评价〔2011〕99 号）中明确要求，具备条件的企业应当在集团层面探索开展会计集中核算和共享会计服务。随后，财政部在 2013 年发布的《企业会计信息化工作规范》（财会〔2013〕20 号）中提出，分公司、子公司数量多、分布广的大型企业、企业集团应当探索利用信息技术促进会计工作的集中，逐步建立财务共享服务中心。《关于全面推进管理会计体系建设的指导意见》（财会〔2014〕27 号）指出，鼓励大型企业和企业集团充分利用专业化分工和信息技术优势，建立财务共享服务中心，加快会计职能从重核算到重管理决策的拓展，促进管理会计工作的有效开展。

（二）财务共享中心的建立

中国石油、中国石化等企业集团积极响应国务院国资委和财政部要求，逐步建立了财务共享中心。

中国石油从 2016 年开始，着手调研筹备财务共享中心的建立工作，2017 年正式启动运营财务共享中心。2019 年 10 月 10 日，中国石油集团共享运营有限公司成立，将财务共享中心模块从单一财务业务板块拓展到公司化、法人化，这一模式的转变也是将财务共享从对内服务扩展到承接外部服务的具体表现。2022 年 9 月，中国石油统一报表平台正式切换上线，首次实现集团公司全级次 2000 多家单位 1.4 万多个责任中心财务报表的集中统一管理和数据共享，开启集团公司财务管理数字化转型新篇章。中国石油整个财务共享体系采用“1 + 3 + N”模式，其中“1”是本部，位于北京；“3”是 3 个区域中心，分别是西安、大庆、成都；“N”涉及各业务部。

2017 年 5 月，中国石化财务共享服务全面上线，在大型央企中首创性地建立了覆盖全业务的财务共享服务中心。同年，中国石化对财务共享、HR 共享、IT 共享等进行专业化重组，组建了中国石化集团共享服务有限公司。2018 年，中国石化境内企业财务共享服务全面上线，服务对象涉及油田、炼油、化工、营销、科研等多个领域，包括专业公司在内的各个板块共 213 家公司，核算主体 2146 个。

（三）财务共享中心运行概况

以中国石油为例，介绍财务共享中心。

从中国石油集团共享运营有限公司的财务共享模式来看，其财务共享业务范围包括基本业务、专项业务、运营性管控支持业务和增值业务四大类；涵盖采购与付款、销售与收款、总账与报表三大业务线的基本核算业务，实现了商旅、发票、薪酬发放、电子档案和纳税申报等“一站式”专项业务；涉及业务板块有油气业务、炼油化工与销售、油气技术服务、石油工程建设、石油装备制造、金融服务、新能源开发等。

中国石油财务共享运行概况如下。

1. 会计档案电子化

会计档案主要从数据自动采集、档案封装成册、档案查询利用、信息系统支持等方面进行电子化。电子化会计数据要求以数据的存储、查找、归档、报表建立和整理为基础。同时，对会计数据的真实性、合理性进行查验分析，会计数据的经营性进行分析和利用，都是数字化背景下对财务、会计的进一步要求，也是财务共享建设体系中需要进一步挖掘和应用的部分。

2. 发票数据分析

在会计数据电子化过程中，最关键的是企业发票的管理。发票中的信息数据非常广泛且重要，涉及企业往来账项、进销管理，发票开具的项目、货款金额、税额等数据，反映了企业的经营管理和日常运营状况。

3. 机器人流程自动化（Robotic Process Automation，RPA）

2017 年 12 月，中国石油集团共享运营有限公司的第一款财务机器人上线。这些“小铁人”分别服务于财务凭证制证、凭证审核、电子档案、资金支付、银行回单分拣、发票认证等相关工作场景。

4. 非现金对账

中国石油是拥有 2 万多座加油站的成品油销售企业，多数加油站形成了现金、银行卡、加油储值卡、支付宝、微信等“多位一体”的资金支付模式。中国石油集团共享运营有限公司聚焦加油站资金管理中的问题，推出“成品油销售企业资金对账产品”，及时监控了资金回笼，实现了对数据的全流程跟踪监控，大幅提高了收款业务的处理效率及凭证的生成自动化率，降低了人工操作带来的凭证差错率，有效地释放了人力资源，降低了人工成本。

第三节　成品油行业专业术语

鉴于成品油行业化工专业性比较强，且新产品、新材料、新工艺不断涌现，本节重点介绍该行业常用专业术语。

一、油品名称

按照原油类、成品油类和化工品类简述化工产品名称。

（一）原油类

我国的油田主要有大庆油田、胜利油田、华北（任丘）油田、中原油田、大港油田、辽河油田、南阳油田、江汉油田、玉门油田、克拉玛依油田等，其中产量最大的是大庆油田，其次为胜利油田、克拉玛依油田等。原油产地不同，其性质与含量也不同。

1. 大庆原油

大庆原油是我国产量最高的原油，其性质和国外很多原油的性质差别很大，主要特点是含蜡多、凝点高、含硫少、汽油馏分较少，按关键馏分特性分类法进行分类则属于低硫石蜡基原油。

2. 胜利原油

胜利原油的特点是密度较大，含硫量、含氮量较高，含胶质、沥青质较多，属于含硫中间基原油。利用胜利原油生产的汽油、煤油、柴油的性质不如大庆原油，必须经过适当的精制。

3. 克拉玛依原油

克拉玛依油田不同油层和油区所产原油的性质差别很大，部分原油具有低凝、少蜡、低硫、高黏度等特点，是生产某些特种低凝油品和环烷酸的良好原料。为了充分利用资源，根据低凝油品的要求，按照原油和特定馏分的凝点，克拉玛依原油分为低凝原油和混合原油两大类。

4. 青海冷湖原油

青海冷湖原油是一种少见的特殊轻质原油，其突出特点是密度和黏度都很小，分别为 $804kg/m^3$ 和 $1.46mm^2/s$（50℃），含硫量极低（为0.02%），轻油含量极高。直馏汽油（200℃）馏分约占原油的48%，而300℃以前的馏分高达72%。因此，青海冷湖原油只需要经过简单加工，就可以得到收率很高的直馏油品。利用青海冷湖原油生产的汽油、煤油和柴油的安定性很高、质量好，不需要精制就可以直接使用。由于含蜡量不高，柴油的凝点较低，青海冷湖原油是一种难得的轻质原油。

5. 乌尔禾稠油

国内有些油田开发了一些稠油，这些稠油的共同特点是密度大，黏度高，轻油含量极少，胶质、沥青质含量较多，但是含硫量有高有低。

（二）成品油类

根据《中华人民共和国消费税暂行条例》及相关税收规定，有7类成品油被列入消费税税目。

1. 汽油

从化工角度来看，汽油是轻质石油产品的一大类，由原油经蒸馏得到的直馏汽油组分，或与二次加工汽油组分及其他高辛烷值组分按照一定比例调合而成。经调合后制成的汽油主要被用作汽油发动机燃料。汽油质量标准的主要表征指标为研究法辛烷值不小于90。

从税收角度来看，汽油是指用原油或其他原料加工生产的辛烷值不小于66，可用作汽油发动机燃料的各种轻质油。含铅汽油是指铅含量超过0.013g/L的汽油。汽油分为车用汽油和航空汽油。以汽油、汽油组分调合生产的甲醇汽油、乙醇汽油也属于本税目征收范围。

2. 柴油

从化工角度来看，柴油是轻质石油产品的一大类，由原油经蒸馏得到的柴油馏分，或与二次加工柴油组分按一定比例调合而成，主要用作转速不低于960r/min的压燃式高速柴油发动机燃料。柴油的质量标准为凝固点达-35号至20号。

从税收角度来看，柴油是指用原油或其他原料加工生产的倾点或凝点在-50号至30号，可用作柴油发动机燃料的各种轻质油和以柴油组分为主，经调合精制可用作柴油发动机燃料的非标油。以柴油、柴油组分调合生产的生物柴油也属于本税目征收范围。

3. 石脑油

从化工角度来看，石脑油是石油产品之一，又叫作“化工轻油”“粗汽油”，是以原油或其他原料加工生产的用于化工原料的轻质油，主要被用作化工原料。石脑油因用途不同有不同的馏程，我国规定石脑油的馏程为终馏点220℃左右。当作为生产乙烯的裂解原料时，采用70～145℃馏分，称“轻石脑油”；当以生产芳烃或高辛烷值汽油为目的时，采用70～180℃馏分，称“重石脑油”；当被用作溶剂时，称“溶剂石脑油”。另外，来自煤焦油的芳香族溶剂也称“重石脑油”或“溶剂石脑油”。

从税收角度来看，石脑油又叫作“化工轻油”，是以原油或其他原料加工生产的用于化工原料的轻质油。石脑油的征收范围包括除汽油、柴油、航空煤油、溶剂油以外的各种轻质油。非标汽油、重整生成油、拔头油、戊烷原料油、轻裂解料［减压柴油（VGO）和常压柴油（AGO）］、重裂解料、加氢裂化尾油、芳烃抽余油均属于轻质油，因此属于本税目征收范围。

4. 溶剂油

从化工角度来看，溶剂油以石油直馏馏分、催化重整抽余油和油田凝析油经精制、分馏而成，馏程范围为60～260℃。按照用途划分，溶剂油可分为抽提用溶剂油、橡胶工业用溶剂油和油漆工业用溶剂油等。

从税收角度来看，溶剂油是用原油或其他原料加工生产的被用于涂料、油漆、食用油、印刷油墨、皮革、农药、橡胶、化妆品生产和机械清洗、胶粘行业的轻质油。橡胶填充油、溶剂油原料也属于本税目征收范围。

5. 航空煤油

从化工角度来看，煤油是由石油制取的直馏或二次加工经过精制，不含热裂化组分的石油产品，包括灯用煤油和航空煤油。灯用煤油主要被用作点灯照明和各种煤油燃烧器的燃料；航空煤油主要被用作喷气式发动机和喷气推进系统的燃料。

从税收角度来看，航空煤油也叫作“喷气燃料”，是用原油或其他原料加工生产的被用作喷气发动机和喷气推进系统燃料的各种轻质油。

6. 润滑油

从化工角度来看，润滑油是由基础油和添加剂组成的。基础油分为矿物油、合成油及半合成油，添加剂有清净分散剂、抗氧抗磨剂、抗氧剂、极压抗磨减摩剂、防锈剂、增新剂、降凝剂、抗泡剂、抗乳化剂等。

从税收角度来看，润滑油是用原油或其他原料加工生产的，用于内燃机、机械加工过程的润滑产品。润滑油分为矿物性润滑油、植物性润滑油、动物性润滑油和化工原料合成润滑油。润滑油的税目征收范围包括矿物性润滑油、矿物性润滑油基础油、植物性润滑油、动物性润滑油和化工原料合成润滑油。以植物性、动物性和矿物性基础油（或矿物性润滑油）混合掺配而成的“混合性”润滑油，无论矿物性基础油（或矿物性润滑油）所占比例高低，都属于本税目征收范围。

7. 燃料油

从化工角度来看，燃料油被广泛用于电厂发电，船舶锅炉、加热炉、冶金炉和其他工业炉燃料。燃料油主要由石油的裂化残渣油和直馏残渣油制成，特点是黏度大，非烃化合物、胶质、沥青质含量高。

从税收角度来看，燃料油也称“重油”“渣油”，由原油或其他原料加工制成，主要用作电厂发电，锅炉、加热炉、冶金炉和其他工业炉燃料。蜡油、船用重油、常压重油、减压重油、180CTS 燃料油、7 号燃料油、糠醛油、工业燃料、4 ~6 号燃料油等油品主要被用作燃料燃烧，也属于本税目征收范围。

（三）化工品类

化工品类虽然不是成品油消费税税目，但是了解化工品类对于成品油行业及应税油品的理解具有重大意义。

1. 乙烯

乙烯为无色气体，略具烃类特有的臭味，少量具有淡淡的甜味；熔点

为 - 169℃，沸点为 - 102.4℃，密度为 1.178kg/m^3，饱和蒸气压为 4083.40kPa（0℃），临界温度为 9.2℃，临界压力为 5.04MPa，爆炸上限为 36.0%（体积分数），爆炸下限为 2.7%（体积分数）；不溶于水，微溶于乙醇、酮、苯，溶于醚、四氯化碳等有机溶剂。

乙烯是合成纤维、合成橡胶、合成塑料（聚乙烯及聚氯乙烯）、合成乙醇（酒精）等的基本原料，也被用于制造氯乙烯、苯乙烯、环氧乙烷、乙酸、乙醛、乙醇和炸药等。

2. 丙烯

丙烯为无色、有烃类气味的气体；熔点为 - 85.2℃，沸点为 - 47.7℃，闪点为 - 108℃，密度为 1.914kg/m^3，饱和蒸气压为 602.88kPa（0℃），临界温度为 91.61℃，临界压力为 4.55MPa，爆炸上限为 11.7%（体积分数），爆炸下限为 2.0%（体积分数）；不溶于水，溶于乙醇等有机溶剂。丙烯是合成纤维、合成橡胶、合成塑料、丙烯腈、环氧丙烷、丙酮、丁辛醇、丙烯醛、丙烯酸等的基本原料。

3. 苯

苯是最简单的芳香烃，分子式为 C_6H_6，是无色、易燃、有特殊气味的液体；熔点为 5.5℃，沸点为 80.1℃，相对密度为 0.8765kg/m^3（20/4℃），在水中的溶解度很小，能与乙醇、乙醚、二硫化碳等有机溶剂混溶。苯能够发生取代反应、加成反应和氧化反应，是生产硝基苯、苯胺、苯磺酸、苯酚、氯苯、乙苯、苯乙烯、异丙苯、烷基苯、环己烷、顺丁烯二酸酐的原料，还是橡胶、脂肪和许多树脂的良好溶剂。

4. 甲苯

甲苯是最重要的芳烃化合物之一，结构简式为 $C_6H_5CH_3$，在常温常压下是一种无色透明的液体，与苯的气味类似；熔点为 - 95℃，沸点为 110.6℃，凝固点为 95℃，闪点为 4℃，燃点为 535℃，相对密度为 0.8669kg/m^3（20/4℃），热值为 40.940kJ/kg。甲苯几乎不溶于水，但可以与二硫化碳、乙醇、乙醚以任意比例混溶，在氯仿、丙酮和大多数其他常用有机溶剂中有很好的溶解性。

除作为溶剂外，甲苯还可氯化生成苯一氯甲烷或苯三氯甲烷，是工业上很好的溶剂；甲苯可以硝化生成对硝基甲苯或邻硝基甲苯作为生产染料的原料，也可以硝化生成三硝基甲苯（俗名 TNT），TNT 是威力很大的炸药；甲苯磺化生成邻甲苯磺酸或对甲苯磺酸，可以作为生产染料或制作糖精的原料。

5. 二甲苯

二甲苯又称“混合二甲苯”，是对二甲苯、邻二甲苯、间二甲苯和乙苯的混合物，为无色透明液体，沸点为 137 ~ 140℃，相对密度为 0.840 ~ 0.870kg/m^3，易燃，化学性质较活泼，可发生异构化、歧化、烷基转移、甲基氧化、脱氢、芳烃氯代、磺化反应等。

二甲苯不仅是生产对二甲苯、邻二甲苯的主要原料，还被广泛用作涂料、树脂、染料、油墨等行业溶剂，医药、炸药、农药等行业合成单体或溶剂。另外，二甲苯也可作为高辛烷值汽油组分，是有机化工的重要原料。

6. 石蜡

石蜡是从原油分馏得到的无色无味混合物，包括石蜡（占总消耗量的 10%）、地蜡、石油脂等。石蜡主要用作包装材料、化妆品原料及蜡制品等。

7. 石油沥青

石油沥青是原油加工过程中的一种产品，在常温下为黑色或黑褐色黏稠液体、半固体或固体，主要含有可溶于三氯乙烯的烃类及非烃类衍生物。其性质和组成随原油来源与生产方法的不同而发生变化，主要用于铺筑道路。道路沥青又分为普通道路沥青和重交通道路沥青（用于建设高等级公路和高速公路）。

8. 润滑油

润滑油一般是指那些用于降低摩擦、减少磨损的精制或合成石油制品。

二、炼化企业装置

（一）常压蒸馏和减压蒸馏装置

常压蒸馏和减压蒸馏习惯上合称“常减压蒸馏”，其基本属于物理过程。原料油在蒸馏塔里按照蒸发能力分成沸点范围不同的油品（称为“馏分”）。这些油品有的经调合、加入添加剂后以产品形式出厂，相当一部分作为后续加工装置的原料。因此，常减压蒸馏又被称为“原油的一次加工”。常减压蒸馏包括三道工序：①原油的脱盐、脱水；②常压蒸馏；③减压蒸馏。

（二）催化裂化装置

催化裂化是在热裂化工艺上发展起来的，是提高原油加工深度，生产优质汽油、柴油最重要的工艺操作。催化裂化的原料主要是原油蒸馏或其他炼油装置在350～540℃馏分的重质油。催化裂化工艺由三部分组成：原料油催化裂化、催化剂再生、产物分离。催化裂化所得的产物经分馏后可得到气体、汽油、柴油和重质馏分油。有部分油返回反应器继续加工被称为“回炼油”。催化裂化操作条件的改变或原料波动，可使产品组成发生变化。

（三）催化重整装置

催化重整是在催化剂和氢气存在的情况下，将常压蒸馏所得轻汽油转化成含芳烃较高的重整汽油的过程。如果以80～180℃馏分为原料，则催化重整的产品为高辛烷值汽油；如果以60～165℃馏分为原料，则催化重整的产品主要是苯、甲苯、二甲苯等芳烃，催化重整过程产生的副产品氢气，可作为炼油厂加氢操作的氢源。催化重整的反应条件是：反应温度为490～525℃，反应压力为0.35MPa～1MPa。催化重整的工艺过程可分为原料预处理和催化重整两部分。

（四）加氢裂化装置

加氢裂化是在高压、氢气存在的情况下进行的，需要催化剂的参与，把重质原料转化成汽油、煤油、柴油或润滑油。加氢裂化由于有氢存在，原料转化的焦炭少，可除去有害的含硫、氮、氧化合物，操作灵活，可按照产品需求调整。产品收率较高，而且质量好。

（五）延迟焦化装置

延迟焦化是在较长反应时间下，使原料深度裂化，以生产固体石油焦炭为主要目的，同时获得气体和液体产物的过程。延迟焦化用的原料主要是高沸点的渣油，其主要操作条件是：原料加热后温度约为500℃，焦炭塔在稍许正压下操作。通过改变延迟焦化的原料和操作条件，可以调整汽油、柴油、裂化原料油、焦炭的比例。

三、成品油行业相关指标

由于成品油行业涉及大量化工知识，很多专业术语较难理解，因此本部分对成品油行业的相关概念进行简单介绍。

（一）原油进厂第一个计量点

原油进厂第一个计量点是指原油到企业进行交接计量的第一个点。例如，管输原油进厂的流量计量点，到厂铁路罐车上的检尺点，到厂油轮上的检尺点，原油卸入原油储罐的检尺点，等等。

（二）原油途耗

原油途耗是指原油进厂前在运输过程中发生的损耗，可以按下列公式计算：

原油途耗率＝［（原油提单量－原油进厂第一个计量点的实收量）÷原油提单量］×100%

（三）原油储耗

原油储耗是指原油的储存损耗，是原油在进厂后、加工前储存和输转过程中发生的损耗，可以按下列公式计算：

原油储存损耗率＝［（原油进厂第一个计量点的实收量－原油进电脱盐装置的量－库存变化量－原油输送过程中的自用量）÷（原油进厂第一个计量点的实收量＋原油期初库存量）］×100%

（四）一次蒸馏能力

一次蒸馏能力又称“炼油加工能力”，是指对原油进行常压或常减压蒸馏处理设备的年处理量。

（五）二次蒸馏能力

二次蒸馏能力是指对原油经一次蒸馏后生成的蜡油、渣油进行深度裂解加工装置的生产能力，包括催化裂化、加氢裂化、重油加氢、催化裂解、焦化设备、润滑油综合能力、石蜡生产能力和沥青生产能力。

（六）原油加工量

原油加工量是指本期直接进入蒸馏装置或二次加工装置进行加工的原油量，包括从中国石化油田企业、中国境外、中国石化油田企业以外的境内原油生产企业购入的，用于加工的原油量。

（七）一次原油加工负荷率

一次原油加工负荷率是指本期内原油加工量与一次蒸馏能力的比值，能够反映炼油资产的利用效率。

（八）内供原油占加工量比重

内供原油占加工量比重是指报告期内勘探与生产分公司供给股份公司炼厂的原油加工量占股份公司全部原油（含进口油）加工量的比重。

（九）原料油（气）加工损失率

原料油（气）加工损失率是指原料油（气）加工生产过程中，全部加工损失量占原料加工量［原油及外购原料油（气）加工量］的百分比。

（十）轻油收率

轻油收率是指石油产品中轻油产量占原料加工量［原油及外购原料油（气）加工量］的百分比。

（十一）石油产品综合商品收率

石油产品综合商品收率是指石油产品综合商品量占原料加工量［原油及外购原料油（气）加工量］的百分比。

（十二）柴汽比

柴汽比是指本期内柴油产量与汽油产量的比值。

（十三）炼油产品产量

炼油产品产量是指炼油企业本期生产、符合产品质量标准、经过检验合格入库的产品实物数量（主要指汽油、柴油、煤油、燃料油、石脑油、润滑油、沥青和石蜡等）。

（十四）炼油产品商品量

炼油产品商品量是指企业在报告期内生产的可供社会销售的石油制品资源总量，包括报告期内生产的除自用燃料油（气）之外所有石油制品产量；炼油装置产出的化工产品商品量，如丙烯、丁烯、硫黄、苯类等。

（十五）石油产品标准系数

石油产品标准系数是指分配石油联产品成本时，将分配标准折算成相对固定的系数，按照系数在类内各种产品之间分配费用、计算产品成本。

（十六）单位现金操作成本

单位现金操作成本是指平均加工1吨原料油（含来料加工）所消耗的不含原料成本的各项付现生产支出及付现管理和销售费用，包括外购辅助材料、燃料、动力、修理、职工薪酬，以及除非付现的折旧和摊销项目以外的其他生产、管理、销售费用支出。外送、转供的水、电、蒸汽及其他产品和劳务费作为减项扣除。

单位现金操作成本（元/吨）＝（外购辅助材料、燃料、动力、修理、职工薪酬＋除非付现的折旧和摊销项目以外的其他生产、管理、销售费用支出－外送、转供的水、电、蒸汽及其他产品和劳务费）÷原料油加工量（含来料加工）

其中，外送、转供的水、电、蒸汽及其他产品和劳务费是指对外部单位销售、结转到其他业务成本，以及由工程项目等承担的水、电、蒸汽及其他产品和劳务费。

（十七）单位完全费用

单位完全费用是指平均加工1吨原料油（含来料加工）所发生的不含原料成本的各项付现和非付现生产、管理、销售和财务费用，包括外购辅助材料、燃料、动力和其他生产、管理、销售、财务费用。外供水、电、蒸汽及其他产品和劳务费作为减项扣除。

单位完全费用（元/吨）＝（外购辅助材料、燃料、动力＋其他生产、

管理、销售、财务费用 - 外供水、电、蒸汽及其他产品和劳务费）÷原料油加工量（含来料加工）

（十八）含自用燃料的单位完全费用

含自用燃料的单位完全费用是指包含自用燃料油、燃料气、催化烧焦、做燃料的其他油品成本在内的完全费用总额。

含自用燃料的单位完全费用 = 含自用燃料的完全费用总额 ÷ 原料油加工量（含来料加工）

参考文献

[1]金联创．2023年中国加油站年度发展报告重磅推出[EB/OL]．[2024-01-14]. https://t.10jqka.com.cn/pid_333758968.shtml.

[2]山红红，张孔远．石油化工工艺学[M]．北京：中国石化出版社，2023.

[3]张敏．业财融合背景下中国石化集团财务共享中心的实践与探索[J]．投资与创业，2023(2).

[4]柳幼红．业数智化浪潮下集团公司财务共享转型升级研究：以中国石化为例[J]．现代营销，2023(11).

[5]陈静．中国石油财务共享中心运行概况与发展方向[J]．经营策略，2023(11).

第二章　油气田企业行业特点及税收政策的理解与适用

按照国民经济行业分类，采矿类包括石油和天然气开采业，即在陆地或海洋，对天然原油、液态或天然气的开采；为运输目的进行的天然气液化和从天然气田气体中生产液化烃的活动；还包括对含沥青的贡岩或油母岩矿的开采，以及对焦油砂矿进行的同类作业。油田企业具有较强的行业特殊性，涉及的税收政策几乎涵盖了所有科目。本章重点讲述油田企业经营模式与会计核算、油田企业开采与运输销售环节的税收政策解析及会计实务处理。

第一节　油气田企业经营模式与会计核算

油气田企业是建立在现代生产技术基础上的社会化大生产企业。

一、油气田分类与管理模式

（一）石油资源分布

我国油气田主要分布在东北平原、华北平原，有大庆油田、吉林油田、辽河油田、大港油田、胜利油田、华北油田、中原油田、江苏油田等；西南山区有四川油气区和滇黔桂油田；西北山间盆地有新疆油田、塔里木油田、青海油田等；内蒙古草原上有二连油田；河西走廊戈壁上有延长油田；鄂尔多斯黄土高原上有长庆油田；海上有渤海油区及东海、南海、黄海油气区。

根据区域地质构造格局，中国的含油气区被划分为3个：西部含油气区、中部含油气区和东部含油气区。这种划分方式与我国在区位上的地理特点基本相同。同时，根据含油气区中存在的局域性差异，每个含油气区又被细分为若干亚区，如西部含油气区被分为西北亚区和青藏亚区；中部含油气区被分为鄂尔多斯亚区和云贵川亚区；东部含油气区则比较复杂，被分为东北亚区、华北亚区、江淮亚区、华南亚区和海域亚区。

西部含油气区目前探明石油地质储量少，占全国总地质储量的14.37%，产量占全国石油总产量的18.5%；天然气储量较多，占全国总地质储量的28.7%，产量占全国天然气总产量的14.4%。

东部含油气区中的含油气盆地一般属于裂谷带拉张型盆地，以断陷—坳陷型为特色，断裂发育，构造相对复杂。主要含油气盆地：陆上有东北的松辽盆地，华北的渤海湾盆地，江汉盆地及黄海—苏北盆地等；海上有北部湾盆地、莺歌海盆地、琼东南盆地、珠江口盆地、东海盆地、台西盆地、南海中央盆地、太平—礼乐滩盆地等东南沿海盆地。

（二）油田分类

1. 油田

油田有大有小，且大油田有等级差别。根据我国的实际情况，将大油田按储量大小划分成3个级别（见表2－1）。

表2－1　大油田级别

油田级别	储量/亿吨	油田数量/个	油田名称
巨型	>15	1	萨尔图
特大型	5～15	5	喇嘛甸、杏树岗、克拉玛依、曙光、蓬莱
大型	≥3，<5	6	胜坨、欢喜岭、任丘、埕岛、孤岛、安塞
	≥2，<3	3	静安、孤东、东辛、绥中
	≥1，<2	24	略

2. 海域油气

中国海域分布有新生代沉积盆地27个，总面积约172.9万平方千米，在我国传统疆域线内的为143.2万平方千米。其中，近岸大陆架有沉积盆地10个，合计面积为92.2万平方千米；南海中、南部有沉积盆地13个，面积为59.4万平方千米；南海北部陆坡与洋壳过渡区中有沉积盆地3个，面积为9.3万平方千米。这些沉积盆地含有丰富的石油和天然气资源，目前的油气勘探主要集中在渤海、黄海、东海和南海北部近海的大陆架区。

我国海域油气田主要分布在渤海湾盆地、东海盆地、台西盆地、珠江口盆地、北部湾盆地、莺歌海盆地、琼东南盆地。

（三）油气田企业的生产技术特点

现代油气的生产除具有现代化大生产的一般特点外，还在生产技术上有着不同于其他工业企业的特点。

1. 油气资源的不可再生性

油（气）储量是油气生产的基础，由于地下资源的不可再生性，油田企业呈现出产量递减的趋势，要维持油气田一定的生产规模就必须继续增加储量。因而，油田企业具有边生产边勘探的特点。同时，局限于当前的科技条件和生产技术水平，人们难以把已掌握的储量全部采出。据统计，油气田的采收率仅为50%或更低，要想保持一定的生产能力，必须寻找两倍以上的油气储量。

2. 石油生产投入复杂、风险大

石油资源深埋地下，存储条件复杂，勘探时需要采用各种新技术、新工艺和新方法，而这些需要大量的资金投入，但在投入大量资金后，能否找到相应的储量，也具有很大的风险。即使是拥有先进石油勘探技术的国家，勘探成功率也只有10% ~20%。

3. 石油生产是多学科、多环节、多工种的联合体，技术复杂、协作关系多

石油生产的特定条件和环境决定了其生产的复杂性，需要多方面的科学技术知识和多工种联合作战。从学科来看，石油生产需要物理、化学、生物、地质、机械、电子等多种学科参与；从生产过程来看，石油生产需要钻井、试油、油田地面建设、采油、集输、储存、运输、炼制等多环

节、多工种配合；从所需物资来看，石油生产所需物资种类繁多，对这些物资的物理性质、化学性质、功能、用途等必须有全面的了解。

4. 投资效果和技术效果对资源状况与自然条件的依赖性强

在一般企业（如加工企业、装配企业），投资与效益、技术投入与效益，基本成正比例。而石油生产的效果在很大程度上取决于资源的丰度、油的性质、埋藏的深度及地面环境等因素。相同的投资在油气藏储量丰厚的高产区收效极大，在油气低产区则收效甚微。采用同样先进的技术和装备，在地质条件好的油（气）区能够充分获得效益，而在条件差的地区效益会很差。

5. 油田开发寿命周期内产量、成本、利润变动差异大

油田开发寿命周期内产量、成本、利润的变动和一般产品寿命周期内的变动有很大不同。

一般企业在油田开发寿命周期四个阶段中产量、成本和利润变化的规律是：投入期产量少，成本高，没有利润；成长期产量上升，成本降低，有了利润；成熟期产量达到最高，成本再次降低，利润达到最高；衰退期由于市场滞销，产量（销量）下降，迫使企业降低成本以便尽快推销产品，因而利润下降。而油田开发不同，在寿命周期内，产量、成本、利润的变化规律是：开发初期总产量上升，成本低，利润升高；当开采达到一定阶段时，产量会出现递减，为保持稳产，需要加大投入量，增加费用，使成本上升，利润下降。油田产量曲线呈倒“U”形。

6. 油田企业的再生产是不断外延下的简单再生产

油田企业的生产规模一般以年度生产能力或每年原油产量表示。我们在分析油田企业的再生产过程时，发现在油田生产周期的不同阶段会显示出不同的特点：在开发初期，原油产量不断上升，生产规模不断扩大，这时可视为油田的扩大再生产阶段；当生产建设达到一定规模，保持稳产时，从产量来看比较稳定，没有增加，可视为油田维持简单再生产阶段；当稳产到一定阶段时，产量会逐年下降，此时连简单的再生产也维持不住了。

7. 油田企业具有相当的社会性

油田企业多数分布在我国边远地区，不仅要进行生产、建设、科研等工作，还要解决职工生活和子女入学、就业等问题。油田企业既要负责职工的生活，办商业、服务业，托儿所、中小学和专业院校，又要负责医疗卫生，进行农副业生产，还要负责油田和矿区治安，承担了很大一部分社会职能。

8. 油田企业职工工作条件艰苦、流动性大

油田地处边远地区，分布分散，是没有围墙的工厂。以辽河油田为例，其分布在辽宁西南部 6 市 12 县（区），共 12400 平方千米的土地上。油田的物探、钻井、试油、建设、筑路、井下作业等专业职工的工作条件非常艰苦，不仅需要在野外作业，而且作业场所不固定，流动性很大。

9. 油田企业同国际经济技术联系的紧密性

在国际经济活动中，石油工业是国际经济联系十分突出的部门之一。石油作为“现代工业的血液”，国际竞争十分激烈；石油生产国和消费国之间的交往十分频繁。首先，发展中国家虽然拥有丰富的石油资源，但资金和技术不足；发达国家虽然石油资源不足，但资金和技术雄厚。这种不平衡性必然引起资金技术和石油进出口的广泛协作。其次，国际油价的浮动，对石油生产国经济的影响十分深刻，油价下跌必然带来勘探开发资金减少，从而影响石油生产国扩大再生产。

（四）油田企业（公司）管理模式

1. “油公司”模式

建立“油公司”模式是世界石油公司在市场经济环境下，长期发展过程中形成的普遍组织形式。

“油公司”模式的显著特征：一是石油公司主要从事勘探、开发、加工、销售等生产经营活动；二是生产过程中所需的施工作业、生活服务，主要依靠其他专业公司和社会解决。实践证明，这种模式有利于集中力量抓主业，形成以油气勘探、开发为中心的运行机制；有利于促进技术水

平、管理水平和队伍素质不断提高；有利于油公司和施工作业单位不断提高工作效率和经济效益；有利于打破封闭格局，建立统一开放的石油工业市场体系。

2. “油公司”的管理模式框架

结合我国石油企业的实际情况，“油公司”的管理模式框架大体分为三层，即决策层、管理层、执行层。

（1）决策层。

董事会是公司的经营决策机构，主要职责有：制定公司的经营方针、目标和管理原则；遴选、聘用、监督经理人员并决定其酬金和奖惩；考察公司的经营活动并提出盈利分配方案；协调公司与股东、执行管理与股东之间的关系。

经理是公司经营管理具体业务的总负责人，受董事会的授权，主持公司的生产经营活动，拟定公司内部管理机构和各种规章制度；进行公司的日常管理；任免除董事会以外的管理人员。

（2）管理层。

管理层主要由机关处室组成，如勘探部和开发部，并确定其甲方地位。管理层根据公司总体经营战略和方针，编制勘探、开发和经营计划，办理工程立项，进行生产准备，开展招标、谈判、签订合同活动，控制工程费用，组织生产协作及协调。对于公司直接经营的油气生产、销售、综合利用、炼油化工等业务，由内部独立核算单位直接经营，由职能部门对其进行考核和管理。

（3）执行层。

地震勘探、钻井、油建等二级单位作为公司内部生产建设的乙方，与甲方“分灶吃饭”。甲、乙双方完全采用合同制，各乙方单位按合同规定进行施工作业，并接受甲方专业监督人员的现场管理，实质上就是在油田范围内进行产业重组，调整企业结构，以专业化协作原则划分资产范围，而不是按现有的地段式单个工厂进行改制。而生活服务、社会服务的部门则与各二级单位分离，实行专业化管理，逐步走向自负盈亏道路，由福利型向经营服务型转变。

二、油气田企业的经营模式与石油开采管理

（一）油气田企业的经营模式

油气田企业的经营模式有两种：承包制经营和股份制经营。

1. 承包制经营

油气田企业将承包指标落实到基层、落实到个人，并实行储量产量承包、内部利润承包、目标成本承包、任务目标承包、经费承包等多种经营形式。

油田企业承包制经营包括：①对采油厂实行油气综合商品量和年度利润承包；②对内部油公司实行油气综合商品量、利润承包；③对勘探公司实行投资规模，探明、控制石油、天然气储量，新发现出油气点承包；④对钻探、油建施工单位实行利润承包；⑤对辅助及附属单位实行利润承包；⑥对科研单位实行利润和科研经费承包。

经过多年的发展，我国石油行业的承包制经历了两个主要发展阶段，以完成产量和储量任务为主的生产型承包开始逐步向经营型、效益型承包转变。

2. 股份制经营

从企业产权制度分类来看，有限责任公司和股份有限公司是股份制的两种形式。

（1）有限责任公司。

有限责任公司是由两个以上、一定人数以下股东出资组成，股东对公司债务仅负有限责任的公司。有限责任公司具有两个显著特点：出资人仅以出资额为限对公司的债务负有限清偿责任，是具有法人地位的法人企业。

（2）股份有限公司。

股份有限公司是指全部注册资本由等额股份构成，并通过发行股票筹集资本的企业法人。股份有限公司的基本特征：公司的资本总额被平分为金额相等的股份，股东可自愿认购和转让公司的股票，股东以持有的股份为凭证享受权利、承担义务并承担有限责任。股份有限公司具有两个显著

特点：一是全部财产被划分为等额的股份，采取股票的形式表现，并且股票是可以自由交易的有价证券；二是股东的责任只以认购的股票金额为限承担有限责任。

股份有限公司通常不是由所有者（股东）直接经营管理，而是由股东选任的高层经理人进行经营管理，这就形成了企业所有权与经营权的分离。股份有限公司通过资本联合组成的合资公司，通过参与制（控股）可以形成由母公司和众多子公司组成的企业集团。

3. 承包制经营与股份制经营的区别

（1）所有权与经营权分离的形式不同。

实行承包制经营的企业，所有权位于企业之外，由国家行政机关代表，经营者是企业。所有者和经营者形成两个不同的利益主体，它们的责权利用经济合同方式予以规定；实行股份制经营的企业，所有权进入了企业内部，由公司的股东会行使。经营权则由董事会和经理阶层行使。所有权和经营权在企业内部产生不同程度的分离，股东和企业的责权利由法律、行政法规予以规定。

（2）所有权与经营权分离的程度不同。

实行承包制经营的企业，必须按照承包规定经营，企业的所有权和经营权只存在部分分离。企业的厂长（经理）由国家选派或审批；国家规定企业利润留成中生产发展基金、新产品试制基金和集体福利基金等各类基金的比例与用途，企业对生产的产品一般没有所有权，或者只有相对所有权。在有限责任公司中，由于股东较少，一般情况下，股东全部担任公司的领导职务，参与公司的经营管理，因此所有权和经营权只存在部分分离。在股份有限公司中，由于股东众多，绝大多数股东不能参与公司的经营管理，公司一般由经理阶层经营，因此所有权和经营权在内部基本分离。

（3）所有权和经营权分离的稳定性不同。

①承包制经营的两权分离是通过签订合同的方式实现的。由于合同的约束力有一定法定期限，合同的内容也会随着形式的变化发生变化，承包制经营的两权分离具有期限性和不稳定性。②股份有限公司的两权分离是

规范化的、稳定的。股份有限公司一旦成立，两权分离立即发生，而且股票只能转让不能退股，决定了这种形式的分离不受股权转让影响，也没有期限。也就是说，只要公司不破产，所有权和经营权的分离就会一直存在。

（4）所有权实现的方式不同。

承包制经营的企业所有权是通过企业对所有者上缴的利润和合同规定的其他义务实现的。承包利润的方式很多，有的实行全额利润分成，有的实行基数加增长利润分成，有的实行利润递增包干，有的实行亏损包干，等等。但无论采取哪种方式，国家获得的收入都和企业经营状况直接挂钩：企业经营得好，收入增加，国家获得的收入就多；或者企业减少亏损，国家也可以减少补贴。股份制经营的企业所有权则是通过股息和其他股东权实现的。一般情况下，股息要和企业经营状况挂钩，是一个经常变化的量（部分优先股的股息除外）。

（二）石油开采管理

石油工业的主业是石油勘探开发工程建设，要求投资多、技术新，且基本上是一些大型项目。因此，石油开采项目管理，对油田企业的投资效果及稳定发展，具有重要的现实意义。

1. 油气勘探项目管理

油气勘探项目的主要目标是高水平、高效率地寻找油气田，最大限度地增加油气储量，提高勘探成功率，降低勘探费用，进而提高勘探工作的经济效益。勘探项目的组织形式：投资方（甲方）是管理（勘探）局、勘探处（部）；勘探项目的承包方（乙方）是物探公司、钻井公司、测井公司等。

（1）项目立项决策阶段的管理。

项目立项决策阶段的管理主要包括以下内容。

①编制勘探总体规划。各油气田的勘探总体规划，是根据石油工业中长期发展计划和总公司下达的指令性计划指标及指导性计划指标编制的，一般包括勘探目的、任务及油气资源综合评价，勘探工程内容，投资估算，勘探工作部署与措施，经济效益分析等。

②编制勘探项目建议书。在编制勘探项目建议书时，必须进行地质、工程技术和经济方面的可行性研究及论证。勘探项目建议书一般包括：项目提出的必要性和依据，项目的规模、进度、预计勘探成果、工程技术保证条件、投资估算和资金筹措计划，经济效益初步分析等。

③项目评估。在项目建议书上报批准后，要组织有关部门的专业人员对项目的可行性进行进一步评估、论证，并出具评估报告或审查评议书。勘探项目评估一般包括：项目的资源依据是否可靠，规模、工程技术和投资是否可行，选用的基础资料是否准确、齐全等。

④编制项目设计任务书。项目设计任务书的内容主要包括：项目可行性研究和评估的要点、结论及审查意见。

（2）项目计划、设计、组织准备阶段的管理。

项目计划、设计、组织准备阶段的管理主要包括以下内容。

①确定项目经理，成立项目管理组。编制项目总体设计和概算及项目年度部署设计。其中，项目总体设计和概算是根据批准的设计任务书编制的，主要内容有：设计方案的比较与选择，有利含油气带（圈闭、区块）和勘探目的层，分年度勘探部署和工作量，投资概算，等等。项目总体设计和概算经上级主管部门批准后，即可据此编制项目年度部署设计。

②签订各项工程施工合同。在项目年度部署设计批准后，项目管理组即可据此与各施工单位签订合同，落实各项工程施工单位。

③编制单项工程施工设计和预算。

④编制项目年度实施计划。项目年度实施计划包含季度和月度计划，是组织各项施工相互衔接、均衡进行的依据。

（3）油气勘探项目实施阶段的管理。

在油气勘探项目实施阶段，负责工程施工的单位要适应项目管理的需要，改善经营管理，制定有效措施，努力降低物耗，提高工效，缩短工期，保证施工质量。项目管理组要及时掌握施工作业动态，做好各施工单位之间的协调配合，加强监督与控制，保证项目施工的正常运行，对项目的整体效益负责。

（4）项目竣工验收和考评阶段的管理。

在项目竣工验收和考评阶段，要对项目完成情况及其成果进行全面检查和考核。检查和考核内容主要有：地质和油气储量任务的完成情况，工作量完成情况，资金使用情况，工程和资料质量，以及安全、环境保护等方面的情况。

2. 油气田开发建设项目管理程序

油气田开发建设项目的投资方（甲方）为管理（勘探）局、采油处（部）、采油厂，承包方（乙方）为钻井公司、油建公司、试油公司等。基建工程部门为承建地面建设任务的综合管理部门。

（1）项目立项决策阶段的管理。

①编制油气田开发建设总体规划。各油田企业的开发建设总体规划是根据石油工业中长期计划和总公司下达的生产建设任务编制的。

②编制项目建议书。根据油气田开发建设总体规划提出项目建议书，并进行初步可行性研究。

③编制可行性研究报告。项目建议书经上级主管部门批准后，即可正式进行项目可行性研究，编制可行性研究报告，并上报有关部门审查。

④项目评估。项目评估主要是指上级有关部门对项目可行性研究报告进行复核、审查和鉴定，对建设项目各方面的可行性做出进一步判断和评价，并提出项目评估报告，作为项目立项决策的依据。

⑤编制油田开发方案。油田开发方案的主要内容包括：油田地质，油田开发的方针、原则、方式，开发井网部署，采油工艺技术设计方案和技术经济分析等。

（2）项目计划、设计、组织准备阶段的管理。

①编制项目初步设计和概算。

②签订各项合同。项目管理组根据项目年度计划，与项目施工单位等签订合同。

③施工图设计和预算。施工图设计和预算是项目施工的主要依据，其基本内容包括：施工总平面图、专项工程施工图、工艺流程、主要设备选

型和设计预算。

④落实材料供应和水、电、信、路等施工条件，办理征地手续。

（3）项目实施阶段的管理。在项目实施阶段要加强对施工质量、工程进度和投资使用情况的监督及控制，及时协调、解决项目施工过程中的各种矛盾和问题，确保项目有节奏地均衡运行和实现项目目标。

（4）项目竣工验收和考评阶段的管理。项目竣工后，应及时组织各有关单位验收，主要内容是对项目目标的实现状况进行全面检验和综合评价，并在此基础上写出验收报告，及时办理项目验收手续；在项目竣工验收和进行决算后，项目经理应对项目全过程的管理工作进行认真总结。上级部门应对项目经理和项目管理组的工作进行考核评价，并按照承包合同的规定给予奖罚。

三、油气田企业开采业务的会计核算

（一）矿区权益核算

矿区权益以矿区为核算对象，分为探明矿区权益和未探明矿区权益。

1. 矿区权益核算内容

矿区权益核算申请取得、购买取得或租赁取得的矿区探矿权和采矿权（包括已探明和未探明）的成本，包括探矿权价款、采矿权价款、土地使用权、签字费、租赁定金、购买支出、咨询顾问费、审计费，以及与获得矿区有关的其他支出。

（1）申请取得矿区权益的成本。

申请取得矿区权益的成本包括：探矿权使用费、采矿权使用费、土地或海域使用权支出、中介费，以及可直接归属于矿区权益的其他申请取得支出。

（2）购买取得矿区权益的成本。

购买取得矿区权益的成本包括：购买价款、中介费，以及可直接归属于矿区权益的其他购买取得的支出。

（3）租赁取得矿区权益的成本。

租赁取得矿区权益的成本包括：租赁定金、附带的租赁取得成本，以及可直接归属于矿区权益的其他租赁取得的支出。后续定期支付的租赁费应在发生时计入当期损益。

2. 矿区核算要求及业务处理

为取得矿区权益而发生的成本应当在发生时予以资本化。企业取得的矿区权益，应当按照取得时的成本确认为油气资产。

①矿区权益的取得成本通过“项目成本”科目核算。成本发生时按不同矿区记入“项目成本”科目。

借：项目成本——××矿区

　　贷：应付账款、银行存款等

②年度内在矿区发现探明经济可采储量的，当期发生的支出应予以资本化，由“项目成本”科目转入“油气资产——探明矿区权益”科目。

借：油气资产——探明矿区权益

　　贷：项目成本——××矿区

以后各期按产量法计提折耗列入油气提升过程成本，折耗额可按照单个矿区计算，也可按照若干具有相同或类似地质构造特征或储层条件的相邻矿区组成的矿区组计算。

借：折耗额

　　贷：累计折耗——探明矿区权益

③年度内在矿区未发现探明经济可采储量的，当期发生的支出应暂时予以资本化，由“项目成本”科目转入“油气资产——未探明矿区权益”科目。

借：油气资产——未探明矿区权益

　　贷：项目成本——××矿区

④当未探明矿区（组）探明经济可采储量而将未探明矿区（组）转为已探明矿区（组）时，应当按照其账面价值从未探明矿区权益成本重新划分为探明矿区权益成本，由“油气资产——未探明矿区权益”科目转入“油气资产——探明矿区权益”科目。已计提减值准备的，在结转时应扣除已计提的减值准备。

借：油气资产——探明矿区权益

油气资产减值准备

贷：油气资产——未探明矿区权益

⑤矿区权益取得后发生的探矿权使用费、采矿权使用费和租金等维持矿区权益的支出应当计入当期损益（勘探费用），由“项目成本”科目转入“勘探费用”科目。

借：勘探费用

管理费用——采矿权使用费

贷：项目成本——××矿区

应付账款、银行存款等

⑥企业对于矿区权益的减值，应当根据不同情况确认减值损失。a. 探明矿区权益的减值，按照《企业会计准则第 8 号——资产减值》处理。b. 对于未探明矿区权益，应当至少每年进行一次减值测试。c. 单个矿区取得成本较大的，应当以单个矿区为基础进行减值测试，并确定未探明矿区权益减值金额。单个矿区取得成本较小且与其他相邻矿区具有相同或类似地质构造特征或储层条件的，可按照若干具有相同或类似地质构造特征或储层条件的相邻矿区组成的矿区组进行减值测试。

未探明矿区权益公允价值低于账面价值的差额，应当确认为减值损失，计入当期损益。未探明矿区权益减值损失一经确认，不得转回。

借：资产减值损失——油气资产减值损失

贷：油气资产减值准备——探明矿区权益

——未探明矿区权益

⑦未探明矿区因最终未能发现探明经济可采储量而放弃的，应当按照放弃时的账面价值转销未探明矿区权益并计入当期损益（勘探费用）。

借：勘探费用

油气资产减值准备——未探明矿区权益

贷：油气资产——未探明矿区权益

银行存款、应付账款等

因未完成义务工作量等因素导致发生的放弃成本，应计入当期损益

（勘探费用）。

借：勘探费用

贷：银行存款、应付账款等

（二）油气勘探核算

油气勘探是指为了评价勘探区域或寻找油气储量而进行的地质调查、地球物理勘探、钻探活动，以及其他相关活动。油气勘探支出以勘探项目为核算对象，分为钻井勘探支出和非钻井勘探支出。

1. 钻井勘探核算内容

钻井勘探支出是指为了解地层及油气藏情况而钻探的区域探井、勘探型详探井、评价井和资料井等发生的支出。其核算内容包括钻前准备支出（含土地征用、赔偿费等）、钻井工程支出、测（录、试）井工程支出、固井工程支出、试油（气）工程支出等。

非钻井勘探支出是指在对特定矿区进行地质调查、科学研究及地球物理勘探等过程中发生的各项支出。其核算内容包括二维地震、三维地震、电法勘探、重磁力勘探、垂直测井、地震测井、微测井、油气资源遥感、地球化学勘探、综合研究评价等项目，以及为购买其他经营者拥有的地质和地球物理资料支付的费用。

2. 油气勘探核算要求及业务处理

（1）油气勘探支出通过“项目成本”科目核算，成本发生时按不同项目分别记入“项目成本”科目。

企业自行勘探发生的各项支出。

借：项目成本

贷：银行存款

应付职工薪酬

应付账款等

委托其他单位进行勘探发生的支出。

①向钻井劳务单位预付勘探作业价款。

借：预付工程款

贷：银行存款

②企业对外发包的勘探作业，在资产负债表日，根据承包方提供并经工程控制部门审核确认的工作量，合理估计发包勘探作业的进度，按勘探作业进度确认金额超过预付勘探作业价款的部分暂估勘探支出。

借：项目成本

贷：其他应付款——暂估

次月初冲回

借：项目成本（红字）

贷：其他应付款——暂估（红字）

③结算勘探进度款或完工结算时。

借：项目成本

贷：其他应付款

借：其他应付款

贷：预付工程款

银行存款

（2）非钻井勘探支出于发生时计入当期损益，月末由“项目成本”科目转入“勘探费用——物化探”科目。

借：勘探费用——物化探

贷：项目成本

（3）钻井勘探支出在完井后确定该井发现了探明经济可采储量的，应当将钻探该井的支出结转为井及相关设施成本，由“项目成本”科目转入“油气资产——井及相关设施”科目。

借：油气资产——井及相关设施

贷：项目成本

（4）钻井勘探支出在完井后确定该井未发现探明经济可采储量的，应当将钻探该井的支出扣除净残值后计入当期损益。

借：勘探费用——探井

贷：项目成本

钻井勘探支出已费用化的探井又发现了探明经济可采储量的，已费用化的钻井勘探支出不做调整，重新钻探和完井发生的支出应当予以资本化。

（5）确定部分井段发现了探明经济可采储量的，应当将发现探明经济可采储量的有效井段钻井勘探支出结转为井及相关设施成本，无效井段钻井勘探累计支出转入当期损益。

借：油气资产——井及相关设施

勘探费用——探井

贷：项目成本

（6）对于已完成钻井任务，但年末尚未做出地质结论，不能确定该井为干井或成功探井的，按下列规定处理。

①需要高额开发投资的探井。区域探井或参数井发现了石油和天然气储量，但在生产前需高额资本投入，且已发现的油气储量不足以弥补完井成本费用支出的探井，做核销处理。按实际成本从“油气勘探支出”科目的贷方转入“勘探费用”科目的借方，计入当期损益。

借：勘探费用——探井

贷：油气勘探支出

②不需要高额资本支出的探井。在钻井结束时发现了油气储量，但尚不能确定探明储量时，该探井可以暂时资本化并递延 1 年。若 1 年后发现的油气储量仍不能证实探明储量，则认为该探井失败，累计发生的成本支出作为勘探费用核销。

借：勘探费用——探井

贷：项目成本

（7）钻井勘探作业发生单项或单位工程非地质和工程原因报废或毁损的，扣除残料价值和过失人或保险公司等赔款后的净损失计入继续施工的工程成本；作业项目全部报废、毁损或者因地质和工程原因造成单项或单位工程报废、毁损的，净损失计入“勘探费用”科目；因自然灾害发生毁损、已丧失使用功能等原因报废清理产生的损失，净损失计入“营业外支出——报废毁损损失”科目。

借：勘探费用——探井

营业外支出——报废毁损损失

贷：项目成本

（三）油气开发核算

油气开发支出以开发项目为核算对象，包括开发井支出和地面建设工程支出。

1. 油气开发核算内容

开发井支出是指为开发油气田，补充地下能量及研究已开发矿区地下情况变化所钻的油（气）井、注水（气、汽）井等发生的支出。其核算内容包括：钻前准备工程支出（含土地征用、赔偿费等）、钻井工程支出、测（录、试）井工程支出、固井工程支出、投产支出、侧钻井支出等。

地面建设工程支出是指为建造油气田开发方案或初步设计中规定的地面设施所发生的支出。其核算内容包括：井口装置、联合站、计量站、单井拉油站、油气集输管线、注水（汽）工程、供电工程、通信工程、道桥工程、开发先导资本性支出、开发工艺配套，以及地面设施发生的不能被列入成本费用的更新改造支出等。

2. 油气开发核算要求及业务处理

油气开发活动发生的支出应当根据用途分别予以资本化，作为油气开发形成的井及相关设施的成本。油气开发支出通过“项目成本”科目核算。成本发生时，按不同项目计入“项目成本”科目；项目完工后达到预定可使用状态时，由“项目成本”科目转入“油气资产——井及相关设施”科目；在后期可以按产量法计提折耗并按受益对象计入油气生产成本过程。

（1）成本发生时。

借：项目成本

贷：其他应付款、原材料等

（2）根据钻井劳务单位提供并经有关部门确认的工程量统计资料，暂估油气开发支出。

借：项目成本

贷：其他应付款——暂估

(3) 月末，将项目成本中的油气开发项目余额转入“油气开发支出”科目。

借：油气开发支出

贷：项目成本——结转

次月初冲回

借：项目成本——结转（红字）

贷：油气开发支出（红字）

（4）项目完工后达到预定可使用状态时。

借：油气资产——井及相关设施

贷：项目成本——结转

在探明矿区内，钻井至现有已探明层位的支出，作为油气开发支出；为获取新增探明经济可采储量而继续钻至未探明层位的支出，作为钻井勘探支出。

（四）油气生产核算

1. 油气生产核算内容

油气生产成本按生产过程划分为油气提升成本、驱油物注入成本、井下作业成本、稠油热采成本、油气处理成本、轻烃回收成本、测井试井成本、输油输气成本、油区维护成本等。核算业务处理如下。

（1）成本费用要素的归集。

企业成本费用的发生按不同类型的成本中心归集。

①材料费的核算。领用材料时，应填制领发料单，填明领料单位、区块、材料名称、数量等。

借：油气生产成本——油气提升——××材料

油气辅助生产——××过程——××材料

制造费用——××材料

贷：原材料等

各基层单位的现场料应采取实地盘存制，月末清点，办理退料或假退料手续。红字冲回会计分录如下。

借：油气生产成本——油气提升——××材料（红字）

油气辅助生产——××过程——××材料（红字）

制造费用——××材料（红字）

贷：原材料（红字）

燃料及动力的核算

各部门单位要建立、健全计量和仪表记录。月末将发生的燃料和动力费用按受益过程、作业项目等编制动力消耗汇总表，分配计入各成本核算对象的成本。用标准成本核算的必须按月调整成本差异。

借：油气生产成本——油气提升——燃料/动力

油气辅助生产——××过程——燃料/动力

制造费用——水/电

应交税费——应交增值税（进项税额）

贷：应付账款等

②职工薪酬的核算。各部门、各单位应做好职工考勤和耗工记录，月末编制职工薪酬分配表，并根据劳资部门提供的工资表、房产部门提供的公积金和房贴计提表、卫生健康部门提供的独生子女费支付凭据、自制的三费计提明细表和社会保险计提凭据等，分别计入各成本核算对象。

计提职工薪酬。

借：油气生产成本——油气提升——职工薪酬——工资/福利费等

油气辅助生产——××过程——职工薪酬——工资/福利费等

制造费用——职工薪酬——工资/职工福利等

贷：应付职工薪酬——工资/福利等

③折旧折耗及摊销的核算。折旧折耗及摊销包括固定资产折旧、油气资产折耗、无形资产摊销和长期待摊费用摊销。

固定资产折旧按照股份公司统一规定的资产分类、折旧年限和净残值率，采用平均年限法计提。

借：油气生产成本——油气提升——折旧费

油气辅助生产——××过程——折旧费

制造费用——折旧费

贷：累计折旧——房屋及建筑物等

无形资产摊销。

借：油气生产成本——油气提升——无形资产摊销

油气辅助生产——××过程——无形资产摊销

制造费用——无形资产摊销

贷：累计摊销——土地使用权

累计摊销——其他无形资产等

④其他成本支出的核算。除上述成本费用外，其他成本支出如水费、电费、修理费、青苗赔偿费、运输费、劳动保护费、差旅费、财产保险费、办公费、通信费、印刷费、租赁费、环保支出、取暖费、化（检）验计量费、信息系统维护费等，在发生时计入相应的生产过程。

借：油气生产成本——油气提升——水费等

油气辅助生产——××过程——差旅费等

制造费用——取暖费等

贷：银行存款/应付账款

（2）油气生产成本的结转。区块成本中心归集的成本费用结转到产成品 CO 生产订单。

借：油气生产成本——××费用——××产品 CO 生产订单

油气辅助生产——××费用——××产品 CO 生产订单

制造费用——××费用——××产品 CO 生产订单

贷：油气生产成本——油气提升——××费用（××成本中心）

油气辅助生产——××过程（××成本中心）

制造费用——××费用（××成本中心）

2. 产品成本的结转

CO 生产订单核算产品成本时使用标准成本法。月末，需要将实际成本与已转移标准成本之间的差通过 CO 生产订单结算到产品成本差异，通过运行产品物料账，产成品的成本被调整为实际成本，形成会计分录如下。

借：库存商品　商品量×标准成本

　　贷：生产成本结转——CO 生产订单（商品量×标准成本）

　　借/贷：生产成本结转——CO 生产订单（实际成本 - 标准成本）

　　借/贷：产品成本差异（实际成本 - 标准成本）

（1）销售收入的确认及销售成本的结转。

①销售人员根据原油配置计划在系统中创建销售订单，然后生产计划人员按照销售订单创建发货单，仓库管理人员根据发货单进行产品发货。系统在仓库保管发货时，根据发货数量与系统设定的商品标准成本自动生成一个集成凭证。

借：主营业务成本

　　贷：库存商品

②财务人员根据已发货的销售订单开具系统发票，系统自动产生一个收入（根据销售部门设定好的销售价格与发货量计算）的会计凭证，同时金税系统据此自动开具增值税专用发票。

借：应收账款

　　贷：主营业务收入

　　　　应交税费——应交增值税——销项税额

③月末，运行产成品物料账，计算月末库存商品与销售商品的实际成本，并根据实际成本与标准成本之间的差异调整月末库存商品，使库存商品在月末调整为实际成本。同时，系统会在下月初将上月末库存商品承担的库存商品成本差异再调整到产品成本差异上。

（2）修旧利废业务的核算。

①修旧利废业务定义及适用范围。修旧利废物资是指在企业生产经营过程中已使用并计入相应成本费用，使用后经相关部门鉴定具备回收利用价值的废旧物资，包含原材料、在修理及更新改造项目中拆除的不单独构成固定资产且满足报废处置条件和经过修理修复后可以再利用的备品备件（不单独构成固定资产的工器具、仪表等）。

修旧利废业务是指对修旧利废物资进行质量鉴定、价值重估及修复再利用的过程。未领用的积压物资、工程项目余料、固定资产不属于修旧利废物资范围。

②修旧利废业务主要核算流程和要求。

a. 具备回收再利用价值且有明确使用意图的可修复废旧物资（以下简称“可利旧物资”）重估价值或名义金额退库处理。

业务部门退回废旧物资时，应由相关部门对退回的废旧物资是否具备回收再利用价值进行评估，对可利旧物资按照重估价值冲减退库部门当期的成本费用，重估价值比例不得超过总部规定的限额范围。对非重要或者暂无明确使用意图的可利旧物资，应按照名义金额计量。其中，有明确使用意图是指该项利旧物资已经有明确的使用计划和领用部门；或者经修旧利废业务主管部门认定，该项物资具备较强的通用性，预计在未来一个会计年度将会被再利用。

财务部门根据利旧物资入库表及相关部门确定的重估价值进行账务处理，冲减退料部门当期成本费用。

借：原材料

　　备品备件

　　贷：油气生产成本——油气提升

　　　　油气辅助生产——××过程

　　　　制造费用等

b. 利旧物资外委加工处理。需要委外加工修理的利旧物资，由归口管理部门办理出库手续，创建外委修理订单。修复后物资由归口管理部门办理验收，验收合格后办理入库手续，库管部门根据委外订单完成现场收货。修复后利旧物资的账面价值等于原亘估价值加上修复费用。

c. 利旧物资领用。利旧物资领用账务处理同正常原材料、辅助材料及备品备件出库成本核算流程。

（3）完全成本和单位完全成本的核算。

完全成本是指石油天然气开采企业在一定时期内从事石油天然气开采

活动发生的油气生产成本与除销售费用之外的期间费用之和。

完全成本 = 油气生产成本 + 管理费用 + 勘探费用 + 财务费用

单位完全成本是指单位油气综合商品量消耗的完全成本。

单位完全成本（元/吨）= 完全成本/油气综合商品量

（五）油气资产弃置核算

油气资产弃置是指井及相关生产设施形成资产后，由于油气资源枯竭，或者油气资产损坏后不能修复，或者存在重大安全环保隐患等，油气资产不能再给企业带来经济利益时，对其进行包括井的封堵、计量间和其他相关生产设施的拆除及原有地貌的恢复等作业的废弃处置活动。

1. 油气资产弃置核算内容

油气资产弃置以单项油气资产为核算对象。矿区废弃是指矿区内的最后一口井停产，伴随着单项油气资产逐渐废弃而出现的矿区弃置活动。单项油气资产废弃是指由于该项油气资产控制的油气资源失去经济开采价值，或者油气资产遭到损坏后不能修复等，油气资产不能再给企业带来经济利益时，对该油气资产进行的弃置活动。

需要弃置的油气资产为井及相关设施，包括海上部分的采油平台、油气（水）井、海底管线、海底电缆，陆上部分的油气（水）井。

2. 油气资产弃置核算业务处理

（1）企业应当根据承担的符合预计负债确认条件的矿区废弃处置义务提取矿区弃置费，并按照现值计入预计负债，相应地增加井及相关设施的账面价值。

借：油气资产——井及相关设施

　　贷：预计负债——预计弃置费用——预计弃置成本

受国家和企业标准变化的影响，油气集输、处理、注采设施原来计提的弃置费用被统一归集到所属矿区，以后不再计提弃置费用。井及相关设施预计的弃置费用采用比例法，根据井及相关设施的不同类别，合理确定该类别井及相关设施应计提预计弃置费用的现值占资产原值的比例。

（2）企业在编制项目开发方案时，应当包含新增井及相关设施废弃处置的初步方案。对于新钻的探井，在编制设计方案时，不考虑未来弃置费支出，项目投资计划不含预计的弃置费用。对于成功的探井，在转入油气资产时，按照其所属井及相关设施的类别，计算预计弃置费用现值并增加账面价值；对于不成功的探井，发生的废弃支出计入当期勘探费用。

（3）井及相关设施弃置费用按照单项资产提取，其中水平井按照直井段部分计提预计弃置费用，提取弃置费用增加的油气资产原值按照产量法计提折耗。

井及相关设施弃置费用的提取比例是现值提取比例，终值与现值的差额需要分期计入财务费用，并相应增加预计负债。井及相关设施弃置费用的折现率按照相关的无风险报酬率确定。

借：财务费用

　　贷：预计负债——预计弃置费用

（4）企业对总部已批准报废的油气资产是否进行弃置，要及时组织相关部门认定。必须及时进行相应弃置活动的情形有：在河流、水源周围已报废的油气水井、输油（气）管线；地质运动活跃地区的已报废井及相关设施；海上已报废采油平台、油气水井、海底电缆、海底管线；处于城市居民区和村庄周围、可能危及人身安全的井及相关设施；其他可能导致严重安全、环保事故的井及相关设施的报废。

公司要按照股份公司批准弃置方案进行相应的处置活动，并统筹使用计提的弃置费用，实际发生的弃置费用冲减已计提的预计负债。实际发生的弃置费用超过提取数额的部分，以及不符合预计负债确认条件未提取弃置费用的油气资产，在废弃时发生的拆卸、搬移、场地清理等支出计入当期损益。

①当单井报废和毁损时，按支付清理费用借记“油气资产清理”科目，贷记“银行存款”等科目，同时借记“预计负债——预计弃置费用（已使用的弃置费用）”科目，贷记“油气资产清理”科目。在弃置过程中取得变价收入时，借记“银行存款”等科目，贷记“油气资产清理”科目，对油气资产的账面价值暂不做调整。

借：油气资产清理

　　贷：银行存款

借：预计负债——预计弃置费用（已使用的弃置费用）

　　贷：油气资产清理

②当矿区整体废弃时，按该项油气资产账面价值借记“油气资产清理”科目，按已计提的累计折耗借记“累计折耗”科目，按已计提的减值准备借记“油气资产减值准备”科目，按其账面原价贷记“油气资产”科目。

借：油气资产清理

　　累计折耗

　　油气资产减值准备

　　贷：油气资产

按“预计负债——预计弃置费用”科目余额，借记“预计负债——预计弃置费用（预计弃置成本、利息费用、其他）”科目，贷记“预计负债——预计弃置费用（已使用的弃置费用）”科目；按清理过程中支付的弃置费用及其他费用贷记“银行存款”等科目，按其差额借记或贷记“油气资产清理”科目。

借：预计负债——预计弃置费用（预计弃置成本、利息费用、其他）

　　贷：预计负债——预计弃置费用（已使用的弃置费用）

　　　　银行存款

　　　　油气资产清理

收回出售油气资产的价款和变价收入等，借记“银行存款”等科目，贷记“油气资产清理”科目。

借：银行存款

　　贷：油气资产清理

矿区整体废弃完成后，油气资产清理如果为借方余额，则借记“营业外支出——报废毁损损失”科目，贷记“油气资产清理”；如果为贷方余额，则借记“油气资产清理”科目，贷记“营业外收入——报废毁损利得”科目。

第二节　油气田企业开采环节税收政策解析与实务处理

油气田企业开采环节涉及的税种很多，与其他生产销售环节几乎一致。因此，本节只对油气田企业特有的税收政策进行介绍。

一、油气田企业开采环节业务范围

油气田勘探开发的主要流程：地质勘探—物探—钻井—录井—测井—试井—固井—完井—射孔—采油—修井—增采—运输—加工等。这些环节环环相扣，相互依存，密不可分。

（一）地质勘探

地质勘探是指根据地质学、物理学和化学原理，凭借各种仪器设备观测地下情况，研究地壳的性质与结构，借以寻找原油、天然气的工作。地质勘探的种类包括：地质测量，控制地形测量，重力法，磁力法，电法，陆地海滩二维（或三维、四维）地震勘探，垂直地震测井法（VSP测井法），卫星定位，地球化学勘探，井间地震，电磁勘探，多波地震勘探，遥感和遥测，探井，资料（数据）处理、解释和研究。

（二）钻井（含侧钻）

钻井（含侧钻）是指初步探明储藏有油气水后，通过钻具（钻头、钻杆、钻铤）对地层进行钻孔，然后用套、油管连接向下延伸到油气水层，并将油气水分离出来的过程。钻井工程分为探井和开发井。探井包括地质井、参数井、预探井、评价井、滚动井等；开发井包括采油井、采气井、注水（气）井及调整井、检查研究井、扩边井、油藏评价井等。钻井（含侧钻）有关过程如下：

（1）新老区临时工程建设。

新老区临时工程建设是指为钻井前期准备而进行的临时性工程，含临时房屋修建，临时公路和井场道路修建，供水（电）工程建设，保温及供热工程建设、维护、管理。

（2）钻前准备工程。

钻前准备工程是指为钻机开钻创造必要条件而进行的各项准备工程，包含钻机、井架、井控、固控设施、井口工具的安装及维修。

（3）钻井施工工程。

钻井施工工程包括钻井、井控、固控所需设备、材料及新老区临时工程所需材料的装卸及搬运。

（4）技术服务。

技术服务包括定向井技术，水平井技术，打捞技术，欠平衡技术，泥浆技术，随钻测量，陀螺测量，电子多点，电子单点，磁性单多点，随钻，通井，套管开窗，老井侧钻，数据处理，小井眼加深，钻井液，顶部驱动钻井，化学监测，分支井技术，气体（泡沫）钻井技术，套管钻井技术，膨胀管技术，垂直钻井技术，地质导向钻井技术，旋冲钻井技术，取芯，下套管作业，钻具服务，井控服务，固井服务，钻井工程技术监督，煤层气钻井技术等。

（5）海洋钻井。

海洋钻井包括钻井船拖航定位、海洋环保、安全求生设备的保养检查、试油点火等特殊作业。

（三）录井

录井是指钻井过程中随着钻井录取各种必要资料的工艺过程。录井有关项目包括：地质设计，地质录井，气测录井，综合录井，地化录井，轻烃色谱录井，定量荧光录井，核磁共振录井，离子色谱录井，伽马录井，岩心扫描录井，录井信息传输，录井资料处理及解释，地质综合研究，测量工程，单井评价，古生物、岩矿、色谱分析，录井新技术开发，非地震方法勘探，油层工程研究，数据处理，以及其他技术服务项目。

（四）测井

测井是指在井孔中利用测试仪器，根据物理和化学原理，间接获取地层和井眼信息，包括信息采集、处理、解释和油（气）井射孔。根据测井信息，评价储（产）层岩性、物性、含油性、生产能力及固井质量、射孔质量、套管质量、井下作业效果等。按物理方法划分，测井主要有电法测井、声波测井、核（放射性）测井、磁测井、力测井、热测井、化学测井；按完井方式划分，测井有裸眼井测井和套管井测井；按开采阶段划分，测井有勘探测井和开发测井，其中开发测井包括生产测井、工程测井和产层参数测井。

（五）试井

试井是指确定井的生产能力和研究油层参数及地下动态，对井进行专门测试的工作。应用试井测试手段可以确定油气藏压力系统、储层特性、生产能力和进行动态预测，判断油气藏边界、评价井下作业效果和估算储量等。试井包括高压试井和低压试井。

（六）固井

固井是指向井内下入一定尺寸的套管柱，并在周围注入水泥，将井壁与套管的空隙固定，以封隔疏松易塌、易漏等地层及油气水层，防止互相窜漏并形成油气通道。固井的具体项目包括：表面固井、技术套管固井、油层固井、套管固井、特殊固井。

（七）试油（气）

试油（气）是油气层评价的一种直接手段，是指在钻井过程中或完井后，利用地层测试等手段，获取储层油、气、水产量、液性、压力、温度等资料，为储层评价、油气储量计算和制定油气开发方案提供依据。试油（气）包括中途测试、原钻机试油（气）、完井试油（气）、压裂改造、酸化改造、地层测试和抽汲排液求产、封堵等特种作业。

（八）井下作业

井下作业是指在油气开发过程中，根据油气田投产、调整、改造、完善、挖潜的需要，利用地面和井下设备、工具，对油气水井采取各种井下作业技术措施，以达到维护油气水井正常生产或提高注采量，改善油层渗透条件及井的技术状况，提高采油速度和最终采收率。井下作业的具体项目包括：新井投产、投注、维护作业、措施作业、油水井大修、试油测试、试采、数据解释。

（九）油（气）集输

油（气）集输是指为了把油（气）井生产的原油（天然气）收集起来进行初加工后再输送出去而修建的井（平）台、井口装置、管线、计量站、接转站、联合站、油库、油气稳定站、净化厂（站）、污水处理站、中间加热加压站、长输管线、集气站、增压站、气体处理厂等设施及维持设施正常运转发生的运行、保养、维护等劳务。

（十）采油采气

采油采气是指为了确保油田企业正常生产，通过自然或机械力将油气从油气层提升到地面并输送到联合站、集输站发生的工程及劳务，主要包括采油采气、注水注气、稠油注汽、三次采油、防腐、技术服务等。

（1）采油采气。

采油采气是指钻井完钻后，通过试采作业，采取自然或机械力将油气从油气层提升到地面而进行的井场、生产道路建设、抽油机安装、采油树配套、单井管线铺设、动力设备安装、气层排液等工程，以及维持正常生产发生的运行、保养、维护等劳务。

（2）注水注气。

注水注气是指为保持油气层压力而建设的水源井、取水设施、操作间、水源管线、配水间、配气站、注水注气站、注水增压站、注水注气管线等设施，以及维持正常注水注气发生的运行、保养、维护等劳务。

（3）稠油注汽。

稠油注汽是指为开采稠油而修建的向油层注入高压蒸汽的设施工程，以及维持正常注汽发生的运行、保养、维护等劳务。

（4）三次采油。

三次采油是指为提高原油采收率、确保油田采收率而向油层内注入聚合物、酸碱、表面活性剂、二氧化碳、微生物等其他新技术，进行相关的技术工艺配套和地面设施工程。其包括修建注入和采出各场站、管网及相应的各系统工程，产出液处理的净化场（站）及管网工程等。

（5）防腐。

防腐是指为解决现场问题、保证油田稳产、解决腐蚀问题而进行的相关药剂、防腐方案、腐蚀监测网络等的配套工程。

（6）技术服务。

技术服务是指为确保油气田的正常生产，为采油气工程提供的各种常规技术服务及新技术服务等。其主要包括采油采气方案的编制、注水注气方案的编制、三次采油方案的编制设计、油井管柱优化设计、相关软件的开发、采油气新工艺的服务、油气水井测试服务等。

（十一）海上油田建设

海上油田建设是指为勘探开发海上油田而修建的人工岛、海上平台、海堤、滩海路、海上电力通信、海底管缆、海上运输、应急系统、弃置等海上生产设施，以及维持正常生产发生的运行、保养、维护等劳务。

（十二）供排水、供电、供热、通信

（1）供排水。

供排水是指为维持油（气）田正常生产及保证安全所建设的调节水源、管线、泵站等系统工程及防洪排涝工程，以及提供的运行、维护、改造等劳务。

（2）供电。

供电是指为保证油（气）田正常生产和照明而建设的供、输、变电的系统工程，以及提供的运行、维护、改造等劳务。

（3）供热。

供热是指为保证油气田正常生产而建设的集中热源、供热管网等设施，以及提供的运行、维护、改造等劳务。

（4）通信。

通信是指在油（气）田建设中为保持电信联络而修建的发射台、线路、差转台（站）等设施，以及提供的运行、维护、改造等劳务。

（十三）油田基本建设

油田基本建设是指根据油气田生产的需要，在油气田内部修建的道路、桥涵、河堤、输卸油（气）专用码头、海堤、生产指挥场所等设施，以及提供的维护和改造等劳务。

（十四）环境保护

环境保护是指油气田企业为保护生态环境，落实环境管理而发生的生态保护、污染防治、清洁生产、污染处置、环境应急等项目建设的工程与劳务，以及施工结束、资源枯竭后为及时恢复自然生态而建设的工程及劳务。

（十五）其他

其他是指油气田企业之间为维持油气田的正常生产而互相提供的其他劳务，包括运输、设计、提供信息、检测、计量、监督、监理、消防、安全、异体监护、数据处理，以及租赁生产所需的仪器、材料、设备等服务。

二、油气田企业税收政策与实务处理

（一）油气田企业增值税政策与实务处理

【政策依据】

根据《财政部　国家税务总局关于印发〈油气田企业增值税管理办法〉的通知》（财税〔2009〕8号）和《财政部　国家税务总局关于油气田企业增值税问题的补充通知》（财税〔2009〕97号）的相关规定。

1. 油气田企业增值税的纳税主体

油气田企业增值税的纳税主体是指在我国境内从事原油、天然气生产的企业，包括中国石油和中国石化重组改制后设立的油气田分（子）公司、存续公司和其他石油天然气生产企业（以下简称“油气田企业”），不包括经国务院批准适用5%征收率缴纳增值税的油气田企业。其中，存续公司是指中国石油和中国石化重组改制后留存的企业；其他石油天然气生产企业是指除中国石油和中国石化以外的石油天然气生产企业。

油气田企业持续重组改制继续提供生产性劳务的企业，以及2009年1月1日以后新成立的油气田企业参股、控股的企业，也是油气田企业增值税的纳税主体。

2. 油气田企业增值税的征税范围

油气田企业为生产原油、天然气提供的生产性劳务应缴纳增值税。生产性劳务是指油气田企业为生产原油、天然气，从地质普查、勘探开发到原油天然气销售的一系列生产过程所发生的劳务。油气田企业与非油气田企业之间相互提供的生产性劳务不用缴纳增值税。

油气田企业与其所属非独立核算单位之间及其所属非独立核算单位之间移送货物或者提供应税劳务，不用缴纳增值税。

油气田企业提供的应税劳务和非应税劳务应当分别核算销售额，未分别核算的，由主管税务机关核定应税劳务的销售额。

3. 油气田企业增值税进项税额的抵扣

油气田企业为生产原油、天然气接受其他油气田企业提供的生产性劳务，可凭劳务提供方开具的增值税专用发票注明的增值税额予以抵扣。

油气田企业下列项目的进项税额不得从销项税额中抵扣：①用于非增值税应税项目、免征增值税项目、集体福利或者个人消费的购进货物或者应税劳务。其中，非增值税应税项目是指提供非应税劳务、转让无形资产、销售不动产、建造非生产性建筑物及构筑物；用于集体福利或者个人消费的购进货物或者应税劳务，包括所属的学校、医院、宾馆、饭店、招待所、托儿所（幼儿园）、疗养院、文化娱乐单位等部门购进的货物或应税劳务。②非正常损失的购进货物及相关的应税劳务。③非正常损失的在产品、产成品所耗用的购进货物或者应税劳务。④国务院财政、税务主管部门规定的纳税人自用消费品。⑤第①项至第④项规定的货物运输费用和销售免税货物的运输费用。

4. 油气田企业跨区域开采增值税的缴纳

跨省、自治区、直辖市开采石油、天然气的油气田企业由总机构汇总计算应纳增值税额，并按照各油气田（井口）石油、天然气产量比例进行分配，各油气田按所分配的应纳增值税额向所在地税务机关缴纳。石油、天然气应纳增值税额的计算办法由总机构所在地省级税务部门商各油气田所在地同级税务部门确定。

在省、自治区、直辖市内的油气田企业，其增值税的计算缴纳方法由各省、自治区、直辖市财政和税务部门确定。

油气田企业跨省、自治区、直辖市提供生产性劳务，应当在劳务发生地按3%预征率计算缴纳增值税。在劳务发生地预缴的税款可从其应纳增值税中抵减。

5. 油气田企业增值税纳税义务发生时间

油气田企业为生产原油、天然气提供的生产性劳务的纳税义务发生时间，为油气田企业收讫劳务收入款或者取得索取劳务收入款项凭据的当天；先开具发票的，为开具发票的当天。

收讫劳务收入款的当天是指油气田企业应税行为发生过程中，或者完成后收取款项的当天；采取预收款方式的，为收到预收款的当天。

取得索取劳务收入款项凭据的当天，是指书面合同确定的付款日期的当天；未签订书面合同或者书面合同未确定付款日期的，为应税行为完成的当天。

6. 油气田企业增值税征收管理

油气田企业所需发票，经主管税务机关审核批准后，可以采取纳税人统一集中领购、发放和管理的方法，也可以由机构内部所属的非独立核算单位分别领购。

油气田企业应统一申报货物及应税劳务应缴纳的增值税。

油气田企业向外省、自治区、直辖市其他油气田企业提供生产性劳务时，应当在劳务发生地税务机关办理税务登记或注册税务登记。在劳务发生地设立分（子）公司的，应当申请办理增值税一般纳税人认定手续，经劳务发生地税务机关认定为一般纳税人后，按照增值税一般纳税人的计算方法在劳务发生地计算缴纳增值税。

子公司是指具有企业法人资格，实行独立核算的企业；分公司是指不具有企业法人资格，但领取了工商营业执照的企业。

【政策解析】

油气田企业增值税管理办法的主要变化有以下四方面。

（1）增值税纳税人企业认定范围。

油气田企业持续重组改制继续提供生产性劳务的企业，以及 2009 年 1 月 1 日以后新成立的由油气田企业参股、控股的企业，也被认定为油气田企业缴纳增值税。为生产原油、天然气提供的生产性劳务应缴纳增值税。

（2）跨省涉税征管。

跨省、自治区、直辖市开采石油、天然气的油气田企业，由总机构汇总计算应纳增值税额，并按照各油气田（井口）石油、天然气产量比例进行分配，各油气田按所分配的应纳增值税额向所在地税务机关缴纳。石油、天然气应纳增值税额的计算办法由总机构所在地省级税务部门商各油气田所在地同级税务部门确定。在省、自治区、直辖市内的油气田企业，其增值税的计算缴纳方法由各省、自治区、直辖市财政和税务部门确定。油气田企业跨省、自治区、直辖市提供生产性劳务，应当在劳务发生地按 3% 预征率计算缴纳增值税。在劳务发生地预缴的税款可从其应纳增值税中抵减。新疆以外地区在新疆未设立分（子）公司的油气田企业，在新疆提供的生产性劳务应按 5% 的预征率计算缴纳增值税，预缴的税款可在油气田企业的应纳增值税中抵减。

（3）纳税义务发生时间。

油气田企业为生产原油、天然气提供的生产性劳务的纳税义务发生时间，为油气田企业收讫劳务收入款或者取得索取劳务收入款项凭据的当天；先开具发票的，为开具发票的当天。收讫劳务收入款的当天是指油气田企业应税行为发生过程中，或者完成后收取款项的当天；采取预收款方式的，为收到预收款的当天。取得索取劳务收入款项凭据的当天，是指书面合同确定的付款日期的当天；未签订书面合同或者书面合同未确定付款日期的，为应税行为完成的当天。

（4）生产性劳务范围。

生产性劳务是指油气田企业为生产原油、天然气，从地质普查、勘探开发到原油天然气销售的一系列生产过程所发生的劳务（具体见《油气田企业增值税管理办法》所附的《增值税生产性劳务征税范围注释》）。缴纳增值税的生产性劳务仅限于油气田企业间相互提供属于《增值税生产性劳务征税范围注释》内的劳务。

油气田企业有四类生产性劳务不用缴纳增值税：①油气田企业与非油气田企业之间相互提供的生产性劳务不用缴纳增值税。②油气田企业将承包的生产性劳务分包给其他油气田企业或非油气田企业，应当就其总承包额计算缴纳增值税。非油气田企业将承包的生产性劳务分包给油气田企业或其他非油气田企业，其提供的生产性劳务不用缴纳增值税。③油气田企业分包非油气田企业的生产性劳务不用缴纳增值税。④油气田企业与其所属非独立核算单位之间及其所属非独立核算单位之间移送货物或者提供应税劳务，不用缴纳增值税。

应税劳务是指加工、修理修配劳务和生产性劳务。油气田企业提供的应税劳务和非应税劳务应当分别核算销售额；未分别核算的，由主管税务机关核定应税劳务的销售额。生产性劳务包括地质勘探、钻井（含侧井）、测井、录井等 15 个项目。

（二）油气田企业所得税政策与实务处理

油气田企业经营项目繁多，且所处行业具有一定的特殊性，因此油气田企业在企业所得税的处理上具有行业的特点。

1. 费用和固定资产折耗摊销折旧

【政策依据】

《财政部　国家税务总局关于开采油（气）资源企业费用和有关固定资产折耗摊销折旧税务处理问题的通知》（财税〔2009〕49 号）（以下简称财税〔2019〕49 号文件）的相关规定如下：

（1）费用和固定资产的范围。

费用和有关固定资产是指油气企业在开始商业性生产前取得矿区权益和勘探、开发的支出所形成的费用和固定资产。商业性生产是指油（气）田（井）经过勘探、开发、稳定生产并商业销售石油、天然气的阶段。

（2）关于矿区权益支出的折耗。

①矿区权益支出是指油气企业为了取得在矿区内的探矿权、采矿权、土地或海域使用权等发生的各项支出，包括有偿取得各类矿区权益的使用费、相关中介费或其他可直接归属于矿区权益的合理支出。

②油气企业在开始商业性生产前发生的矿区权益支出，可在发生的当期从本企业其他油（气）田收入中扣除；或者自对应的油（气）田开始进行商业性生产月份的次月起，分 3 年按直线法计提的折耗准予扣除。

③油气企业对其发生的矿区权益支出未选择在发生的当期扣除的，由于未发现商业性油（气）构造而终止作业，其尚未计提折耗的剩余部分，可在终止作业的当年作为损失扣除。

（3）关于勘探支出的摊销。

①勘探支出是指油气企业为了识别勘探区域或探明油气储量而进行的地质调查、地球物理勘探、钻井勘探活动，以及其他相关活动所发生的各项支出。

②油气企业在开始商业性生产前发生的勘探支出（不包括预计可形成资产的钻井勘探支出），可在发生的当期从本企业其他油（气）田收入中扣除；或者自对应的油（气）田开始进行商业性生产月份的次月起，分 3 年按直线法计提的摊销准予扣除。

③油气企业对其发生的勘探支出未选择在发生的当期扣除的，由于未发现商业性油（气）构造而终止作业，其尚未摊销的剩余部分，可在终止作业的当年作为损失扣除。

④油气企业的钻井勘探支出，凡确定该井可作商业性生产，且该钻井勘探支出形成的资产符合《中华人民共和国企业所得税法实施条例》第五十七条规定条件（《中华人民共和国企业所得税法》第十一条：所称固定资产，是指企业为生产产品、提供劳务、出租或者经营管理而持有的、使用时间超过 12 个月的非货币性资产，包括房屋、建筑物、机器、机械、运输工具以及其他与生产经营活动有关的设备、器具、工具等）的，应当将该钻井勘探支出结转为开发资产的成本，按照财税〔2019〕49 号文件第四条的规定计提折旧。

（4）关于开发资产的折旧。

①开发支出是指油气企业为了取得已探明矿区中的油气而建造或更新井及相关设施活动所发生的各项支出。

②油气企业在开始商业性生产之前发生的开发支出，可不分用途全部累计作为开发资产的成本，自对应的油（气）田开始商业性生产月份的次月起，可不留残值按直线法计提的折旧准予扣除，其最低折旧年限为8年。

③油气企业终止本油（气）田生产的，其开发资产尚未计提折旧的剩余部分可在该油（气）田终止生产的当年作为损失扣除。

（5）其他。

油气企业应按照财税〔2009〕49号文件规定选择有关费用和资产的折耗、摊销、折旧方法及年限，一经确定，不得变更。油气企业在本油（气）田进入商业性生产之后对本油（气）田新发生的矿区权益、勘探支出、开发支出，按照财税〔2009〕49号文件规定处理。

【政策解析】

油气田企业因弃置义务计提的油气资产折耗和财务费用的处理，油气田企业因弃置义务提取的油气资产折耗，以及随时间推移确认的财务费用，按照税法规定需在实际发生时才被允许税前扣除，因此须确认递延所得税资产。财税〔2009〕49号文件的颁布，规定了油气资产可不留残值，最低税收折旧年限为8年，与会计处理中折旧年限存在差异，使得油气资产折耗存在差异，须确认递延所得税；并且，油气资产折耗方法由直线法转变为产量法，而税法规定的折耗方法为直线法，这样油气资产折耗又存在差异，须确认递延所得税。

2. 安全生产费用的提取和使用

【政策依据】

根据《中华人民共和国企业所得税法》第十条第（七）项和《中华人民共和国企业所得税法实施条例》第五十五条的相关规定，未经核准的准备金支出，即不符合国务院财政、税务主管部门规定的各项资产减值准备、风险准备等准备金支出，不允许在企业所得税税前扣除。

根据《国家税务总局关于煤矿企业维简费和高危行业企业安全生产费用企业所得税税前扣除问题的公告》（国家税务总局公告 2011 年第 26 号）第一条的规定，实际发生的安全生产费用支出，允许在企业所得税税前扣除；而预提的安全生产费，不允许在企业所得税税前扣除。

【政策延伸】

《财政部　应急管理部关于印发〈企业安全生产费用提取和使用管理办法〉的通知》（财资〔2022〕136 号）规定了安全生产费用、安全生产费用标准等内容。

（1）石油天然气（包括页岩油、页岩气）开采是指陆上采油（气）、海上采油（气）、钻井、物探、测井、录井、井下作业、油建、海油工程等活动。

煤层气（地面开采）企业参照陆上采油（气）企业执行。

（2）陆上采油（气）、海上采油（气）企业依据当月开采的石油、天然气产量，于月末提取企业安全生产费用。其中，每吨原油 20 元，每千立方米原气 7.5 元。

钻井、物探、测井、录井、井下作业、油建、海油工程等企业按照项目或工程造价中的直接工程成本的 2% 逐月提取企业安全生产费用。工程发包单位应当在合同中单独约定并及时向工程承包单位支付企业安全生产费用。

石油天然气开采企业的储备油、地下储气库参照危险品储存企业执行。

（3）石油天然气开采企业安全生产费用应当用于以下支出：①完善、改造和维护安全防护设施设备支出（不含“三同时”要求初期投入的安全设施），包括油气井（场）、管道、站场、海洋石油生产设施、作业设施等设施设备的监测、监控、防井喷、防灭火、防坍塌、防爆炸、防泄漏、防腐蚀、防颠覆、防漂移、防雷、防静电、防台风、防中毒、防坠落等设施设备支出；②事故逃生和紧急避难设施设备的配置及维护保养支出，应急救援器材、设备配置及维护保养支出，应急救援队伍建设、应急预案制修订与应急演练支出；③开展重大危险源检测、评估、监控支出，安全风险分级管控和事故隐患排查整改支出，安全生产信息化、智能化建设、运维和网络安全支出；④安全生产检查、评估评价（不含新建、改建、扩建项目安全评价）、咨询、标准化建设支出；⑤配备和更新现场作业人员安全防护用品支出；⑥安全生产宣传、教育、培训和从业人员发现并报告事故隐患的奖励支出；⑦安全生产适用的新技术、新标准、新工艺、新装备的推广应用支出；⑧安全设施及特种设备检测检验、检定校准支出；⑨野外或海上作业应急食品、应急器械、应急药品支出；⑩安全生产责任保险支出；⑪与安全生产直接相关的其他支出。

【政策解析】

依据税法规定，企业发生的费用只有在实际发生支出时才可抵减企业的应纳税所得额。为此，油气田企业提取的安全生产费用应当在实际发生时才被允许抵减企业的应纳税所得税，这样就产生了税会时间性差异，形成递延所得税。企业在提取安全生产费用时，须计提递延所得税资产。在以后年度，企业实际使用本单位计提的安全费用时，再做相应的纳税调减，调整原确认的递延所得税资产余额。

可结转以后年度亏损和未利用税款抵减的处理对于独立纳税单位的子公司，当期或者以前年度的累积亏损依据会计准则的相关规定，如果能够判断其能在符合税法规定的税前弥补期限内得到弥补的，应确认递延所得税资产；如果存在因享受购买安全、环保、节能等设备的税收优惠而产生的可予以结转以后年度税前扣除的支出，则根据税法规定须确认递延所得税资产。

3. 固定资产提折旧

油气田企业固定资产包括直接生产原油、天然气的油气设施，围绕油气生产的技术服务装备，原油、天然气深加工的炼化装置。油气设施包括油水井、储罐、油气管道等，这类资产都是根据油气储量，分区块按产量进行产能建设，集设备、房屋、管线、供水、供电等于一体的油气生产设施。

不同于常规的固定资产，油气设施规模和资金投入是根据地质储量决定的。它的特点是：只为产油、气而建设，油气枯竭后几乎没有价值；清理费用远远大于残体变现收入，需要堵井、拆除设施、挖掘管线并恢复原貌；残体的可利用价值极低；相应配套的水、电、通信等资产投入同步失去价值。

油气资产属于递耗资产的一部分，即原归属固定资产管理的递耗资产。其特点是油气资产和应计折旧的固定资产虽均属有形的长期资产，但油气资产大多不能重置，而应计折旧的固定资产可以重置。油气资产的价值将随着采掘耗竭。采掘完毕后，油气资产也失去了价值，而应计折旧的固定资产是根据效用年限计算其价值的。

【政策依据】

根据《中华人民共和国企业所得税法》第十一条和《中华人民共和国企业所得税法实施条例》（中华人民共和国国务院令第714号）第六十条的规定，在计算应纳税所得额时，企业按照规定计算的固定资产折旧，准予扣除。

（1）不得计算折旧扣除的固定资产。

下列固定资产不得计算折旧扣除：①房屋、建筑物以外未投入使用的固定资产；②以经营租赁方式租入的固定资产；③以融资租赁方式租出的固定资产；④已足额提取折旧仍继续使用的固定资产；⑤与经营活动无关的固定资产；⑥单独估价作为固定资产入账的土地；⑦其他不得计算折旧扣除的固定资产。

（2）固定资产计算折旧年限。

除国务院财政、税务主管部门另有规定外，固定资产计算折旧的最低年限如下：①房屋、建筑物，为20年；②飞机、火车、轮船、机器、机械和其他生产设备，为10年；③与生产经营活动有关的器具、工具、家具等，为5年；④飞机、火车、轮船以外的运输工具，为4年；⑤电子设备，为3年。

【政策解析】

根据《企业会计准则》的规定，常用的固定资产折旧计算方法有直线法和加速法。

（1）直线法。

直线法是指按照使用年限或完成的工作量平均计提折旧的方法，主要包括年限平均法和工作量法。

①年限平均法。年限平均法是根据固定资产的原始价值扣除预计残值，按预计使用年限平均计提折旧的一种方法。年限平均法将折旧均衡分配于使用期内的各个期间。其计算公式为

年折旧额 =（原始价值 - 预计残值 + 预计清理费用）÷预计使用年限年折旧率 = 年折旧额 ÷ 原值 × 100% =（1 - 净残值率）÷折旧年限 × 100%

②工作量法。工作量法是假定固定资产的服务潜力会随着使用程度而减退，因此将年限平均法中固定资产的有效使用年限改为使用这项资产所能生产的产品或劳务数量。其计算公式为

单位工作量折旧额 = 应计提折旧总额 ÷ 预计完成的工作总量

年折旧额 = 单位工作量折旧额 × 当年实际完成的工作产量不同的固定资产

工作量有不同的表现形式：对于运输设备来说，其工作量表现为运输里程；对于机器设备来说，其工作量表现为机器工时。

（2）加速法。加速法是指固定资产每期计提的折旧费用，在固定资产使用早期提得多，使用后期则提得少，从而加快了折旧的速度，包括年数总和法及双倍余额递减法。

①年数总和法。年数总和法是将固定资产的原值减去净残值后的净额率以一个逐年递减的分数计算每年的折旧额。这个递减分数的分子代表固定资产尚可使用的年数，分母代表使用年数的数字总和。其计算公式为

年折旧率 =（折旧年限 - 已使用年限）÷［折旧年限 ×（折旧年限 + 1）÷2］×100%

年折旧额 =（固定资产原值 - 预计残值）× 年折旧率

②双倍余额递减法。双倍余额递减法是在不考虑固定资产残值的情况下，根据每期期初固定资产账面余额和双倍直线折旧率计算固定资产折旧的一种方法。其计算公式为

年折旧率 =2 ÷ 折旧年限 × 100%

月折旧率 = 年折旧率 ÷12

年折旧额 = 固定资产账面价值 × 年折旧率

实行双倍余额递减法计提折旧的固定资产，应当在其固定资产折旧年

限之前的两年内，将固定资产净值平均摊销。

不同的固定资产折旧方法对企业所得税的处理没有影响，因为企业采取的折旧方法只会影响企业的利润，而不会影响企业所得税的处理。如果出现税会差异，就要进行纳税调整，形成暂时性差异。

【政策延伸】

根据《财政部　税务总局关于设备、器具扣除有关企业所得税政策的公告》（财政部　税务总局公告2023年第37号）的规定，企业在2024年1月1日至2027年12月31日期间新购进的设备、器具，单位价值不超过500万元的，允许一次性计入当期成本费用在计算应纳税所得额时扣除，不再分年度计算折旧；单位价值超过500万元的，仍按《中华人民共和国企业所得税法实施条例》、《财政部　国家税务总局关于完善固定资产加速折旧企业所得税政策的通知》（财税〔2014〕75号）、《财政部　国家税务总局关于进一步完善固定资产加速折旧企业所得税政策的通知》（财税〔2015〕106号）等相关规定执行。

根据《财政部　国家税务总局关于完善固定资产加速折旧企业所得税政策的通知》（财税〔2014〕75号）的规定，对所有行业企业2014年1月1日后新购进的专门用于研发的仪器、设备，单位价值不超过100万元的，允许一次性计入当期成本费用在计算应纳税所得额时扣除，不再分年度计算折旧；单位价值超过100万元的，可缩短折旧年限或采取加速折旧的方法。对所有行业企业持有的单位价值不超过5000元的固定资产，允许一次性计入当期成本费用在计算应纳税所得额时扣除，不再分年度计算折旧。

【政策解析】

《财政部　国家税务总局关于设备、器具扣除有关企业所得税政策的公告》（财政部　税务总局公告2023年第37号）中提到的关于设备、器具等具体内容，国家税务总局早在2018年就有明确规定：

（1）设备、器具是指除房屋、建筑物以外的固定资产（以下简称固定资产）；所称购进，包括以货币形式购进或自行建造，其中以货币形式购进的固定资产包括购进的使用过的固定资产；以货币形式购进的固定资产，以购买价款和支付的相关税费及直接归属于使该资产达到预定用途发生的其他支出确定单位价值，自行建造的固定资产，以竣工结算前发生的支出确定单位价值。

（2）固定资产购进时应按以下原则确认：以货币形式购进的固定资产，除采取分期付款或赊销方式购进外，按发票开具时间确认；以分期付款或赊销方式购进的固定资产，按固定资产到货时间确认；自行建造的固定资产，按竣工结算时间确认。

（3）固定资产在投入使用月份的次月所属年度一次性税前扣除。

（4）企业选择享受一次性税前扣除政策的，其资产的税务处理可与会计处理不一致。

（5）企业根据自身生产经营核算需要，可自行选择享受一次性税前扣除政策。未选择享受一次性税前扣除政策的，在以后年度不得再变更。

（6）企业按照《国家税务总局关于发布修订后的〈企业所得税优惠政策事项办理办法〉的公告》（国家税务总局公告2018年第23号）的规定办理享受政策的相关手续，主要留存备查资料如下：①有关固定资产购进时点的资料（如以货币形式购进固定资产的发票，以分期付款或赊销方式购进固定资产的到货时间说明，自行建造固定资产的竣工决算情况说明等）；②固定资产记账凭证；③核算有关资产税务处理与会计处理差异的台账。

此外，关于研发费用政策的内容详见本书第六章第四节。

4. 油气企业的石油、天然气开采技术转让

【政策依据】

根据《中华人民共和国企业所得税法》第二十七条第（四）项的规定，符合条件的技术转让所得，可以免征、减征企业所得税。

根据《国家税务总局关于技术转让所得减免企业所得税有关问题的通知》（国税函〔2009〕212号）第一条规定，“享受减免企业所得税优惠的技术转让应符合以下条件：（一）享受优惠的技术转让主体是企业所得税法规定的居民企业；（二）技术转让属于财政部、国家税务总局规定的范

围；（三）境内技术转让经省级以上科技部门认定；（四）向境外转让技术经省级以上商务部门认定；（五）国务院税务主管部门规定的其他条件”。

符合条件的技术转让可免征、减征企业所得税，是指一个纳税年度内，居民企业技术转让所得不超过500万元的部分，免征企业所得税；超过500万元的部分，减半征收企业所得税。

5. 油气田企业计提的弃置费用

根据《关于发布〈海上油气生产设施弃置费企业所得税管理办法〉的公告》（国家税务总局公告2011年第22号）的相关规定。

（1）弃置费。

①弃置费是指从事开采我国海上油气资源的企业，为承担油气生产设施废弃处置的责任和义务所发生的，用于井及相关设施的废弃、拆移、填埋等恢复生态环境及其前期准备等发生的各项专项支出。主要包括弃置前期研究、停产准备、工程设施弃置、油井弃置等相关费用。

②海上油气生产设施（以下简称“设施”），包括海上油井、气井、水井、固定平台、人工岛、单点系泊、浮式生产储油装置，海底电缆、管道、水下生产系统，陆岸终端，以及其他水上、水下油气生产的相关辅助配套设施。

③企业是指参与开采海上油气资源的中国企业和外国企业。

④作业者是指负责海上油（气）田作业的实体，包括开采海上石油资源的本企业或者各投资方企业。

（2）弃处置方案的备案。

①企业开始提取弃置费用前，应提供作业者编制的海上油（气）田设施废弃处置预备方案，报主管税务机关备案。预备方案应当包括弃置费估算、弃置费筹措方法和弃置方式等内容。

②设施废弃处置预备方案发生修改的，企业应在修改后的30日内报主管税务机关备案。

③海上油（气）田实施弃置作业前，应将其按照国家有关主管部门要求编制的设施废弃处置实施方案，报主管税务机关备案。

（3）弃置费的计提和税前扣除。

①海上油（气）田弃置费，按照设施废弃处置预备方案中规定的方法（产量法或年限平均法）按月提取。多家企业合作开发一个油（气）田的，其弃置费计提应该采取同一方法。企业弃置费计提方法确定后，除设施废弃处置预备方案修改外，不得变更。

②国家税务总局公告2011年第22号文件实施后进入商业生产的海上油（气）田，弃置费自进入商业生产的次月开始计提；实施前已进入商业生产的海上油（气）田，弃置费自作业者补充编制的设施废弃处置预备方案报主管税务机关备案后的次月开始计提。

作业者修改废弃处置预备方案的，修改后弃置费在废弃处置预备方案重新报主管税务机关备案的次月开始计提。

③采用年限平均法分月计提弃置费，应按照以下公式计算：

当月计提弃置费=（预备方案中的弃置费总额－累计已计提弃置费用）÷合同生产期（月）－当月弃置费专款账户损益

采用年限平均法合同计提弃置费和采用产量法计提弃置费公式中的“当月弃置费专款账户损益”，包括专款账户利息、汇兑损益等。其中，汇兑损益为弃置费以人民币以外货币计提存储情况下，按照上月末即期人民币汇率中间价折算为人民币时，弃置费专款账户余额发生的汇兑损益。

国家税务总局公告2011年第22号文件实施前已进入商业生产的海上油（气）田，合同生产期（月）为开始计提弃置费的剩余月份。

④采用产量法计提弃置费，应按照以下公式计算：

本月计提弃置费=（预备方案中的弃置费总额－累计已计提弃置费用）×本月计提比例－当月弃置费专款账户损益

本月计提比例=本月油（气）田实际产量÷［本月油（气）田实际产量+期末探明已开发储量］

期末探明已开发储量是指已探明的开发储量，在现有设施条件下对应的可开采储量。

⑤作业者应在纳税年度结束后，就当年提取的弃置费具体情况进行调

整。企业应在年度汇算清缴时，根据作业者的调整情况，确认本年度弃置费列支数额。

⑥修改设施废弃处置预备方案，导致弃置费提取数额、方法发生变化的，应自方案修改后的下个月开始，就新方案中的弃置费总额减去累计已计提弃置费后的余额，按照新方案确定的方法继续计提。

⑦油（气）田企业或合作各方企业应承担或者按投资比例承担设施废弃处置的责任和义务，其按本办法计提的弃置费，应依照规定作为环境保护、生态恢复等方面专项资金，并准予在计算企业年度应纳税所得额时扣除。

⑧合作油（气）田的合同生产期尚未结束，一方企业决定放弃生产，将油（气）田所有权全部转移给另一方企业或者合作油（气）田的合同生产期结束，另一方企业决定继续生产。若放弃方或退出方企业取得已经计提的弃置费补偿，应作为收入计入企业当年度应纳税所得计算纳税；支付方企业可以作为弃置费，在支付年度一次性扣除。

（4）弃置费的使用。

①作业者实施海上油（气）田设施废弃处置时发生的弃置费应单独归集核算，并从按照《海上油气生产设施弃置费企业所得税管理办法》规定提取的弃置费中扣除。

②作业者完成海上油（气）田设施废弃处置后提取的弃置费仍有余额，应相应调增弃置费余额所归属企业当年度的应纳税所得额。

③作业者完成海上油（气）田设施废弃处置后，实际发生的弃置费超过计提的部分应作为企业当年度费用，在计算企业应纳税所得额时扣除。

（5）弃置费的管理。

①弃置费专款账户资金所产生的损益应计入弃置费，并相应调整当期弃置费提取额。

②弃置费的计提、清算应统一使用人民币作为货币单位。发生的汇兑损益，可直接增加或减少弃置费。

③企业在申报当年度企业所得税汇算清缴资料时，应附送海上油气生产设施弃置费情况表。

④海上油（气）田设施废弃处置作业完成后，在进行税务清算时，应提供企业对弃置费的计提、使用和各投资方承担等情况的说明。

（6）其他。

企业按照《海上油气生产设施弃置费企业所得税管理办法》计提的弃置费凡改变用途的，不得在企业所得税前扣除。已经扣除的，应调增改变用途当年的应纳税所得额，并按照《中华人民共和国税收征收管理法》的有关规定处理。

6. 安全生产专用设备

【政策依据】

根据《财政部　国家税务总局关于执行环境保护专用设备企业所得税优惠目录、节能节水专用设备企业所得税优惠目录和安全生产专用设备企业所得税优惠目录有关问题的通知》（财税〔2008〕48 号）第一条的规定，企业自 2008 年 1 月 1 日起购置并实际使用列入“目录”范围内的环境保护、节能节水和安全生产专用设备，可以按专用设备投资额的 10% 抵免当年企业所得税应纳税额；企业当年应纳税额不足抵免的，可以向以后年度结转，但结转期不得超过 5 个纳税年度。

其中，“目录”指经国务院批准，财政部、国家税务总局、国家发展改革委公布的《环境保护专用设备企业所得税优惠目录》《节能节水专用设备企业所得税优惠目录》；财政部、国家税务总局、中华人民共和国应急管理部公布的《安全生产专用设备企业所得税优惠目录》。

企业购置的设备，满足以上“目录”列举的专用设备，可以按专用设备投资额的 10% 抵免当年企业所得税应纳税额。

（三）油气田企业消费税税收政策与实务处理

油气田企业原则上不涉及消费税，但是关于国家税务总局的一些文件还是需要注意。

【政策依据】

根据《国家税务总局关于稳定轻烃产品征收消费税问题的批复》（国税函〔2010〕205 号）的规定，油气田企业在生产石油、天然气过程中，通过加热、增压、冷却、制冷等方法回收、以戊烷和以上重烃组分组成的稳定轻烃属于原油范畴，不属于成品油消费税征税范围。

（四）油气田企业资源税税收政策与实务处理

【政策依据】

油气田企业根据《中华人民共和国资源税法》的有关规定，属于资源税的纳税人，应用的基本税收政策根据是《中华人民共和国资源税法》，但个别地方会涉及其他资源税政策，下文中提及时会加以标注。

1. 油气田企业资源税征税范围及税率

资源税的税目和税率见表2－2。

表2－2　资源税税目税率

<table>
<tr><th colspan="3">税目</th><th>征税对象</th><th>税率/%</th></tr>
<tr><td rowspan="7">能源矿产</td><td colspan="2">原油</td><td>原矿</td><td>6</td></tr>
<tr><td colspan="2">天然气、页岩气、天然气水合物</td><td>原矿</td><td>6</td></tr>
<tr><td colspan="2">煤</td><td>原矿或者选矿</td><td>2～10</td></tr>
<tr><td colspan="2">煤成（层）气</td><td>原矿</td><td>1～2</td></tr>
<tr><td colspan="2">铀、钍</td><td>原矿</td><td>4</td></tr>
<tr><td colspan="2">油页岩、油砂、天然沥青、石煤</td><td>原矿或者选矿</td><td>1～4</td></tr>
<tr><td colspan="2">地热</td><td>原矿</td><td>1～20或者
每立方米1～30元</td></tr>
<tr><td rowspan="11">金属矿产</td><td>黑色金属</td><td>铁、锰、铬、钒、钛</td><td>原矿或者选矿</td><td>1～9</td></tr>
<tr><td rowspan="10">有色金属</td><td>铜、铅、锌、锡、镍、锑、镁、钴、铋、汞</td><td>原矿或者选矿</td><td>2～10</td></tr>
<tr><td>铝土矿</td><td>原矿或者选矿</td><td>2～9</td></tr>
<tr><td>钨</td><td>选矿</td><td>6.5</td></tr>
<tr><td>钼</td><td>选矿</td><td>8</td></tr>
<tr><td>金、银</td><td>原矿或者选矿</td><td>2～6</td></tr>
<tr><td>铂、钯、钌、锇、铱、铑</td><td>原矿或者选矿</td><td>5～10</td></tr>
<tr><td>轻稀土</td><td>选矿</td><td>7～12</td></tr>
<tr><td>中重稀土</td><td>选矿</td><td>20</td></tr>
<tr><td>铍、锂、锆、锶、铷、铯、铌、钽、锗、镓、铟、铊、铪、铼、镉、硒、碲</td><td>原矿或者选矿</td><td>2～10</td></tr>
</table>

续表

税目			征税对象	税率/%
非金属矿产	矿物类	高岭土	原矿或者选矿	1～6
		石灰岩	原矿或者选矿	1～6或者每吨（每立方米）1～10元
		磷	原矿或者选矿	3～8
		石墨	原矿或者选矿	3～12
		萤石、硫铁矿、自然硫	原矿或者选矿	1～8
		天然石英砂、脉石英、粉石英、水晶、工业用金刚石、冰洲石、蓝晶石、硅线石（矽线石）、长石、滑石、刚玉、菱镁矿、颜料矿物、天然碱、芒硝、钠硝石、明矾石、砷、硼、碘、溴、膨润土、硅藻土、陶瓷土、耐火黏土、铁矾土、凹凸棒石黏土、海泡石黏土、伊利石黏土、累托石黏土	原矿或者选矿	1～12
		叶蜡石、硅灰石、透辉石、珍珠岩、云母、沸石、重晶石、毒重石、方解石、蛭石、透闪石、工业用电气石、白垩、石棉、蓝石棉、红柱石、石榴子石、石膏	原矿或者选矿	2～12
		其他黏土（铸型用黏土、砖瓦用黏土、陶粒用黏土、水泥配料用红土、水泥配料用黄土、水泥配料用泥岩、保温材料用黏土）	原矿或者选矿	1～5或者每吨（每立方米）0.1～5元
	岩石类	大理岩、花岗岩、白云岩、石英岩、砂岩、辉绿岩、安山岩、闪长岩、板岩、玄武岩、片麻岩、角闪岩、页岩、浮石、凝灰岩、黑曜岩、霞石正长岩、蛇纹岩、麦饭石、泥灰岩、含钾岩石、含钾砂页岩、天然油石、橄榄岩、松脂岩、粗面岩、辉长岩、辉石岩、正长岩、火山灰、火山渣、泥炭	原矿或者选矿	1～10
		砂石	原矿或者选矿	1～5或者每吨（每立方米）0.1～5元

续表

税目			征税对象	税率/%
非金属矿产	宝玉石类	宝石、玉石、宝石级金刚石、玛瑙、黄玉、碧玺	原矿或者选矿	4~20
水气矿产	二氧化碳、硫化氢、氦气、氡气		原矿	2~5
	矿泉水		原矿	1~20或者每吨（每立方米）1~30元
盐	钠盐、钾盐、镁盐、锂盐		选矿	3~15
	天然卤水		原矿	3~15或者每吨（每立方米）1~10元
	海盐			2~5

纳税人开采或者生产应税产品自用的，应当依照《中华人民共和国资源税法》的规定缴纳资源税；但是，自用于连续生产应税产品的，不用缴纳资源税。

2. 油气田企业资源税计税方法

（1）根据《中华人民共和国资源税法》。

①资源税按照表2-2实行从价计征或者从量计征。表2-2中规定可以选择实行从价计征或者从量计征的，具体计征方式由省、自治区、直辖市人民政府提出，报同级人民代表大会常务委员会决定，并报全国人民代表大会常务委员会和国务院备案。实行从价计征的，应纳税额按照应税资源产品（以下简称“应税产品”）的销售额乘以具体适用税率计算；实行从量计征的，应纳税额按照应税产品的销售数量乘以具体适用税率计算。

②纳税人开采或者生产不同税目应税产品的，应当分别核算不同税目应税产品的销售额或者销售数量；未分别核算或者不能准确提供不同税目应税产品的销售额或者销售数量的，从高适用税率。

（2）根据《国家税务总局关于资源税征收管理若干问题的公告》（国家税务总局公告2020年第14号）的相关规定，纳税人以外购原矿与自采原矿混合为原矿销售，或者以外购选矿产品与自产选矿产品混合为选矿产品销售的，在计算应税产品销售额或者销售数量时，直接扣减外购原矿或者外购选矿产品的购进金额与购进数量。

纳税人以外购原矿与自采原矿混合洗选加工为选矿产品并销售的，在计算应税产品销售额或者销售数量时，按照下列方法进行扣减：

准予扣减的外购应税产品购进金额（数量）＝外购原矿购进金额（数量）×（本地区原矿适用税率÷本地区选矿产品适用税率）

不能按照上述方法计算扣减的，按照主管税务机关确定的其他合理方法扣减。

3. 税收优惠

根据《中华人民共和国资源税法》的规定：

（1）免征资源税。

纳税人有下列情形之一的，免征资源税：①开采原油以及在油田范围内运输原油过程中用于加热的原油、天然气；②煤炭开采企业因安全生产需要抽采的煤成（层）气。

（2）减征资源税。

纳税人有下列情形之一的，减征资源税：①从低丰度油气田开采的原油、天然气，减征20%资源税；②高含硫天然气、三次采油和从深水油气田开采的原油、天然气，减征30%资源税；③稠油、高凝油减征40%资源税；④从衰竭期矿山开采的矿产品，减征30%资源税。

（3）省、自治区、直辖市可以决定免征或者减征资源税。

纳税人有下列情形之一的，省、自治区、直辖市可以决定免征或者减征资源税：①纳税人开采或者生产应税产品过程中，因意外事故或者自然灾害等原因遭受重大损失；②纳税人开采共伴生矿、低品位矿、尾矿。

纳税人的免税、减税项目，应当单独核算销售额或者销售数量；未单独核算或者不能准确提供销售额和销售数量的，不予免税或者减税。

（4）暂不征收资源税收。

根据《财政部　国家税务总局关于加快煤层气抽采有关税收政策问题的通知》（财税〔2007〕16号）的规定，地面抽采煤层气暂不征收资源税。

4. 征收管理

根据《中华人民共和国资源税法》的规定：

（1）纳税人销售应税产品的，纳税义务发生时间为收讫销售款或者取得索取销售款凭据的当日；自用应税产品的，纳税义务发生时间为移送应税产品的当日。

（2）纳税人应当向应税产品开采地或者生产地的税务机关申报缴纳资源税。

（3）资源税按月或者按季申报缴纳；不能按固定期限计算缴纳的，可以按次申报缴纳。

纳税人按月或者按季申报缴纳的，应当自月度或者季度终了之日起15日内，向税务机关办理纳税申报并缴纳税款；按次申报缴纳的，应当自纳税义务发生之日起15日内，向税务机关办理纳税申报并缴纳税款。

5. 中外合作开采

根据《中华人民共和国资源税法》的规定：中外合作开采陆上、海上石油资源的企业应依法缴纳资源税；在2011年11月1日前已依法订立中外合作开采陆上、海上石油资源合同的，在该合同有效期内，继续依照国家有关规定缴纳矿区使用费，不缴纳资源税；合同期满后，应依法缴纳资源税。

6. 专有名词

根据《中华人民共和国资源税法》的规定：

（1）低丰度油气田，包括陆上低丰度油田、陆上低丰度气田、海上低丰度油田、海上低丰度气田。陆上低丰度油田，是指每平方千米原油可开采储量丰度低于25万立方米的油田；陆上低丰度气田，是指每平方千米天然气可开采储量丰度低于2.5亿立方米的气田；海上低丰度油田，是指每平方千米原油可开采储量丰度低于60万立方米的油田；海上低丰度气田，是指每平方千米天然气可开采储量丰度低于6亿立方米的气田。

（2）高含硫天然气是指硫化氢含量在每立方米30克以上的天然气。

（3）三次采油是指二次采油后继续以聚合物驱、复合驱、泡沫驱、气水交替驱、二氧化碳驱、微生物驱等方式进行采油。

（4）深水油气田是指水深超过 300 米的油气田。

（5）稠油是指地层原油黏度大于或等于每秒 50 毫帕或原油密度大于或等于每立方厘米 0.92 克的原油。

（6）高凝油是指凝固点高于 40 摄氏度的原油。

（7）衰竭期矿山是指设计开采年限超过 15 年，且剩余可开采储量下降到原设计可开采储量的 20% 以下，或者剩余开采年限不超过 5 年的矿山。衰竭期矿山以开采企业下属的单个矿山为单位确定。

（五）油气田企业城镇土地使用税税收政策

【政策依据】

根据《财政部　国家税务总局关于石油天然气生产企业城镇土地使用税政策的通知》（财税〔2015〕76 号）的规定，下列石油天然气生产建设用地暂免征收城镇土地使用税：

（1）地质勘探、钻井、井下作业、油气田地面工程等施工临时用地。

（2）企业厂区以外的铁路专用线、公路及输油（气、水）管道用地。

（3）油气长输管线用地。

（六）油气田企业征收矿区使用费政策

关于油气田企业资源税的税收政策，除适用《中华人民共和国资源税法》外，还适用中外合作开采陆上原油资源矿区使用费政策。

【政策依据】

根据《国家税务总局关于中外合作开采陆上原油资源矿区使用费征管问题的通知》（国税发〔1999〕55 号）的规定，中外合作油（气）田按合同开采的原油、天然气应按实物征收矿区使用费，暂不征收资源税。

中外合作开采原油、天然气的矿区使用费的具体征收管理办法应按照《国家税务总局关于中外合作开采石油资源申报缴纳矿区使用费有关问题的通知》（国税发〔1995〕202 号）的规定执行。

1. 矿区使用费征收范围与计费依据

合作油（气）田开采的原油、天然气按实物缴纳矿区使用费，以每一油（气）田每一公历年度生产的油（气）量扣除合作油（气）田作业用油（气）量和损耗量之后的原油、天然气总产量作为计费依据。

2. 矿区使用费计费方法与申报缴纳

（1）合作油（气）田的矿区使用费按年计算，分期或分次预缴，年度终了后汇算清缴。管道运输原油、天然气的，按月预缴，于次月15日内申报缴纳；船只运输原油、天然气的，按次预缴，于每次销售实现后5日内申报缴纳。年度终了后3个月内汇算清缴，多退少补。考虑到矿区使用费是以实物缴纳，因此年终汇算清缴后应补退的矿区使用费，统一在该油（气）田下一年度开采的原油、天然气或应缴的矿区使用费中补缴或抵扣。如汇算清缴后应补退的矿区使用费因该油（气）田终止作业或年度产量未超过矿区使用费免征数量等原因，无法在下一年度用实物补退，则应补退的矿区使用费按该油（气）田最后一个月（次）销售原油（气）价格计算，以人民币金额补退。

（2）合作油（气）田的矿区使用费按年度计划总产量计算预缴。年度计划总产量超过矿区使用费免征数量20%的，从年初开始预缴；年度计划总产量未超过矿区使用费免征数量20%的，从油（气）田累计产量超过矿区使用费免征数量开始预缴。

（3）鉴于目前合作油（气）田开采的原油、天然气实行统一销售，预缴的矿区使用费暂按油（气）田每期（次）的销售总量计算缴纳。其计算公式如下：

①年初开始预缴的矿区使用费计算公式为：

本期（次）应预缴的矿费数量＝本期（次）原油（气）销售数量×（年度计划总产量×适用税率－速算扣除数）÷年度计划总产量

②累计产量超过免征数量开始预缴的矿区使用费计算公式为：

本期（次）应预缴的矿区使用费数量＝超过免征数量的本期（次）原

油（气）销售数量×适用税率

预缴的矿区使用费原油。天然气实物暂随合作油（气）田的原油、天然气一起销售，并按实际销售额扣除其本身所发生的实际销售费用后入库。按外汇结算销售额的，其销售额的人民币折合率可以选择销售发生的当天或当月1日的国家外汇牌价，一经选定一年内不得变更。

第三节 油气田企业运输销售环节税收政策解析与会计实务处理

油气田企业的主要产品为原油与天然气。油气田企业运输环节涉及的税收政策比较少，最重要的是会计核算问题，而油气销售环节主要涉及增值税、企业所得税及印花税等问题。因此，本节重点介绍油气田企业运输方式、销售环节税收政策，以及两个环节的会计实务处理。

一、油气运输方式与会计核算

油气运输是指输送原油、天然气或成品油的业务活动，它不生产新的物质产品，只是根据输销油气指令和油气流向，将一种或若干种不同品质（物理特性）的原油、天然气或成品油，采用顺序、间歇或混输等方式，从接油点（油气田或原油码头、油气库、炼厂等）输送到销油点（原油码头或客户终端），以满足客户对原油、天然气或成品油需求的油气储运过程。

（一）油气运输方式

相比油气的存储方式，油气产品的运输方式有多种，如道路运输、铁路运输、水路运输及管道运输等。目前，我国油气产品的运输方式主要是管道运输、铁路运输、陆路运输、水路运输。

1. 管道运输

管道运输是用管道作为运输工具的一种长距离输送液体和气体物资的运输方式，其不仅是一种专门由生产地向市场输送石油、煤和化学产品的运输方式，还是统一运输网中干线运输的特殊组成部分。气动管有时候也可以做类似工作，以压缩气体输送内里装货物的固体舱。

2. 铁路运输

铁路运输被广泛应用于石油化工储运行业，高度集中在铁路“大动脉”上运行，与道路运输相比风险低、运输安全。对于大批量的原油、成品油等产品来说，采用铁路运输更经济，一般大型石化企业、码头、油库均建有企业铁路专用线。

铁路运输的管理要求主要有以下三个：

（1）运输单据的“五个统一”。

①托运人名称与危险货物托运人名称表统一。

②经办人身份证与货物运单记载统一。

③货物运单记载的品名、类项、编号等内容与铁路危险货物品名表的规定统一。

④发到站、办理品名、装运方式与办理限制统一。

⑤货物名称、重量、件数与货物运单记载统一。

（2）资质管理。

企业应取得“铁路危险货物托运人资质证书”。在专用线办理危险货物运输时，企业应与办理站签订《专用线运输协议》和《危险货物运输安全协议》。危险货物运输需要共用专用线时，应由产权单位、共用单位、办理站签订《危险货物专用线共用协议》《危险货物运输安全协议》，《危险货物专用线共用协议》每年签订一次。自备车辆应具有“过轨运输证”，铁路自备车辆需要取得铁路部门签发的“危货车安全合格证”，实行“一车一证”，按规定品名装运。

企业自备罐车运输时，应向过轨站段提出申请，经站段初审后报所属铁路分公司审核，符合规定的由所属铁路分公司签发“危货车安全合格证”，每年进行一次复核，实行“一车一证”，车证相符，按规定品名装运，不得租借和混装使用。

（3）自备车安全。

①装运酸、碱类罐车的罐体为全黄色，罐体两侧纵向中部应涂装有一

条宽300毫米的春色水平环形色带；装运煤焦油、焦油罐车的罐体为全黑色，罐体两侧纵向中部应涂装有一条宽300毫米的红色水平环形色带。装运其他危险货物罐车的罐体底色应为银灰色，罐体两侧纵向中部应涂装有一条宽300毫米的表示货物主要特性的水平环形色带，红色表示易燃性，绿色表示氧化性，黄色表示毒性，黑色表示腐蚀性。

②装车单位应严格执行铁路罐车允许充装量的规定，防止超装超载。罐体有漏裂，阀、盖、垫及仪表等附件、配件不齐全或作用不良的罐车禁止使用，厂、段修过期车辆不得装车运用。气体类危险货物充装前应有专人检查罐车、罐体外表面、罐体密封性能、罐体余压等状况，不具备充装条件的罐车严禁充装。

③罐车装运气体类（含空车）危险货物实行全程押运，押运员应按照规定穿着印有红色“押运”字样的黄色马甲。

④液化气体罐车的安全阀、紧急切断阀、液位计、压力表、温度计等安全附件要处于良好使用状态。液体罐车要确保呼吸阀、泄放阀畅通。装车完成后车盖封紧严密，重车空重阀要打至“重”的位置，空车要打至“空”的位置。

3. 陆路运输

陆路运输具有机动灵活、快速直达、适应性强、经济方便的特点。油罐车是管道运输的主要辅助手段，适于短途、少量、分散的油气运送，长距离运输成本太高。如格拉（青海格尔木至西藏拉萨）管线建成之前，用汽车把成品油从青海运往西藏，路上要耗去运油量的1/3。而该行业的佼佼者中国石油运输公司，是中国石油直属的大型专业化运输物流企业，在全国31个省份及哈萨克斯坦、尼日尔、利比亚设立了石油化工产品配送分公司和分支机构；主要为新疆三大油田、四大炼厂和全国113家油田、炼化、销售、管道、燃气企业提供专业化运输、石油石化产品配送及其他综合配套服务；取得了国家一级道路货运企业、涉外运输、危险品运输、国际国内海陆空货运代理、进出口贸易、建筑安装、路桥施工、对外承包工程等经营资质，通过了国家质量管理与质量保证体系认证；占有中国石油

96%的成品油配送市场，还承担了中国石化陕西地区的成品油配送工作。

陆路运输的管理要求主要有以下三个：

（1）承运企业要取得“道路运输经营许可证”，并在许可的经营范围内承运危险货物。

（2）企业应当制作危险货物运单，并交由驾驶人员随车携带。危险货物运单包含托运人、承运人和收货人等企业基本信息，货物基本信息，车辆信息，驾驶人员信息等。运单要根据运输状态做到按时关闭。

（3）承运企业应当使用符合《道路危险货物运输管理规定》要求且与承运的危险货物性质、重量相匹配的车辆及设备进行运输。使用移动式压力容器运输危险货物的，应当符合《移动式压力容器安全技术监察规程》的要求。

4. 水路运输

若两地由较深、较宽阔的水域相隔，如深海油气田、国际海上运输等，通常采用船运，包括油轮和油驳进行油气运输。前者有自航能力，后者靠拖轮牵引。船运必须配有油港、油码头及装卸设备。

水路运输的管理要求主要有以下两方面：

（1）资质管理。

从事危险货物港口作业的经营人应办理“港口经营许可证”，有效期为3年。同时，还应当具备以下条件：设有安全生产管理机构或者配备专职安全生产管理人员；具有健全的安全管理制度、岗位安全责任制度和操作规程；有符合国家规定的危险货物港口作业设施设备；有符合国家规定且经专家审查通过的事故应急预案和应急设施设备；从事石油化工产品作业的，还应当具有取得从业资格证书的装卸管理人员。

内河运输船舶应具有“船舶营业运输证”。载运危险货物的船舶，必须持有经海事管理机构认可的船舶检验机构依法检验并颁发的危险货物适装证书，且按照国家有关危险货物运输的规定和安全技术规范进行配载与运输。

从事危险货物运输船舶的船员，应当按照规定持有特殊培训合格证，熟悉所在船舶载运危险货物安全知识和操作规程，了解所运危险货物的性质和安全预防及应急处置措施。

（2）油气化工码头位置。

油气化工码头宜设置在港口的边缘地区，并远离海滨休闲娱乐区和人口密集区。依据《油气化工码头设计防火规范》（JTS 158—2019）的规定，油品与液体化学品装卸可共用泊位，液化天然气与液化烃装卸可共用泊位，5 万吨级及以下的油品泊位可兼顾常温液化烃装卸作业，油气化工泊位可兼顾采用密闭管道输送的酸、碱等不燃液体装卸作业。油品与液化天然气装卸、油品与低温液化烃装卸、液体化学品与液化天然气装卸、液体化学品与液化烃装卸不得共用泊位。

（二）油气运输相关专有名词

1. 清罐原油

清罐原油是指原油储罐为检修或标定而清理的储罐底部存油。

2. 落地原油

落地原油是指因管线腐蚀穿孔或管线跑油渗漏的原油，工程改造、检修、清管、放空排放出的原油，因事故造成的跑油、漏油及打孔盗油造成的跑油等。

3. 返输

返输是指原油从输油管道设计的末站向首站输送的方式。返输流程应用的主要范围如下：

（1）热输管道计划输量太低，必须正反输交替运行。

（2）因各种原因使停输时间过长，需要返输活动管线。

（3）清管过程中，清管器在进站管段受阻需要返输冲顶。

（4）管道投产前返输热水预热管道。

4. 混油量

混油量是指包含水的原油计量数量。

5. 纯油量

纯油量是指在混油量的基础上，通过检验、分析扣除混油量中的水分后的原油数量。

6. 首站

根据油气产品输送方向，油气产品首次输送进入管道的泵站，为输油输气业务的首站。

7. 末站

与客户结算油气产品输送的泵站，为油气产品输送的末站。

8. 管线垫底油气

管线垫底油气是指为了维持原油管线、成品油管线、天然气管线日常运行必须储备的、无法动用的原油、天然气或成品油。管线垫底油气一般指管线投入运行时一次投入的垫底油气。

9. 储罐罐底油

储罐罐底油是指炼厂原油储罐及销售企业成品油储罐日常运行必须储备的、无法动用的原油和成品油。原油储罐罐底油是指保证浮船支承柱不触及罐底板的最低液位时，罐内剩余原油。成品油储罐罐底油是指储油罐中存在的，从安全、油品质量和技术角度考虑均不可泵送的油品量。

10. 地下储气库

地下储气库是指利用天然地质构造（如枯竭的油气田、含水层和盐层等）将天然气以气态形式储存的设施。地下储气库是天然气管道输送系统的重要组成部分，对供气季节性调峰和国家战略的实施起到至关重要的作用。

（三）油气运输的会计核算

1. 核算对象

输油输气业务应以输油输气管线为成本核算对象，在划分管线时，应当按照企业经营管理部门的需求进行合理划分，需考虑的具体因素包括经营调度、管线建设投资项目立项、收入成本的匹配等。

2. 成本项目

（1）材料。

材料是指在输油输气、压缩天然气[①]（Compressed Natural Cas，CNG）过程中投入的添加剂、降凝剂、减阻剂、增压及压缩机耗用的润滑油等。

（2）燃料。

燃料是指在输油输气、CNG 过程中消耗的各种固体、液体、气体燃料，包括原油、天然气、汽油、煤油、柴油、重油、煤炭等。

（3）动力。

动力是指在输油输气、CNG 过程中直接消耗的水、电、汽、风等。

（4）职工薪酬。

职工薪酬是指企业为获得职工提供的服务或解除劳动关系而给予的各种形式的报酬或补偿。CNG 职工薪酬包括工资（含奖金、津贴、补贴）、社会保险费用、其他保险费用、福利费用、职工教育经费、工会经费、住房费用、劳务费用、非货币性福利等。

（5）折旧及摊销。

折旧及摊销是指在输油输气、CNG 业务中使用固定资产的折旧费和长期待摊费用的摊销、无形资产的摊销。

（6）其他直接支出。

其他直接支出是指输油输气、CNG 过程中发生的各种正常性输油输气损耗及其他各项直接费用。

输油输气损耗是指企业在管道输送及压缩天然气储运生产过程中因中转、计量或自然因素发生的正常损耗。

（7）制造费用。

制造费用是指企业生产部门为组织和管理输油输气业务、CNG 业务而

① 压缩天然气是指压缩到压力大于或等于 10MPa 且不大于 25MPa 的气态天然气，使天然气加压并以气态贮存在容器中。

发生的各项间接生产费用。制造费用主要包括装置发生的机物料消耗、管理人员的人工费用、输转费、租赁费、低值易耗品、取暖费、水电费、办公费、差旅费、运输费、劳动保护费等各项间接费用。

3. 会计科目设置

管道输油输气及CNG业务根据成本、费用发生的地点或用途等，为每个成本对象（成本中心、内部订单、生产订单等）指定一个对应的功能范围，同时按费用要素设置费用科目，通过费用计入的成本对象对应的功能范围区分成本费用的大类，通过“功能范围+会计科目”两个维度的组合实现成本费用明细的分类核算。

基于费用大类定义的功能范围如下：

（1）输油输气成本是指企业管道输油输气、CNG生产经营部门发生的成本，对应“原材料及主要材料”“辅助材料”“燃料”“动力”“直接职工薪酬”等费用类科目。按工艺过程划分为“输油输气成本——管道输油输气”“输油输气成本——管道增压”“输油输气成本——管道保护”“输油输气成本——储油储气”“输油输气成本——计量检测”五个具体功能范围。

（2）从事原油、成品油、天然气管道输送及CNG业务的企业应根据业务特点和经营管理的需要选择上述功能范围。其中，对长输管线专项用于反打孔盗油和管道清障发生的直接及事后处理各项费用支出包括：赔偿费、抢修费、车辆费、差旅费、劳务费、宣传费、管道巡护费、联防费、办案费、反打装备费、警犬费、巡线员意外伤害保险、管道清障费、通信费、巡线人员内部奖励费、外部奖励费等应在“输油输气成本——管道保护功能”范围内按照费用要素进行明细核算，不得在安全防范费科目中汇总核算。

（3）CNG输油输气成本功能范围只归集核算天然气的压缩加工成本，并在期末直接结转主营业务成本，天然气作为库存商品核算不计入输油输气成本功能范围，在实现对外销售时，直接确认为产品销售成本。

（4）制造费用为组织和管理输油输气及CNG的经营管理机构发生的

材料、燃料油、电费、折旧费、修理费、运输费等，通过费用要素科目计入制造费用类型的成本中心。为简化核算，天然气压缩业务、成品油管输业务可以只设置输油输气成本功能范围，不设置制造费用功能范围。

二、油气运输环节会计实务处理

油气运输环节会计处理的核心内容是将“料、工、费”分摊到运输成本中。下面以管道运输为例进行介绍。

（一）材料成本的核算

财务部门根据生产、能源管理部门提供的经其部门负责人签字确认的辅助材料消耗资料，确认输油输气及压缩天然气使用的润滑油、添加剂、降凝剂、减阻剂等辅助材料成本。所耗用材料按移动加权平均法计算出库成本，根据用途计入相关成本费用。

借：输油输气成本——管道输油输气——辅助材料
——管道增压——辅助材料
——管道保护——辅助材料
——储油储气——辅助材料
——计量检测——辅助材料
制造费用——物料消耗
贷：原材料

（二）燃料成本核算

应根据统计部门提供的数据，确认各工艺过程的消耗数量，按实际消耗数量和移动加权平均成本确认燃料成本计入输油输气成本。

输油输气因管道运维等原因自用的原油、天然气、成品油，应当按照统计计量部门统计的自用量，确认为自用燃料成本。

借：输油输气成本——管道输油输气——燃料油、燃料气、其他燃料等
——管道增压——燃料油、燃料气、其他燃料等
——管道保护——燃料油、燃料气、其他燃料等
——储油储气——燃料油、燃料气、其他燃料等

——计量检测——燃料油、燃料气、其他燃料等

制造费用——燃料油、燃料气、其他燃料等

贷：原材料——燃料油、燃料气、其他燃料

应付账款等

（三）动力成本核算

各部门单位应建立、健全计量和仪表记录，作为核算动力成本的原始依据，外购的动力采用实际成本核算，根据统计部门提供的数据确认消耗量，按实际耗用量计入输油输气成本。

借：输油输气成本——燃料油、燃料气、其他燃料等管道输油输气——水、电等

——管道增压——水、电等

——管道保护——水、电等

——储油储气——水、电等

——计量检测——水、电等

制造费用——水费、电费等

贷：应付账款

（四）职工薪酬的核算

人工成本包括工资、福利费、工会经费、职工教育经费、社会保险、住房公积金、住房补贴、基本养老保险等社会保险费、非货币性福利、劳务费和其他等。凡属于直接从事原油、成品油、天然气管道输送及CNG业务人员的人工费用，都直接计入输油输气成本；企业为组织和管理原油、成品油、天然气管道输送及压缩业务发生的管理人员人工费用，计入制造费用。离退休人员费用及辞退福利统一在管理费用中核算。

能直接认定为直接从事各成本核算对象生产人员的职工薪酬，直接计入相应管线成本中心；不能直接认定为直接从事各成本核算对象生产人员的职工薪酬，按职工人数比例、直接职工薪酬比例等进行合理分配。

借：输油输气成本——管道输油输气——职工薪酬（职工工资、福利费、社会保险等）

——管道增压——职工薪酬（职工工资、福利费、社会保险等）

——管道保护——职工薪酬（职工工资、福利费、社会保险等）

——储油储气——职工薪酬（职工工资、福利费、社会保险等）

——计量检测——职工薪酬（职工工资、福利费、社会保险等）

制造费用——职工薪酬（职工工资、福利费、社会保险等）

贷：应付职工薪酬——工资等

（五）折旧损耗及摊销的核算

管道输送及压缩天然气使用的固定资产，按照股份公司统一规定的资产分类、折旧年限和净残值率，采用平均年限法计提折旧。

借：输油输气成本——管道输油输气——折旧费

——管道增压——折旧费

——管道保护——折旧费

——储油储气——折旧费

——计量检测——折旧费

制造费用——折旧费

贷：累计折旧

（六）管道安全防范费用的核算

管道安全防范费用是指长输管线专项用于反打孔盗油和管道清障而发生的直接及事后处理各项费用支出，主要内容包括：材料费、人工费、车辆使用费、差旅费、劳务费、管道巡护费、管道清障费、管道测绘费、联防费、警卫费、环境保护费、综合治理费、物料消耗、通信费、反恐演练费、工农关系协调费等。其中，管道巡护费是指为管道安全防范而发生的各项巡护费用，包括依据协议向地方公安部门支付的护线费用；管道清障费是指清理管道周边障碍物所发生的费用，包括地方政府部门协调、障碍物拆除、清障赔偿、清障用工、清障机械设备使用等费用；管道测绘费是指管道测绘系统运营及维护所发生的费用；联防费是指与地方公安等部门联合从事管道安全防范而发生的各项费用，包括地方油区办收取的管线治安费、公安局及派出所加密巡线、配合遵守发生的联防人员、车辆、差旅补助，以及为管道安全防范由企业支付给地方公检法部门的办案费用等；反恐演练费是指企业反恐演练发生的成本费用；工农关系协调费是指企业发生的用于工农关系协调方面的费用支出。

在发生管道安全防护费用时，应在“输油输气成本——管道保护”功能范围内按照费用要素进行明细核算。

借：输油输气成本——管道保护——管道巡护费

——管道清障费等

贷：银行存款

其他应付款等

（七）输油输气损耗的核算

（1）对于长输管线、天然气母站和标准站运营过程中发生的合理损耗，财务部门根据按内控规定权限审批后的盘点表进行账务处理。

借：输油输气成本——管道输油输气——输油输气损耗

贷：库存商品

（2）对于非正常损耗，应当将损耗商品价值及不能抵扣的进项税，先转入“待处理财产损溢”，区分损失原因再进行相应处理。

借：待处理财产损溢——待处理流动资产损溢

贷：库存商品

①因自然灾害发生毁损、已丧失使用功能等报废清理产生的损失和对已购保险的成品油形成的损失，要配合有关部门向保险企业（或集团公司安全环保局）申请赔偿。对赔偿不足部分形成的净损失，财务部门可根据质量部门签批的意见和有关证明材料，按股份公司规定的处置权限进行相应处理，具体分录如下：

借：营业外支出——报废毁损损失

其他应收款/银行存款等（需保险企业或安全环保局赔偿的损失）

贷：待处理财产损溢——待处理流动资产损溢

②因管理不善或操作人员失误等造成的损失，应向责任人追偿，赔偿不足须由本企业负担的净损失，按照内控规定履行审批手续后，列入管理费用：

借：其他应收款/银行存款等（责任人赔偿部分）

管理费用——存货盘盈盘亏

贷：待处理财产损溢——待处理流动资产损溢

应交税费——应交增值税——进项税额转出

（八）制造费用的核算

企业为输油输气业务发生的不能直接计入输油输气管线的各项间接生产费用，以及输油输气生产单位机关及泵站为组织和管理生产所发生的各项费用，通过“制造费用”项目归集，并按一定比例分摊计入相关输油输气管线的成本项目。

制造费用核算的内容包括：职工薪酬、折旧费、财产保险费、劳动保护费、办公费、印刷费、差旅费、修理费、运输费、低值易耗品摊销、物料消耗、排污费、水费、电费、取暖费、租赁费、试验检验费、设计制图费、停工损失等。

（1）发生的间接费用，按成本中心计入相应费用科目，通过“制造费用”项目归集。

借：制造费用——折旧费、职工薪酬等费用——成本中心

贷：银行存款

原材料

应付职工薪酬

应付账款

累计折旧等

（2）期末，将归集的各项制造费用按照周转量、输油输气量、管线长度、人数、收入、资产原值或业务相关等合理的分配标准，分配计入相应

费用项目。

借：输油输气成本——管道输油输气——制造费用

——管道增压——制造费用

——管道保护——制造费用

——储油储气——制造费用

——计量检测——制造费用

贷：制造费用——生产成本结转

三、油气销售环节税收政策解析与会计实务处理

（一）油气销售环节税收政策解析

油气销售环节主要涉及增值税、企业所得税及印花税等税收政策。

1. 油气销售环节增值税税收政策解析

（1）增值税即征即退政策解析。

油气田企业开采出的原油、天然气，需要通过下属运输公司输送到销油点（原油码头或客户终端）。其中，下属运输公司会涉及增值税即征即退政策。

【政策依据】

根据《财政部　国家税务总局关于全面推开营业税改征增值税试点的通知》（财税〔2016〕36 号）附件 3《营业税改征增值税试点过渡政策的规定》，一般纳税人提供管道运输服务，对其增值税实际税负超过 3% 的部分实行增值税即征即退政策。

【政策解析】

实际税负超过 3% 的部分实行增值税即征即退，是指应纳税额大于税负 3% 计算的税额部分即征即退，先全额上交，多的部分即时退还给企业，即退税之后企业的实际税负率为 3%。实际税负率 3% 对应的税额 = 不含税销售额 ×3%。当实际税负率超过 3% 时，应退税额 = 销项税额 − 进项税额 − 不含税销售额 ×3% = 不含税销售额 × 适用税率 − 进项税额 − 不含税销售额 ×3% = 不含税销售额 ×（适用税率 − 3%）− 进项税额；实际退还

后，企业的实际税负为3%，扣除退税额后的实际税额 = 不含税销售额×3%。

（2）油田企业纳税义务发生时间。

①销售货物及应税劳务纳税义务发生时间。

【政策依据】

根据《中华人民共和国增值税暂行条例》及《中华人民共和国增值税暂行条例实施细则》的规定，发生应税销售行为，为收讫销售款项或者取得销售款项凭据的当天；先开具发票的，为开具发票的当天。具体规定如下：

a. 采取直接收款方式销售货物的，无论货物是否发出，均为收到销售款或者取得销售款项凭据的当天。

b. 采取托收承付和委托银行收款方式销售货物的，为发出货物并办妥托收手续的当天。

c. 采取赊销和分期收款方式销售货物的，为书面合同约定的收款日期的当天，无书面合同的或者书面合同没有约定收款日期的，为货物发出的当天。

d. 采取预收货款方式销售货物的，为货物发出的当天，但生产销售生产工期超过12个月的大型机械设备、船舶、飞机等货物，为收到预收款或者书面合同约定收款日期的当天。

e. 委托其他纳税人代销货物的，为收到代销单位的代销清单，或者收到全部或者部分货款的当天。未收到代销清单及货款的，为发出代销货物满180天的当天。

f. 销售应税劳务的，为提供劳务同时收讫销售款或者取得销售款凭据的当天。

②提供服务纳税义务发生时间。

【政策依据】

根据《财政部　国家税务总局关于全面推开营业税改征增值税试点的通知》（财税〔2016〕36号）的规定，纳税人发生应税行为并收讫销售款项，或者取得销售款项凭据的当天；先开具发票的，为开具发票的当天。

收讫销售款项是指纳税人销售服务、无形资产、不动产过程中或者完成后收到款项。

取得销售款项凭据的当天是指书面合同确定的付款日期；未签订书面合同或者书面合同未确定付款日期的，为服务、无形资产转让完成的当天或者不动产权属变更的当天。

纳税人提供租赁服务采取预收款方式的，其纳税义务发生时间为收到预收款的当天。

2. 油气销售环节企业所得税税收政策解析

（1）企业所得税纳税义务发生时间。

【政策依据】

根据《中华人民共和国企业所得税法实施条例》的规定如下：

①企业应纳税所得额的计算以权责发生制为原则，属于当期的收入和费用，无论款项是否收付，均作为当期的收入和费用；不属于当期的收入和费用，即使款项已经在当期收付，也不作为当期的收入和费用。

②股息、红利等权益性投资收益，除国务院财政、税务主管部门另有规定外，按照被投资方做出利润分配决定的日期确认收入的实现。

③利息收入按照合同约定的债务人应付利息的日期确认收入的实现。

④租金收入按照合同约定的承租人应付租金的日期确认收入的实现。

⑤特许权使用费收入按照合同约定的特许权使用人应付特许权使用费的日期确认收入的实现。

⑥接受捐赠收入按照实际收到捐赠资产的日期确认收入的实现。

⑦企业的下列生产经营业务可以分期确认收入的实现：以分期收款方式销售货物的，按照合同约定的收款日期确认收入的实现；企业受托加工制造大型机械设备、船舶、飞机，以及从事建筑、安装、装配工程业务或者提供其他劳务等，持续时间超过 12 个月的，按照纳税年度内完工进度或者完成的工作量确认收入的实现。

⑧采取产品分成方式取得收入的，按照企业分得产品的日期确认收入

的实现，其收入额按照产品的公允价值确定。

⑨委托代销的，收到代销清单时确认收入的实现。

【政策解析】

绝大部分销售业务的增值税与企业所得税的纳税义务时间相同，但是有两笔业务的纳税义务发生时间不同：一是企业受托加工制造大型机械设备、船舶、飞机，以及从事建筑、安装、装配工程业务或者提供其他劳务等，持续时间超过12个月的，增值税按照“纳税人发生应税行为并收讫销售款项或者取得索取销售款项凭据的当天；先开具发票的，为开具发票的当天”确定纳税义务发生时间。企业所得税按照纳税年度内完工进度或者完成的工作量确认收入的实现。二是委托代销业务，增值税的纳税义务发生时间为收到代销单位的代销清单，或者收到全部或者部分货款的当天；未收到代销清单及货款的，为发出代销货物满180天的当天。企业所得税仅是收到代销清单时确认收入的实现。

（2）企业所得税税前扣除凭证管理。

①税前扣除凭证基本要求。

【政策依据】

根据《国家税务总局关于发布〈企业所得税税前扣除凭证管理办法〉的公告》（国家税务总局公告2018年第28号）的规定。

a. 税前扣除凭证在管理中遵循真实性、合法性、关联性原则。其中，真实性是指税前扣除凭证反映的经济业务真实，且支出已经实际发生；合法性是指税前扣除凭证的形式、来源符合国家法律、法规等相关规定；关联性是指税前扣除凭证与其反映的支出相关联且有证明力。

b. 企业发生支出应取得税前扣除凭证，作为计算企业所得税应纳税所得额时扣除相关支出的依据。

c. 企业应在当年度按企业所得税法规定的汇算清缴期结束前取得税前扣除凭证。

d. 企业应将与税前扣除凭证相关的资料，包括合同协议、支出依据、付款凭证等留存备查，以证实税前扣除凭证的真实性。

②税前扣除凭证的范围。

【政策依据】

根据《国家税务总局关于发布〈企业所得税税前扣除凭证管理办法〉的公告》（国家税务总局公告 2018 年第 28 号）的规定。

a. 税前扣除凭证按照来源分为内部凭证和外部凭证。

第一，内部凭证。内部凭证是指企业自制用于成本、费用、损失和其他支出核算的会计原始凭证。内部凭证的填制和使用应当符合国家会计法律、法规等相关规定。

第二，外部凭证。外部凭证是指企业发生经营活动和其他事项时，从其他单位、个人取得的用于证明其支出发生的凭证，包括但不限于发票（包括纸质发票和电子发票）、财政票据、完税凭证、收款凭证、分割单等。

b. 企业在境内发生的支出项目属于增值税应税项目（以下简称“应税项目”）的，对方为已办理税务登记的增值税纳税人，其支出以发票（包括按照规定由税务机关代开的发票）作为税前扣除凭证；对方为依法无须办理税务登记的单位或者从事小额零星经营业务的个人，其支出以税务机关代开的发票或者收款凭证及内部凭证作为税前扣除凭证，收款凭证应载明收款单位名称、个人姓名及身份证号、支出项目、收款金额等相关信息。

小额零星经营业务的判断标准是个人从事应税项目经营业务的销售额不超过增值税相关政策规定的起征点。

【政策依据】

根据《税务登记管理办法》的规定：①企业在外地设立的分支机构和从事生产、经营的场所，个体工商户和从事生产、经营的事业单位，均应当按照《中华人民共和国税收征收管理法》及其实施细则和《税务登记管理办法》办理税务登记。②前款规定以外的纳税人，除国家机关、个人和无固定生产、经营场所的流动性农村小商贩外，也应当按照《中华人民共和国税收征收管理法》及其实施细则和《税务登记管理办法》的规定办理税务登记。

国家税务总局对应税项目开具发票另有规定的，以规定的发票或者票据作为税前扣除凭证。

a. 企业在境内发生的支出项目不属于应税项目的，对方为单位的，以对方开具的发票以外的其他外部凭证作为税前扣除凭证；对方为个人的，以内部凭证作为税前扣除凭证。

b. 企业从境外购进货物或者劳务发生的支出，以对方开具的发票或者具有发票性质的收款凭证、相关税费缴纳凭证作为税前扣除凭证。

c. 企业与其他企业（包括关联企业）、个人在境内共同接受应纳增值税劳务（以下简称“应税劳务”）发生的支出，采取分摊方式的，应当按照独立交易原则进行分摊，企业以发票和分割单作为税前扣除凭证，共同接受应税劳务的其他企业以企业开具的分割单作为税前扣除凭证。

d. 企业租用（包括企业作为单一承租方租用）办公、生产用房等资产发生的水、电、燃气、冷气、暖气、通信线路、有线电视、网络等费用，出租方作为应税项目开具发票的，企业以发票作为税前扣除凭证；出租方采取分摊方式的，企业以出租方开具的其他外部凭证作为税前扣除凭证。

e. 企业取得私自印制、伪造、变造、作废、开票方非法取得、虚开、填写不规范等不符合规定的发票，以及取得不符合国家法律、法规等相关规定的其他外部凭证，不得作为税前扣除凭证。

③补开、换开发票

a. 企业应当取得而未取得发票、其他外部凭证，或者取得不合规发票、不合规其他外部凭证的，若支出真实且已实际发生，应当在当年度汇算清缴期结束前，要求对方补开、换开发票和其他外部凭证。补开、换开的发票和其他外部凭证符合规定的，可以作为税前扣除凭证。

b. 企业在补开、换开发票和其他外部凭证过程中，因对方注销、撤销、依法被吊销营业执照、被税务机关认定为非正常户等特殊原因无法补开、换开发票和其他外部凭证的，可凭以下资料证实支出真实性后，其支出允许税前扣除：第一，无法补开、换开发票和其他外部凭证原因的证明资料（包括工商注销、机构撤销、列入非正常经营户、破产公告等证明资料）；第二，相关业务活动的合同或者协议；第三，采用非现金方式支付的付款凭证；第四，货物运输的证明资料；第五，货物入库、出库内部凭证；第六，企业会计核算记录及其他资料。前款第一项至第三项为必备资料。

c. 汇算清缴期结束后，税务机关发现企业应当取得而未取得发票、其他外部凭证，或者取得不合规发票、不合规其他外部凭证并且告知企业的，企业应当自被告知之日起60 日内补开、换开符合规定的发票和其他外部凭证。其中，因对方特殊原因无法补开、换开发票和其他外部凭证的，企业应当按照上述6 个条件的规定，自被告知之日起60 日内提供可以证实其支出真实性的相关资料。

d. 企业在规定的期限未能补开、换开符合规定的发票和其他外部凭证，并且未能按照上述6 个条件提供相关资料证实其支出真实性的，相应支出不得在发生年度进行税前扣除。

e. 企业以前年度应当取得而未取得发票和其他外部凭证，且相应支出在该年度没有税前扣除的，在以后年度取得符合规定的发票和其他外部凭证，或者按照上述6 个条件提供可以证实其支出真实性的相关资料，相应支出可以追补至该支出发生年度进行税前扣除，但追补年限不得超过5 年。

【政策解析】

（1）文件出台背景。

2008 年，《中华人民共和国企业所得税法》及其实施条例统一并规范了税前扣除范围和标准，但是未对税前扣除凭证做出系统规定和具体解释。在征管实践中，主要依据《中华人民共和国税收征收管理法》及其实施细则、《中华人民共和国发票管理办法》及其实施细则，以及国家税务总局制定的税收规范性文件执行，存在管理规定较为分散、征纳双方认识存在分歧等情况。为了加强企业所得税税前扣除凭证管理，规范税收执法，优化营商环境，国家税务总局制定了《企业所得税税前扣除凭证管理办法》（以下简称《办法》）。

（2）基本原则。

由于税前扣除凭证难以一一列示，通过明确管理原则有利于消除争议，确保纳税人和税务机关共同遵循、规范处理。税前扣除凭证在管理中应当遵循真实性、合法性、关联性原则。真实性是基础，若企业的经济业务及支出不具备真实性，就不涉及税前扣除的问题。合法性和关联性是核心，只有当税前扣除凭证的形式、来源符合法律、法规等相关规定，并与支出相关联且有证明力时，才能作为企业支出在税前扣除的证明资料。

根据《中华人民共和国企业所得税法》第八条的规定，企业实际发生的与取得收入有关的、合理的支出，包括成本、费用、税金、损失和其他支出，准予在计算应纳税所得额时扣除。相较于《中华人民共和国企业所得税法》，《办法》对于凭证的要求有“三性”：真实性、合法性、关联性。

①真实性。真实性是指经济业务真实、支出实际发生。业务真实的凭证包括：a. 合同或协议，签订合同的差旅费，签订前的一些邀约、要约及备忘，正式文本，合同履约能力与生产量；b. 购进与销售环节运输；c. 库存与实际购进的票据数量、金额；d. 生产车间领料单、退料单、入库单、水电耗用、工资支出；e. 出库单或发货单、销售清单；f. 支出实际发生的凭证、银行对账单、汇票、收付款收据、第三方支付记录。

税金是指实际发生的除企业所得税和允许抵扣的增值税以外的各项税金及其附加。这里的“实际发生”是指只有实际缴纳并取得相应的完税凭证，才可以按规定在企业所得税前扣除。

②合法性。合法性是指形式合法、来源合法。形式合法是指按照《中华人民共和国发票管理办法》如实开具增值税发票等；来源合法是指发票的来源是合法的，如发票是从税务机关领购的，从对方取得的，对方有资格开具的，等等。

③关联性。要关联且有证明力，就要有一组凭证互相印证。实物流向、运输流向与资金流向匹配印证；购进、生产、销售的实物数量金额匹配印证；实际生产规模、生产耗费与销售规模匹配印证；某一单项支出与

其经济活动常规匹配印证。

（3）税前扣除凭证与税前扣除的关系。

税前扣除凭证是企业计算企业所得税应纳税所得额时，扣除相关支出的依据。企业支出的税前扣除范围和标准应当按照《中华人民共和国企业所得税法》及其实施条例等相关规定执行。

（4）税前扣除凭证与相关资料的关系。

企业在经营活动、经济往来中常常伴生合同协议、付款凭证等相关资料。这些相关资料在某些情形下会成为支出依据，如法院判决企业支付违约金而出具的裁判文书。以上资料虽不属于税前扣除凭证，但属于与企业经营活动直接相关且能够证明税前扣除凭证真实性的资料，企业也应按照法律、法规等相关规定履行保管责任，以备包括税务机关在内的有关部门、机构或者人员核实。

（5）税前扣除凭证的种类。

根据税前扣除凭证的取得来源，《办法》将其分为内部凭证和外部凭证。内部凭证是指企业根据国家会计法律、法规等相关规定，在发生支出时，自行填制的用于核算支出的会计原始凭证，如企业支付给员工的工资，工资表等会计原始凭证即为内部凭证。外部凭证是指企业发生经营活动和其他事项时，取得的发票、财政票据、完税凭证、分割单，以及其他单位、个人出具的收款凭证等。其中，发票既包括纸质发票和电子发票，也包括税务机关代开的发票。

（6）取得税前扣除凭证的时间要求。

企业应在支出发生时取得符合规定的税前扣除凭证，但是考虑到在某些情形下企业可能需要补开、换开符合规定的税前扣除凭证，《办法》规定了企业应在当年度企业所得税法规定的汇算清缴期结束前取得符合规定的税前扣除凭证。

（7）未取得或者取得不合规外部凭证的税务处理。

企业在规定期限内取得符合规定的发票、其他外部凭证的，相应支出可以税前扣除。应当取得而未取得发票、其他外部凭证，或者取得不合规发票、不合规其他外部凭证的，可以按照以下规定处理：

①汇算清缴期结束前的税务处理。

a. 能够补开、换开符合规定的发票和其他外部凭证的，相应支出可以进行税前扣除。

b. 因对方注销、撤销、依法被吊销营业执照、被税务机关认定为非正常户等特殊原因无法补开、换开符合规定的发票和其他外部凭证的，凭相关资料证实支出真实性后，相应支出可以税前扣除。

c. 未能补开、换开符合规定的发票和其他外部凭证，并且未能凭相关资料证实支出真实性的，相应支出不得在发生年度税前扣除。

②汇算清缴期结束后的税务处理。

a. 由于一些原因（如购销合同、工程项目纠纷等），企业在规定的期限内未能取得符合规定的发票和其他外部凭证，或者取得不合规发票、不合规其他外部凭证，企业没有主动进行税前扣除的，待以后年度取得符合规定的发票和其他外部凭证后，相应支出可以追补至该支出发生年度扣除，追补扣除年限不得超过5年。其中，因对方注销、撤销、依法被吊销营业执照、被税务机关认定为非正常户等特殊原因无法补开、换开符合规定的发票和其他外部凭证的，企业在以后年度凭相关资料证实支出真实性后，相应支出也可以追补至该支出发生年度扣除，追补扣除年限不得超过5年。

b. 税务机关发现企业应当取得而未取得发票和其他外部凭证，或者取得不合规发票、不合规其他外部凭证，企业自被告知之日起60日内补开、换开符合规定的发票和其他外部凭证，或者按照《办法》第十四条的规定凭相关资料证实支出真实性后，相应支出可以在发生年度税前扣除；否则，该支出不得在发生年度税前扣除，也不得在以后年度追补扣除。

（8）其他税前扣除凭证的处理问题。

①从事小额零星经营业务的个人。根据某地税务局的相关解读，根据《中华人民共和国增值税暂行条例》及其实施细则、《财政部税务总局关于实施小微企业普惠性税收减免政策的通知》（财税〔2019〕13号）等规

定，小额零星经营业务可按照以下标准判断：按月纳税的，月销售额不超过10万元；按次纳税的，每次（日）销售额不超过300～500元。但如果个人从事应税项目经营业务的销售额超过上述规定，相关支出仍应以发票（包括按照规定由税务机关代开的发票）作为税前扣除凭证。

需要注意的是，这里所称的“个人”主要包括自然人和未被认定为增值税一般纳税人的个体工商户。

②境外凭证列支问题。根据《中华人民共和国发票管理办法》的规定：单位和个人从中国境外取得的与纳税有关的发票或者凭证，税务机关在纳税审查时有疑义的，可以要求其提供境外公证机构或者注册会计师的确认证明，经税务机关审核认可后，方可作为记账核算的凭证。因此，虽然取得境外凭证可以列支，但税务机关审查时可能会要求企业提供确认证明。

③《办法》所称“应税劳务”“其他企业”等。根据国家税务总局网站2019年做的解答。

a. 关于应税劳务。《企业所得税税前扣除凭证管理办法》提及“劳务”的概念，这里的“劳务”是一个相对宽泛的概念，原则上包含了所有劳务服务活动。如《中华人民共和国增值税暂行条例》及其实施细则中规定的加工、修理修配劳务，销售服务等；《中华人民共和国企业所得税法》及其实施条例规定的建筑安装、修理修配、交通运输、仓储租赁、金融保险、邮电通信、咨询经纪、文化体育、科学研究、技术服务、教育培训、餐饮住宿、中介代理、卫生保健、社区服务、旅游、娱乐、加工，以及其他劳务服务活动等。

《办法》所称“应纳增值税劳务”中的“劳务”也应按照上述原则理解，不能等同于增值税相关规定中的“加工、修理修配劳务”。

b. 关于其他企业。《企业所得税税前扣除凭证管理办法》所称“企业”是指《中华人民共和国企业所得税法》及其实施条例规定的居民企业和非居民企业。其他企业是指本企业以外的企业，不包含企业的二级分支机构。

c. 关于各下属子公司接受母公司辅助生产车间的相关服务。根据《中华人民共和国企业所得税法》及其实施条例等相关政策规定，母公司的辅助生产车间为各下属子公司提供辅助生产服务不属于共同接受劳务。辅助生产服务属于增值税应税项目的，子公司应以母公司开具的发票（包括按照规定由税务机关代开的发票）作为税前扣除凭证；不属于增值税项目的，应以母公司开具的发票以外的其他外部凭证作为税前扣除凭证。

本书涉及的所有企业所得税税前凭证扣除问题，均以上述内容为准。

3. 油气销售环节印花税税收政策解析

【政策依据】

根据《中华人民共和国印花税法》的规定。

（1）纳税人。

在中华人民共和国境内书立应税凭证、进行证券交易的单位和个人，为印花税的纳税人。在中华人民共和国境外书立在境内使用的应税凭证的单位和个人，也应当缴纳印花税。

（2）印花税征税范围及税率（见表2-3）。

表2-3 印花税税目税率表

税目		税率	备注
合同（指书面合同）	借款合同	借款金额的万分之零点五	指银行业金融机构、经国务院银行业监督管理机构批准设立的其他金融机构与借款人（不包括同业拆借）的借款合同
	融资租赁合同	租金的万分之零点五	—
	买卖合同	价款的万分之三	指动产买卖合同（不包括个人书立的动产买卖合同）
	承揽合同	报酬的万分之三	—
	建设工程合同	价款的万分之三	—
	运输合同	运输费用的万分之三	指货运合同和多式联运合同（不包括管道运输合同）

续表

税目		税率	备注
合同（指书面合同）	技术合同	价款、报酬或者使用费的万分之三	不包括专利权、专有技术使用权转让书据
	租赁合同	租金的千分之一	—
	保管合同	保管费的千分之一	—
	仓储合同	仓储费的千分之一	—
	财产保险合同	保险费的千分之一	不包括再保险合同
产权转移书据	土地使用权出让书据	价款的万分之五	转让包括买卖（出售）、继承、赠予、互换、分割
	土地使用权、房屋等建筑物和构筑物所有权转让书据（不包括土地承包经营权和土地经营权转移）	价款的万分之五	
	股权转让书据（不包括应缴纳证券交易印花税）	价款的万分之五	
	商标专用权、著作权、专利权、专有技术使用权转让书据	价款的万分之三	
营业账簿		实收资本（股本）、资本公积合计金额的万分之二点五	—
证券交易		成交金额的千分之一	—

（3）印花税计税依据。

①印花税的计税依据如下：a. 应税合同的计税依据，为合同所列的金额，不包括列明的增值税税款；b. 应税产权转移书据的计税依据，为产权转移书据所列的金额，不包括列明的增值税税款；c. 应税营业账簿的计税依据，为账簿记载的实收资本（股本）、资本公积合计金额；d. 证券交易的计税依据，为成交金额。

②应税合同、产权转移书据未列明金额的，印花税的计税依据按照实际结算的金额确定。计税依据按照前款规定仍不能确定的，按照书立合同、产权转移书据时的市场价格确定；依法应当执行政府定价或者政府指导价的，按照国家有关规定确定。

③证券交易无转让价格的，按照办理过户登记手续时该证券前一个交

易日收盘价计算确定计税依据；无收盘价的，按照证券面值计算确定计税依据。

④印花税的应纳税额按照计税依据乘以适用税率计算。

⑤同一应税凭证载有两个以上税目事项并分别列明金额的，按照各自适用的税目税率分别计算应纳税额；未分别列明金额的，从高适用税率。

⑥同一应税凭证由两方以上当事人书立的，按照各自涉及的金额分别计算应纳税额。

⑦已缴纳印花税的营业账簿，以后年度记载的实收资本（股本）、资本公积合计金额较已缴纳印花税的实收资本（股本）、资本公积合计金额增加的，按照增加部分计算应纳税额。

（4）印花税征收管理。

①印花税的纳税义务发生时间为纳税人书立应税凭证或者完成证券交易的当日。

②证券交易印花税扣缴义务发生时间为证券交易完成的当日。

印花税按季、按年或者按次计征。实行按季、按年计征的，纳税人应当自季度、年度终了之日起15日内申报缴纳税款；实行按次计征的，纳税人应当自纳税义务发生之日起15日内申报缴纳税款。

证券交易印花税按周解缴。证券交易印花税扣缴义务人应当自每周终了之日起5日内申报解缴税款及银行结算的利息。

③印花税可以采用粘贴印花税票，或者由税务机关依法开具其他完税凭证的方式缴纳。印花税票粘贴在应税凭证上的，由纳税人在每枚税票的骑缝处盖戳注销或者画销。

（二）油气销售环节会计实务处理

1. 管输业务收入成本确认

（1）管输业务收入核算。

企业应当按照提供的管输劳务量及时向客户开具发票确认管输劳务收入，在ERP系统创建销售订单时，应当建立与成本核算对象的相匹配关系。

借：应收账款

贷：主营业务收入

应交税费——应交增值税（销项税额）

（2）滞期费收入核算。

对于为炼厂购买的原油储存在油罐中，超过正常中转期限仍未提取的部分，按总部规定的价格向炼厂收取滞期费用，作为“主营业务收入”核算。

借：应收账款

银行存款

贷：主营业务收入

应交税费——应交增值税——销项税额

（3）管输业务成本结转流程。

月末，应将输油输气成本区分成本核算对象结转到主营业务成本，结转输油输气成本功能范围无余额。

借：主营业务成本——输油输气成本（油品销售公司适用）

贷：会计科目——管道输油输气——生产成本结转

——管道增压——生产成本结转

——管道保护——生产成本结转

——储油储气——生产成本结转

——计量检测——生产成本结转

2. 清罐原油和落地油的核算

企业在对清罐原油和落地油进行回收处置后，应及时上报公司相关部门，建立清罐及落地原油统计台账。在对外销售时，计入“其他业务收入”。

借：应收账款——客户

贷：其他业务收入

应交税费——应交增值税（销项税额）

3. CNG 业务收入成本确认

（1）CNG 产品销售。

CNG 产品销售应根据实际销量和销售单价及时开具发票，确认销售收入。

借：应收账款

　　贷：主营业务收入

　　　　应交税费——应交增值税——销项税额

同时，根据库存天然气单位成本和销售数量结转产品销售成本。

借：主营业务成本

　　贷：库存商品

（2）CNG 压缩加工成本结转。

月末，应将 CNG 压缩加工成本直接结转到主营业务成本，结转输油输气成本功能范围无余额。

借：主营业务成本

　　贷：输油输气成本——管道输油输气——生产成本结转

　　　　　　　　　　——管道增压——生产成本结转

第三章　炼化企业税收政策的理解与适用

炼化企业是将原油等油品加工成应征消费税的成品油及非应征消费税油品的生产企业。炼化企业生产销售应税成品油是消费税征税环节，炼化企业是消费税的纳税人。炼化企业在成品油行业链条上起着承上启下的作用，在成品油行业消费税缴纳上起着至关重要的作用。本章重点学习炼化企业采购、生产及销售过程中的税收政策分析，以及实务处理。

第一节　炼化企业生产工艺与财务核算

一、炼化企业分类与工艺流程

（一）炼化企业分类

炼油厂的分类方法有多种，其中最常见的是按照生产的终端产品分类，可以分为燃料型炼油厂、燃料—润滑油型炼油厂、燃料—化工型炼油厂、燃料—润滑油—化工型炼油厂、化工型炼油厂等。按照蜡油、渣油加工选择的工艺分类，可分为加氢型炼油厂和脱碳型炼油厂。加氢型炼油厂是指蜡油、渣油变成小分子的汽、煤、柴油，主要采用加氢裂化或加氢处理—催化裂化工艺；脱碳型炼油厂是指蜡油、渣油变成小分子的汽油、煤油、柴油，主要采用催化裂化和焦化工艺。加氢型炼油厂的加工过程清洁环保，轻油产品收率高，但投资大；脱碳型炼油厂投资少，但生产过程污染物排放多，轻油收率低。选择蜡油、渣油加工工艺，要根据产品质量、产品结构、环保要求、原油品质、投资及回报进行系统优化平衡，是复杂的系统工程。

（二）各类炼化企业工艺流程

1. 燃料型炼油厂

燃料型炼油厂，如金陵石化、青岛炼化、长岭炼化，以汽油、煤油、柴油、燃料油等交通运输燃料为主要产品。燃料型炼油厂工艺流程如图3－1所示。

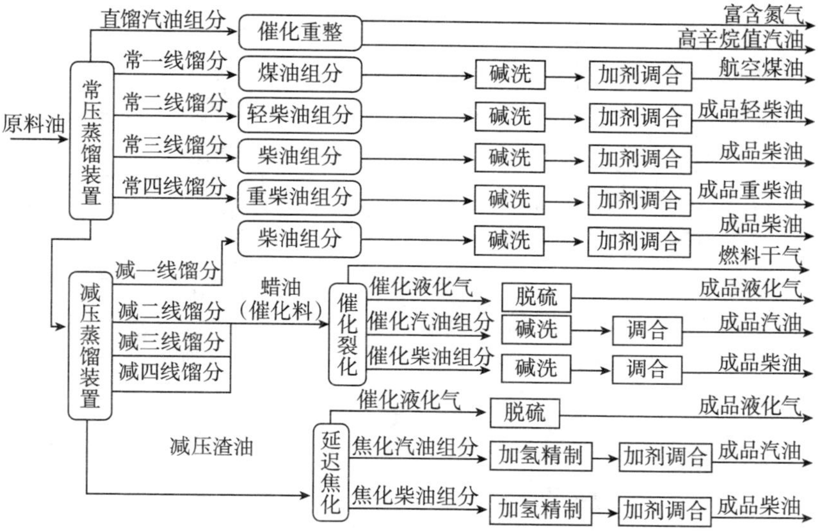

图3－1 燃料型炼油厂工艺流程

2. 燃料—润滑油型炼油厂

根据原油的性质，在生产发动机燃料的同时，也生产出一部分润滑油料（润滑油基础油）。由此，燃料—润滑油型炼油厂应运而生，如高桥石化、济南炼化、荆门石化等。

燃料—润滑油型炼油厂生产燃料油的加工流程类似燃料型炼油厂，区别是增加了润滑油的加工流程。润滑油为小批量、多品种的石油产品，炼油厂主要生产润滑油基础油。为了满足润滑油品种、牌号的要求，生产基础油的装置要经常采用不同的原料油进行切换操作。

3. 燃料—化工型炼油厂

燃料—化工型炼油厂有三类：第一类是既生产汽油、煤油、柴油等发动机燃料，又为乙烯装置提供原料的炼油厂；第二类是既生产汽油、煤油、柴油，又为对二甲苯提供原料的炼油厂；第三类是既生产汽油、煤油、柴油，又为乙烯和对二甲苯提供原料的炼油厂，如镇海炼化、上海石化、齐鲁石化、扬子石化等。燃料—化工型炼油厂工艺流程如图 3－2所示。

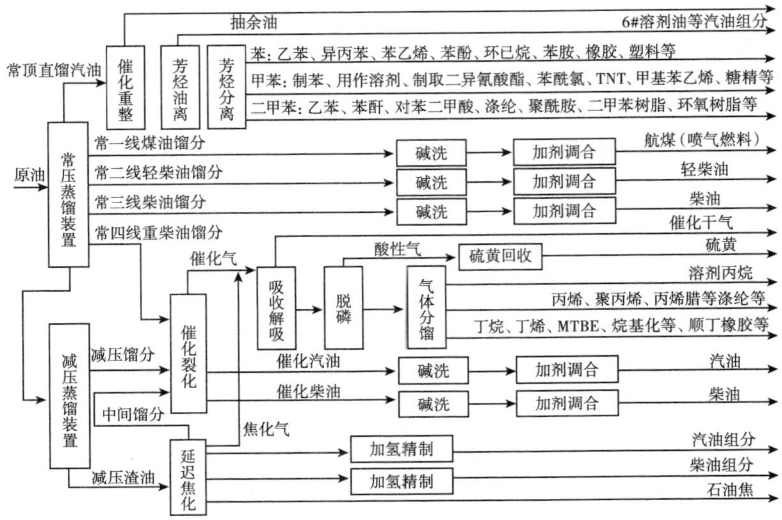

图 3－2　燃料—化工型炼油厂工艺流程

炼油过程会产出一定量的乙烯、丙烯，利用这些副产的乙烯、丙烯生产苯乙烯、聚丙烯等化工产品，但主要目的产品是汽油、煤油、柴油的炼油厂，一般被不列入燃料—化工型炼油厂。

4. 燃料—润滑油—化工型炼油厂

燃料—润滑油—化工型炼油厂是指炼厂在生产汽油、煤油、柴油的同时，还生产润滑油基础油，并且为乙烯或对二甲苯提供原料，如燕山石化、茂名石化等。燃料—润滑油—化工型炼油厂工艺流程如图3－3 所示。

5. 化工型炼油厂

化工型炼油厂是指基本不生产或少量生产汽油、煤油、柴油，主要是

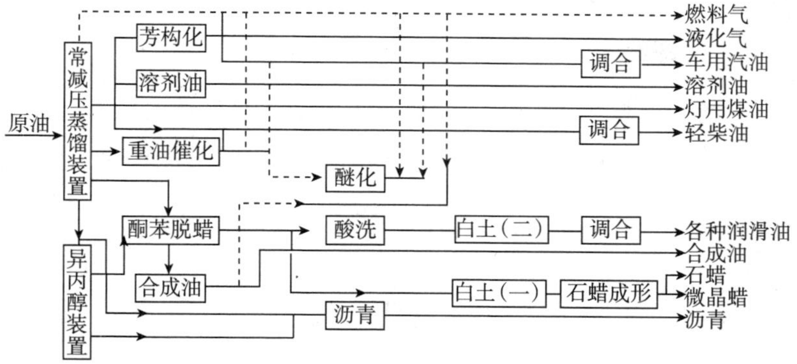

图3-3 燃料—润滑油—化工型炼油厂工艺流程

为乙烯、对二甲苯提供原料的炼油厂。

二、炼油产品

本部分从化工角度介绍油品种类，本章第四节将从税收角度介绍油品种类。

1. 汽油——应用于点燃式发动机的燃料

汽油具有抗爆性、蒸发性、安定性和腐蚀性。

（1）抗爆性——用汽油的辛烷值表示。

辛烷值的测定有研究法和马达法。研究法的测定条件与汽车在城市低速行驶情况相似，马达法的测定条件与汽车在公路上高速行驶情况相似。研究法测得的辛烷值要比马达法高几个到十几个单位。我国的车用汽油按照研究法进行分类，如92#、95#、98#汽油。

（2）蒸发性——测定汽油汽化性能有馏程法和蒸汽压法。

馏程法一般测初馏点、10%、50%、90%和干点。初馏点和10%馏出温度说明启动发动机的性能，50%馏出温度说明发动机的加速性能，90%馏出温度和干点表明汽油汽化完成的程度。

蒸汽压表征汽油汽化性能和在进油系统中有形成气阻的可能性。蒸汽压大，轻组分多，在南方、夏季、高原使用的汽车，由于气温高或大气压低易形成气阻。

（3）安定性——表明汽油储存中保持物理、化学、热安定性能的能力。

安定性的表征指标有碘值、溴值、诱导期、贮存安定性和实际胶质。如诱导期长说明油品不易氧化；汽油中的胶质高则易堵塞喷嘴、气门，并在高温下变成积碳，堆积在汽缸盖、活塞顶。安定性的主要影响因素是化学组成。

（4）腐蚀性——表征指标有硫含量、酸值和腐蚀试验。

2. 柴油——应用于压燃式发动机的燃料

（1）燃烧性——十六烷值是表征柴油抗爆性能的指标，芳烃含量高，十六烷值低，凝固点低；烷烃含量高，十六烷值高，凝固点高。

（2）流动性——表征指标有凝点、黏度、冷滤点。柴油的牌号即以凝点划分。

（3）雾化和蒸发性——用馏程、残炭表征。馏分轻，表明启动性能好，但过轻会发生爆震，过重则燃烧不完全，耗油；残炭高，表明燃烧积炭多，堵喷嘴，使活塞磨损。

（4）腐蚀性——表征指标有硫含量、水溶性酸碱、腐蚀、酸度、机杂及水分。

（5）安定性——柴油中含有高分子芳香烃和环烷芳烃、二烯烃、烯烃、硫化物、氮化物等易氧化的物质，产生胶质和不溶性沉渣，颜色变深，酸值增高，导致喷嘴、滤清器堵塞，使活塞磨损。

3. 航煤——应用于喷气式发动机的燃料

我国民用喷气式发动机燃料的牌号只有 3 号喷气燃料，属煤油馏分，沸点范围为 150～300℃，其特点是闪点较高（规定不低于 38℃）。此外，3 号喷气燃料还较严格地限制了硫醇性硫含量，使之与国际航空运输协会的标准相一致。

4. 石脑油

石脑油又称为“轻油”，过去多指沸点高于汽油而低于煤油的馏分，但沸点较此为低或较此为高者，也常称为“石脑油”。石脑油主要用作乙烯裂解、催化重整原料，也可作为化工原料及一般溶剂。

5. 溶剂油等特种油品

特种油品可涵盖溶剂油、白油、低凝环烷基油、橡胶塑料填充油、石油蜡、凡士林及石油酯、C5 及 C9 树脂等，应用于众多行业。

6. 燃料油——船用、家用或工业用燃烧器用燃料

燃料油广泛用于电厂发电、船舶锅炉燃料、加热炉燃料、冶金炉及其他工业炉燃料。

7. 沥青

沥青按用途主要分为道路沥青、建筑沥青、专用沥青及其他沥青，是由不同分子量的碳氢化合物及其非金属衍生物组成的黑褐色复杂混合物，呈液态、半固态或固态，是一种防水、防潮和防腐的有机胶凝材料。

8. 润滑油——包括基础油和添加剂

润滑油用在各种类型汽车、机械设备上以减少摩擦，保护机械及加工件的液体或半固体润滑剂，主要起润滑、辅助冷却、防锈、清洁、密封和缓冲等作用。

三、炼化企业财务核算

炼化企业属于制造业，成本核算是制造业财务核算的核心内容，下面重点介绍炼化企业成本核算内容。

（一）成本核算对象

炼化企业的生产经营特点是多工序连续式复杂生产，在同一生产过程中用同一种或几种原料油生产出两种或两种以上的炼油联产品。为此，以炼油联产品作为成本核算对象的具体划分如下：

（1）产成品。产成品是指已经完成生产过程，并已经验收合格入库可供出售的产品。

（2）自制半成品。炼油半成品是指经过初步加工，存放于中间储罐

中，尚须进一步加工才能形成产成品的产品，包括可供出售的自制半成品。

(3) 辅助生产部门生产、加工（包括转供）的各种水、电、蒸汽、风等产品和提供的劳务。

（二）成本项目的划分

炼化企业生产制造炼油产品，制造成本包括企业生产过程中实际消耗的原材料、辅助材料、燃料、动力、直接职工薪酬和制造费用。

1. 原材料

原材料是指经过加工构成产品实体的各种主要材料，包括炼油企业的各种原料油、添加剂等。

2. 辅助材料

辅助材料是指生产过程中投入的有助于产品形成的材料，如各种催化剂、化工材料、生产过程中使用的净化材料，以及非周转使用的包装物等。

3. 燃料

燃料是指为满足生产而耗用的各种固体燃料、液体燃料、气体燃料等。

4. 动力

动力是指生产耗用的水、电、蒸汽、风等。

5. 直接职工薪酬

直接职工薪酬是指企业直接从事产品生产人员的职工薪酬。

6. 制造费用

制造费用是指下属生产车间、部门为组织和管理生产发生的各项间接生产费用。

（三）炼油成本费用分析

对于炼油企业来说，炼油成本费用分析是成本控制的关键点；对于税务机关来说，炼油成本费用分析是核实业务真实性的关键点。

1. 原料及主要材料成本变动情况的分析

原料油加工量变化影响成本降低额 = ∑｛［原料油预算（标准）÷基期加工量 - 原料油实际加工量］×预算（标准）÷基期价格｝

原料油价格变化影响成本降低额 = ∑｛［预算（标准）÷基期价格 - 实际价格］｝×原料油实际加工量

添加剂费用变化影响成本降低额 = ［预算（标准）÷基期单位添加剂费用 - 实际单位添加剂费用］×原料油实际加工量

其中，

消耗变化影响成本降低额 = ∑｛［预算（标准）÷基期单耗 - 实际单耗］×原料油实际加工量×基期价格｝

价格变动影响成本降低额 = ∑｛［预算（标准）÷基期价格 - 实际价格］×实际耗量｝

2. 完全费用变动情况的分析

完全费用变动影响成本费用降低额 = ［预算（标准）÷基期单位完全费用 - 实际单位完全费用］×原料油实际加工量

具体分析内容和方法如下：

（1）现金操作成本的分析。

现金操作成本的分析包括辅助材料、燃料、动力消耗的分析；固定费用的分析（不含固定资产折旧、摊销和财务费用，下同）；供本事业部外用动力及其他产品和劳务的分析。

辅助材料、燃料、动力消耗额变动影响费用降低额 = ∑｛［预算（标准）÷基期单耗 - 实际单耗］×原料油实际加工量×预算（标准）÷基期价格｝。

辅助材料、燃料、动力价格变动影响费用降低额 = ∑｛［预算（标准）÷基期价格 - 实际价格］×实际耗量｝

固定费用相对升降影响费用降低额 = ［实际加工量 - 预算（标准）÷

基期加工量］×预算（标准）÷基期单位固定费用

固定费用绝对额升降影响费用降低额 =∑［预算（标准）÷基期固定费用 - 实际固定费用］

外供水、电、蒸汽及其他变动的影响。

（2）折旧、耗减、摊销额变动情况的分析。

折旧、耗减、摊销额变动情况的分析参照固定费用。

3. 财务费用变动情况的分析

财务费用变动情况的分析参照固定费用。

对炼油企业进行成本费用分析时，可以根据实际情况进行不同层次和重点的分析，如对现金操作成本变动的分析，对管理费用、销售费用、财务费用变动的分析，对修理费、运输费、人工费用等的重点分析，对其他业务成本、营业外支出的分析，等等。要与不同的参照对象进行对比，如与预算、标准成本、上期、同行、本单位历史最好水平等，以便找出问题，发现差距，以此控制、降低费用和支出。

需要强调的是，在重点分析上述各项成本费用降低因素的同时，要展开进行与之有关的半成品库存变化、原材料质量、产品质量、加工损失率、产品收率、装置开工周期、设备完好率和利用率、劳动生产率、原材料供应、能源利用、技措项目效果等经济技术指标完成情况的分析，以便更好地控制成本。

第二节　炼化企业采购环节税收政策解析与实务处理

炼化企业的采购业务包括采购原料及采购固定资产，在税务处理上主要涉及增值税的税务处理。本节介绍炼化企业采购环节的增值税税务处理原则、会计处理及税收政策解析与实务处理。

一、炼化企业采购环节增值税税务处理原则

炼化企业采购的原材料主要有原油、成品油等。根据现有增值税税收

政策，炼化企业采购原材料、固定资产等的支付或者负担的增值税进项税额，允许从销项税额中抵扣。

采购环节支付的增值税进项税额可否抵扣，应当满足三个条件：一是取得了符合产品抵扣规定的凭证，如增值税专用发票、增值税普通发票、成品油发票等；二是增值税进项税额的抵扣范围符合规定，即不属于不得抵扣的情形；三是企业对取得的合法凭证经税务机关认证通过。

（一）合法凭证

根据《中华人民共和国增值税暂行条例》第九条的规定，纳税人购进货物、劳务、服务、无形资产、不动产，取得的增值税扣税凭证不符合法律、行政法规或者国务院税务主管部门有关规定的，其进项税额不得从销项税额中抵扣。

（二）允许抵扣增值税进项税额的范围

增值税合法抵扣凭证有：增值税专用发票、海关进口增值税专用缴款书、农产品收购发票或销售发票、代扣代缴的完税凭证、机动车销售统一发票、通行费发票、旅客运输凭证，具体内容详见本书第七章。

二、炼化企业采购环节会计处理

炼化企业作为制造业，采购原材料、固定资产等的财务处理具有典型的行业特征。

（一）采购业务进项税额抵扣的会计处理

根据财政部《关于印发〈增值税会计处理规定〉的通知》（财会〔2016〕22号）的规定，取得资产或接受劳务等业务的账务处理如下。

1. 采购业务进项税额允许抵扣的账务处理

一般纳税人购进货物、加工修理修配劳务、服务、无形资产或不动产，按应计入相关成本费用或资产的金额，借记“在途物资”“原材料”“库存商品”“生产成本”“无形资产”“固定资产”“管理费用”等科目；按当月已认证的可抵扣增值税额，借记“应交税费——应交增值税（进项税额）”科目；按当月未认证的可抵扣增值税额，借记“应交税费——待认证进项税额”科目；按应付或实际支付的金额，贷记“应付账款”“应付票据”“银行存款”等科目。发生退货的，如果原增值税专用发票已做认证，则应根据税务机关开具的红字增值税专用发票做相反的会计分录；如果原增值税专用发票未做认证，则应将发票退回并做相反的会计分录。

2. 采购业务进项税额不得抵扣的账务处理

一般纳税人购进货物、加工修理修配劳务、服务、无形资产或不动产，用于简易计税方法计税项目、免征增值税项目、集体福利或个人消费等，其进项税额按照现行增值税制度规定不得从销项税额中抵扣的，取得增值税专用发票时，应借记相关成本费用或资产科目，借记“应交税费——待认证进项税额”科目，贷记“银行存款”“应付账款”等科目；经税务机关认证后，应借记相关成本费用或资产科目，贷记“应交税费——应交增值税（进项税额转出)”科目。

3. 货物已验收入库但尚未取得增值税扣税凭证的账务处理

一般纳税人购进的货物等已到达并验收入库，但尚未收到增值税扣税凭证并未付款的，应在月末按货物清单或相关合同协议上的价格暂估入账，不需要将增值税的进项税额暂估入账。下月初，用红字冲销原暂估入账金额，待取得相关增值税扣税凭证并经认证后，按应计入相关成本费用或资产的金额，借记“原材料”“库存商品”“固定资产”“无形资产”等科目；按可抵扣的增值税额，借记“应交税费——应交增值税（进项税额)”科目；按应付金额，贷记“应付账款”等科目。

4. 小规模纳税人采购业务的账务处理

小规模纳税人购买物资、服务、无形资产或不动产，取得增值税专用发票上注明的增值税应计入相关成本费用或资产，不通过“应交税费——应交增值税”科目核算。

5. 购买方作为扣缴义务人的账务处理

按照现行增值税制度规定，境外单位或个人在境内发生应税行为，在境内未设有经营机构的，以购买方为增值税扣缴义务人。境内一般纳税人购进服务、无形资产或不动产，按应计入相关成本费用或资产的金额，借记“生产成本”“无形资产”“固定资产”“管理费用”等科目；按可抵扣的增值税额，借记“应交税费——进项税额”科目（小规模纳税人应借记相关成本费用或资产科目）；按应付或实际支付的金额，贷记“应付账款”等科目；按应代扣代缴的增值税额，贷记“应交税费——代扣代交增值税”科目。实际缴纳代扣代缴增值税时，按代扣代缴的增值税额，借记“应交税费——代扣代交增值税”科目，贷记“银行存款”科目。

（二）原材料采购成本核算与会计处理

1. 原材料采购成本

根据会计准则的相关规定，原材料的成本包括原材料买价、运杂费、运输及过程中发生的合理损耗等。其中，运杂费包括运输费、装卸费、保险费用、储运费、港杂费、代理费、商检费、包装费等。

2. 原材料采购成本计算方法

炼化企业在采购原材料时，一些简单生产的企业会选择实际成本法，一些工艺复杂的企业则会选择计划成本法。

（1）实际成本法。

实际成本法是指每种材料的收发结存，都按照其在采购过程中发生的实际成本计价。实际成本虽然可以准确地核算产品成本中材料费用和材料资金的实际占用，但在材料收发业务频繁的情况下，材料的计价工作很烦琐，且不能从账上反映材料采购业务是节约还是超支。因此，该方法通常适用于材料品种较少、收发次数不多的企业。

（2）计划成本法。

计划成本法是指每种材料的收发结存，都按照预先确定的计划成本计价。当材料的品种繁多、规格复杂时，核算的工作量很大，为了简化核算手续，可以采用计划成本法进行核算，届时发出材料的成本按事先制定的计划成本计价，到月末再将发出材料的计划成本调整为实际成本。调整的方法是将期末的材料成本差异在已经发出材料和期末结存材料之间进行分摊，其计算公式如下：

材料成本差异率 = （期初结存材料成本差异 + 本期收入材料成本差异）÷（期初结存材料计划成本 + 本期收入材料计划成本）×100%

本期发出材料应分摊的材料成本差异 = 发出材料的计划成本 × 材料成本差异率

材料的实际成本 = 发出材料的计划成本 + 发出材料应负担的成本差异

结存材料的实际成本 = 结存材料的计划成本 + 结存材料应负担的成本差异

材料成本差异率的计算结果若是正数，则表示实际成本大于计划成本，是超支；若是负数，则表示实际成本小于计划成本，是节约。无论超支还是节约，都借记“基本生产成本”“辅助生产成本”“制造费用”“销售费用”“管理费用”等账户，贷记“材料成本差异”账户（超支用蓝字反映，节约用红字反映）。

由于各种材料的成本差异率不同，材料品种繁多的企业不可能为每种材料都计算成本差异率，并分摊材料成本差异。因此，需要对材料分类计算成本差异率，并分摊材料成本差异，但分类必须适中，以保证成本计算的准确性。

材料计划成本的内容应与材料实际成本口径一致，并尽可能接近实际成本。计划单位成本原则上应一年制定一次，无特殊情况下，在年度内不做变动。这种计价方法通常适用于材料实际成本变动不大、材料品种多、收发料频繁的企业。

现在更多的炼化企业购进原油、成品油等采用计划成本核算，按品种计算材料成本差异，将计划成本与原油实际采购成本的差异计入“材料成本差异”账户。

三、炼化企业采购环节税收政策解析与实务处理

炼化企业采购环节既包括采购原材料，也包括采购固定资产；采购来源分为境内采购和境外采购。

（一）采购原材料税收政策解析与实务处理

炼化企业采购原料包括原油、成品油及非税油品等，采购来源为境内采购和境外采购。

1. 境内采购原油会计与增值税税务实务处理

在境内外采购原材料并入库，如在采用计划成本法核算的情况下，则按实际入库数量和计划价格确认入库原油成本，按照订单价格确认应付暂估（或在借方，或在贷方），差额确认为材料成本差异。待收到发票进行发票校验时，将发票实际价格与订单价格差异确认为材料成本差异。

【实务举例1】

某炼化企业财务按照计划成本法核算。2024 年 3 月 1 日，该炼化企业购进某原油 100 吨，每吨计划成本为 5 000 元，订单价格为 51 万元。2024 年 4 月 1 日，该炼化企业取得销售方开具的增值税专用发票，发票上注明的价款为 50 万元，税款为 6.5 万元。另外，支付给某运输公司运输费用 10 万元（不含税），并取得增值税专用发票。

①该炼化企业 2024 年 3 月 1 日的会计分录为：

借：原材料——××油　　500 000.00

　　材料成本差异——××油　　10 000.00

　　贷：应付账款——应付暂估款　　510 000.00

②该炼化企业 2024 年 4 月 1 日的会计分录为：

借：应付账款——应付暂估款　　510 000.00

　　应交税费——应交增值税（进项税额）　　74 000.00

［计算公式：可以抵扣的进项税额 =6.5 +10 ×9% =7.4（万元）］

　　材料成本差异——××油　　85 000.00

　　贷：应付账款——购货方　　560 000.00

　　　　　　　　——交通运输企业　　109 000.00

这里需要注意的是，炼化企业采购原材料时支付的运杂费、保险费用、储运费用、港杂费、代理费、商检费等，应计入“材料成本差异”账户。

2. 进口原材料会计与增值税税务实务处理

对于炼化企业，有一部分原材料（尤其是原油）是通过进口取得的。进口业务的采购成本包含进口商品到达目的港之前发生的各种支出，主要包括国外进价和进口税费。

进口商品的国外进价以到岸价格（CIF）为基础。如对外合同以离岸价格（FOB）成交，则应将进口方负担的商品离开对方口岸后的国外运费、保险费等计入商品的进价。商品到达我国口岸后发生的费用，如进货运保费、商检费、手续费等，直接计入采购成本；进口税金主要包括进口关税和消费税等。取得的进口佣金冲减相应商品进价，商品已销售的，冲减相应主营业务成本。

此时，如果保险费用由于没有实际支付等原因无法确定，则应按照《中华人民共和国海关审定进出口货物完税价格办法》的规定，由海关以该货物的成交价格为基础审查确定进口货物的完税价格，并应当包括货物运抵中华人民共和国境内输入地点起卸前的运输及相关费用、保险费。进口货物的保险费，应当按照实际支付的费用计算。如果进口货物的保险费无法确定或者未实际发生，则海关应当按照“货价＋运费”的3‰计算保险费，其计算公式如下：

保险费＝（货价＋运费）×3‰

【实务举例2】

位于县城的某石油企业为增值税一般纳税人，2023年3月发生以下业务。①进口原油5 000吨，支付买价2 000万元，运抵我国境内输入地点起卸前的运输费用60万元，保险费无法确定。②开采原油9 000吨，其中当月销售6 000吨，取得不含税销售收入2 700万元，同时向购买方收取延期付款利息3.51万元；取得运输业增值税专用发票注明的运费为9万元，税额为0.9万元（其他相关资料：假定原油的资源税税率为10%，进口关税税率为1%，相关票据已通过主管税务机关比对认证）。该石油企业应该缴纳的相关税费如下：（保留小数点后2位）

（1）进口原油应缴纳的关税 = （2 000 + 60） × （1 + 3‰） × 1% = 20.66（万元）

（2）进口原油应缴纳的增值税 = ［（2 000 + 60） × （1 + 3‰） + 20.66］ × 13% = 271.29（万元）

（3）销售原油的增值税销项税额 = ［2 700 + 3.51 ÷ （1 + 13%）］ × 13% = 351.40（万元）

（4）应向税务机关缴纳的增值税 = 351.40 − 271.29 − 0.9 = 79.21（万元）

（5）应缴纳的城市维护建设税、教育费附加和地方教育附加 = 79.21 × （5% + 3% + 2%） = 7.92（万元）

（6）应缴纳的资源税 = ［2 700 + 3.51 ÷ （1 + 13%）］ × 10% = 270.31（万元）

3. 原材料损耗的增值税税收政策解析与实务处理

原材料损耗是指原材料储运损失。原材料储运损失，即原油加工前在运输和储存过程中产生的损失，包括“途中损耗”和“储存损耗”两部分。根据《中华人民共和国增值税暂行条例》第十条的规定，不得从销项税额中抵扣的进项税额包括非正常损失的购进货物，以及相关的劳务和交通运输服务。其中，“非正常损失”根据《中华人民共和国增值税暂行条例实施细则》第二十四条的规定，是指因管理不善造成被盗、丢失、霉烂变质的损失，即人为造成的损失。因此，炼化企业在原材料采购业务中，购销双方会对“途中损耗”和“储存损耗”约定损耗的范围。在损耗范围内的损耗可以理解为正常损耗，其进项税额可以抵扣；在损耗范围之外的损耗可以理解为因人为造成的非正常损耗，其进项税额不可以抵扣。

在实务中，具体处理如下。

（1）途中损耗。

原材料在发货时，按照实际入库数量确认收货数量，按照计划价格确认成本；在收到发票时，按照发票数量进行校验。如为双方约定损耗范围内的合理损耗，则在会计上调整为实际验收入库的数量，金额不变，税务上不需要处理；如超出损耗范围认定为非正常损耗，则税务上需要做进项税额转出处理，计入“待处理财产损溢”科目，待区分损失形成原因后再做进一步处理。

【实务举例3】

某炼化厂2024年3月1日购进原油100吨，入库99.5吨，双方约定损耗为1‰。该炼化厂按照实际成本法进行会计核算，原油单价为4 000元/吨（不含税），该笔业务已经取得发票并抵扣进项。

该炼化厂3月购进原油合理损耗为100×1‰=0.1（吨）。

因此，不合理损耗数量为100－99.5－0.1=0.4（吨）。

不合理损耗金额为0.4×4 000=1 600（元）。

进项税额转出为1 600×0.13=208（元）。

会计分录为：

借：待处理财产损溢——待处理流动资产损溢　　1 808.00

　　贷：原材料——××原油　　1 600.00

　　　　应交税费——应交增值税（进项转出）　　208.00

（2）储存损耗。

原材料在储存过程中由于蒸发等原因会出现一些损失，合理的损失会计入生产成本中，但由管理不善等原因造成的不合理损失，则要计入进项税额转出；有保险公司或者责任人赔偿的部分，计入“其他应收款”科目。

【实务举例4】

某炼化厂2024年3月1日因管理不善发生油品被盗，损失油品10吨，成本为2 000元/吨。当天该炼化厂报警。2024年4月1日，公安部门抓住犯罪嫌疑人，但被盗油品已经销售，犯罪嫌疑人拒绝返还赃款。该炼化厂追究过失人李某的责任，罚款10 000元。该炼化厂会计分录如下：

借：待处理财产损溢——待处理流动资产损溢　22 600.00
　贷：原材料——××原油　20 000.00
　　应交税费——应交增值税（进项转出）　2 600.00

借：其他应收款——李某　10 000.00
　营业外支出　12 600.00
　贷：待处理财产损溢——待处理流动资产损溢　22 600.00

（二）购置固定资产增值税和企业所得税税收政策解析与实务处理

对于炼化企业，除购进原材料外，还购进包含不动产等固定资产。外购固定资产的实际成本应包括固定资产的买价、相关税费，使固定资产达到预定可使用状态前发生的可归属于该项资产的包装费、运输费、装卸费、保险费和专业人员服务费，以及进口关税、安装成本等必要支出作为其原价。并且，外购固定资产只要不是被专用于简易计税项目、免税项目、集体福利和个人消费，进项税额就可以抵扣。外购固定资产的进项税额已经抵扣的，不再计入固定资产原值。

【实务举例5】

某炼化厂于2024年3月1日购进机器设备一台，发票价格为100 000元，增值税进项税额为13 000元，发生的包装运输费为2 000元。该炼化厂的会计分录如下：

借：固定资产　102 000.00
　应交税费——应交增值税（进项税额）　13 000.00
　贷：银行存款　115 000.00

企业所得税方面，在计算应纳税所得额时，企业按照规定计算的固定资产折旧，准予扣除。企业取得的固定资产在投入使用的月份开始计提折旧，其最低年限如下：房屋、建筑物为20年，飞机、火车、轮船、机器、机械和其他生产设备为10年，与生产经营活动有关的器具、工具、家具等为5年，飞机、火车、轮船以外的运输工具为4年，电子设备为3年。以下固定资产不得计算折旧扣除：房屋、建筑物以外未投入使用的固定资产，以经营租赁方式租入的固定资产，以融资租赁方式租出的固定资产，已足额提取折旧仍继续使用的固定资产，与经营活动无关的固定资产，单独估价作为固定资产入账的土地，其他不得计算折旧扣除的固定资产。

此外，需要特别强调的是，从事开采石油、天然气等矿产资源的企业，在开始进行商业性生产前发生的费用和有关固定资产的折耗、折旧方法的特殊规定，具体见第二章介绍。

第三节　炼化企业生产环节税收政策解析与实务处理

炼化企业的生产环节主要是指石油加工过程。石油加工过程包括常减压蒸馏、催化裂化、加氢裂化和延迟焦化等加工过程，涉及的税收政策主要是消费税政策。如果炼化企业在生产环节领用原材料是已经缴纳消费税的成品油，则已经缴纳的消费税允许在应交消费税税额中抵扣。因此，本节主要分为两部分内容：第一部分是炼化装置及工艺流程介绍，通过炼化企业的生产装置及生产工艺流程图，能够判断企业生产油品的种类及数量、出率等情况，对于销售环节是否应该缴纳消费税及缴纳多少消费税具有重要意义；第二部分是炼化企业生产环节涉及消费税抵扣政策的梳理，企业在该环节能否正确适用消费税抵扣政策，对于企业能否合规缴纳消费税同样具有重要意义。

一、炼化装置与工艺流程

通过企业的炼化装置及工业流程，不仅能够判断企业生产油品的种类及出率，也对了解企业的成本管理、能耗管理具有重要意义。

（一）炼化企业生产工艺流程

在炼油企业的加工总成本中，原油采购成本占比高达85%～90%；在炼油厂的能耗总量中，仅常减压蒸馏装置能耗就占25%～30%。炼化企业生产工艺流程如图 3－4 所示。

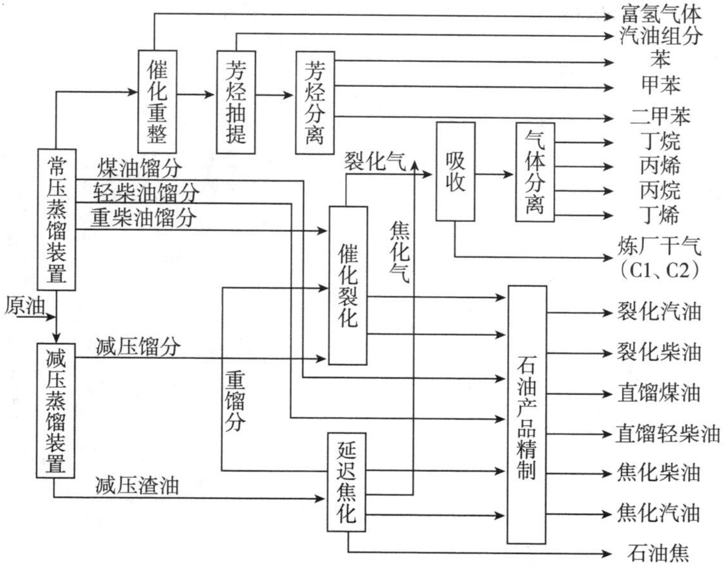

图 3－4　炼化企业生产工艺流程

（二）炼化装置

炼化装置中最常见的是常减压蒸馏装置、催化裂化装置、加氢裂化装置和延迟焦化装置。

1. 常减压蒸馏装置

炼油厂必须解决原油分割和各种石油馏分在加工过程中的分离问题，因为原油是极其复杂的混合物，要从原油中提炼出多种多样的燃料、润滑油和其他产品。原油提炼的基本途径为：首先，将原油按不同产品沸点要求，通过物理过程分割成不同的直馏馏分油；其次，按照产品质量标准要求，除去这些馏分油中的非理想组分，或者通过化学反应转化生成需要的组分，进而得到一系列合格的石油产品。蒸馏是一种常用的最经济、最容易实现的分离手段。石油炼制企业原油加工的第一道工序就是蒸馏，如拔顶蒸馏和常减压蒸馏等。所谓原油一次加工是指原油常减压蒸馏。

通过常减压蒸馏环节，可以按产品方案将原油分割成相应的直馏汽油、煤油、喷气燃料、轻柴油或重柴油及各种润滑油馏分等半成品。这些半成品经过适当的精制和调配等，即可成为合格产品。在常减压蒸馏过程中，也可以根据不同生产方案分割出各种二次加工原料，如重整原料、催化裂化原料、加氢裂化原料等。

常减压蒸馏环节的主要设备为常减压蒸馏塔，如图3－5所示。

（1）闪蒸塔。

闪蒸塔的分馏精确度较差，塔顶不出产品，故不能提供重整原料和生产溶剂油。闪蒸塔顶馏出物直接被送入常压塔中上部进行进一步分离。

图3－5　常减压蒸馏塔

（2）常压塔。

常压塔是原油常压蒸馏的主要设备，原油蒸馏装置的主要产品是从其中获得的。常压塔是一种同时产出几种测线产品的复合塔，又是无提馏段的不完全塔。

（3）减压塔。

通过减压蒸馏，一般可以得到沸点低于540℃的馏分油。减压蒸馏的核心设备是减压塔及抽真空系统。根据生产任务不同，减压塔分为燃料型减压塔和润滑油型减压塔两种。

2. 催化裂化装置

催化裂化是炼油工业中重要的二次加工过程，在炼油工业中占有十分重要的地位。石油加工的目的是提高原油加工深度，得到尽可能多的轻质油品，增加产品品种，提高产品质量。催化裂化是指原料在480～520℃和0.1～0.4MPa条件及催化剂存在情况下，发生裂化、异构化、氢转移等一系列化学反应，转化成干气、液化气、汽油、柴油等轻质产品和焦炭的炼油工艺过程。

催化裂化的产品有气体（包括干气和液化气）、汽油、轻柴油（轻循环油），中间产品有回炼油，有的装置还出产油浆或澄清油等。

（1）气体。

催化裂化装置副产大量干气和液化气。干气和液化气的产率一般分别为3% ~6%（质量分数）和8% ~15%（质量分数）。

（2）汽油。

汽油是催化裂化装置的主要产品，其产率为30% ~60%（质量分数）。催化汽油是车用汽油的主要组分，目前我国催化裂化汽油占车用汽油的60% ~80%（质量分数），其研究法辛烷值为90 ~93。

（3）轻柴油。

催化裂化柴油的产率一般为20% ~40%（质量分数）。催化裂化的柴油一般硫、氮含量高，安定性差，色度会随储存时间长而变深，胶质逐渐增加。

（4）回炼油。

催化裂化回炼油是指产品中342 ~350℃的馏分油（又称重循环油），一般占进料的5% ~8%（质量分数）。回炼油中的芳烃含量远高于原料油，是催化裂化反应中难以裂化组分浓缩的结果。馏分油既可以作为重柴油产品的混合组分使用，也可以作为重返提升管反应器的回炼油。馏分油回炼可以增加轻柴油产率，目前国内大多数炼油厂将其作为回炼油使用。

（5）油浆。

催化裂化分馏塔塔底出来的馏分油称为“油浆”，油浆中含有大量催化剂细粉，一般将其选至油浆沉降器进行沉降分离，从沉降器上部排出的清净的产品称为“澄清油”，而从油浆沉降器底部放出的油浆因含有催化剂细粉，将其返回提升管反应器回炼后可回收催化剂。此外，油浆也可做后续加工装置（如延迟焦化）原料，还可作为各种工业炉或锅炉燃料使用。

3. 加氢裂化装置

加氢裂化工艺是重质油轻质化的重要工艺过程之一，是在较高反应温度（350 ~410℃）和较高反应压力（8.0 ~18.0MPa），以及氢气和催化剂存在的条件下，使重质馏分油发生裂化反应，进而转化为气体、石脑油、喷气燃料、柴油等，同时将原料油中的硫、氮、氧和金属等杂原子加氢脱除的过程。加氢裂化的最大特点是可以根据加工原料油类型的不同和市场对各类产品需求的变化，通过调整工艺条件和催化剂类型使重油发生裂化反应，进而转化为气体、汽油、煤油、柴油等各种清洁燃料。此外，采用加氢裂化工艺还可以生产重整原料、催化裂化原料油、乙烯裂解原料等，可以最大限度地满足市场的需求。

加氢裂化所用原料包括粗汽油、粗柴油、减压蜡油、重油及脱沥青油。按加工原料的不同，我国的加氢裂化装置可分为馏分油加氢裂化装置和渣油加氢裂化装置。馏分油加氢裂化的原料主要有减压蜡油、焦化蜡油、催化裂化循环油及脱沥青油等，目的产物主要是重整原料油、航空煤油、优质柴油和乙烯裂解原料。渣油加氢裂化与馏分油加氢裂化有本质的不同，由于渣油富集了大量硫、氮化合物，胶质，沥青质大分子及金属化合物，其目的产物主要是生产中间馏分油，如催化裂化原料等，使催化剂的作用大大降低。因此，热裂解反应在渣油加氢裂化过程中有着重要作用。一般来说，渣油加氢裂化得到的汽油、柴油产品需要进行加氢精制。

4. 延迟焦化装置

延迟焦化是一种渣油轻质化过程，在石油化工工业中起着非常重要的作用。该工艺可以加工残炭值及重金属含量很高的各种劣质渣油，而且过程比较简单、投资和操作费用较低；同时，所产石脑油馏分经加氢精制后可以为乙烯生产提供原料。延迟焦化的主要缺点是焦炭产率高，附加值低，液体产物的质量差，需要进一步加氢精制。尽管焦炭化过程存在上述问题，但仍然是目前加工高金属、高残炭劣质渣油最有效的手段，并为催化裂化、加氢裂化和乙烯生产提供原料。在现代炼油工业中，延迟焦化是提高轻质油收率的重要途径。

延迟焦化是以渣油为原料，在高温（480～550℃）下进行深度热裂化反应的一种热加工过程。延迟焦化可以处理原油、常压重油、减压渣油、沥青等含硫量较高及残炭值较高的残渣原料，以及芳香烃含量很高、难裂化的催化裂化澄清油和热裂解渣油等。延迟焦化过程的反应产物有气体、汽油、柴油、惜油（重馏分油）和焦炭。延迟焦化过程的产品产率及性质在很大程度上取决于原料的性质。

二、炼化企业生产环节消费税税收政策解析与实务处理

炼化企业的生产环节主要涉及消费税抵扣政策。炼化企业购进的原材料如果是已经缴过消费税的成品油，则可以抵扣企业生产成品油应缴纳的消费税。因此，需要纳税人正确理解并适用消费税抵扣范围、抵扣凭证、计算方法、纳税申报等税收政策。

（一）生产环节成品油消费税抵扣范围

【政策依据】

（1）根据《财政部　国家税务总局关于调整部分成品油消费税政策的通知》（财税〔2008〕19号）的规定，自2008年1月1日起，以外购或委托加工收回的已税石脑油、润滑油、燃料油作为原料生产的应税消费品，准予从消费税应纳税额中扣除原料已缴纳的消费税税款。抵扣税款的计算公式为

当期准予扣除的外购应税消费品已纳税款 = 当期准予扣除外购应税消费品数量 × 外购应税消费品单位税额。

（2）根据《财政部　国家税务总局关于以外购或委托加工汽柴油连续生产汽柴油允许抵扣消费税政策问题的通知》（财税〔2014〕15号）的规定，自2014年1月1日起，以外购或委托加工收回的已税汽油、柴油作为原料连续生产汽油、柴油，准予从汽油、柴油消费税应纳税额中扣除原料已缴纳的消费税税款。

【政策解析】

对于消费税抵扣政策的规定，其初衷是避免重复纳税。例如，市场上有已经交过消费税的石脑油，企业将其购入生产应税汽油。对于汽油纳税环节来说，其成本中的石脑油就交了两次消费税。为避免重复纳税情况发生，企业实际缴纳消费税为生产汽油应缴纳的消费税减去其原材料中石脑油已经缴纳的消费税。这种和增值税抵扣原理虽然相近，但不相同，主要

不同点是：增值税绝大部分采用的是购进扣税法，购进环节只要取得合法的增值税抵扣凭证即可抵扣；而消费税采用实耗扣税法，实际领用多少就可以抵扣多少。

成品油消费税抵扣范围采取正向列举。凡是使用不在抵扣范围内的已税成品油生产应税成品油的，均不得抵扣原料中包含已税消费税税款。成品油消费税税目下设7个子税目，分别是汽油、柴油、石脑油、航空煤油、溶剂油、润滑油和燃料油。其中，能够适用消费税抵扣政策的是汽油、柴油、石脑油、润滑油和燃料油5类成品油，航空煤油和溶剂油不适用抵扣政策。同时，需要注意的是，外购已税的石脑油、润滑油、燃料油能够抵扣其为原料生产的应税消费品；而已税汽油、柴油只能抵扣其为原料连续生产的汽油、柴油，不能抵扣其他应税消费品。

【问题延伸】

思考1：外购润滑油大包装改小包装、贴商标等简单加工是否征收消费税并适用抵扣政策？

解答：应当征税。根据《财政部　国家税务总局关于消费税若干具体政策的通知》（财税〔2006〕125号）的规定，单位和个人外购润滑油大包装经简单加工改成小包装，或者外购润滑油不经加工只贴商标的行为，视同应税消费税品的生产行为。单位和个人发生的以上行为应当申报缴纳消费税，准予扣除外购润滑油已缴纳的消费税税款。

思考2：从商业企业购进的应税成品油能否抵扣？

解答：可以抵扣。根据《国家税务总局关于进一步加强消费税纳税申报及税款抵扣管理的通知》（国税函〔2006〕769号）的规定，从商业企业购进应税消费品连续生产应税消费品，符合抵扣条件的，准予扣除外购应税消费品已缴纳消费税税款。

思考3：购进视同石脑油、燃料油已缴纳消费税能否抵扣？

对于成品油行业应税成品油征税范围的判定，以原油或其他原料生产加工，在常温常压条件下（25℃，一个标准大气压）呈液态（沥青除外）的产品，即使名称不为石脑油、燃料油，但是产品符合石脑油、燃料油征收规定的，视同石脑油、燃料油征收消费税；或者是7类成品油以外的产品，但是不符合该产品的国家标准或石油化工行业标准的相应规定（包括产品的名称、质量标准与相应的标准一致），则视同石脑油征收消费税。

思考4：对于购进“视同征税”油品作为原料生产的应税成品油，能否抵扣已纳消费税税款？

解答：可以抵扣。根据《国家税务总局关于消费税有关政策问题补充规定的公告》（国家税务总局公告2013年第50号，以下简称50号公告）的规定，可以理解为，下列产品准予按规定从消费税应纳税额中扣除其原料已缴纳的消费税税款，但可享受原料所含消费税退税政策的产品除外：①以外购或委托加工收回汽油、柴油、石脑油、燃料油、润滑油生产按规定视同石脑油、燃料油缴纳消费税的产品；②以外购或委托加工收回视同石脑油、燃料油缴纳消费税的产品作为原料生产的应税消费品。

但是，需要注意的是，为使上述扣除政策落实到位，从2013年3月1日至2018年2月28日，根据50号公告第九条的规定，纳税人生产、销售或受托加工视同石脑油、燃料油缴纳消费税的产品，其向购货方或委托方开具的增值税专用发票品名后应注明“视同石脑油（或燃料油）”或“视同石脑油（或燃料油）加工”。购货方或委托方以该产品作为原料生产应税消费品，可按此规定办理原料已缴纳消费税税款的申报扣除手续。但是，该条款被《国家税务总局关于成品油消费税征收管理有关问题的公告》（国家税务总局公告2018年第1号，以下简称1号公告）废止，原因是根据1号公告的规定，自2018年3月1日起，所有成品油发票均须通过增值税发票管理新系统中成品油发票开具模块开具。因此，1号公告明确“外购、进口和委托加工收回的汽油、柴油、石脑油、燃料油、润滑油用于连续生产应税成品油的，应凭通过增值税发票选择确认平台确认的成品油专用发票、海关进口消费税专用缴款书，以及税收缴款书（代扣代收专用），按规定计算扣除已纳消费税税款，其他凭证不得作为消费税扣除凭证”。所以，纳税人取得“视同石脑油（或燃料油）”征税发票的前提是对方在增值税发票管理新系统中的成品油发票开具模块开具了成品油发票，已经缴纳消费税的方可抵扣。

【实务举例6】

某企业作为一家中外合资的大型石化企业，加工能力为1 000万吨/年。企业的主要工艺是进口蜡油（注：该企业的进口蜡油根据油品性质，在海关比照燃料油征收消费税）与原油混合后，先储存在原油罐中，通过常减压装置将蜡油分离出来。再将分离出的蜡油15%进入柴油加氢装置，直接生产柴油；其余85%进入加氢裂化装置用于生产液化气、石脑油、柴油、煤油等。该企业之前由于缺少原材料蜡油，加氢裂化装置一直处于低负荷运转状态。近年来，该企业为解决这一问题，增加蜡油进口量，提高加氢裂化装置的加工量，就会出现企业生产过程中存在大量半成品。经测算，企业加工1万吨蜡油共产出半成品应税消费品9 177吨，其中柴油4 749吨，石脑油1 146吨，煤油2 669吨，未转化油613吨。但是，这些产品属于柴油加氢和加氢裂化两套中间装置生产的半成品，并不能作为最终征税或者免税的依据。企业的半成品还要与其他业务生产的半成品进行调和，这样企业最终产出的应税、暂不征税和免税成品油的数量将难以划分，进而导致进口蜡油缴纳的消费税如何抵扣成为问题。在实务当中，对于这个问题的处理仍有歧义。

观点一，领用的蜡油已经缴纳的消费税全额抵扣。

全额抵扣法下不考虑产成品的种类，可抵扣消费税即领用蜡油的数量乘以单位税额。根据《财政部　国家税务总局关于调整部分成品油消费税政策的通知》（财税〔2008〕19号），自2008年1月1日起，“以外购或委托加工收回的已税石脑油、润滑油、燃料油为原料生产的应税消费品，准予从消费税应纳税额中扣除原料已纳的消费税税款。抵扣税款的计算公式为：当期准予扣除的外购应税消费品已纳税款＝当期准予扣除外购应税消费品数量×外购应税消费品单位税额”。如果领用进口蜡油为1 000吨，可抵扣税额为10 000×1 015×1.2＝1 218（万元），生产的最终成品油（非成品油不缴纳消费税，此处忽略）中，柴油4 749吨、石脑油1 146吨，那么企业应缴纳消费税为（4 749 ×1 176 ×1.2 +1 146 ×1 385 ×1.52）÷10 000 −1 218 = −306.56（万元）。因此，这种方法的优点是税款计算简便；缺点是忽略加工环节存在半成品（应税成品油）连续加工费非应税油品应缴纳消费税问题，少缴企业应税产品的消费税，甚至出现应退税情况。

观点二，不能全额抵扣，有两种处理方法：一是以企业实际销售时缴纳的应税消费品消费税为抵扣上限，二是用实际缴纳的消费税除以在海关缴纳的消费税得出抵扣率。

在财税〔2008〕19 号文件抵扣计算方法的基础上，以企业实际销售的缴纳应税消费品的消费税为抵扣上限，也可以用实际缴纳的消费税除以在海关缴纳的消费税得出抵扣率。按照观点二的第一种计算方法"上限法"，该企业能够抵扣的消费税税额上限为生产销售柴油 4 749 吨，石脑油 1 146 吨，这种情况下实际缴纳的消费税最终为零，不会出现负数的情况。第二种方法是"抵扣率法"，如抵扣率为 70%，则企业应缴纳消费税为（4 749 ×1 176 ×1.2 +1 146 ×1 385 ×1.52）÷10 000 −1 218 ×70% =58.83（万元）。这种观点的优点是税款计算相对准确，基本上不会出现负数的情况；缺点是如何确定一个税务机关和企业双方都认可的抵扣率是此种方案执行的最大障碍。

上述两种观点均不正确。观点一（全额抵扣法）不正确的原因有两方面：一是可参考同样是流转税的增值税，根据《中华人民共和国增值税暂行条例》第十条的规定，用于简易计税方法计税项目、免征增值税项目、集体福利或者个人消费的购进货物、劳务、服务、无形资产和不动产，其进项税额不得从销项税额中抵扣。原因是在商品的流转过程中，已经到达最终使用环节，不会产生销项税，所以不能抵扣购进环节进项税。作为同样是流转税的消费税，原理也应如此。二是前文中的财税〔2008〕19 号文件的前提是在外购、委托加工、进口已纳消费税生产应税消费品，才能抵扣领用原材料中已经缴纳的消费税。如果生产的是非应税消费品，或者是免税消费品及暂免征收消费税消费品，则不能抵扣消费税。因此，使用全额抵扣法不合适。观点二（“上限法”或者“抵扣率法”）不正确的原因是计算结果是估算出来的，不够准确，并且抵扣率很难被准确核定。

在消费税税务实务处理中，正确的税务处理是依据《中华人民共和国消费税暂行条例》第四条的规定，纳税人自产自用的应税消费品用于连续生产应税消费品的，不纳税；用于其他方面的，于移送使用时纳税。依据《中华人民共和国消费税暂行条例实施细则》第六条的规定，用于连续生产应税消费品，是指纳税人将自产自用的应税消费品作为直接材料生产最终应税消费品，自产自用应税消费品构成最终应税消费品的实体。用于其他方面，是指纳税人将自产自用应税消费品用于生产非应税消费品、在建工程、管理部门、非生产机构、提供劳务、馈赠、赞助、集资、广告、样品、职工福利、奖励等方面。以上政策说明，在产成品是应税消费品，或者半成品是应税消费品且直接销售的情况下，销售时需要缴纳消费税。在半成品是应税消费品且被用于连续生产时，通过连续生产的产成品是应税消费品还是非应税消费品来判断半成品是否需要缴纳消费税。在产成品是应税消费品时，半成品不需要缴纳消费税；在产成品是非应税消费品时，半成品也需要缴纳消费税。

这里需要结合生产工艺流程图梳理一下，产成品是应税成品油种类及数量，半成品是应税成品油且用于生产非应税油品的数量及比例。计算出企业每月应税成品油及非应税油品的种类和数量，将生产销售的应税成品油与非应税油品或者免税油品进行区分。应税成品油耗用的已税成品油可以抵扣已经缴纳的消费税，非应税油品和免税油品不能抵扣耗用原材料已经缴纳的消费税。如果企业没有核算，则可以依据《中华人民共和国消费税暂行条例》第三条的规定，纳税人兼营不同税率的应当缴纳消费税的消费品（以下简称“应税消费品”），应当分别核算不同税率应税消费品的销售额、销售数量；未分别核算销售额、销售数量，或者将不同税率的应税消费品组成成套消费品销售的，从高适用税率。全部按照征税处理，并且可以抵扣原材料中已经缴纳的消费税。此种方法能更好地促使企业税务、经营合规。

（二）生产环节消费税抵扣凭证

消费税抵扣需要企业取得合法的税款抵扣凭证，准予从消费税应纳税额中扣除原材料已纳消费税税款凭证的项目，按照不同渠道可以分为外购应税消费品连续生产应税消费品、委托加工收回应税消费品连续生产应税消费品、进口应税消费品连续生产应税消费品。

【政策依据】

（1）外购应税消费品连续生产应税消费品。

根据《国家税务总局关于成品油消费税征收管理有关问题的公告》（国家税务总局公告2018年第1号）的规定，外购、进口和委托加工收回的汽油、柴油、石脑油、燃料油、润滑油被用于连续生产应税成品油的，应凭通过增值税发票选择确认平台确认的成品油专用发票、海关进口消费税专用缴款书，以及税收缴款书（代扣代收专用），按规定计算扣除已纳消费税税款，其他凭证不得作为消费税扣除凭证。

外购石脑油、燃料油被用于生产乙烯、芳烃类化工产品的，应凭取得的成品油专用发票所载明的石脑油、燃料油的数量，按规定计算退还消费税，其他发票或凭证不得作为计算退还消费税的凭证。

（2）委托加工收回应税消费品连续生产应税消费品。

根据《国家税务总局关于印发〈调整和完善消费税政策征收管理规定〉的通知》（国税发〔2006〕49号）的规定，委托加工收回应税消费品的抵扣凭证为《代扣代收税款凭证》。纳税人未提供《代扣代收税款凭证》的，不予扣除受托方代收代缴的消费税。

（3）进口应税消费品连续生产应税消费品。

根据《国家税务总局关于印发〈调整和完善消费税政策征收管理规定〉的通知》（国税发〔2006〕49号）的规定，进口应税消费品的抵扣凭证为《海关进口消费税专用缴款书》。纳税人不提供《海关进口消费税专用缴款书》的，不予抵扣进口应税消费品已缴纳的消费税。

【政策解析】

关于消费税抵扣范围的原料应税消费品的购买渠道，国税发〔1997〕84号文件曾限定为从工业企业购进的应税消费品，对从商业企业购进应税消费品的已纳税款一律不得扣除。另外，《国家税务总局关于印发〈调整和完善消费税政策征收管理规定〉的通知》（国税发〔2006〕49号）也做出明确规定，纳税人从增值税一般纳税人（仅限生产企业）购进应税消费品，外购应税消费品的抵扣凭证为增值税专用发票（含销货清单）。《国家税务总局关于进一步加强消费税纳税申报及税款抵扣管理的通知》（国税函〔2006〕769号）明确，从商业企业购进应税消费品连续生产应税消费品，符合抵扣条件的，准予扣除外购应税消费品已缴纳消费税税款。为此，纳税人从境内采购原料应税消费品，供货方是生产企业和商业企业均可，其开具或申请税务机关代开的增值税专用发票均可作为消费税税额的抵扣凭证。

（三）消费税抵扣税款的计算方法

消费税抵扣税款的计算方法因采购渠道不同而不同。采购渠道主要有境内外购已税成品油连续生产应税成品油、委托加工收回应税消费品连续生产应税消费品、以进口应税消费品为原料生产应税消费品等。

1. 境内外购已税成品油连续生产应税成品油

【政策规定】

根据《财政部　国家税务总局关于调整部分成品油消费税政策的通知》（财税〔2008〕19号）的规定，以外购或委托加工收回的已税石脑油、润滑油、燃料油作为原料生产的应税消费品，准予从消费税应纳税额中扣除原料已缴纳的消费税税款。抵扣税款的计算公式为

当期准予扣除的外购应税消费品已纳税款 = 当期准予扣除外购应税消费品数量 × 外购应税消费品单位税额

当期准予扣除外购应税消费品数量 = 期初库存外购应税消费品数量 + 当期购进外购应税消费品数量 − 期末库存外购应税消费品数量

【实务举例7】

某炼油厂用外购石脑油作为原料生产汽油。2023年7月，该炼油厂外购石脑油100吨，增值税专用发票上注明的价款为800 000元。当月该炼油厂销售汽油200吨，每吨不含税售价为6 000元，每吨成本为3 500元。石脑油期初库存为200吨，账面成本为1 500 000元；期末库存为160吨，账面成本为1 296 000元（注：1吨汽油=1 388升，税额为1.52元/升；1吨石脑油=1 385升，税额为1.52元/升）。该炼油厂销售汽油应纳消费税为200×1 388×1.52=421 952（元），可抵扣的消费税税额为（200+100-160）×1 385×1.52=294 728（元）。该炼油厂7月应纳消费税税额为421 952-294 728=127 224（元）。对于该笔业务，该炼油厂的账务处理为：

（1）购进时：

借：原材料——石脑油　800 000

　　应交税费——应交增值税（进项税额）　104 000

　　贷：银行存款　904 000

（2）领用时：

借：在产品——汽油　1 004 000

　　贷：原材料——石脑油　1 004 000

注：生产领用=期初+本期购进-期末

故：1 500 000+800 000-1 296 000=1 004 000（元）

借：应交税费——应交消费税　294 728

　　贷：税金及附加　294 728

（3）销售时：

借：银行存款　1 356 000

　　税金及附加　421 952

　　贷：主营业务收入　1 200 000

　　　　应交税费——应交增值税（销项）　156 000

　　　　应交税费——应交消费税　421 952

借：主营业务成本　　　　　　　　　　　　　　　　　700 000

　　贷：库存商品　　　　　　　　　　　　　　　　　　700 000

2. 委托加工收回应税消费品连续生产应税消费品

根据《财政部　国家税务总局关于调整部分成品油消费税政策的通知》（财税〔2008〕19 号）的规定，当期准予扣除的委托加工应税消费品已纳税款 = 期初库存的委托加工应税消费品已纳税款 + 当期收回的委托加工应税消费品已纳税款 − 期末库存的委托加工应税消费品已纳税款。委托加工应税消费品已纳税款为代扣代收税款凭证注明的受托方代收代缴的消费税。

3. 进口应税消费品为原料生产应税消费品

根据《国家税务总局关于印发〈调整和完善消费税政策征收管理规定〉的通知》（国税发〔2006〕49 号）的规定，当期准予扣除的进口应税消费品已纳税款 = 期初库存的进口应税消费品已纳税款 + 当期进口应税消费品已纳税款 − 期末库存的进口应税消费品已纳税款。进口应税消费品已纳税款为《海关进口消费税专用缴款书》注明的进口环节消费税。

【问题延伸】

思考：可抵扣消费税大于当期应纳消费税应如何处理？

解答：根据《财政部　国家税务总局关于消费税若干具体政策的通知》（财税〔2006〕125 号）的规定，关于当期投入生产的原材料可抵扣的已纳消费税大于当期应纳消费税不足抵扣部分的处理，对当期投入生产的原材料可抵扣的已纳消费税大于当期应纳消费税情形的，在目前消费税纳税申报表未增加上期留抵消费税填报栏目的情况下，采用按当期应纳消费税的数额申报抵扣，不足抵扣部分结转下一期申报抵扣的方式处理。

（四）消费税抵扣税款的纳税申报

由于炼化企业的生产环节涉及消费税抵扣政策，根据《国家税务总局关于增值税 消费税与附加税费申报表整合有关事项的公告》（国家税务总局公告 2021 年第 20 号）的规定，该环节涉及附件 7《消费税及附加税费用申报表》中的附表1－2《本期准予扣除税额计算表》和附表3《本期委托加工回收情况报告表》。

1. 本期准予扣除税额纳税申报表

（1）纳税申报表样，如表3－1所示。

表3－1 本期准予扣除税额计算表

税款所属期： 年 月 日 至 年 月 日

纳税人名称（公章）： 纳税人识别号：☒☒☒☒☒☒☒☒☒☒☒☒☒☒☒☒☒☒☒☒

填表日期： 年 月 日 计量单位：升、吨；金额单位：元（列至角分）

一、扣除税额及库存计算

扣除油品类别	上期库存数量	本期外购入库数量	委托加工收回连续生产数量	本期准予扣除数量	本期准予扣除税额	本期领用未用于连续生产不准予扣除数量	期末库存数量
汽油							
柴油							
石脑油							
润滑油							
燃料油							
合计							

二、润滑油基础油（废矿物油）和变性燃料乙醇领用存

产品名称	上期库存数量	本期入库数量	本期生产领用数量	期末库存数量
润滑油基础油（废矿物油）				
变性燃料乙醇				

（2）填表说明。

该表作为《成品油消费税纳税申报表》的附列资料，填报纳税人外购、进口或委托加工收回的已税汽油、柴油、石脑油、润滑油、燃料油（以下简称“应税油品”）进行连续生产应税消费品等相关信息。本节涉及表3－1中第一部分“扣除税额及库存计算”，因此以下内容都是说明

第一部分如何填写。特别需要注意的是，在第一部分计量单位为“升”。

①在“扣除油品类别”中，只有汽油、柴油、石脑油、润滑油、燃料油5种油品。因为航空煤油和溶剂油不适用消费税抵扣政策，所以不在该表中。

②在“上期库存数量”栏，填写上期《本期准予扣除税额计算表》第一部分“期末库存数量”栏的数值。

③在“本期外购入库数量”栏，填写纳税人本期外购、进口用于连续生产的应税油品数量。由于特殊油品有特殊政策（内容见优惠章节），因此本栏不含依据定点直供计划采购的石脑油、燃料油，外购、进口或委托加工收回的甲醇汽油、乙醇汽油、纯生物柴油、溶剂油、航空煤油，以及利用废矿物油生产的油品数量。

④在“委托加工收回连续生产数量”栏，填写纳税人委托加工收回用于连续生产的各种应税油品数量，该栏与《本期委托加工情况报告表》第二部分第6项中“本期委托加工收回用于连续生产数量”栏一致。

⑤在“本期准予扣除数量”栏，填写纳税人按照税法规定在本期申报扣除外购、进口或委托加工收回用于连续生产的应税油品数量。注意：因为根据生产工艺，汽油只能生产汽油、柴油只能生产柴油、润滑油只能生产润滑油，所以本栏次对应的汽油、柴油、润滑油数量应分别小于等于《成品油消费税纳税申报表》主表中的汽油、柴油、润滑油“本期销售数量”。

⑥在“本期准予扣除税额”栏，填写纳税人符合税法规定在本期申报扣除外购、进口或委托加工收回用于连续生产的应税油品已纳消费税税额。计算公式为：本期准予扣除税额 = 本期准予扣除数量 × 适用税率。

⑦“本期领用未用于连续生产不准予扣除数量”栏属于一个调节栏次。由于日常储存油品类存在正常损耗，经过一段时间，纳税人库存油品的账载数量和库存数量会因为损耗出现不一致，所以在报表中设计该栏，填写纳税人由外购、进口或委托加工收回的应税油品，未用于连续生产应税成品油而不允许扣除的成品油数量。

⑧在“期末库存数量”栏，填写期末留存的应税油品库存数量，计算公式为：期末库存数量 = 上期库存数量 + 本期外购入库数量 + 委托加工收回数量 - 本期准予扣除数量 - 本期领用未用于连续生产不准予扣除数量。

（3）填表实务。

根据本节举例，填表情况如表 3 - 2 所示。

表 3 - 2　本期准予扣除税额计算表

税款所属期：2023 年 7 月 1 日 至 2023 年 7 月 30 日

纳税人名称（公章）：某炼油厂纳税人识别号：☒☒☒☒☒☒☒☒☒☒☒☒☒☒☒☒☒☒

填表日期：2023 年 8 月 4 日　　计量单位：升、吨；金额单位：元（列至角分）

扣除税额及库存计算：

扣除油品类别	上期库存数量	本期外购入库数量	委托加工收回连续生产数量	本期准予扣除数量	本期准予扣除税额	本期领用未用于连续生产不准予扣除数量	期末库存数量
汽油							
柴油							
石脑油	277 000	138 500	0	193 900	294 728	0	221 600
润滑油							
燃料油							
合计	277 000	138 500	0	193 900	294 728	0	221 600

其中，上期库存数量 = 200 × 1 385 = 277 000（升）

本期外购入库数量 = 100 × 1 385 = 138 500（升）

本期准予扣除数量 =（200 + 100 - 160）× 1 385 = 193 900（升）

（假设该企业没有损耗，并且生产领用的石脑油全部生产应税油品）

本期准予扣除税额 = 193 900 × 1. 52 = 294 728（元）

期末库存数量 = 160 × 1 385 = 221 600（升）

2. 本期委托加工情况报告表

（1）纳税申报表样，如表 3 - 3 所示。

表 3－3　本期委托加工收回情况报告表

一、委托加工收回应税消费品代收代缴税款情况　　　　金额单位：元（列至角分）

应税消费品名称	商品和服务税收分类编码	委托加工收回应税消费品数量	委托加工收回应税消费品计税价格	适用税率		受托方已代收代缴的税款	受托方（扣缴义务人）名称	受托方（扣缴义务人）识别号	税收缴款书（代扣代收专用）号码	税收缴款书（代扣代收专用）开具日期
				定额税率	比例税率					
1	2	3	4	5	6	7＝3×5＋4×6	8	9	10	11

二、委托加工收回应税消费品领用存情况

应税消费品名称	商品和服务税收分类编码	上期库存数量	本期委托加工收回入库数量	本期委托加工收回直接销售数量	本期委托加工收回用于连续生产数量	本期结存数量
1	2	3	4	5	6	7＝3＋4－5－6

（2）填表说明。

①该表由委托方填写，第一部分填报委托加工收回的应税消费品在委托加工环节由受托方代收代缴税款情况；第二部分填报委托加工收回应税消费品领用存情况。

②该表第一部分第 1 栏“应税消费品名称”、第 5 栏“定额税率”和第 6 栏“比例税率”的填写同主表。

③该表第一部分第 2 栏“商品和服务税收分类编码”，仅成品油消费税纳税人填报，按所开具增值税发票对应的税收分类编码填写。

④该表第一部分第 3 栏“委托加工收回应税消费品数量”，填写委托加工收回并取得税收缴款书（代扣代收专用）的各应税消费品的数量。

⑤该表第一部分第 4 栏“委托加工收回应税消费品计税价格”，填写委托加工收回的应税消费品在委托加工环节，由受托方代收代缴消费税时的计税价格。

⑥该表第一部分第 7 栏“受托方已代收代缴的税款”，填写受托方代收代缴的税款，计算公式为：受托方已代收代缴的税款 = 委托加工收回应税消费品数量 × 定额税率

⑦该表第一部分第 10 栏“税收缴款书（代扣代收专用）号码”、第 11 栏“税收缴款书（代扣代收专用）开具日期”栏，填写受托加工方代扣代缴税款凭证上注明的信息。

⑧该表第二部分第 1 栏“应税消费品名称”的填写同主表。

⑨该表第二部分第 2 栏“商品和服务税收分类编码”，仅成品油消费税纳税人填报，按所开具增值税发票对应的税收分类编码填写。

⑩该表第二部分第 3 栏“上期库存数量”，填写上期本表第二部分第 7 栏“本期结存数量”数值。

⑪该表第二部分第 4 栏“本期委托加工收回入库数量”，填写委托加工收回应税消费品数量，与本表第一部分第 3 栏“委托加工收回应税消费品数量”的数值相等。

⑫该表第二部分第 5 栏“本期委托加工收回直接销售数量”，填写纳

税人将委托加工收回的应税消费品直接销售的数量。

⑬该表第二部分第 6 栏“本期委托加工收回用于连续生产数量”，填写纳税人将委托加工收回的应税消费品用于连续生产应税消费品的数量。

⑭该表第二部分第 7 栏“本期结存数量”，填写期末留存的委托加工收回应税消费品库存数量，计算公式为：本期结存数量 = 上期库存数量 + 本期委托加工收回入库数量 - 本期委托加工收回直接销售数量 - 本期委托加工收回用于连续生产数量，且本期结存数量≥0。

（五）消费税抵扣税款的管理

为进一步加强消费税纳税申报及消费税税款抵扣的管理，适用消费税税款抵扣政策的企业需要建立《抵扣税款台账》。

【政策依据】

根据《国家税务总局关于进一步调整成品油消费税有关征收管理问题的公告》（国家税务总局公告 2014 年第 71 号）的规定，纳税人应建立《抵扣税款台账（从量定额征收应税消费品）》（参考式样见表 3 - 4），作为申报扣除外购、进口和委托加工收回应税油品已纳消费税税款的备查资料。纳税人可以依照表 3 - 4 的式样设置台账，也可根据需要增设台账内容，但对参考式样的内容不得删减。

1. 抵扣税款台账表样

表 3 - 4 抵扣税款台账

（从量定额征收应税消费品）

应税消费品名称：　　　　　　　　　　所属月份：　　年　　月

购进方式：　　　　　　　　　　数量单位：升；金额单位：元

日期	摘要	抵扣凭证种类	抵扣凭证号码	抵扣凭证开具日期	数量				消费税税率	已纳税额			
—— 月					购进	领用		余额		购进	领用		余额
						连续生产领用	其他领用				连续生产领用	其他领用	
1	2	3	4	5	6	7	8	9	10	11 = 6 × 10	12 = 7 × 10	13 = 8 × 10	14

续表

日期	摘要	抵扣凭证种类	抵扣凭证号码	抵扣凭证开具日期	数量				消费税税率	已纳税额			
——月					购进	领用		余额		购进	领用		余额
						连续生产领用	其他领用				连续生产领用	其他领用	
——日	期初库存	——	——	——	——	——	——		——	——	——	——	
	本月购进合计	——	——	——		——	——	——	——		——	——	——
	本月领用合计	——	——	——	——			——	——	——			——
	期末库存	——	——	——	——	——	——		——	——	——	——	

2. 填表说明

《抵扣税款台账（从量定额征收应税消费品）》仅限于成品油消费税纳税人使用。用于记录外购、委托加工收回和进口汽油、柴油、石脑油、润滑油、燃料油（以下简称“应税油品”）连续生产应税成品油时的生产领用情况，核算业务发生时准予扣除的已纳税款。纳税人应依据“应税消费品名称”和“购进方式”分别建立《抵扣税款台账》，按月登记。

（1）在“应税消费品名称”，填写“汽油”“柴油”“石脑油”“润滑油”“燃料油”。“购进方式”填写“外购”“委托加工收回”“进口”。

（2）在“期初库存”行，填写上月期末库存，并且该行只需要填写第9栏数量的期初余额和第14栏已纳税额的期初余额。

（3）纳税人发生每笔外购、进口和委托加工收回业务时，填写第1、第2、第3、第4、第5、第6、第10、第11栏数据，购进的应税消费品适用不同税率的应分税率填写。

第1栏填写以上业务发生日期。

第2栏按照实际发生的业务填写，如发生外购业务填“外购”。

第3栏填写“抵扣凭证种类”时，购进方式为“外购”的填写增值税专用发票，“委托加工收回”的填写代扣代收税款凭证，“进口”的填写海关进口消费税专用缴款书。

第4栏填写抵扣凭证号码。

第5栏填写抵扣凭证的开具日期。

第6栏填写抵扣凭证注明的应税消费品数量。

第10栏填写应税消费品适用的消费税税率。

第11栏填写如表3－4所示。

（4）纳税人发生连续生产领用应税消费品业务时，填写第1、第2、第7、第10、第12栏数据。

第1栏填写领用应税消费品的日期。

第2栏填写“连续生产领用”。

第7栏填写生产领用应税消费品的数量。

第10栏填写应税消费品适用的消费税税率，一次领用的应税消费品适用不同税率的应分别填写。

第12栏填写如表3－4所示。

（5）纳税人发生其他领用应税消费品业务时，填写第1、第2、第8、第10、第13栏数据。

第1栏填写领用应税消费品的日期。

第2栏填写“其他领用”。

第8栏填写其他领用应税消费品的数量。

第10栏填写应税消费品适用的消费税税率。

第13栏填写如表3－4所示。

第四节 炼化企业销售环节税收政策解析与实务处理

产品销售是炼化行业产业链的关键环节，成品油和化工产品是炼化行业的主要产品，这些产品通过运输管道、装车台鹤位等销售装置离开炼化企业。产品销售环节对于判断生产销售油品的种类、数量起着至关重要的作用，也是企业缴纳消费税的重要环节。因此，本节主要分为三部分：第一部分是炼化企业销售业务基本流程；第二部分是炼化企业销售环节装置介绍，对判断企业销售油品具有重要的意义；第三部分是炼化企业销售环节税收政策解析与实务处理。

一、炼化企业销售业务基本流程

（一）销售业务概述

炼油销售业务是指炼油销售有限公司从事的沥青、石油焦、硫黄、石蜡、液化气等炼油产品（主要是非成品油、燃料油部分）的购销、代理业务。下面以中国石化为例进行分析。

（1）炼油产品的购销业务包括从生产企业采购和国内自营采购，并对外销售的业务，主要形式有买断直发、自营销售、统销代理。

（2）炼油销售公司储存采购商品的主要方式为租赁仓库，直销商品则直接从生产企业发货，不经过中转仓库。

（3）炼油销售公司主要采用先预收货款后发货的销售模式。

（4）炼油销售公司从事代理业务，由被代理企业直接对客户开具发票，炼油销售公司只收取代理费。

（二）销售业务流程

1. 编制销售计划

炼油销售公司计划部门汇总各业务部门的资源需求计划，并填报股份公司总部生产经营分析系统。股份公司总部将炼销公司资源需求计划和企业生产计划平衡后，下达配置计划。炼销公司根据股份公司总部下达的配置计划，结合公司销售经营的实际情况，编制公司月度经营计划，将分产品经营计划下达给各业务部门执行。业务部门根据与客户签订的年度销售合同执行情况和客户当月采购意向，编制客户的分月度销售计划。

2. 客户主数据维护和信用审核

客户主数据维护员按照审批后的《新增顾客审批单》及《客户主数据维护单》在ERP中维护客户主数据；信用主数据管理员根据炼油销售公司信用管理领导小组审批的《客户信用额度及付款期限申请表》及签订的《货款回笼责任书》在ERP系统中维护客户信用主数据，相应责任人在客户信用限额内，按照规定权限签订赊销合同。

3. 确定销售价格

国家统配产品或股份公司内部配置产品的价格按照相关定价文件执行，其他产品价格按照炼油销售公司价格领导小组结合产品市场情况具体制定。

4. 签订销售合同

炼油销售公司结合销售计划，按规定权限签订销售合同；合同管理员在ERP系统中维护合同。

5. 收款和开具销售订单

对于经销业务，炼油销售公司财务部门根据客户到账通知，在ERP系统中做预收款入账，销售业务人员参照月度合同或零星合同开具销售订单；对于代理业务，炼油销售公司业务部门根据客户对委托方的付款情况，在炼油销售公司系统中参照月度合同或零星合同开具系统代理销售订单。

6. 发货

对于经销发货，直接从相关生产企业和仓库发货；对于代理发货，炼油销售公司代表处将销售订单及时传递给委托方市场营销部门，由委托方市场营销部门开具提货单，炼油销售公司代表处确认后交客户提货，委托方仓库管理人员根据提货单发货。

7. 开具销售发票

对于经销业务，炼油销售公司市场业务部根据代表处或销售部门提供的《结算通知单》在ERP系统中打印发货单（连续编号）并结算生成系统发票，导出金税接口文本文件和《开票通知单》，交财务部门开票员导入金税系统开具增值税发票；对于代理业务，炼油销售公司市场业务部根据代表处在ERP系统中销售订单实发回填数和企业核对一致并经代理企业书面确认后，由开票员开具系统代理费发票；财务人员汇总系统代理费发票清单，并手工开具代理费发票。

8. 编制销售日报表

炼油销售公司市场业务部根据系统订单、发货、开具发票情况，编制销售日报表。

9. 财务复核

炼油销售公司财务部门复核销售发票、原始票据和收款记录，并与ERP系统集成的会计凭证核对。

10. 催收账款及往来对账

对于内外部单位形成的应收款项由财务部门每月对账，对账结果经对方签字或盖章，编制对账差异调节表。对于长期无动态部分至少每年组织一次对账确认，编制对账差异调节表，经财务部门负责人审核后及时调整差异。无法取得对方书面对账依据的，将对账详细情况整理记录，经财务部门负责人审核签字。

11. 月末盘点

炼油销售公司物流部门与财务部门根据规定组织对各仓库进行月末存货盘点，盘点时间为每月末最后一天。月末盘点时，物流部门根据库存账面数据，组织就近代表处、仓储方进行实物盘点，核对账、物是否相符并做好盘点记录。各仓储服务商在24h内完成盘库汇总并上报物流部门和财务部门，将盘点的结果与ERP系统中的账表数据进行核对。物流部门对各中转库盘点结果汇总并做出差异分析，经产品、计划、财务部门负责人复核签字后报公司分管领导，按照内控权限进行审批。

12. 分析与考核

炼油销售公司每月进行经营活动分析，针对各项任务完成情况，督促产品部门根据既定销售目标，安排后续工作；炼油销售公司绩效考核部门依据考核办法，每月对各业务部门进行考核，考核结果与奖惩挂钩。

二、炼化企业销售环节装置介绍

（一）输油管道

输油管道也称“管线”“管路”，是由油管及其附件组成，并按照工艺流程需要配备相应的油泵机组，设计安装成一个完整的管道系统，用于完成油料接卸及输转任务。输油管道有以下两种分类。

（1）输油管道按距离分类，可分为企业内部输油管道、长距离输油管道。

①企业内部输油管道。企业内部输油管道主要是指油田内部连接油井与计量站、联合站的集输管道，炼油厂及油库内部的管道等。企业内部输油管道一般较短，不是独立的经营系统。

②长距离输油管道。长距离输油管道是指长距离输送原油或成品油的管道。其输送距离可达数百、数千千米，单管年输油量在数百万吨至数千万吨之间，个别可达1亿吨；管径多在200mm以上。长距离输油管道的起点与终点分别与油田、炼油厂等其他石油企业相连。

（2）按运输油品分类，可分为原油输油管道、成品油输油管道。

①原油输油管道。原油输油管道主要是指输送原油产品的管道。原油输油管道和成品油输油管道是有区别的。如今，在我国运行的主要是中俄原油输油管道和中亚原油输油管道。

②成品油输油管道。成品油输油管道是长距离输送成品油的管道。如今，我国已有多条成品油输油管道在运营中或在建设中，如兰成渝成品油输油管道、兰郑长成品油输送管道、港枣成品油输送管道等。

（二）装车台鹤位

装车台鹤位是油品离开炼化企业的一个终端设备（见图3－6），其主要由鹤管组成。鹤管又称“液体装卸臂”，由旋转接头、内臂、外臂、垂管（主要陆用）、三维接（主要船用）、平衡器、控制系统等部件组成，主要是用于汽车槽车、火车槽车或槽船装卸液体介质的装卸设备。鹤管按装卸形式分为顶部装卸鹤管、底部装卸鹤管、敞开装卸鹤管、密闭装卸鹤管等；按输送介质分为汽柴油鹤管、甲醇鹤管、乙醇鹤管、液氯鹤管、液氨鹤管、原油鹤管等。

图 3－6　装车台鹤位

因此，通过装车台鹤位能够直观判断炼化企业生产销售产品的种类及数量；通过鹤管能够直观判断生产销售产品的密度。

三、炼化企业销售环节税收政策解析与实务处理

石油产品有气体、液体和固体三种状态。我国石油产品分类大多数是参照国际标准化组织（ISO）公布的一些石油产品分类标准制定的。根据国家标准 CB498 的规定及石油产品的主要特征，可将其分为六大类，如表 3－5 所示。

表 3－5　石油产品分类

分类	类别的含义	分类	类别的含义
F	燃料	W	石油蜡
S	溶剂和化工原料	B	石油沥青
L	润滑油和有关产品	C	石油焦

表 3－5 中每类产品都有不同的品种，每个品种又有不同的牌号，故石油商品牌号可有上千种之多。只有将种类繁多的石油商品合理地分类，并分别制定适合每种商品的质量规格指标，才能使各炼油厂能按照统一的产品分类标准安排生产，确保产品质量合格。本书按照炼化企业生产的产品是否属于消费税征税范围，将产品分为消费税应税成品油及非应税油品。

（一）销售成品油税收政策解析与实务处理

销售成品油主要涉及的税种为消费税、增值税、企业所得税及附加税费等。本节主要介绍消费税，并侧重成品油的征税范围及销售成品油的税收政策解析与实务处理。

1. 成品油消费税征税范围的基本规定

根据《中华人民共和国消费税暂行条例》的规定，对汽油、柴油、石脑油、润滑油、溶剂油、航空煤油、燃料油征收消费税。根据《财政部 国家税务总局关于继续提高成品油消费税的通知》（财税〔2015〕11 号）的规定，汽油、石脑油、溶剂油和润滑油的消费税单位税额为 1.52 元/升，柴油和燃料油的消费税单位税额为 1.2 元/升，航空煤油继续暂缓征收，如表 3－6 所示。

表 3－6　消费税税目税额表

油品名称	计量单位/（升/吨）	税额/（元/升）	税额/（元/吨）
汽油	1 388	1.52	2 109.76
石脑油	1 385	1.52	2 105.20
溶剂油	1 282	1.52	1 948.64
润滑油	1 126	1.52	1 711.52
柴油	1 176	1.20	1 411.20
燃料油	1 015	1.20	1 218.00

【政策规定】

根据财政部、国家税务总局《关于提高成品油消费税税率的通知》（财税〔2008〕167 号）附件 2《成品油消费税征收范围注释》的规定，对汽油、柴油、石脑油、溶剂油、航空煤油、润滑油、燃料油的具体范围做了界定。

（1）汽油。

汽油是指用原油或其他原料加工生产的辛烷值不小于66的可用作汽油发动机燃料的各种轻质油。含铅汽油是指铅含量每升超过0.013克的汽油。汽油分为车用汽油和航空汽油。以汽油、汽油组分调和生产的甲醇汽油、乙醇汽油也属于本税目征收范围。

根据《财政部　税务总局关于部分成品油消费税政策执行口径的公告》（财政部　税务总局公告2023年第11号）的规定，对烷基化油（异辛烷）按照汽油征收消费税。其中，异辛烷属于燃料添加剂，能增加汽油的辛烷值，而辛烷值是汽油最重要的质量指标，是一个国家炼油工业水平和车辆设计水平的综合反映。

（2）柴油。

柴油是指用原油或其他原料加工生产的倾点或凝点在－50～30℃，可用作柴油发动机燃料的各种轻质油和以柴油组分为主、经调和精制可用作柴油发动机燃料的非标油。以柴油、柴油组分调和生产的生物柴油也属于本税目征收范围。

（3）石脑油。

石脑油又叫作“化工轻油”，是以原油或其他原料加工生产的用于化工原料的轻质油。石脑油的征收范围包括除汽油、柴油、航空煤油、溶剂油以外的各种轻质油。非标汽油、重整生成油、拔头油、戊烷原料油、轻裂解料（减压柴油和常压柴油）、重裂解料、加氢裂化尾油、芳烃抽余油均属于轻质油，也属于石脑油征收范围。

根据《财政部　税务总局关于部分成品油消费税政策执行口径的公告》（财政部　税务总局公告2023年第11号）的规定，对混合芳烃、重芳烃、混合碳八、稳定轻烃、轻油、轻质煤焦油按照石脑油征收消费税。

（4）溶剂油。

溶剂油是用原油或其他原料加工生产的，用于涂料、油漆、食用油、印刷油墨、皮革、农药、橡胶、化妆品生产和机械清洗、胶粘行业的轻质油。橡胶填充油、溶剂油原料，也属于溶剂油征收范围。

根据《财政部　税务总局关于部分成品油消费税政策执行口径的公告》（财政部　税务总局公告2023年第11号）的规定，对石油醚、粗白油、轻质白油、部分工业白油（5号、7号、10号、15号、22号、32号、46号）按照溶剂油征收消费税。

（5）航空煤油。

航空煤油也叫作“喷气燃料”，是用原油或其他原料加工生产的用作喷气发动机和喷气推进系统燃料的各种轻质油。

根据《财政部　税务总局关于部分成品油消费税政策执行口径的公告》（财政部　税务总局公告2023年第11号）的规定，对航天煤油参照航空煤油暂缓征收消费税。

（6）润滑油。

润滑油是用原油或其他原料加工生产的，用于内燃机、机械加工过程的润滑产品。润滑油分为矿物性润滑油、植物性润滑油、动物性润滑油和化工原料合成润滑油。

润滑油的征收范围包括矿物性润滑油、矿物性润滑油基础油、植物性润滑油、动物性润滑油和化工原料合成润滑油。以植物性、动物性和矿物性基础油（或矿物性润滑油）混合掺配而成的“混合性”润滑油，无论矿物性基础油（或矿物性润滑油）所占比例高低，都属于润滑油的征收范围。

（7）燃料油。

燃料油也称“重油”“渣油”，是用原油或其他原料加工生产的，主要用作电厂发电、锅炉用燃料、加热炉燃料、冶金和其他工业炉燃料。

蜡油、船用重油、常压重油、减压重油、180CTS燃料油、7号燃料油、糠醛油、工业燃料、4～6号燃料油等油品的主要用途是作为燃料燃烧，也属于燃料油征收范围。

【文件解读】

《成品油消费税征收范围注释》是对7种应税成品油的注释。文件中提及的每种油品的定义、原料、密度、用途及举例说明等，是判断油品属于应税油品还是非应税油品的“根”。实务中，判断一种油品到底是应税油品还是非应税油品，建议使用以下4个事实判断标准，即油品用途、油品密度、油品价格、生产工艺进行逻辑综合研判。

首先，油品用途。用途是油品的终端使用环节，即下游企业购置油品的终端用途，决定产品的性质。需要特别注意的是，石油产品作为动力主要利用燃烧时放出的热能，再转化为机械能或电能等。将热能转化为机械能的热力发动机，分为内燃机和外燃机两大类。液体燃料直接在发动机气缸内燃烧做功的机械称为“内燃机”，如汽油机、柴油机及涡轮发动机等，它们所用的燃料统称为“发动机燃料”。外燃机是指燃料在单独的设备中燃烧（如锅炉中）产生蒸汽或燃气用以推动涡轮做功的机械，如蒸汽轮机、燃气轮机等。外燃机可以用煤、天然气或燃料油做燃料。由此可得出两点启示：一是通过油品最终使用环节判断油品种类；二是不同油品的使用范围不一致，几乎不存在混用的可能性。具体燃料使用范围如表3－7所示。

表3－7 燃料使用范围表

燃料	种类	燃料名称	主要使用范围
汽油机燃料	汽车燃料	车用汽油	汽油机汽车、摩托车、移动式抽灌器械等
	航空燃料	活塞式航空发动机燃料	活塞式航空发动机
柴油机燃料	高速柴油机燃料	车用柴油	柴油发动机汽车
		普通柴油	工程机械、艇船柴油机、柴油发电机等
		军用柴油	坦克装甲柴油机、军用舰艇柴油机
涡轮发动机燃料	煤油型燃料	喷气燃料	涡轮喷气发动机、涡轮风扇发动机、涡轮螺旋桨发动机、涡轮轴发动机
	柴油型燃料	高闪点喷气燃料	舰载飞机（含舰载直升机）
锅炉燃料	馏分型锅炉燃料	燃料油	蒸汽轮机

其次，油品密度。从物理角度来看，密度等于质量除以体积。在实务中，可以将计算的油品密度与表格上标准的油品密度进行比对，无限趋近于哪种油品，就可能是哪种油品，这也成为判断油品种类的方式之一。

再次，油品价格。价格很难作假，可能存在纳税人为偷逃缴纳消费税，出现销售汽油却开具航空煤油发票等情况，但发票上的价格绝不会是航空煤油的价格。

最后，生产工艺。生产工艺可以从以下三个方面进行判断。一是生产工艺流程图。从工艺流程图上可以判断企业生产油品种类及出率，副产品种类。二是油品储存罐。由于油品储存要求严格，并且在换油品情况下需要经过洗罐等复杂程序，储存罐上的标识标注油品名称与罐中所储油品一致，因此可以从产成品罐上的标识判断销售的油品种类，从原材料罐上的标识结合生产工艺流程图也能判断所销售油品的种类。三是装车台鹤位。鹤位是油品装车运输的“水龙头”，通过实地观察鹤位的管道、标识、刷卡区等，能够准确判断企业所产出油品的种类。

【问题延伸】

思考1：润滑脂是否属于成品油征税范围？

解答：应当征税。根据《国家税务总局关于润滑脂产品征收消费税问题的批复》（国税函〔2009〕709号）中润滑油消费税征收范围注释，用原油或其他原料加工生产的用于内燃机、机械加工过程的润滑产品均属于润滑油征税范围。润滑脂是润滑产品，属于润滑油消费税征收范围，生产、加工润滑脂应当征收消费税。

思考2：变压器油、导热类油等绝缘类产品是否属于成品油征税范围？

解答：不应当征税。根据《国家税务总局关于绝缘油类产品不征收消费税问题的公告》（国家税务总局公告2010年第12号）的规定，变压器油、导热类油等绝缘油类产品不属于《财政部　国家税务总局关于提高成品油消费税税率的通知》（财税〔2008〕167号）规定的应征消费税的“润滑油”，不征收消费税。

思考3：稳定轻烃是否属于成品油征税范围？

解答：不应当征税。根据《国家税务总局关于稳定轻烃产品征收消费税问题的批复》（国税函〔2010〕205号）的规定，油气田企业在生产石油、天然气过程中，通过加热、增压、冷却、制冷等方法回收、以戊烷和以上重烃组分组成的稳定轻烃属于原油范畴，不属于成品油消费税征税范围。

思考4：催化料、焦化料是否属于成品油征税范围？

解答：应当征税。根据《国家税务总局关于催化料、焦化料征收消费税的公告》（国家税务总局公告2012年第46号）的规定，催化料、焦化料属于燃料油的征收范围，应当征收消费税。该公告自2012年11月1日起执行，并且国家税务总局办公厅关于《催化料、焦化料征收消费税的公告》解读中解释了催化料、焦化料要征收消费税的原因。

因为催化料、焦化料是石油炼化企业对原油在常减压生产工艺环节中产生的产品，其特性属于重质燃料油，同类产品如蜡油、渣油等就在《财政部　国家税务总局关于提高成品油消费税税率的通知》（财税字〔2008〕167号）中明确为燃料油的征收范围。因此，催化料、焦化料应当征收消费税。

思考5：外购润滑油大包装换小包装、贴商标等简单加工行为是否应该缴纳消费税？

解答：应当征税。根据《财政部　国家税务总局关于消费税若干具体政策的通知》（财税〔2006〕125号）的规定，单位和个人外购润滑油大包装经简单加工改成小包装，或者外购润滑油不经加工只贴商标的行为，视同应税消费税品的生产行为。单位和个人发生的以上行为应当申报缴纳消费税，准予扣除外购润滑油已缴纳的消费税税款。

2. 成品油消费税征税范围的补充规定

【政策依据】

根据《财政部　海关总署　国家税务总局关于对部分成品油征收进口环节消费税的公告》（财政部　海关总署　国家税务总局公告2021年第19

号）的规定，对归入税则号列 27075000，且 200℃以下时蒸馏出的芳烃以体积计小于 95% 的进口产品，视同石脑油按 1.52 元/升的单位税额征收进口环节消费税；对归入税则号列 27079990、27101299 的进口产品，视同石脑油按 1.52 元/升的单位税额征收进口环节消费税；对归入税则号列 27150000，且 440℃以下时蒸馏出的矿物油以体积计大于 5% 的进口产品，视同燃料油按 1.2 元/升的单位税额征收进口环节消费税。

【政策解析】

自 2021 年 6 月 12 日起，我国将对混合芳烃、轻循环油及稀释沥青征收 1.2 ~ 1.52 元/升的进口环节消费税。这类油品的进口很可能的主要用途就是调和汽柴油，但因游离在成品油消费税征收目录之外，可规避掉消费税。混合芳烃进口税号 27075000，是调和汽油的主要原料之一。近年来，国内部分贸易商以混合芳烃名义变相大量进口汽油组分，从而进行汽油调和。轻循环油进口税号 27079990，是原油经过常减压装置处理后的柴油组分，可用于直接调和柴油或船用燃料等。轻循环油多来自韩国或者东盟国家，几乎 100% 用于调和柴油，严重冲击了正常的柴油市场供应。稀释沥青进口税号 27150000，是以天然沥青、石油沥青、矿物焦油等为基本成分的沥青混合物。稀释沥青可作为沥青原料，也可作为原油的替代品进行加工。

因此，2021 年 5 月 14 日，财政部、海关总署、国家税务总局联合发文，将进口相关调油组分纳入成品油消费税征收范围，目的是堵住进口端的逃税漏洞，这有助于维护公平合理的市场秩序，促进我国石油行业高质量发展。

3. 成品油消费税征税范围的延伸规定

由于实践中对应税成品油与一些非应征消费税的石油化工产品（以下简称“非应税产品”）存在难以明确区分的问题，我国出台了一系列特殊性的税收政策。

【政策依据】

《国家税务总局关于消费税有关政策问题的公告》（国家税务总局公告

2012 年第 47 号）、《国家税务总局关于消费税有关政策问题补充规定的公告》（国家税务总局公告 2013 年第 50 号）、《国家税务总局关于取消两项消费税审批事项后有关管理问题的公告》（国家税务总局公告 2015 年第 39 号）从以下 6 个方面对视同应税油品消费税税收政策进行了明确：

（1）纳税人以原油或其他原料（指除原油以外可用于生产加工成品油的各种原料）生产加工的在常温常压条件下（25℃/一个标准大气压）呈液态状（沥青除外）的产品，按以下原则划分是否征收消费税。

①产品符合汽油、柴油、石脑油、溶剂油、航空煤油、润滑油和燃料油征收规定的，按相应的汽油、柴油、石脑油、溶剂油、航空煤油、润滑油和燃料油的规定征收消费税。该类产品无论以何种名称对外销售或用于非连续生产应征消费税产品，均应按规定缴纳消费税。

②除第①项规定以外的产品，符合该产品的国家标准或石油化工行业标准的相应规定（包括产品的名称、质量标准与相应的标准一致），不征收消费税；否则，视同石脑油征收消费税。第①项规定以外的产品是指产品名称虽不属于成品油消费税税目列举的范围，但外观形态与应税成品油相同或相近，且主要原料可用于生产加工应税成品油的产品。前款所称产品不包括：原环境保护部发布的《中国现有化学物质名录》中列明分子式的产品和纳税人取得原环境保护部颁发的《新化学物质环境管理登记证》中列明的产品；纳税人取得省级（含）以上质量技术监督部门颁发的《全国工业产品生产许可证》中除产品名称注明为“石油产品”外的各种明细产品。

如果这些产品根据国家标准、行业标准或其他方法可以确认属于应征消费税的产品，那么该类产品无论以何种名称对外销售或被用于非连续生产应征消费税产品，均应按规定缴纳消费税。

（2）纳税人以原油或其他原料（指常温常压状态下呈暗褐色或黑色的液态或半固态产品）生产加工的产品，如以沥青产品对外销售时，该产品符合沥青产品的国家标准或石油化工行业标准的相应规定（包括名称、型号和质量标准等与相应标准一致），不征收消费税；否则，视同燃料油征收消费税。沥青产品的行业标准，包括石油化工、交通、建筑、电力等行业适用的行业性标准。

（3）工业企业以外的单位和个人的下列行为被视为应税消费品的生产行为，按规定征收消费税：①将外购的消费税非应税产品以消费税应税产品对外销售的；②将外购的消费税低税率应税产品以高税率应税产品对外销售的。

（4）按照文件规定可不提供检验证明或已提供检验证明而不缴纳消费税的产品，税务机关可根据需要组织抽检，核实纳税人实际生产加工的产品是否符合不征收消费税的规定。

（5）纳税人发生下列情形之一且未缴纳消费税的，主管税务机关应依法补征税款并予以相应处理：①应提供而未提供检验证明；②虽提供检验证明，但实际生产加工的产品不符合检验证明所依据的国家或行业标准。

（6）下列产品准予按规定从消费税应纳税额中扣除其原料已缴纳的消费税税款，但可享受原料所含消费税退税政策的产品除外：① 按照上述规定视同石脑油、燃料油缴纳消费税的产品；②以外购或委托加工收回本条除第①项规定的产品为原料生产的应税消费品；③工业企业以外的单位和个人将外购的消费税低税率应税产品以高税率应税产品对外销售的缴纳消费税的产品。

【政策解析】

纳税人以原油或其他生产可用于生产加工成品油的各种原料生产的化工产品，只要该产品在外观形态上与成品油相似，除非可以证实该产品属于成品油以外的某种化学物质，否则就应视同石脑油或燃料油征税。也就是说，只要纳税人生产投入的原料能够生产成品油，并且产品外观和成品油相似，纳税人就要证明自己的产品不是成品油，而是其他化工产品，否则视同成品油纳税。当然，有三种情形纳税人不需要证明自产的产品不是成品油：一是该产品已经在《中国现有化学物质名录》中列明，二是取得《新化学物质环境管理登记证》，三是《全国工业产品生产许可证》中注明产品名称为除“石油产品”外的各种明细产品。

根据《国务院关于取消和调整一批行政审批项目等事项的决定》（国

发〔2015〕11 号）的规定，取消“成品油消费税征税范围认定”审批事项。纳税人取得的省级以上（含）质量技术监督部门出具的相关产品质量检验证明虽然不需要事先向税务机关备案，但是需要留存备查。

（1）文件出台背景。

2008 年，我国实施了燃油税费改革，随着改革工作的不断深入，税务机关在贯彻落实各项税收政策、强化税收管理的过程中，发现一些石油炼化企业将属于应征消费税的油品采取变换名称的方式，以化工产品的名义对外销售。一些商贸企业购进非应税产品后再采取变名的方式将其转换成应税产品销售。如此一来，石油炼化企业不但逃避了生产环节的消费税，而且下游的成品油生产企业购进这些油品后，在未负担消费税的情况下还多抵扣了消费税，造成国家税款双重损失。为此，国家税务总局经过反复调查研究，通过了解石油化工行业的生产工艺，以及对相关案例进行深入剖析，有针对性地提出了应对措施。

（2）关于成品油消费税的征收范围。

2008 年，财政部和国家税务总局按照国务院关于实施成品油税费改革的统一部署，发布了《财政部　国家税务总局关于提高成品油消费税税率的通知》（财税〔2008〕167 号，以下简称《通知》），对成品油消费税征收范围进行了调整完善。根据《通知》的规定，除汽油、柴油、航空煤油、溶剂油外，对以原油或其他原料加工生产的用于化工原料的各种轻质油均按石脑油征收消费税，对各类重油、渣油均按燃料油征收消费税。由此可见，2008 年成品油税费改革后，凡属轻质油或重油、渣油的产品，无论取何种名称，是用作调制成品油还是化工原料，都应缴纳消费税。

上述文件内容就是，从加强管理、堵塞漏洞、公平税负的角度，进一步明确纳税人凡生产加工符合汽油、柴油、航空煤油、石脑油、溶剂油、润滑油、燃料油征税规定的产品（以下简称“应税成品油”），无论以何种名称对外销售或用于非连续生产应征消费税产品，均应按规定缴纳消费税。

（3）关于应税成品油与其他石油化工产品的区分问题。

由于实践中对应税成品油与一些非应征消费税的石油化工产品（以下

简称“非应税产品”）存在着难以明确区分的问题，上述文件明确了以下四种区分方法：

一是从产品的化学特性进行区分。根据国家环境保护相关规定，除少数情形外，凡在我国境内生产、加工、销售、使用或进口的化学物质，都必须以列入原环境保护部发布的《中国现有化学物质名录》（现有名录详见原环境保护部公告 2013 年第 1 号）为准或取得《新化学物质环境管理登记证》。从化学特性看，可以用一种化学分子式表示的产品纯度均较高，具有固定的熔点、沸点，通过一些常用的检测方法（如气相色谱法等）即能将其与混合物加以区分，而应税成品油都是多种化合物的混合物，其中各物质均保持原有性质（如没有固定的沸点等），不能用一种化学分子式表示且不属于新化学物质。因此，《中国现有化学物质名录》中列明分子式的产品和纳税人取得《新化学物质环境管理登记证》的产品，与应税成品油有着明显区别。

二是从产品的生产许可证进行区分。根据《中华人民共和国工业产品生产许可证管理条例》（国务院令第 440 号）的规定，国家对包括石油产品等危险化学品在内的重要工业产品，实行生产许可证制度。该许可证的发放管理由省级（含）以上质量技术监督部门负责。国家质量监督检验检疫总局对需要办理生产许可证的各类产品，均公布了生产许可证实施细则及具体产品品种名称（可从国家质量监督检验检疫总局官方网站查询），并将石油产品与其他危险化学品进行了一定的区分。纳税人从事这些产品生产，必须经省级或受省级委托的地方质量技术监督部门实地核查、产品抽检并审核通过后，才能获得列明产品品种明细的《全国工业产品生产许可证》。据此，国家税务总局公告 2013 年第 50 号规定，纳税人取得省级（含）以上质量技术监督部门颁发的《全国工业产品生产许可证》中列明的各种明细产品，除在产品名称中注明为“石油产品”外，均无须提交检验证明备案，不属于成品油消费税征收范围。

三是从产品的主要原料和外观形态进行区分。对于没有明确分子式且未取得《新化学物质环境管理登记证》和《全国工业产品生产许可证》的产品，如果在流动性、颜色等外观形态上与成品油具有明显差异，或其所需主要原料并非可用于生产加工成品油的原料，则可将此作为判定该产品不属于成品油消费税征税范围的重要依据。

四是从产品的国家标准或行业标准进行区分。在上述三个区分方法之外，对外观形态和生产所需主要原料与应税成品油相同或相近的产品，如果符合该产品国家标准或行业标准并按规定向主管税务机关提供检测证明备案的，就可视为非应税产品；否则，视为石脑油或燃料油征收消费税。但是，对通过国家标准、行业标准或其他方法可以确认属于应税成品油的，即使产品符合国家标准或行业标准，也应征收消费税。

（4）关于产品质量检验和抽检的问题。

根据国家质量监督检验检疫总局发布的《实验室和检查机构资质认定管理办法》（国家质量监督检验检疫总局令第 86 号）的规定，在我国境内从事向社会出具具有证明作用的数据和结果的机构，须经国家认证认可监督管理委员会或各省、自治区、直辖市人民政府质量技术监督部门依法予以资质认定。因此，本公告在国家税务总局公告 2012 年第 47 号基础上，对纳税人提供产品符合国家标准或行业标准的检验证明涉及的检测机构资质条件、受理范围、证明材料等事项做了进一步明确。

为了更好地促进纳税遵从、维护公平竞争，防范变换产品名称避税，以及产品检验过程中的弄虚作假行为，对纳税人依据第 47 号公告和第 50 号公告的规定不缴纳消费税的产品，税务机关可根据需要组织抽检，核实纳税人实际生产加工的产品是否符合不征收消费税的规定。如有不符，则严格依法予以补税和处罚。

（5）关于应税产品中原料已缴纳消费税的扣除问题。

根据现行消费税政策规定，部分应税消费品在计税时可扣除其原料已缴纳消费税税款。一方面，纳税人生产上述产品时，其原料已缴纳消费税税款可按规定扣除；另一方面，纳税人以上述产品为原料生产加工其他应税消费品时，上述产品已缴纳消费税税款也可按规定扣除。同时，由于对一些按国家税务总局公告 2012 年第 47 号应征消费税产品，目前还实行其原料已缴纳消费税的退税政策，为避免退税与扣除政策交叉重叠，2013 年第 50 号公告规定这类可享受退税的产品，不再适用其原料已缴纳消费税的扣除政策。

（二）销售成品油会计处理

炼化企业销售成品油应该缴纳相关的消费税，因此炼化企业应在“应交税费”账户下设置“应交消费税”明细科目，核算成品油消费税纳税义务的形成、抵扣和缴纳情况。“应交消费税”明细科目采用三栏式账页格式，贷方核算企业按规定应缴纳的消费税，借方核算企业实际缴纳和抵扣的消费税；期末，贷方余额表示尚未缴纳的消费税，借方余额表示企业多缴或待抵扣的消费税。另外，以外购或委托加工应税消费品连续生产应税消费品的纳税义务人还应当设置“税款抵扣台账”，以正确核算购进已纳税消费品的抵扣消费税税额。

1. 正常销售应税成品油的税收政策及账务处理

（1）税收政策。

【政策依据】

根据《中华人民共和国消费税暂行条例》第六条的规定，销售额为纳税人销售应税消费品向购买方收取的全部价款和价外费用。

根据《中华人民共和国消费税暂行条例实施细则》第十二条的规定，销售额不包括应向购货方收取的增值税税款。如果纳税人应税消费品的销售额中未扣除增值税税款，或者因不得开具增值税专用发票而发生价款和增值税税款合并收取的，在计算消费税时，应当换算为不含增值税税款的销售额。其换算公式为

应税消费品的销售额 = 含增值税的销售额 ÷（1 + 增值税税率或者征收率）

根据《中华人民共和国消费税暂行条例实施细则》第十四条的规定，价外费用是指价外向购买方收取的手续费、补贴、基金、集资费、返还利润、奖励费、违约金、滞纳金、延期付款利息、赔偿金、代收款项、代垫款项、包装费、包装物租金、储备费、优质费、运输装卸费，以及其他各

种性质的价外收费。但下列项目不包括在内。

①同时符合以下条件的代垫运输费用：承运部门的运输费用发票开具给购买方的；纳税人将该项发票转交给购买方的。

②同时符合以下条件代为收取的政府性基金或者行政事业性收费：由国务院或者财政部批准设立的政府性基金，由国务院或者省级人民政府及其财政、价格主管部门批准设立的行政事业性收费；收取时开具省级以上财政部门印制的财政票据；所收款项全额上缴财政。

【政策解析】

消费税的价外费用规定与增值税的价外费用规定在本质上是一致的，正向列举了 18 个项目，只是排除在价外费用之外的项目少了 2 项。因为在受托加工应征消费税的消费品时，消费税的纳税人是委托方，所以价外费用的例外规定中没有“受托加工应征消费税的消费品所代收代缴的消费税”。2008 年《中华人民共和国消费税暂行条例》修订时，汽车经销商不属于消费税的纳税人，所以价外费用的例外规定中也没有“销售货物的同时代办保险等而向购买方收取的保险费，以及向购买方收取的代购买方缴纳的车辆购置税、车辆牌照费”。

（2）账务处理。

企业在销售自产的应税消费品时，除确认收入、结转成本外，还应当计提消费税，缴纳消费税，企业应将按规定计算的应交消费税税额，借记“税金及附加”科目，贷记“应交税费——应交消费税”科目。退税时则做相反的会计处理。

【实务举例8】

某炼油厂于2024 年3 月销售汽油400 吨，每吨不含税价格为6 300 元，价外收取优质费为每吨500 元，销售款以银行存款收讫，每吨汽油的成本为3 000 元，汽油消费税税额为每升1.52 元。

应纳消费税税额 = 400 × 1.52 × 1 388 = 843 904.00（元）

应纳增值税销项税额 = [6 300 + 500 ÷ (1 + 13%)] × 400 × 13% =

350 608.85（元）

会计分录如下：

①确认收入。

借：银行存款　　3 047 600.00

　　贷：主营业务收入　　2 696 991.15

　　应交税费——应交增值税（销项税额）　　350 608.85

②结转成本。

借：主营业务成本　　1 200 000.00

　　贷：库存商品　　1 200 000.00

③计提消费税。

借：税金及附加　　843 904.00

　　贷：应交税费——应交消费税　　843 904.00

需要注意的是，如果企业采用的是先预收货款后发货的销售模式，根据《中华人民共和国增值税暂行条例》和《中华人民共和国企业所得税法》的相关规定，先预收货款后发货的纳税义务发生时间是发出货物的当天。另外，在新《收入会计准则》规定下，企业的会计处理如下：

①收到预收款时：

借：银行存款

　　贷：合同负债

②发出商品时：

借：应收账款

　　贷：主营业务收入

　　　　应交税费——应交增值税（销项税额）

　　　　　　　　——应交消费税

同时，结转商品销售成本。

借：主营业务成本

　　贷：库存商品

2. 随同应税消费品销售的包装物的税收政策及账务处理

（1）税收政策。

【政策依据】

根据《中华人民共和国消费税暂行条例实施细则》第十三条的规定，应税消费品连同包装物销售的，无论包装物是否单独计价，以及在会计上如何核算，均应并入应税消费品的销售额中缴纳消费税。如果包装物不是作价随同产品销售，而是收取押金，则此项押金不应并入应税消费品的销售额中征税。但是，对因逾期未收回的包装物不再退还的，或者已收取的时间超过12个月的押金，应并入应税消费品的销售额，按照应税消费品的适用税率缴纳消费税。对既作价随同应税消费品销售，又另外收取押金的包装物押金，凡纳税人在规定的期限内没有退还的，均应并入应税消费品的销售额，按照应税消费品的适用税率缴纳消费税。

【政策解析】

上述文件内容指的是一般性的应交消费税消费品，不包括酒类产品的包装物押金。酒类产品的包装物押金有特殊规定：根据《财政部　国家税务总局关于酒类产品包装物押金征税问题的通知》（财税字〔1995〕53号）的规定，自1995年6月1日起，对酒类产品生产企业销售酒类产品而收取的包装物押金，无论押金是否返还及会计上如何核算，均须并入酒类产品销售额中，按照酒类产品的适用税率征收消费税。又根据《国家税务总局关于印发〈消费税问题解答〉的通知注释》（国税函〔1997〕306号）的规定，对酒类包装物押金征税的规定不适用于实行从量定额办法征收消费税的啤酒和黄酒产品。由于成品油与啤酒、黄酒都是从量计征，对于包装物租金没有合适的消费税税率，无论是收取时还是逾期时，都不缴纳消费税。对于应税消费品包装物押金的总结如表3－8所示。

表3－8　对于应税消费品包装物押金的总结

押金种类	收取时，未逾期	逾期时
一般应税消费品的包装物押金	不缴纳增值税、不缴纳消费税	缴纳增值税、缴纳消费税

续表

押金种类	收取时，未逾期	逾期时
酒类产品包装物押金（除啤酒、黄酒）	缴纳增值税、缴纳消费税	不再缴纳增值税、不再缴纳消费税
啤酒、黄酒、成品油包装物押金	不缴纳增值税、不缴纳消费税	只缴纳增值税、不缴纳消费税

（2）账务处理。

第一种情况，包装物随同产品销售且不单独计价。因为包装物收入已包含在应税消费品销售收入中，包装物应纳增值税和消费税与应税消费品销售一并进行会计处理，不需要再单独进行会计处理。

第二种情况，包装物随同产品销售而单独计价。企业在确认应税消费品收入和成本、消费税时，还应确认单独计价包装物的收入、成本和税金，其收入计入“其他业务收入”科目，其成本和应纳消费税计入“其他业务支出”科目。

第三种情况，出租、出借包装物，出租包装物收取的租金属于价外费用，既要计算缴纳增值税，也要计算缴纳消费税。对于出租、出借包装物收取的押金（酒类产品除外），收取时不征收增值税和消费税，但因逾期未收回包装物而没收的押金，则应计算缴纳增值税和消费税。没收押金时，借记“其他应付款”科目，贷记“应交税费——应交增值税（销项税额）”和“应交税费——应交消费税”科目，按扣除应缴税金后的余额，贷记“其他业务收入”科目。

【实务举例9】

某炼油厂于2024年3月销售汽油一批，包装物出租给购买方使用，合同约定的返还期限为6个月。该炼油厂向购买方收取包装物租金22 600元（含增值税），押金10 000元，全部存入银行。6个月后，包装物逾期未归还，该炼油厂没收购买方的押金。

①收取包装物租金时：

应纳增值税销项税额＝22 600÷（1＋13%）×13%＝2 600（万元）

会计处理为：

借：银行存款　22 600.00

　贷：其他业务收入　20 000.00

　　应交税费——应交增值税（销项税额）　2 600.00

②收取包装物押金时：

不缴纳增值税，也不缴纳消费税。

借：银行存款　10 000.00

　贷：其他应付款　10 000.00

③没收包装物押金时：

应缴纳增值税销项税额＝10 000÷（1＋13%）×13%＝1 150.44（元）

借：其他应付款　10 000.00

　贷：其他业务收入　8 849.56

　　应交税费——应交增值税（销项税额）　1 150.44

（三）销售非成品油税收政策解析与实务处理

对于炼化企业生产流程来说，同一种原料可以生产多种不同的产品；同一种产品可以采用不同原料或不同方法和工艺生产；一种产品可以有不同的用途，而不同的产品也可以有相同的用途。炼油厂在以原油为原料生产燃料、化工原料和润滑油等液体油品的同时，还能得到一些固体石油产品——石油蜡、石油沥青、石油焦及液化石油气，甚至是轻液蜡、溶剂油、道路沥青、建筑石油沥青、专用沥青、石油焦、抽出原料油、工业丙烷、精丙烯、碳酸氢铵、液铵、硫黄等一些附属产品。而这些附属产品由于特殊的性质和用途导致产品价值较高，在国民经济的各个领域，甚至国防、尖端科学技术领域中都有应用。

因此，炼化企业在销售这些附属产品并进行税务处理时，首先要判断这些附属产品是否属于成品油的征税范围，在对销售业务进行税务处理时是否应该缴纳消费税。即使附属产品不属于成品油的征税范围，在销售时也应该缴纳相应的增值税、企业所得税及其他相关税种。

1. 兼营业务税收政策解析与实务处理

前文提到炼化企业在生产销售产品时，可能存在既有应税成品油也有非应税产品的情况。

根据《中华人民共和国消费税暂行条例》第三条的规定，纳税人兼营不同税率的应当缴纳消费税的消费品（以下简称应税消费品），应当分别核算不同税率应税消费品的销售额、销售数量；未分别核算销售额、销售数量，或者将不同税率的应税消费品组成成套消费品销售的，从高适用税率。

根据《中华人民共和国消费税暂行条例实施细则》第四条的规定，纳税人兼营不同税率的应当缴纳消费税的消费品，是指纳税人生产销售两种税率以上的应税消费品。

【实务举例10】

某炼油厂于2024年3月销售汽油300吨、有机热载体200吨，单价分别为6 200元和8 300元。此时，该炼油厂应该缴纳的消费税是300×1 388×1.52＝632 928.00（元）。但是，如果该炼油厂没有将汽油和有机热载体分开核算，根据文件规定应从高适用税率。此时，应该缴纳消费税＝（300＋200）×1 388×1.52＝1 054 880.00（元）。但是，如果该炼油厂销售汽油和销售有机热载体的价格大致相同，而且该炼油厂没有生产有机热载体的设备，则该炼油厂涉嫌销售汽油，而开具品名为“有机热载体”的发票已达到少缴纳消费税的目的。因此，应对该种情况进行核实，比如查看油品终端适用环节、核实企业有机热载体来源、是自产还是委托加工，必要时还要协查、询问企业生产人员等。

2. 混合销售税收政策解析与实务处理

【政策依据】

根据《财政部　国家税务总局关于全面推开营业税改征增值税试点的

通知》（财税〔2016〕36 号）第四十条的规定，一项销售行为如果既涉及服务又涉及货物，则为混合销售。从事货物的生产、批发或者零售的单位和个体工商户的混合销售行为，按照销售货物缴纳增值税；其他单位和个体工商户的混合销售行为，按照销售服务缴纳增值税。从事货物的生产、批发或者零售的单位和个体工商户，包括以从事货物的生产、批发或者零售为主，并兼营销售服务的单位和个体工商户在内。

【政策解析】

混合销售与兼营的区别是混合销售须同时满足两个条件：一是一项销售行为；二是该项行为既包括货物，也包括服务。例如，某炼油厂销售汽油的同时提供交通运输服务，属于混合销售。提供交通运输服务的收入并入汽油的销售额，按照汽油的增值税税率（13%）缴纳增值税。但是，如果该炼油厂销售汽油给甲企业，又单独为乙企业提供交通运输服务，则不满足第一个条件，这种情况下应属于兼营行为，而非混合销售行为，销售汽油应按照汽油的税率（13%）缴纳增值税，提供交通运输服务应按照交通运输服务税率（9%）缴纳增值税。如果该炼油厂既销售汽油，又销售柴油，则不满足第二个条件，这种情况下应属于混合销售行为，而非兼营行为。虽然对于汽油和柴油来说，增值税税率均为 13%，但是消费税每吨税额不同，需要纳税人分开核算，如没有分开核算，则从高适用税率。

（四）销售成品油消费税纳税申报

销售成品油需要缴纳多种税，本部分只研究消费税纳税申报表的填列。根据《国家税务总局关于增值税、消费税与附加税费申报表整合有关事项的公告》（国家税务总局公告 2021 年第 20 号）的规定，自 2021 年 8 月 1 日起，增值税、消费税分别与城市维护建设税、教育费附加、地方教育附加申报表整合，启用《增值税及附加税费申报表（一般纳税人适用）》《增值税及附加税费申报表（小规模纳税人适用）》《增值税及附加税费预缴表》及其附列资料和《消费税及附加税费申报表》（附件 1 – 7）。其中，涉及消费税是附件 7《消费税及附加税费申报表》的主表。

1. 纳税申报表样（见表3－9）

表3－9　消费税及附加税费申报表

税款所属期：自　　年　　月　　日至　　年　　月　　日

纳税人识别号（统一社会信用代码）：⊠⊠⊠⊠⊠⊠⊠⊠⊠⊠⊠⊠⊠⊠⊠⊠⊠⊠

纳税人名称：　　　　　　　　　　金额单位：人民币元（列至角分）

项目 应税消费品名称	适用税率 定额税率	适用税率 比例税率	计量单位	本期销售数量	本期销售额	本期应纳税额
	1	2	3	4	5	6＝1×4＋2×5
合计	—	—	—	—	—	
				栏次	本期税费额	
本期减（免）税额				7		
期初留抵税额				8		
本期准予扣除税额				9		
本期应扣除税额				10＝8＋9		
本期实际扣除税额				11［10＜（6－7），则为10，否则为6－7］		
期末留抵税额				12＝10－11		
本期预缴税额				13		
本期应补（退）税额				14＝6－7－11－13		
城市维护建设税本期应补（退）税额				15		
教育费附加本期应补（退）费额				16		
地方教育附加本期应补（退）费额				17		

声明：此表是根据国家税收法律法规及相关规定填写的，本人（单位）对填报内容（及附带资料）的真实性、可靠性、完整性负责。

纳税人（签章）：　　　　年　　月　　日

续表

项目 应税消费品名称	适用税率		计量单位	本期销售数量	本期销售额	本期应纳税额
	定额税率	比例税率				
	1	2	3	4	5	6 = 1 × 4 + 2 × 5

经办人： 经办人身份证号： 代理机构签章： 代理机构统一社会信用代码：	受理人： 受理税务机关（章）： 受理日期：　　年　　月　　日

2. 填表说明

表3－9作为《消费税及附加税费申报表》的主表，由消费税纳税人填写。其中，“税款所属期”指纳税人申报的消费税应纳税额所属时间，应填写具体的起止年、月、日；“纳税人识别号（社会统一信用代码）”应填写纳税人识别号或者统一社会信用代码；“纳税人名称”应填写纳税人名称全称。

（1）“应税消费品名称”栏、第1栏“定额税率”、第2栏“比例税率”和第3栏“计量单位”，应按照消费税税率填写。

（2）第4栏“本期销售数量”应填写国家税收法律、法规及相关规定（以下简称“税法”）规定的本期应当申报缴纳消费税的应税消费品销售数量（不含出口免税销售数量）。用自产汽油生产的乙醇汽油，按照生产乙醇汽油所耗用的汽油数量填写；以废矿物油生产的润滑油基础油为原料生产的润滑油，按扣除耗用的废矿物油生产的润滑油基础油后的数量填写。

（3）第5栏“本期销售额”应填写税法规定的本期应当申报缴纳消费税的应税消费品销售额（不含出口免税销售额）。

（4）第6栏“本期应纳税额”计算公式如下：

实行从价定率办法计算的应纳税额＝销售额×比例税率

实行从量定额办法计算的应纳税额＝销售数量×定额税率

实行复合计税办法计算的应纳税额 = 销售额 × 比例税率 + 销售数量 × 定额税率

暂缓征收的应税消费品，不计算应纳税额。

（5）第 7 栏“本期减（免）税额”应填写本期按照税法规定减免的消费税应纳税额，不包括暂缓征收的应税消费品的税额及出口应税消费品的免税额。本期减免消费税应纳税额情况，需同时填报附表 2《本期减（免）税额明细表》。本栏数值应等于附表 2《本期减（免）税额明细表》第 8 栏“减（免）税额”“合计”栏数值。

（6）第 8 栏“期初留抵税额”应填写上期申报表第 12 栏“期末留抵税额”数值。

（7）第 9 栏“本期准予扣除税额”应填写税法规定的本期外购、进口或委托加工收回应税消费品用于连续生产应税消费品准予扣除的消费税已纳税额，以及委托加工收回应税消费品以高于受托方计税价格销售的，在计税时准予扣除的消费税已纳税额。

（8）第 10 栏“本期应扣除税额”应填写纳税人本期应扣除的消费税税额，计算公式为

本期应扣除税额 = 期初留抵税额 + 本期准予扣除税额

（9）第 11 栏“本期实际扣除税额”应填写纳税人本期实际扣除的消费税税额，计算公式为

当本期应纳税额合计 − 本期减（免）税额 ≥ 本期应扣除税额时，

本期实际扣除税额 = 本期应扣除税额

当本期应纳税额合计 − 本期减（免）税额 < 本期应扣除税额时，

本期实际扣除税额 = 本期应纳税额合计 − 本期减（免）税额

（10）第 12 栏“期末留抵税额”，计算公式为

期末留抵税额 = 本期应扣除税额 − 本期实际扣除税额

（11）第 13 栏“本期预缴税额”应填写纳税申报前纳税人已预先缴纳入库的本期消费税额。

（12）第 14 栏“本期应补（退）税额”应填写纳税人本期应纳税额

中应补缴或应退回的数额，计算公式为

本期应补（退）税额＝本期应纳税额合计－本期减（免）税额－本期实际扣除税额－本期预缴税额

（13）第 15 栏“城市维护建设税本期应补（退）税额”应填写附表 6《消费税附加税费计算表》“城市维护建设税”对应的“本期应补（退）税（费）额”栏数值。

（14）第 16 栏“教育费附加本期应补（退）费额”应填写附表 6《消费税附加税费计算表》“教育费附加”对应的“本期应补（退）税（费）额”栏数值。

（15）第 17 栏“地方教育附加本期应补（退）费额”应填写附表 6《消费税附加税费计算表》“地方教育费附加”对应的“本期应补（退）税（费）额”栏数值。

第五节 炼化企业税收优惠政策解析与实务处理

炼化企业在石化行业，乃至国家发展中都扮演着重要的角色，不仅对经济发展起着关键性的推动作用，还对国家的能源安全和工业制造起到至关重要的支持作用。为了鼓励和支持这一关键行业的发展，许多国家采取了一系列税收优惠政策，以减轻炼化企业的负担。本节重点讲述炼化企业增值税税收优惠政策和消费税税收优惠政策。

一、炼化企业增值税税收优惠政策解析与实务处理

在成品油行业会出现一些资源综合利用产品，如用废矿物油生产润滑油基础油、汽油、柴油等工业油料；用油田采油过程中产生的油污泥（浮渣）生产微生物蛋白、土壤调理剂、燃料、电力、热力；用煤焦油、荒煤气（焦炉煤气）生产柴油、石脑油；用废弃动物油和植物油生产生物柴油、工业级混合油；等等。为推动资源综合利用和行业持续健康发展，我国在增值税上给予这些资源综合利用产品即征即退的税收优惠。

【政策依据】

根据《财政部　税务总局关于完善资源综合利用增值税政策的公告》（财政部　税务总局公告2021年第40号）的规定，增值税一般纳税人销售自产的资源综合利用产品和提供资源综合利用劳务（以下称销售综合利用产品和劳务），可享受增值税即征即退政策。

（1）综合利用的资源名称、综合利用产品和劳务名称、技术标准和相关条件、退税比例等，按照本公告所附《资源综合利用产品和劳务增值税优惠目录（2022年版）》（以下简称《目录》）的相关规定执行。

（2）纳税人从事《目录》所列的资源综合利用项目，在申请享受本公告规定的增值税即征即退政策时，应同时符合下列条件：

①纳税人在境内收购的再生资源，应按规定从销售方取得增值税发票；适用免税政策的，应按规定从销售方取得增值税普通发票。销售方为依法依规无法申领发票的单位，或者从事小额零星经营业务的自然人，应取得销售方开具的收款凭证及收购方内部凭证，或者税务机关代开的发票。本款所称小额零星经营业务是指自然人从事应税项目经营业务的销售额不超过增值税按次起征点的业务。

纳税人从境外收购的再生资源，应按规定取得海关进口增值税专用缴款书，或者从销售方取得具有发票性质的收款凭证、相关税费缴纳凭证。

纳税人应当取得上述发票或凭证而未取得的，该部分再生资源对应产品的销售收入不得适用本公告的即征即退规定。

不得适用本公告即征即退规定的销售收入＝当期销售综合利用产品和劳务的销售收入×（纳税人应当取得发票或凭证而未取得的购入再生资源成本÷当期购进再生资源的全部成本）

纳税人应当在当期销售综合利用产品和劳务销售收入中剔除不得适用即征即退政策部分的销售收入后，计算可申请的即征即退税额：

可申请退税额＝［（当期销售综合利用产品和劳务的销售收入－不得适用即征即退规定的销售收入）×适用税率－当期即征即退项目的进项税额］×对应的退税比例

各级税务机关要加强发票开具相关管理工作，纳税人应按规定及时开具、取得发票。

②纳税人应建立再生资源收购台账，留存备查。台账内容包括：再生资源供货方单位名称或个人姓名及身份证号，再生资源名称、数量、价格、结算方式，是否取得增值税发票或符合规定的凭证等。纳税人现有账册、系统能够包括上述内容的，无须单独建立台账。

③销售综合利用产品和劳务，不属于发展改革委《产业结构调整指导目录》中的淘汰类、限制类项目。

④销售综合利用产品和劳务，不属于生态环境部《环境保护综合名录》中的“高污染、高环境风险”产品或重污染工艺。“高污染、高环境风险”产品是指在《环境保护综合名录》中标注特性为“GHW/GHF”的产品，但纳税人生产销售的资源综合利用产品满足“GHW/GHF”例外条款规定的技术和条件的除外。

⑤综合利用的资源属于生态环境部《国家危险废物名录》列明的危险废物的，应当取得省级或市级生态环境部门颁发的《危险废物经营许可证》，且许可经营范围包括该危险废物的利用。

⑥纳税信用级别不为 C 级或 D 级。

⑦纳税人申请享受本公告规定的即征即退政策时，申请退税税款所属期前 6 个月（含所属期当期）不得发生下列情形：单次 10 万元以下罚款、没收违法所得、没收非法财物除外；单次 10 万元以下含本数，下同；因违反税收法律法规被税务机关处罚（单次 10 万元以下罚款除外），或发生骗取出口退税、虚开发票的情形。

纳税人在办理退税事宜时，应向主管税务机关提供其符合本条规定的上述条件，以及《目录》规定的技术标准和相关条件的书面声明，并在书面声明中如实注明未取得发票或相关凭证，以及接受环保、税收处罚等情况。未提供书面声明的，税务机关不得给予退税。

（3）已享受本公告规定的增值税即征即退政策的纳税人，自不符合（2）中规定的条件，以及《目录》规定的技术标准和相关条件的当月起，不再享受本公告规定的增值税即征即退政策。

（4）已享受本公告规定的增值税即征即退政策的纳税人，在享受增值税即征即退政策后，出现（2）中第⑦规定情形的，自处罚决定做出的当月起6个月内不得享受本公告规定的增值税即征即退政策。如纳税人连续12个月内发生两次以上（2）中第⑦规定的情形，自第二次处罚决定做出的当月起36个月内不得享受本公告规定的增值税即征即退政策。相关处罚决定被依法撤销、变更、确认违法或者确认无效的，符合条件的纳税人可以重新申请办理退税事宜。

（5）各省、自治区、直辖市、计划单列市税务机关应于每年3月底之前在网站上，将本地区上一年度所有享受本公告规定的增值税即征即退或免税政策的纳税人，按下列项目予以公示：纳税人名称、纳税人识别号、综合利用的资源名称、综合利用产品和劳务名称。各省、自治区、直辖市、计划单列市税务机关在对本地区上一年度享受本公告规定的增值税即征即退或免税政策的纳税人进行公示前，应会同本地区生态环境部门，再次核实纳税人受环保处罚情况。具体的优惠内容如表3－10所示。

表3－10　增值税即征即退具体优惠内容

综合利用的资源名称	综合利用的产品和劳务名称	技术标准和相关条件	退税比例/%
废矿物油	润滑油基础油、汽油、柴油等工业油料	1. 产品原料90%以上来自所列资源 2. 纳税人符合《废矿物油回收利用污染控制技术规范》（HJ 607—2011）规定的技术要求 3. 已建废矿物油综合利用单个建设项目的废矿物油年利用能力不得低于1万吨（已审批的地方危废中心除外）。新建、改扩建企业单个建设项目年利用能力不得低于3万吨。年利用能力依据该项目环境评价报告书和相应环评批文上批准的数量 4. 废矿物油提炼再生润滑基础油综合能源消耗应低于900千瓦时/吨	50
环己烷氧化废液（包括轻质油、皂化液、浓缩液等）	环氧环己烷、正戊醇、醇醚溶剂、水泥生料助磨剂	1. 产品原料90%以上来自所列资源 2. 纳税人必须通过ISO 9000、ISO 14000认证	50

续表

综合利用的资源名称	综合利用的产品和劳务名称	技术标准和相关条件	退税比例/%
含油污水、有机废水、污水处理后产生的污泥，油田采油过程中产生的油污泥（浮渣），包括利用上述资源发酵产生的沼气	微生物蛋白、土壤调理剂、燃料、电力、热力	产品原料或燃料 90% 以上来自所列资源，其中利用油田采油过程中产生的油污泥（浮渣）生产燃料的原料 60% 以上来自所列资源	90

【实务举例11】

某润滑油厂是增值税一般纳税人，主营用废矿物油生产润滑油基础油。假设 2023 年 3 月该润滑油厂可享受即征即退的销售额为 1 000 万元，销项税额为 130 万元，进项税额为 40 万元，退税比例为 50%。当月，该润滑油厂收购废矿物油 5 000 万元，其中 2 000 万元应取得但未取得发票。那么，该润滑油厂应如何计算即征即退税额？

第一步：剔除不适用即征即退规定的销售收入。

不适用即征即退规定的销售收入 = 当期销售综合利用产品和劳务的销售收入 ×（纳税人应当取得发票或凭证而未取得的购入再生资源成本 ÷ 当期购进再生资源的全部成本）

该润滑油厂不适用即征即退规定的销售收入为 1 000 ×2 000 ÷5 000 = 400（万元）。

第二步：计算即征即退税额。

《财政部　税务总局关于完善资源综合利用增值税政策的公告》（财政部　税务总局公告 2021 年第 40 号）明确，纳税人应当在当期销售综合利用产品和劳务销售收入中剔除不适用即征即退政策部分的销售收入后，计算可申请的即征即退税额。

可申请退税额 = ［（当期销售综合利用产品和劳务的销售收入 − 不得适用即征即退规定的销售收入）×适用税率 − 当期即征即退项目的进项税额］×对应的退税比例

该润滑油厂可申请退税的销售收入为1 000 - 400 = 600（万元），即征即退的税额为（600 × 13% - 40）× 50% = 19（万元）。

接下来请思考，即征即退的税额是否缴纳企业所得税？

根据《财政部　国家税务总局关于财政性资金行政事业性收费政府性基金有关企业所得税政策问题的通知》（财税〔2008〕151号）的规定，即征即退、先征后退、先征后返的各种税收均属于财政性资金范畴。企业取得的各类财政性资金，除属于国家投资和资金使用后要求归还本金的以外，均应计入企业当年收入总额。对企业取得的由国务院财政部门、税务主管部门规定专项用途并经国务院批准的财政性资金，准予作为不征税收入，在计算应纳税所得额时从收入总额中减除。同时，该通知还明确，国家投资为国家以投资者身份投入企业，并按有关规定相应增加企业实收资本（股本）的直接投资。

鉴于资源综合利用企业收到的即征即退税款，并非"国家投资"和"国务院财政、税务主管部门规定的专项用途"的财政性资金，不符合从收入总额中减除的条件，应并入收入总额缴纳企业所得税。会计分录如下：

（1）确认即征即退税增值税额时：

借：其他应收款　　190 000.00

　　贷：其他收益　　190 000.00

（2）实际收到退税款时：

借：银行存款　　190 000.00

　　贷：其他应收款　　190 000.00

二、炼化企业消费税税收优惠政策解析与实务处理

（一）生产乙醇汽油消费税税收优惠政策解析与实务处理

1. 免税范围

【政策依据】

根据《财政部　国家税务总局关于提高成品油消费税税率后相关成品

油消费税政策的通知》（财税〔2008〕168 号）的规定，自 2009 年 1 月 1 日起，对用外购或委托加工收回的已税汽油生产的乙醇汽油免税。用自产汽油生产的乙醇汽油，按照生产乙醇汽油所耗用的汽油数量申报纳税。

【政策解析】

目前，车辆里使用的往往是乙醇汽油，由车用汽油、变性燃料乙醇和改善其使用性能的添加剂组成。变性燃料乙醇是先以玉米、小麦、薯类、甘蔗、甜菜、纤维素等为原料，经发酵、蒸馏制得乙醇，脱水后再添加变性剂变性的燃料乙醇。其中，变性剂是车用汽油，添加到燃料乙醇中主要是为了防止人们将其当作食用酒精误食。这里特别需要注意的是，汽油与变性燃料乙醇的调和比例有一定的要求，如果变性燃料乙醇的占比过高，企业就会存在少缴纳消费税的风险。

【问题延伸】

以和成品油批发企业将购进的各种标号汽油与乙醇混掺，制成乙醇汽油后对外销售，请问该企业销售乙醇汽油是否应该缴纳消费税？

解答：根据《财政部　国家税务总局关于提高成品油消费税税率的通知》（财税〔2008〕167 号）的规定，汽油是指用原油或其他原料加工生产的辛烷值不小于 66 的可用作汽油发动机燃料的各种轻质油。以汽油、汽油组分调和生产的甲醇汽油、乙醇汽油也属于本税目征收范围。根据《财政部、国家税务总局关于提高成品油消费税税率后相关成品油消费税政策的通知》（财税〔2008〕168 号）的规定，对用外购或委托加工收回的已税汽油生产的乙醇汽油免税。用自产汽油生产的乙醇汽油，按照生产乙醇汽油所耗用的汽油数量申报纳税。因此，以和成品油批发企业调和的乙醇汽油虽属于消费税的征税范围，但是可以享受免税优惠。

2. 纳税申报

用自产汽油生产的乙醇汽油需要根据《国家税务总局关于增值税、消费税与附加税费申报表整合有关事项的公告》（国家税务总局公告 2021 年第 20 号），附件 7 消费税及附加税费申报表的附表 1 – 2 第二部分填写增值税消费税及附加税费申报表。

（1）表样见表3－11。

表3－11　本期准予扣除税额计算表

（成品油消费税纳税人适用）

一、扣除税额及库存计算　　　　金额单位：元（列至角分）

扣除油品类别	上期库存数量	本期外购入库数量	委托加工收回连续生产数量	本期准予扣除数量	本期准予扣除税额	本期领用未用于连续生产不准予扣除数量	期末库存数量
1	2	3	4	5	6	7	8＝2＋3＋4－5－7
汽油							
柴油							
石脑油							
润滑油							
燃料油							
合计							

二、润滑油基础油（废矿物油）和变性燃料乙醇领用存

产品名称	上期库存数量	本期入库数量	本期生产领用数量	期末库存数量
1	2	3	4	5＝2＋3－4
润滑油基础油（废矿物油）				
变性燃料乙醇				

（2）填表说明。

用自产汽油生产的乙醇汽油《本期准予扣除税额计算表》填写说明如下。

①该表由外购（含进口）或委托加工收回已税汽油、柴油、石脑油、润滑油、燃料油用于连续生产应税消费品的成品油消费税纳税人填写。

②该表变性燃料乙醇的计量单位为“吨”，其余计量单位全部为“升”。

③该表第二部分第2栏“上期库存数量”分别按上期《本期准予扣除

税额计算表》第二部分的润滑油基础油（废矿物油）和变性燃料乙醇的“期末库存数量”栏数值填写。

④该表第二部分第 5 栏“期末库存数量”应填写期末库存润滑油基础油（废矿物油）和变性燃料乙醇的数量，计算公式为：期末库存数量 = 上期库存数量 + 本期入库数量 − 本期生产领用数量，且期末库存数量≥0。

（二）石脑油、燃料油生产乙烯芳烃消费税税收优惠政策解析与实务处理

乙烯是基本有机化学工业和生产高分子聚合物的重要原材料，其产量常作为衡量一个国家或地区基本有机化学工业发展水平的标志。

芳烃，是含苯环结构的碳氢化合物的总称，是指分子结构中含有一个或者多个苯环的烃类化合物。单环芳烃只含一个苯环，如苯、甲苯、乙苯、二甲苯、异丙苯、十二烷基苯等。芳烃最初全部来源于煤焦化工业，后来由于有机合成工业迅速发展，芳烃需求量上升。

作为化学工业的重要原料，我国在税收上给予乙烯、芳烃一定的税收优惠：2011 年 9 月 31 日之前，“生产企业免税”，即购进石脑油、燃料油用于生产乙烯、芳烃的企业凭《石脑油使用管理证明单》向生产石脑油、燃料油的企业购买石脑油、燃料油时，生产企业免税，按照不含税的销售额卖给使用企业；2011 年 10 月 1 日之后，“使用企业退税”，即以石脑油、燃料油为原料生产乙烯、芳烃的企业购进含消费税的石脑油、燃料油，但是在用于生产乙烯、芳烃的情况下，按实际耗用数量暂退还所含消费税。

1. 退（免）税范围

【政策依据】

根据《财政部　中国人民银行　国家税务总局关于延续执行部分石脑油燃料油消费税政策的通知》（财税〔2011〕87 号）的规定，为促进我国烯烃类化工行业的发展，经国务院批准，现将用于生产乙烯、芳烃类化工产品的石脑油、燃料油消费税退（免）税政策延续问题明确如下：

（1）自 2011 年 10 月 1 日起，对生产石脑油、燃料油的企业（以下简称生产企业）对外销售的用于生产乙烯、芳烃类化工产品的石脑油、燃料

油，恢复征收消费税。

（2）自2011年10月1日起，生产企业自产石脑油、燃料油用于生产乙烯、芳烃类化工产品的，按实际耗用数量暂免征收消费税。

（3）自2011年10月1日起，对使用石脑油、燃料油生产乙烯、芳烃的企业（以下简称使用企业）购进并用于生产乙烯、芳烃类化工产品的石脑油、燃料油，按实际耗用数量暂退还所含消费税。

退还石脑油、燃料油所含消费税计算公式为

应退还消费税税额＝石脑油、燃料油实际耗用数量×石脑油、燃料油消费税单位税额

使用企业所在地主管国家税务局（以下简称主管税务机关）负责退税工作。主管税务机关根据使用企业石脑油、燃料油实际耗用量核定应退税金额，并开具收入退还书（预算科目为：101020121 成品油消费税退税），后附退税审批表、退税申请书等，送交当地国库部门。国库部门审核后从中央预算收入中退付税款。

（4）用石脑油、燃料油生产乙烯、芳烃类化工产品的产量占本企业用石脑油、燃料油生产产品总量50%以上（含50%）的企业，享受本通知规定的退（免）消费税政策。符合本条规定的企业，应在本通知下发后到主管税务机关提请退（免）税资格认定。

（5）乙烯类化工产品是指乙烯、丙烯、丁二烯及衍生品；芳烃类化工产品是指苯、甲苯、二甲苯、重芳烃、混合芳烃及衍生品。

（6）使用企业生产乙烯、芳烃类化工产品过程中所生产的消费税应税产品，应按规定缴纳消费税。

（7）用于生产乙烯、芳烃类化工产品的石脑油、燃料油消费税具体退（免）税管理办法，由国家税务总局另行制定。

（8）财政部驻各地财政监察专员办事处要加强对消费税退（免）税政策执行情况的监督检查。各级国家税务局要加强对消费税退（免）税的组织、监督应严格管理，堵塞漏洞。对于发现并经查实的骗取退（免）税的行为应依法处罚，并取消退（免）消费税的资格。

【政策解析】

财税〔2011〕87号文件虽然从立法目的上延续了对用于生产乙烯、芳烃类化工品的石脑油燃料油消费税优惠，但优惠的方式由对生产石脑油、燃料油的企业销售的用于生产乙烯、芳烃类化工产品的石脑油、燃料油免税改为对生产企业征税，由使用石脑油、燃料油生产乙烯、芳烃的企业按照使用数量退税。这样有利于税务机关在征税源头进行管理，对后期审查中符合条件的使用企业按照实际耗用数量退税，与之前采用的五联式《石脑油采购证明单》的方式相比，更有利于保证税收。

财税〔2011〕87号文件的主体思想包括以下几个方面：

第一，对于使用石脑油、燃料油生产乙烯、芳烃的企业，如果石脑油、燃料油是自产的，则石脑油、燃料油按实际耗用数量暂免征消费税；如果石脑油、燃料油是购进的，则使用企业按实际耗用数量暂退还所含消费税。其计算公式为：应退还消费税税额 = 石脑油、燃料油实际耗用数量 × 石脑油、燃料油消费税单位税额。

第二，对使用石脑油、燃料油生产乙烯、芳烃的企业有主体的要求，即用石脑油、燃料油生产乙烯、芳烃类化工产品的产量占本企业用石脑油、燃料油生产产品总量50%以上（含50%）的企业，才能享受本通知规定的退（免）消费税政策。

第三，对于生产的乙烯、芳烃有着明确的定义，即乙烯类化工产品是指乙烯、丙烯、丁二烯及衍生品，芳烃类化工产品是指苯、甲苯、二甲苯、重芳烃、混合芳烃及衍生品。

2. 退（免）税税务处理

对于石脑油、燃料油生产乙烯、芳烃税收优惠政策，涉及两类企业：第一类是生产企业，第二类是使用企业。对于两类企业的管理办法也不相同，涉及的税收政策有：《国家税务总局关于发布〈用于生产乙烯、芳烃类化工产品的石脑油 燃料油退（免）消费税暂行办法〉的公告》（国家税务总局公告2012年第36号），《财政部 中国人民银行 海关总署 国家税务总局关于完善石脑油、燃料油生产乙烯、芳烃类化工产品消费税退税政策的通知》（财税〔2013〕2 号），《国家税务总局　海关总署关于石脑油、燃料油、生产乙烯、芳烃类化工产品消费税退税问题的公告》（国家税务总局海关总署公告 2013 年第 29 号），《国家税务总局关于印发〈石脑油、燃料油退（免）消费税管理操作规程（试行）〉的通知》（税总函〔2014〕412 号），《国家税务总局关于取消乙烯、芳烃生产企业退税资格认定审批事项有关管理问题的公告》（国家税务总局公告 2015 年第 54 号）。

（1）使用企业退税管理。

引用材料的说明在上文，根据上述文件，得出以下内容。

使用企业将外购的含税石脑油、燃料油用于生产乙烯、芳烃类化工产品，且生产的乙烯、芳烃类化工产品产量占本企业用石脑油、燃料油生产全部产品总量的 50% 以上（含）的，按实际耗用量计算退还所含消费税。

退还使用企业石脑油、燃料油所含消费税计算公式为

应退还消费税税额 = 实际耗用石脑油或燃料油数量 × 石脑油或燃料油消费税单位税额

其中，实际耗用石脑油、燃料油数量 = 当期投入乙烯、芳烃生产装置的全部数量 − 当期耗用的自产数量 − 当期耗用的外购免税数量

一、使用企业享受退税优惠的条件。

用石脑油、燃料油生产乙烯、芳烃类化工产品的企业，符合下列条件的，可提请消费税退税资格备案。

（一）营业执照登记的经营范围包含生产乙烯、芳烃类化工产品。

（二）持有省级（含）以上安全生产监督管理部门颁发的危险化学品《安全生产许可证》。如使用企业处于试生产阶段，应提供省级以上安全生产监督管理部门出具的试生产备案意见书。

（三）拥有生产乙烯、芳烃类化工产品的生产装置或设备，乙烯生产企业必须具备（蒸汽）裂解装置，芳烃生产企业必须具备芳烃抽提装置。

（四）用石脑油、燃料油生产乙烯、芳烃类化工产品的产量占本企业用石脑油、燃料油全部生产产品总量的 50% 以上（含）。

（五）书面承诺接受税务机关和海关对产品的抽检。

（六）国家税务总局和海关总署规定的其他情形。

二、使用企业资格备案资料。

符合享受退税条件的使用企业应在申请退（免）消费税的首个纳税申报期内，将下列退（免）税资格备案资料作为申报资料的一部分，一并提交主管税务机关。

（一）《石脑油、燃料油消费税退（免）税资格备案表》。

（二）石脑油、燃料油用于生产乙烯、芳烃类化工产品的工艺设计方案、装置工艺流程及相关生产设备情况。

（三）石脑油、燃料油用于生产乙烯、芳烃类化工产品的物料平衡图，要求标注每套生产装置的投入产出比例及年处理能力。

（四）原料储罐、产成品储罐和产成品仓库的分布图、用途、储存容量的相关资料。

（五）乙烯、芳烃类化工产品生产装置的全部流量计的安装位置图和计量方法说明，以及原材料密度的测量和计算方法说明。

（六）上一年度用石脑油、燃料油生产乙烯、芳烃类化工产品的分品种的销售明细表；新办企业可不提供该项资料。

（七）营业执照登记、省级以上安全生产监督管理部门颁发的危险化学品《安全生产许可证》，如使用企业处于试生产阶段，应提供省级以上安全生产监督管理部门出具的试生产备案意见书原件及复印件。

（八）《石脑油、燃料油消费税退税资格备案表》。

文书受理岗对资格备案及备案事项变更资料进行完整性审核，资料齐全的，向使用企业开具受理通知书，并于2个工作日内将受理资料传递税源管理岗；对资料不齐全的，应告知纳税人并退还资料。

三、资格备案事项的变更。

《石脑油、燃料油消费税退（免）税资格备案表》所列以下备案事项发生变化的，使用企业应于30日内向主管税务机关办理备案事项变更。

（一）单位名称（不包括变更纳税人识别号）。

（二）产品类型。

（三）原材料类型。

（四）生产装置、流量计数量。

（五）石脑油、燃料油库容。

（六）附列资料目录所含的资质证件。

使用企业备案事项变更应提供的资料与资格备案相同。

四、使用企业提请消费税退税资格备案机关。

（一）仅以自营或委托方式进口石脑油、燃料油生产乙烯、芳烃类化工产品的，应向进口地海关提请资格备案；涉及多个进口地的，应分别向各进口地海关提请资格备案。

（二）仅以国产石脑油、燃料油生产乙烯、芳烃类化工产品的，应向主管税务机关提请资格备案。

（三）既以国产又以进口的石脑油、燃料油生产乙烯、芳烃类化工产品的，应分别向主管税务机关和进口地海关提请资格备案；涉及多个进口地的，应分别向各进口地海关提请资格备案。

使用单位申报的备案资料被税务机关受理，即取得退（免）消费税资格。主管税务机关有权对备案资料的真实性进行检查。

五、退税管理部门。

（一）我国境内使用石脑油、燃料油（以下简称油品）生产乙烯、芳烃类化工产品（以下简称化工产品）的企业，仅以自营或委托方式进口油品生产化工产品，向进口消费税纳税地海关申请退还已缴纳的消费税。办理退税时，海关根据使用企业生产化工产品实际耗用的油品数量核定应退税金额，开具收入退还书，使用“进口成品油消费税退税”科目（101020221）退税。

（二）使用企业仅以国产油品生产化工产品，向主管税务机关申请退税。办理退税时，税务机关根据使用企业生产化工产品实际耗用的油品数量核定应退税金额，开具收入退还书，使用“成品油消费税退税”科目（101020121）退税。

（三）使用企业既购进国产油品又购进进口油品生产化工产品的，应分别核算国产油品与进口油品的购进量及其用于生产化工产品的实际耗用量，向税务机关提出退税申请。

税务机关负责对企业退税资料进行审核。对国产油品退税，按照上述（二）的规定办理。对进口油品退税，税务机关出具初审意见，连同进口货物报关单、海关专用缴款书和自动进口许可证等材料，送交海关复审。海关按照上述（一）的规定办理。

使用企业未分别核算国产油品与进口油品的购进量和实际耗用量的，不予办理退税。

（四）税务机关和海关应向相关国库部门提供收入退还书，后附退税审批表、退税申请书等相关资料；国库部门经审核无误后，从相应预算科目中退付税款给申请企业。

六、使用企业的台账管理。

使用企业应建立石脑油、燃料油移送使用台账，分别记录外购（分别登记外购含税国产、进口数量和外购国产免税数量）和移送使用石脑油、燃料油数量。

七、使用企业的退税凭证。

（一）从生产企业购入。

1. 石脑油、燃料油生产企业销售含税石脑油、燃料油，应根据购买方企业的需要提供该油品所对应的消费税完税凭证复印件，并填制《生产企业销售含税石脑油、燃料油完税情况明细表》，于次月纳税申报期报送至主管税务机关。主管税务机关及时将此表信息录入石脑油、燃料油退（免）消费税管理系统［以下简称退（免）税系统］，供使用企业主管税务机关退税核对。

生产企业销售石脑油、燃料油发生消费税欠税（包括办理消费税缓缴手续）的，未交税油品对应的增值税专用发票信息不得填写在《生产企业销售含税石脑油、燃料油完税情况明细表》中。

2. 使用企业取得生产企业消费税完税凭证复印件后，应填写《使用企业外购石脑油、燃料油凭证明细表》。

使用企业未取得生产企业消费税完税凭证复印件的，其外购油品的增值税专用发票信息不得填写在《使用企业外购石脑油、燃料油凭证明细表》中。

3. 自2018年3月1日起，外购石脑油、燃料油用于生产乙烯、芳烃类化工产品的，应凭取得的成品油专用发票所载明的石脑油、燃料油的数量，按规定计算退还消费税，其他发票或凭证不得作为计算退还消费税的凭证。

（二）从非生产企业购入。

使用企业从非生产企业购进国产含税石脑油、燃料油的，应向主管税务机关提供该油品对应的增值税专用发票（自2018年3月1日起，必须提供成品油发票开具模块开具的成品油专用发票）和消费税完税凭证复印件。经主管税务机关核实确已缴纳消费税的，使用企业应将该油品对应的增值税专用发票和消费税完税凭证等信息填写在《使用企业外购石脑油、燃料油凭证明细表》中。

上述供油企业（含生产企业和非生产企业）主管税务机关应协助使用企业主管税务机关，做好对该油品是否已缴纳消费税的核实工作。主管税务机关通过退（免）税系统采集生产企业和使用企业退（免）税相关信息，完成退税审批和追踪管理。各级税务机关通过退（免）税系统监督本级和下级退（免）税管理情况。

八、使用企业退税申报资料。

使用企业应区分不同情形，按以下规定报送退税资料。

（一）仅以进口石脑油、燃料油生产乙烯、芳烃类化工产品的，应每月向进口地海关报送以下资料。

1. 《使用企业外购石脑油、燃料油凭证明细表》。

2. 《石脑油、燃料油生产、外购、耗用、库存月度统计表》。

3. 《乙烯、芳烃生产装置投入产出流量计统计表》。

4. 进口货物报关单、海关进口消费税专用缴款书、自动进口许可证等材料复印件。

上述企业在申请退还进口消费税时应向进口地海关提供《用于生产乙烯、芳烃类化工产品的石脑油、燃料油进口消费税退税申请表》。既以国产又以进口的石脑油、燃料油生产乙烯、芳烃类化工产品的使用企业，按照本公告规定经主管税务机关对进口石脑油、燃料油退税提出核对意见后，也应向进口地海关提供《用于生产乙烯、芳烃类化工产品的石脑油、燃料油进口消费税退税申请表》。

（二）以国产石脑油、燃料油或既以国产又以进口的石脑油、燃料油生产乙烯、芳烃类化工产品的，应向主管税务机关报送以下资料。

1. 在每月纳税申报期报送的资料。

（1）《使用企业外购石脑油、燃料油凭证明细表》。

（2）《石脑油、燃料油生产、外购、耗用、库存月度统计表》。

（3）《乙烯、芳烃生产装置投入产出流量计统计表》。

（4）《使用企业外购石脑油、燃料油凭证明细表》中“外购含税油品”项“消费税完税凭证号码”所对应的消费税完税凭证的复印件。

（5）当期外购石脑油、燃料油取得的已认证普通版增值税专用发票复印件。

（6）进口货物报关单、海关进口消费税专用缴款书、自动进口许可证等材料复印件。

2. 申请退还消费税的，在当月纳税申报期结束后应报送以下资料。

（1）《用于生产乙烯、芳烃类化工产品的石脑油、燃料油消费税应退税额计算表》。

（2）使用企业初次向主管税务机关申请进口消费税退税的，如前期已向海关申请办理过退税事项，应提供上月进口地海关受理的《石脑油、燃料油生产、外购、耗用、库存月度统计表》。

九、退税管理机关的审核。

主管税务机关和进口地海关受理使用企业退税申请后，应及时完成以下工作。

（一）主管税务机关核对、退税工作。

1. 消费税退税资料的核对。

（1）《石脑油、燃料油生产、外购、耗用、库存月度统计表》中填报的乙烯类、芳烃类产品的本年累计产量占全部产品（本企业用石脑油、燃料油生产全部产品总量）的比例是否达到50%。

（2）《使用企业外购石脑油、燃料油凭证明细表》中“外购免税油品”和“外购含税油品”项的“汉字防伪版增值税专用发票”的“石脑油数量”“燃料油数量”与主管税务机关采集认证的汉字防伪版增值税专用发票的货物名称、数量比对是否相符。

（3）《使用企业外购石脑油、燃料油凭证明细表》中“外购免税油品”和“外购含税油品”项的“普通版增值税专用发票”的“发票代码”“发票号码”“销货方纳税人识别号”与主管税务机关采集认证的普通版增值税专用发票信息比对是否相符，“石脑油数量、燃料油数量”与普通版增值税专用发票复印件的货物名称、数量比对是否相符。

（4）《使用企业外购石脑油、燃料油凭证明细表》中“外购含税油品”项的“销货方纳税人识别号”“消费税完税凭证号码”与使用企业提供的生产企业消费税完税凭证复印件信息比对是否相符。使用企业从非生产企业购进油品的，《使用企业外购石脑油、燃料油凭证明细表》中“外购含税油品”项的增值税专用发票、消费税完税凭证信息与税务机关核实情况是否一致。

（5）《使用企业外购石脑油、燃料油凭证明细表》中“外购含税油品”的“发票代码”“发票号码”“石脑油数量”“燃料油数量”“消费税完税凭证号码”与《生产企业销售含税石脑油、燃料油完税情况明细表》信息比对是否相符。

（6）《使用企业外购石脑油、燃料油凭证明细表》中“外购含税油品”项“海关进口消费税专用缴款书”的“缴款书号码、税款金额、数量”与使用企业提供进口货物报关单、海关进口消费税专用缴款书、自动进口许可证等材料复印件信息比对是否相符。

(7) 当期申报的《石脑油、燃料油生产、外购、耗用、库存月度统计表》"外购数量统计"项的进口石脑油、燃料油的期初库存油品数量的本期数和累计数与前一期进口地海关办理退税的期末数据是否一致。

(8)《石脑油、燃料油生产、外购、耗用、库存月度统计表》《乙烯、芳烃生产装置投入产出流量计统计表》《使用企业外购石脑油、燃料油凭证明细表用于生产乙烯、芳烃类化工产品的石脑油、燃料油消费税应退税额计算表》表内、表间数据逻辑关系是否准确。

2. 消费税退税资料核对相符的，在《用于生产乙烯、芳烃类化工产品的石脑油、燃料油消费税应退税额计算表》中填写国产油品的本期应退税数量和本期应退税额，并签署意见；在《退（抵）税申请审批表（通用)》签署意见；根据国产石脑油、燃料油的本期应退税额开具收入退还书（预算科目：101020121)；转交当地国库部门。

3. 使用企业申请进口石脑油、燃料油退税的，主管税务机关在《用于生产乙烯、芳烃类化工产品的石脑油、燃料油消费税应退税额计算表》中填写进口油品的本期应退税数量和本期应退税额，并于签署"表书信息比对相符，表内、表间数据关系计算准确"的意见后，及时将该表及其他相关资料直接转交进口地海关；如涉及 2 个和 2 个以上进口地海关的，将以上退税资料直接转交海关总署（关税征管司)。

（二）进口地海关核对、退税工作。

1. 消费税退税资料的核对。

(1) 对税务机关出具初核意见的退税资料进行复核。

(2)《使用企业外购石脑油燃料油凭证明细表》中"外购含税油品"项"海关进口消费税专用缴款书"的"缴款书号码、税款金额、数量"及所对应的进口货物报关单、海关进口消费税专用缴款书、自动进口许可证等复印件信息与海关记录的相关信息比对是否相符。

(3)《石脑油、燃料油生产、外购、耗用、库存月度统计表》《乙烯、芳烃生产装置投入产出流量计统计表》《使用企业外购石脑油、燃料油凭证明细表》《用于生产乙烯、芳烃类化工产品的石脑油、燃料油消费税应退税额计算表》涉及进口油品的表内、表间数据关系计算是否准确。

2. 消费税退税资料核对相符的，进口地海关在《用于生产乙烯、芳烃类化工产品的石脑油、燃料油进口消费税退税申请表》签署意见，开具收入退还书（预算科目：10102021），并转交当地国库部门。

（三）消费税退税核对不符的，主管税务机关和进口地海关应及时告知使用企业并退还其退税资料。

1. 主管税务机关确认申报资料审核未通过属于数据填报错误的，应要求纳税人重新上报。

2. 因《生产企业销售含税石脑油、燃料油完税情况明细表》数据错误或不完整造成数据比对不符的，使用企业主管税务机关通过退（免）税系统向对应的生产企业主管税务机关发送“完税信息提醒”，生产企业税务机关据此应开展数据核实，属于数据采集不完整的应及时补录相关数据；属于数据采集错误的，逐级提交国家税务总局修改数据。

3. 使用企业从非生产企业购进国产含税石脑油、燃料油，主管税务机关根据其提供的增值税专用发票和消费税完税凭证复印件，向上环节供油企业主管税务机关发函逐级核实确认是否缴纳消费税，经核实该油品确已完税的，将消费税完税凭证号码和回函信息录入退（免）税系统，审核通过。

十、使用企业的日常管理。

主管税务机关应加强石脑油、燃料油退（免）消费税的日常管理，对已办理退税的乙烯、芳烃生产企业，当地税务稽查部门和货物劳务税管理部门，每季度要对其退税业务的真实性进行检查，防止企业骗取退税款。检查的内容主要包括：

（一）将使用企业申报的实际耗用量与全部外购量、库存量进行比对，应当符合实际耗用量≤期初库存＋本期外购量（含自产）－本期销售－期末库存量。

使用企业申报的退税额应不大于外购含税石脑油、燃料油所含消费税税额。

（二）将使用企业实际产成品数据信息与利用产品收率计算原材料实

际投入量信息进行比对，两者符合投入产出比例关系。

（三）将使用企业申报的实际耗用信息与石脑油、燃料油的出入库信息、生产计量信息及财务会计信息进行比对，符合逻辑关系。

（四）将使用企业申报的实际耗用信息与装置生产能力信息进行比对，符合逻辑关系。

（五）将使用企业本期外购石脑油、燃料油数量与相关增值税专用发票的抵扣信息进行比对，符合逻辑关系。

（六）将生产企业免税销售石脑油、燃料油开具的增值税专用发票信息与总局定点直供计划规定的销售对象、供应数量等信息进行比对，两者销售对象应当一致，销售数量应等于或小于定点直供计划数量。

（七）将使用企业外购免税的石脑油、燃料油数量信息与定点直供计划信息及相关的增值税专用发票信息进行比对，增值税专用发票开具的销售对象应当与定点直供计划规定的一致，其数量应等于或小于定点直供计划数量。

（八）将使用企业申报的外购免税石脑油、燃料油数量信息与定点直供计划数量信息进行比对，免税数量应等于或小于定点直供计划。

十一、退税资格的取消。

使用企业发生下列行为之一的，主管税务机关应暂停或取消使用企业的退（免）税资格。

（一）注销税务登记的，取消退（免）税资格。

（二）主管税务机关实地核查结果与使用企业申报的备案资料不一致的，暂停或取消退（免）资格。

（三）使用企业不再以石脑油、燃料油生产乙烯、芳烃类化工产品或不再生产乙烯、芳烃类化工产品的，经申请取消退（免）税资格。

（四）经税务机关检查发现存在骗取国家退税款的，取消退（免）税资格。

（五）未办理备案变更登记备案事项，经主管税务机关通知在30日内仍未改正的，暂停退（免）税资格。

（六）未按月向主管税务机关报送《石脑油、燃料油生产、外购、耗用、库存月度统计表》《乙烯、芳烃生产装置投入产出流量计统计表》和《使用企业外购石脑油、燃料油凭证明细表》的，暂停退（免）税资格。

（七）不接受税务机关的产品抽检，不能提供税务机关要求的检测报告的，暂停退（免）税资格。

暂停或取消退（免）税资格的企业，由主管税务机关税源管理岗及时录入系统。

（2）生产企业管理。

引用材料的说明在上文。

一、消费税退（免）税申报资料。

生产企业按月报送《生产企业销售含税石脑油、燃料油完税情况明细表》。

二、生产企业申报资料的审核。

税源管理岗收到消费税退（免）税申报资料后，将数据录入或导入退（免）税系统，并开展以下审核工作：

1. 完税凭证号码是否符合要求。

2.《生产企业销售含税石脑油、燃料油完税情况明细表》发票中石脑油、燃料油数量是否小于或等于完税凭证石脑油、燃料油数量。

3. 生产企业销售免税石脑油、燃料油数量是否超过定点直供计划规定的数量。

三、申报资料审核未通过的情况处理。

1. 主管税务机关确认申报资料审核未通过属于数据填报错误的，应要求纳税人重新上报。

2. 生产企业销售免税石脑油、燃料油数量超过定点直供计划规定数量的，应当补缴消费税。

（3）生产企业生产的石脑油、燃料油享受免税优惠的管理。

引用材料的说明在上文。

一、生产企业免税政策。

境内生产石脑油、燃料油的企业对外销售（包括对外销售用于生产乙烯、芳烃类化工产品的石脑油、燃料油）或用于其他方面的石脑油、燃料油征收消费税。但下列情形免征消费税。

（一）生产企业将自产的石脑油、燃料油用于本企业连续生产乙烯、芳烃类化工产品的。

生产企业将自产石脑油、燃料油用于本企业连续生产乙烯、芳烃类化工产品的，按当期投入生产装置的实际移送量免征消费税。

（二）生产企业按照国家税务总局下发石脑油、燃料油定点直供计划销售自产石脑油、燃料油的。生产企业实际执行定点直供计划时，超出国家税务总局核发定点直供计划量的，或将自产石脑油、燃料油未用于生产乙烯、芳烃类化工产品的，不得免征消费税。

应当缴纳消费税的石脑油、燃料油数量=生产企业对外销售和用于其他方面的石脑油、燃料油耗用量－用于本企业连续生产乙烯、芳烃类化工产品的耗用量－执行定点直供计划且开具“DDZG”标识的汉字防伪版增值税专用发票的数量。

二、生产企业用于生产乙烯、芳烃类产品的石脑油、燃料油免税。

生产企业执行定点直供计划，销售石脑油、燃料油的数量在计划限额内，且开具有“DDZG”标识的汉字防伪版增值税专用发票的，免征消费税。

开具普通版增值税专用发票的，应当先行申报缴纳消费税。经主管税务机关核实，确认使用企业购进的石脑油、燃料油已作免税油品核算的，其已申报缴纳消费税的数量可抵下期应纳消费税的应税数量。

未开具增值税专用发票或开具其他发票的，不得免征消费税。

三、生产企业的征收管理。

（一）生产企业免税申报资料。

生产企业发生将自产的石脑油、燃料油用于本企业连续生产乙烯、芳烃类化工产品的，应按月填报《石脑油、燃料油生产、外购、耗用、库存月度统计表》和《乙烯、芳烃生产装置投入产出流量计统计表》；如执行定点直供计划销售石脑油、燃料油，且开具普通版增值税专用发票的，应按月填报《生产企业定点直供石脑油、燃料油开具普通版增值税专用发票明细表》，作为《成品油消费税纳税申报表》的附列资料一同报送。

（二）主管税务机关的审核。

主管税务机关在受理生产企业纳税申报资料时，应核对以下内容。

1.《成品油消费税纳税申报表》《石脑油、燃料油生产、外购、耗用、库存月度统计表》和《乙烯、芳烃生产装置投入产出流量计统计表》《生产企业定点直供石脑油、燃料油开具普通版增值税专用发票明细表》表内、表间数据关系计算是否准确。

2.《石脑油、燃料油生产、外购、耗用、库存月度统计表》中“本期执行定点直供计划数量”的累计数是否超过定点直供计划限额。

3.《石脑油、燃料油生产、外购、耗用、库存月度统计表》中“其中：汉字防伪版增值税专用发票的油品数量”与当期开具有“DDZG”标识的汉字防伪版增值税专用发票记载的数量是否一致。

4. 将《生产企业定点直供石脑油、燃料油开具普通版增值税专用发票明细表》中发票信息发送给使用企业主管税务机关进行核查；根据反馈的核查结果，对使用企业已作免税油品核算的，将允许抵顶下期应纳消费税应税数量的具体数量书面通知生产企业。

四、生产企业台账管理。

生产企业应建立石脑油、燃料油移送使用台账，分别记录自产和移送使用石脑油、燃料油数量。

（三）废弃的动植物油生产纯生物柴油消费税税收优惠政策解析与实务处理

利用废弃的动植物油生产纯生物柴油是对废弃物的无害化、资源化利用，在减少环境污染、维护食品安全、减轻国家能源供给压力等方面都具有重要意义。因此，废弃的动植物油生产纯生物柴油也有具体的税收政策。

【政策依据】

根据《财政部　国家税务总局关于对利用废弃的动植物油生产纯生物

柴油免征消费税的通知》(财税〔2010〕118 号)的规定,自 2009 年 1 月 1 日起,对同时符合下列条件的纯生物柴油免征消费税:①生产原料中废弃的动物油和植物油用量所占比重不低于 70%;②生产的纯生物柴油符合国家《柴油机燃料调合生物柴油(BD100)》标准。对不符合本通知规定的生物柴油,或者以柴油、柴油组分调合生产的生物柴油照章征收消费税。

【政策解析】

要想利用废弃的动植物油生产纯生物柴油享受到消费税税收优惠,需要符合两个条件:一是原料条件,即生产原料中废弃的动植物油用量所占比重不低于 70%;二是产品条件,即生产的纯生物柴油符合国家《柴油机燃料调合生物柴油(BD100)》标准。这里需要注意的是,在财税〔2010〕118 号文件中,需要符合的条件为《柴油机燃料调合生物柴油(BD100)》,之后在《关于对利用废弃的动植物油生产纯生物柴油免征消费税政策执行中有关问题的通知》(财税〔2016〕35 号)文件中指出,"《柴油机燃料调合生物柴油(BD100)》是指《柴油机燃料调合用生物柴油(BD100)》"。

根据《财政部 国家税务总局关于明确废弃动植物油生产纯生物柴油免征消费税适用范围的通知》(财税〔2011〕46 号)的规定,财税〔2010〕118 号文件所称"废弃的动物油和植物油"的范围如下:

(1)餐饮、食品加工单位及家庭产生的不允许食用的动植物油脂,主要包括泔水油、煎炸废弃油、地沟油和抽油烟机凝析油等。

(2)利用动物屠宰分割和皮革加工修削的废弃物处理提炼的油脂,以及肉类加工过程中产生的非食用油脂。

(3)食用油脂精炼加工过程中产生的脂肪酸、甘油酯及含少量杂质的混合物,主要包括酸化油、脂肪酸、棕榈酸化油、棕榈油脂肪酸、白土油及脱臭馏出物等。

(4)油料加工或油脂储存过程中产生的不符合食用标准的油脂。

（四）废矿物油再生油品消费税税收优惠政策解析与实务处理

为继续支持促进资源综合利用和环境保护，对以回收的废矿物油为原料生产的润滑油基础油、汽油、柴油等工业油料免征消费税政策。

1. 免税范围

【政策依据】

根据《财政部　国家税务总局关于继续对废矿物油再生油品免征消费税的公告》（财政部　国家税务总局公告2023年第69号）的规定，继续对废矿物油再生油品免征消费税。具体要求如下：

（1）废矿物油是指工业生产领域机械设备及汽车、船舶等交通运输设备使用后失去或降低功效更换下来的废润滑油。

（2）纳税人利用废矿物油生产的润滑油基础油、汽油、柴油等工业油料免征消费税，应同时符合下列条件。

①纳税人必须取得生态环境部门颁发的《危险废物（综合）经营许可证》，且该证件上核准生产经营范围应包括“利用”或“综合经营”字样。生产经营范围为“综合经营”的纳税人，还应同时提供颁发《危险废物（综合）经营许可证》的生态环境部门出具的能证明其生产经营范围包括“利用”的材料。

纳税人在申请办理免征消费税备案时，应同时提交污染物排放地生态环境部门确定的该纳税人应予执行的污染物排放标准，以及污染物排放地生态环境部门在此前6个月以内出具的该纳税人的污染物排放符合上述标准的证明材料。

纳税人回收的废矿物油应具备能显示其名称、特性、数量、接受日期等项目的《危险废物转移联单》。

②生产原料中废矿物油重量必须占到90%以上。产成品中必须包括润滑油基础油，且每吨废矿物油生产的润滑油基础油应不少于0.65吨。

③利用废矿物油生产的产品与利用其他原料生产的产品应分别核算。

（3）符合第（2）项规定的纳税人销售免税油品时，应在增值税专用发票上注明产品名称，并在产品名称后加注“废矿物油”。

（4）符合第（2）项规定的纳税人利用废矿物油生产的润滑油基础油连续加工生产润滑油，或纳税人（包括符合本公告第 2 项规定的纳税人及其他纳税人）外购利用废矿物油生产的润滑油基础油加工生产润滑油，在申报润滑油消费税额时，按当期销售的润滑油数量扣减其耗用的符合本公告规定的润滑油基础油数量的余额计算缴纳消费税。

（5）对未达到相应的污染物排放标准或被取消《危险废物（综合）经营许可证》的纳税人，自发生违规排放行为之日或《危险废物（综合）经营许可证》被取消之日起，取消其享受本公告规定的免征消费税政策的资格，且三年内不得再次申请。纳税人自发生违规排放行为之日起已申请并办理免税的，应予追缴。

（6）各级税务机关应采取严密措施，对享受本公告规定的免征消费税政策的纳税人加强动态监管。凡经核实纳税人属于弄虚作假骗取享受本公告规定的免征消费税政策的，税务机关除追缴其此前骗取的免税税款外，自纳税人发生上述违法违规行为年度起，取消其享受本公告规定的免征消费税政策的资格，且纳税人三年内不得再次申请。

发生违规排放行为之日是指已由污染物排放地生态环境部门查证确认的、纳税人发生未达到应予执行的污染物排放标准行为的当日。

【政策解析】

关于规定废矿物油再生油品免征消费税最早的文件是《财政部 国家税务总局关于对废矿物油再生油品免征消费税的通知》(财税〔2013〕105 号)。为促进资源综合利用和环境保护，经国务院批准，自 2013 年 11 月 1 日至 2018 年 10 月 31 日，对以回收的废矿物油为原料生产的润滑油基础油、汽油、柴油等工业油料免征消费税。根据《财政部 国家税务总局关于延长对废矿物油再生油品免征消费税政策实施期限的通知》（财税〔2018〕144 号）的规定，将享受税收优惠的时间延长了 5 年，自 2018 年 11 月 1 日至 2023 年 10 月 31 日止。根据《财政部 国家税务总局关于继续对废矿物油再生油品免征消费税的公告》（财政部 国家税务总局公告 2023 年第 69 号）的规定，该项政策延长至 2027 年 12 月 31 日。

2. 纳税申报

用废矿物油再生油品，需要根据《国家税务总局关于增值税、消费税与附加税费申报表整合有关事项的公告》（国家税务总局公告2021年第20号）附件7消费税及附加税费申报表的附表1－2第二部分，填写《增值税、消费税及附加税费申报表》。

（1）表样如表3－12所示。

表3－12　本期准予扣除税额计算表

（成品油消费税纳税人适用）

一、扣除税额及库存计算　　　　金额单位：元（列至角分）

扣除油品类别	上期库存数量	本期外购入库数量	委托加工收回连续生产数量	本期准予扣除数量	本期准予扣除税额	本期领用未用于连续生产不准予扣除数量	期末库存数量
1	2	3	4	5	6	7	8＝2＋3＋4－5－7
汽油							
柴油							
石脑油							
润滑油							
燃料油							
合计							

二、润滑油基础油（废矿物油）和变性燃料乙醇领用存

产品名称	上期库存数量	本期入库数量	本期生产领用数量	期末库存数量
1	2	3	4	5＝2＋3－4
润滑油基础油（废矿物油）				
变性燃料乙醇				

（2）填表说明。

用废矿油再生油需填写的《本期准予扣除税额计算表》填表说明如下：

①该表由外购（含进口）或委托加工收回已税汽油、柴油、石脑油、润滑油、燃料油用于连续生产应税消费品的成品油消费税纳税人填写。

②该表变性燃料乙醇的计量单位为“吨”，其余计量单位全部为“升”。

③该表第二部分“润滑油基础油（废矿物油）”应填写利用废矿物油生产的润滑油基础油领用存情况；第3栏“本期入库数量”包括外购和自产的润滑油基础油（废矿物油）数量。自产的润滑油基础油（废矿物油）应与《本期减（免）税额明细表》润滑油基础油的“减（免）数量”一致。用于连续生产润滑油的其他润滑油基础油数量不填入本行。

④该表第二部分第2栏“上期库存数量”分别按上期《本期准予扣除税额计算表》第二部分的润滑油基础油（废矿物油）和变性燃料乙醇的“期末库存数量”栏数值填写。

⑤该表第二部分第5栏“期末库存数量”填写期末库存润滑油基础油（废矿物油）和变性燃料乙醇的数量，计算公式为：期末库存数量 = 上期库存数量 + 本期入库数量 - 本期生产领用数量，且期末库存数量≥0。

（五）成品油生产企业生产自用油消费税税收优惠政策解析与实务处理

【政策依据】

根据《财政部　国家税务总局关于对成品油生产企业生产自用油免征消费税的通知》（财税〔2010〕98号）的规定，自2009年1月1日起，对成品油生产企业在生产成品油过程中，作为燃料、动力及原料消耗的自产成品油免征消费税，对用于其他用途或直接对外销售的成品油照章征收消费税。

【问题延伸】

思考：生产成品油的炼油厂将自产的汽油作为燃料用于本单位接送员工上下班的班车，该部分汽油是否可以免征消费税？

解答：根据《财政部　国家税务总局关于对成品油生产企业生产自用油免征消费税的通知》（财税〔2010〕98号）的规定，自2009年1月1日起，对成品油生产企业在生产成品油过程中，作为燃料、动力及原料消耗的自产成品油免征消费税。对用于其他用途或直接对外销售的成品油照章征收消费税。该炼油厂接送员工上下班的汽车属于集体福利，其耗用的汽油不属于在生产成品油过程中作为燃料的成品油，不享受免征消费税的政策，应按规定缴纳消费税。

（六）航空煤油消费税税收政策解析与实务处理

【政策依据】

根据《财政部　国家税务总局关于调整和完善消费税政策的通知》（财税〔2006〕33 号）的规定，航空煤油暂缓征收消费税。同时，根据《财政部　国家税务总局关于部分成品油消费税政策执行口径的公告》（财政部　国家税务总局公告 2023 年第 11 号）的规定，对航天煤油参照航空煤油暂缓征收消费税。

三、炼化企业增值税、消费税出口退（免）税政策解析与实务处理

【政策依据】

本部分内容主要根据《财政部　国家税务总局关于出口货物劳务增值税和消费税政策的通知》（财税〔2012〕39 号）、《中华人民共和国海关加工贸易货物监管办法》、《国家税务总局关于印发〈出口货物退（免）税管理办法（试行）〉的通知》（国税发〔2005〕51 号等）。

出口退（免）税，简称“出口退税”，主要是指对报关离境的货物、劳务，以及跨境提供的应税行为，退还或免征在国内各生产环节和流转环节按税法规定缴纳的增值税和消费税。

（一）成品油出口贸易与出口方式

1. 成品油出口贸易方式

我国成品油出口贸易方式分为三种：来料加工、进料加工、一般贸易。

（1）来料加工贸易。

来料加工贸易是指进口材料由境外企业提供，经营企业不需要付汇进口，按照境外企业的要求进行加工或者装配，只收取加工费，产品由境外企业销售的经营活动。来料加工复出口经营主体分为加工方、经营方和委托方。加工方负责加工原油品种的选择、决定成品油收率、加工手册的核销时间、加工原油、生产成品油。经营方负责与当地海关等相关部门进行业务协调，配合来料加工手册的办理与核销，办理成品油返出手续等。委托方作为形式上的货权主体，按照加工方确认的价格、货量、船期等条件对外成交，提供海外融资及合理降低税费支出的平台，负责对外收付款、加工台账管理等结算工作。来料加工业务的主要流程是：由委托方、经营方、加工方签订三方委托加工协议，经营方负责办理来料加工手册，返出成品油及来料加工手册的核销；委托方办理海外结算，按炼油厂实际进口原油价格对外付款，按炼油厂出口产品价格收款；经营方办理未加工返出的原油。

（2）进料加工贸易。

进料加工贸易是指境内企业向境外购买料件，在境内加工成成品后出口，料件和成品的所有权都属于境内企业。进料加工原油为保税进口，无关税、增值税、消费税，对出口产品征收增值税和消费税；对未出口产品，海关补征进口环节增值税。采取来料加工方式生产的原油是由外商提供而不是加工企业购买的，企业只收取加工费，出口货物免增值税和消费税。

（3）一般贸易。

一般贸易是指单边输入关境或单边输出关境的进出口贸易方式。

一般贸易是一种与加工贸易相对的贸易方式，可以享受特定优惠。一般来说，一般贸易的出口方式较为简单。一般贸易成品油出口要求，必须由列入国有贸易企业名录和指定经营企业名录的企业或者其他组织进行进出口贸易。

2. 成品油出口方式

我国成品油的出口方式包括自营出口和代理出口。

（1）自营出口。

自营出口是指国际贸易企业自己经营的出口业务，其发生的经营盈亏由企业自己负担，纳入企业的盈亏核算。自营出口过程中发生的境内运杂费计入“销售费用”科目，发生的境外运杂费用冲减自营出口的主营业务收入。

（2）代理出口。

代理出口是指国际贸易企业接受境内客户委托，代理出口商品，办理对外磋商谈判和签订出口合同、托运、交单及结汇的全过程，或只代办对外销售及交单结汇的出口业务。代理出口业务的盈亏应由委托方负担，即委托方按自营出口业务核算。国际贸易企业只按合同约定收取一定比例的手续费，不负担出口盈亏。代理出口发生的国内、国外直接费用，均由委托方负担。若合同有明确规定，则按合同规定执行。

（二）出口退（免）税的基本要素

1. 出口退（免）税的主体

出口企业是指依法办理工商登记、税务登记、对外贸易经营者备案登记，自营或委托出口货物的单位或个体工商户，以及依法办理工商登记、税务登记但未办理对外贸易经营者备案登记，委托出口货物的生产企业。

生产企业是指具有生产能力（包括加工修理修配能力）的单位或个体工商户。

外贸企业是指企业有从事对外贸易（进出口）的企业，在国家规定的注册企业相关领域内，这些企业对合法产品有进出口经营权。其业务往来重点在国外，通过市场的调研，把国外商品进口到国内销售，或者收购国内商品销售到国外，从中赚取差价。

2. 适用增值税退（免）税政策的出口货物劳务

（1）出口货物。

出口货物是指向海关报关后实际离境并销售给境外单位或个人的货

物，分为自营出口货物和委托出口货物两类。通常情况下，出口货物应符合以下条件：①报关离境。此处的“境”是“关境”之意，如港澳台、海关特殊监管区，在中华人民共和国境内，但货物运往港澳台、海关特殊监管区属于报关离境。②实现销售。要在财务上做销售处理，就是要符合会计准则关于收入确认的条件。③销售对象为境外单位或个人。④纳税人申报退（免）税的出口货物，应当在出口退（免）税申报期截止之日前收汇。未在规定期限内收汇，但符合《视同收汇原因及举证材料清单》所列原因的，纳税人留存《出口货物收汇情况表》及举证材料，即可视同收汇；因出口合同约定全部收汇最终日期在退（免）税申报期截止之日后的，应当在合同约定收汇日期前完成收汇。

（2）对外提供加工修理修配劳务。

对外提供加工修理修配劳务，是指企业对入境复出口货物或从事国际运输的运输工具进行加工修理修配。提供加工修理修配业务耗用的货物，虽然没有直接出口，但随同被修理的货物或国际运输工具一同出口，最终为境外所消费，所以可以实行退（免）税政策。

（3）出口企业或其他单位视同出口货物。

与成品油行业相关的是生产企业向海上石油天然气开采企业销售的自产的海洋工程结构物。海洋工程结构物和海上石油天然气开采企业的具体范围见《财政部　国家税务总局关于出口货物劳务增值税和消费税政策的通知》（财政〔2012〕39 号）的规定，并且附件 3 有过两次调整。两次调整的文件分别是《财政部　国家税务总局关于调整中外合作海上油（气）田开采企业名单的通知》（财税〔2017〕10 号）和《财政部　国家税务总局关于更新中外合作油（气）田开采企业名单的通知》（财税〔2023〕51 号）。

3. 成品油行业出口退（免）税税种和退税率

成品油行业出口退（免）税税种是增值税和消费税。成品油一些油品出口退税率如表 3 – 13 所示。

表 3-13 成品油一些油品出口退税率

海关编码	商品名称	基本商品代码标志	单位代码	商品码单位	征税税率/%	退税税率/%
27101923001	柴油	*	07	升	13	13
27101922902	其他 5~7 号燃料油	水	07	升	13	13
27101922901	其他 5~7 号燃料油	水	07	升	13	0
27101922102	低硫的 5~7 号燃料油	*	07	升	13	13
27101922101	低硫的 5~7 号燃料油	米	07	升	13	0
27101911001	航空煤油	*	07	升	13	13
27101210001	车用汽油及航空汽油	*	07	升	13	13
2710192300	柴油		09	千克	13	13
2710192290	其他 5~7 号燃料油，不含生物柴油		09	千克	13	0
2710192210	低硫的 5~7 号燃料油		09	千克	13	0
2710191100	航空煤油，不含生物柴油		09	千克	13	13
2710121000	车用汽油及航空汽油		09	千克	13	13
27109900	其他废油	*	09	千克	13	0
27109100	含多氯联苯、多溴联苯	水	09	千克	13	0
27102000	石油及从沥青矿物提取的油类，但原油除外	本	09	千克	13	0
27079990	蒸馏煤焦油所得的其他产品	水	09	千克	13	0
27079910	酚	水	09	千克	13	0
27079100	杂酚油	水	09	千克	13	0
27075000	其他芳烃混合物	水	09	千克	13	0
27074000	萘	水	09	千克	13	0
27073000	粗二甲苯	水	09	千克	13	0
27072000	粗甲苯	水	09	千克	13	0
27071000	粗苯	水	09	千克	13	0
27082000	从煤焦油或其他矿物焦油所得的沥青焦	水	09	千克	13	0
27081000	沥青	水	09	千克	13	0
27090000	石油原油	水	09	千克	13	0

【问题延伸】

思考：出口企业经常会有出口退税率查询的需求，应该如何快速准确地查询到出口退税率呢？

解答：出口退税率在企业国际贸易中有着重要的作用，对于企业的经营决策至关重要。出口企业可以通过国家税务总局官方网站（http：/www. chinatax. gov. cn/）查询出口退税率。

首先，进入国家税务总局网站，在首页纳税服务栏找到“退税率查询”（见图 3 –7），然后单击。

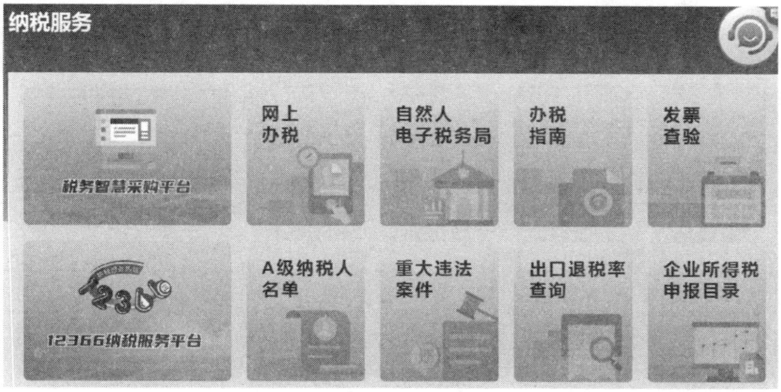

图 3 –7　退税率查询

其次，进入查询页面，可以根据商品代码、商品名称查询现行有效出口退税率（见图 3 –8）。

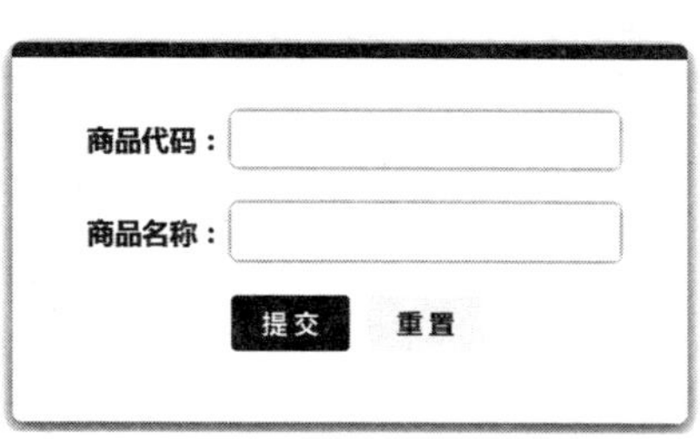

图 3 –8　退税率查询

最后，查询结果如表 3 – 14 所示。

表 3－14　退税率查询结果

商品编码	商品名称	计量单位	征税税率/%	增值税退税率/%	特殊商品标识
26202100	含铅汽油淤渣及含铅抗震化合物的淤渣	千克	13	0	1
2710121000	车用汽油及航空汽油，不含生物柴油	千克/升	13	13.0	
27101210001	车用汽油及航空汽油	升	13	13.0	
87043100	总重量≤5 吨的其他货车（汽油型，仅装有点燃式活塞内燃发动机）	辆/千克	13	13.0	
87043230	5 吨 < 总重量≤8 吨的其他货车（汽油型，仅装有点燃式活塞内燃发动机）	辆/千克	13	13.0	
87043240	总重量 >8 吨的其他货车（汽油型，仅装有点燃式活塞内燃发动机）	辆/千克	13	13.0	

4. 出口退（免）税的计算方法与计税依据

（1）增值税退（免）税的计算方法与计税依据。

适用增值税退（免）税政策，实行免抵退税或免退税两种计算方法，对具体概念和适用范围做总结归纳，如表 3－15 所示。

表 3－15　免抵退税和免退税

项目	免抵退税办法	免退税办法
概念	纳税人出口货物服务，免征增值税，相应的进项税额抵减应纳增值税额（不包括适用增值税即征即退、先征后退政策的应纳增值税额），未抵顶完的部分予以退还	纳税人出口货物服务，免征增值税，相应的进项税额予以退还
适用范围	生产企业出口自产货物和视同自产货物及对外提供加工修理修配劳务，列名生产企业出口非自产货物	外贸企业或其他单位出口货物劳务
	属于增值税一般纳税人的集成电路设计、软件设计、动漫设计企业及其他高新技术企业出口适用增值税退（免）税政策的货物	

续表

	免抵退税办法	免退税办法
适用范围	境内的单位和个人出口服务，适用增值税一般计税方法的生产企业	外贸企业或其他单位出口货物劳务
	直接将服务或自行研发的无形资产出口的外贸企业（连同其出口货物统一实行免抵退税办法）	—
		境内的单位和个人出口服务，适用增值税一般计税方法的，外贸企业外购服务或者无形资产出口
		境内的单位提供航天运输服务
		境内的单位在轨交付的空间飞行器及相关货物

出口货物劳务增值税退（免）税的计税依据，需要按出口货物劳务的出口发票（外销发票）、其他普通发票或购进出口货物劳务的增值税专用发票、海关进口增值税专用缴款书确定。

①生产企业出口货物劳务（进料加工复出口除外）增值税退（免）税的计税依据，为出口货物劳务的实际离岸价格。实际离岸价格应以出口商业发票上的离岸价为准，但如果出口发票不能反映真实的离岸价格，则主管税务机关有权予以核定。

②生产企业进料加工复出口货物增值税退（免）税的计税依据，为出口货物的离岸价格扣除出口货物所含的海关保税进口料件后的金额。

海关保税进口料件，是指海关以进料加工贸易方式监管的出口企业从境外和特殊区域等进口的料件，包括出口企业从境外单位或个人购买并从海关保税仓库提取且办理海关进料加工手续的料件，以及保税区外的出口企业从保税区内的企业购进并办理海关进料加工手续的进口料件。

③生产企业国内购进无进项税额且不计提进项税额的免税原材料加工后出口的货物的计税依据，为出口货物的离岸价格扣除出口货物所含的国内购进免税原材料价格后的金额。

④外贸企业出口货物（委托加工修理修配货物除外）增值税退（免）

税的计税依据，为购进出口货物的增值税专用发票注明的金额，或海关进口增值税专用缴款书注明的完税价格。

⑤外贸企业出口委托加工修理修配货物增值税退（免）税的计税依据，为加工修理修配费用增值税专用发票注明的金额。外贸企业应将加工修理修配使用的原材料（进料加工海关保税进口料件除外）作价销售给受托加工修理修配的生产企业，受托加工修理修配的生产企业应将原材料成本并入加工修理修配费用开具发票。

⑥出口进项税额未计算抵扣的已使用过的设备增值税退税的计税依据，按下列公式确定：

退税计税依据＝增值税专用发票上的金额，或海关进口增值税专用缴款书注明的完税价格×已使用过的设备固定资产净值÷已使用过的设备原值

已使用过的设备固定资产净值＝已使用过的设备原值－已使用过的设备已提累计折旧

已使用过的设备，是指出口企业根据财务会计制度已经计提折旧的固定资产。

⑦免税品经营企业销售的货物增值税退税的计税依据，为购进货物的增值税专用发票注明的金额，或海关进口增值税专用缴款书注明的完税价格。

（2）消费税退（免）税的计算方法与计税依据。

出口适用增值税退（免）税的货物免征消费税，如果属于购进出口的货物，则退还前一环节对其已征的消费税。

成品油实行从量定额计征消费税，其计税依据为已征且未在国内销售应税消费品应纳税额中抵扣的购进出口货物数量。

5. 出口退（免）税备案单证管理

（1）纳税人应在申报出口退（免）税后15日内，将下列备案单证妥善留存，并按照申报退（免）税的时间顺序，制作出口退（免）税备案单证目录，注明单证存放方式，以备税务机关核查。

①出口企业的购销合同（包括出口合同、外贸综合服务合同、外贸企业购货合同、生产企业收购非自产货物出口的购货合同等）。

②出口货物的运输单据（包括海运提单、航空运单、铁路运单、货物承运单据、邮政收据等承运人出具的货物单据，出口企业承付运费的国内运输发票，出口企业承付费用的国际货物运输代理服务费发票等）。

③出口企业委托其他单位报关的单据（包括委托报关协议、受托报关单位为其开具的代理报关服务费发票等）。

纳税人无法取得上述单证的，可用具有相似内容或作用的其他资料进行单证备案。除另有规定外，备案单证由出口企业存放和保管，不得擅自损毁，保存期为5年。

纳税人发生零税率跨境应税行为，不实行备案单证管理。

（2）纳税人可以自行选择纸质化、影像化或者数字化方式，留存保管上述备案单证。选择纸质化方式留存保管备案单证的，还需要在出口退（免）税备案单证目录中注明备案单证的存放地点。

（3）税务机关按规定查验备案单证时，纳税人按要求将影像化或者数字化备案单证转换为纸质化备案单证以供查验的，应在纸质化单证上加盖企业印章并签字声明与原数据一致。

6. 出口退（免）税的申报期限和地点

（1）生产企业。

生产企业出口并按会计规定做销售的货物，须在做销售的次月进行增值税纳税申报，并办理免抵退税相关申报及消费税免税申报（属于消费税应税货物的）。

生产企业在货物报关出口之日［2015年5月1日以前，报关出口货物以出口货物报关单（出口退税专用）上的出口日期为准；2015年5月1日以后，报关出口货物以海关出口报关单电子信息注明的出口日期为准；下同］次月起至次年4月30日前的各增值税纳税申报期内收齐有关凭证，向主管税务机关申报办理出口货物增值税免抵退税。

未在规定期限内申报出口退（免）税的，在收齐退（免）税凭证及相关电子信息后，即可申报办理出口退（免）税。

（2）外贸企业。

外贸企业出口并按会计规定做销售的货物，须在做销售的次月进行增值税纳税申报，将适用退（免）税政策的出口货物销售额填报在增值税纳税申报表的“免税货物销售额”栏。

外贸企业应在货物报关出口之日次月起至次年4月30日前的各增值税纳税申报期内收齐有关凭证，向主管税务机关办理出口货物增值税、消费税免退税申报。经主管税务机关批准的，企业在增值税纳税申报期以外的其他时间也可办理免退税申报。

未在规定期限内申报出口退（免）税的，在收齐退（免）税凭证及相关电子信息后，即可申报办理出口退（免）税。

（3）出口服务。

增值税零税率应税服务提供者提供增值税零税率应税服务的，应在财务做销售收入次月（按季度进行增值税纳税申报的为次季度首月）起至次年4月30日前的各增值税纳税申报期内，向主管税务机关办理增值税纳税和退（免）税相关申报。

未在规定期限内申报出口退（免）税的，在收齐退（免）税凭证及相关电子信息后，即可申报办理出口退（免）税。

参考资料

[1]刘珞，盖士光．出口退（免）税一本通[M]．北京：中国税务出版社，2020.

[2]刘霞．消费税实务政策解析与操作指南[M]．上海：立信会计出版社，2018.

[3]曹湘洪．石油化工知识简明读本[M]．北京：中国石化出版社，2018.

[4]山红红，张孔远．石油化工工艺学[M]．北京：中国石化出版社，2023.

[5]李为民，单玉华，邬国英．石油化工概论[M]．北京：中国石化出版社，2018.

第四章　成品油经销企业税收政策的理解与适用

成品油经销企业是指专门从事成品油销售的公司、作为成品油行业链条的中端，起着承上启下的作用。油品销售业务的经营对象主要是成品油，包括燃料油等石油制品。油品购进按采购渠道分为集团公司配置资源和集团外资源。油品销售方式主要分为批发、零售、直销。批发是指对油品批发零售贸易商的销售，即对社会经营单位和对中国石油、中国石化等集团、股份公司所属销售企业的销售。零售是指通过加油站或石油商店的销售。直销是指不通过加油站直接对社会各生产经营单位、居民和社会集团，以及其他非经营性单位（部门）等最终消费用户的销售。本章重点对成品油批发企业和零售企业的税收政策及实务处理进行分析。

第一节　成品油经销企业管理概要

在中华人民共和国境内从事成品油批发、零售、仓储经营活动应当遵循《成品油市场管理办法》（中华人民共和国商务部令 2006 年第 23 号）的要求。

一、成品油经销企业介绍

（一）成品油批发企业经营特点

成品油批发企业是指获得政府批准，具备合法资格，可以在市场上批发销售成品油（如汽油、柴油等）的企业。成品油批发企业通常需要满足一系列严格的条件和要求，包括但不限于拥有足够的储存设施，符合安全和生产标准，具备相关的运输和物流能力，以及满足税务和环保规定。

1. 成品油批发市场规模与经营情况

近年来，受到工业发展和交通运输需求增长的推动，成品油批发市场规模持续扩大，达到数万亿元。成品油批发市场规模在各地域存在差异，其中东部沿海地区的市场规模较大，中西部地区的市场规模逐步增长。

（1）经营主体。

成品油批发经营主体包括国有大型石油企业、民营石油企业和外资石油企业等，其中国有大型石油企业占据主导地位。

（2）经营方式与盈利水平。

成品油批发企业采取多样化的经营方式，包括长期合同、现货交易、套期保值等，以降低经营风险和成本。受市场竞争、油价波动等因素的影响，成品油批发企业的盈利水平存在不稳定性。

（3）市场份额。

国有大型石油企业在成品油批发市场中占据较大份额，民营石油企业和外资石油企业的市场份额逐步增加。成品油批发企业通过提升产品质量、优化物流服务、降低价格等手段提高市场竞争力。

（4）市场趋势。

随着市场竞争的加剧和环保要求的提高，成品油批发市场将逐渐向高品质、绿色环保的方向发展。

2. 成品油批发行业进出口情况

（1）进口情况。

近年来，随着国内成品油市场的不断扩大和需求的不断增长，成品油进口规模也逐渐扩大。成品油进口主要来源于中东国家、非洲国家和俄罗斯等，这些地区的石油资源丰富，价格相对较低。成品油进口品种包括汽油、柴油、煤油等，其中以汽油进口量最大。随着国内炼油能力的不断提高和成品油市场的逐步开放，成品油进口趋势将逐渐平稳。

（2）出口情况。

相比之下，我国成品油出口规模较小，出口量不足进口量的1/10。我国成品油出口品种相对较少，以柴油和航空煤油为主；主要目的地为亚洲周边国家，如朝鲜、缅甸、越南等。受到国际油价波动和国内成品油市场供需等因素的影响，成品油出口趋势存在一定的不确定性。

（3）进出口价格与成本分析。

①进口价格与成本。成品油进口价格受到国际油价、汇率、运费等多重因素的影响，成本较高。同时，进口成品油还需要缴纳关税、增值税等，进一步增加了成本。

②出口价格与成本。相比之下，成品油出口价格较低，但同样需要承担运费、保险等成本。在出口过程中还需要办理相关手续和证件，增加了出口成本和时间成本。

③价格与成本趋势。受到国际油价波动、国内外政策调整等多种因素影响，成品油进出口价格和成本趋势存在一定的波动性与不确定性。因此，成品油批发企业需要密切关注市场动态和政策变化，加强成本管理和风险控制，以确保业务的稳健发展。

3. 成品油批发行业产业链与行业发展

（1）上游产业。

①油田开采。成品油批发行业的上游主要是油田开采业。全球范围内的油田开采为成品油市场提供了原料基础，其开采成本、产量及地缘政治等因素直接影响成品油批发价格。

②炼油厂。炼油厂将原油加工成汽油、柴油、煤油等成品油，是成品油批发行业的关键上游环节。炼油厂的产能、技术水平和运营成本对成品油供应和价格具有重要影响。

（2）下游产业。

①交通运输业。成品油批发行业的主要下游用户是交通运输业，包括航空、航运、道路运输等。交通运输业的发展状况、油耗标准和政策变动直接影响成品油的需求。

②工业领域。工业领域是成品油的另一大消费市场，包括电力、化工、制造等。工业领域的生产活动对成品油的需求稳定，受宏观经济和产业政策影响较大。

③产业链协同。成品油批发行业的上下游产业需要紧密协同，确保原油供应稳定、炼油产能充足，并满足下游市场的多样化需求。同时，政府监管部门需要与产业链各环节保持沟通，制定合理的产业政策和监管措施。

④产业链整合。为了提高整体竞争力和应对市场波动，成品油批发行业上下游的企业间可进行整合，实现资源共享、优势互补。此外，随着新能源技术的发展，成品油批发行业需要与新能源产业链进行整合，拓展业务领域和降低对传统能源的依赖。

（3）市场发展趋势预测。

随着全球化的加速，成品油批发行业越来越呈现国际化趋势，国内外市场将更加紧密地联系在一起。环保意识的提高和清洁能源技术的发展将推动成品油批发行业向清洁能源方向转型。互联网、大数据、人工智能等技术的发展将推动成品油批发行业向数字化、智能化转型升级。

成品油批发市场竞争激烈，企业需要提高自身竞争力，通过降低成本、提高产品质量等方式赢得市场份额。随着人们环保意识不断提高，成品油批发行业面临越来越严格的环保要求，企业需要采取更环保的生产方式和产品。成品油批发行业的供应链较长，存在供应链中断等风险，企业需要完善供应链管理体系，以提高供应链稳定性。

（二）成品油零售企业经营特点

成品油零售企业是指中华人民共和国境内从事成品油零售经营业务的企业，包括加油站、水上加油站和农村加油网点。

1. 加油站分类

加油站分类与加油站的选址有很大关系，不同类别的加油站选址考虑的原则有所不同，具体分类如图4－1所示。

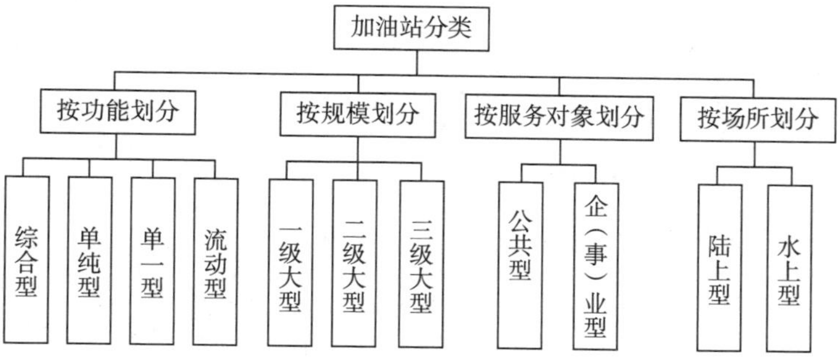

图 4－1　加油站分类

2. 加油站分级

按规模划分的加油站级别，不同国家、同一国家的不同时期或不同行业可能有所不同。我国新修订的《汽车加油加气站设计与施工规范》（GB 50156—2012）与非商业用加油站略有不同，加油站分级区别如表 4－1 所示。

表 4－1　加油站分级区别

级别	总容积 V/m^3		单罐容积 V/m^3	
	新国标	非商业用标准	新国标	非商业用标准
一级	$150<V<210$	$120<V<180$	$V<50$	$V<50$
二级	$90<V<150$	$60<V<120$	$V<50$	$V<50$
三级	$V<90$	$V<60$	汽油罐≤30 柴油罐≤50	$V<30$

注：柴油罐容积可折半计入油罐总容积。

3. 各类加油站的特征

不同类别的加油站有不同的特征，相应地也有不同的优点。按功能、服务对象、场所划分的加油站，特征和优点如表 4－2 所示。

表 4－2　各类加油站特征及优点

类型		特征	优点
按功能划分	综合型	规模大，设备全，服务项目多，除加油外，还有车辆小修、保养、洗车，或零售小包装油品、出售饮料等业务	方便客户，经济和社会效益好

续表

类型		特征	优点
按功能划分	单纯型	规模较综合型小，服务项目单一，只管加油	便于管理，占地和建筑面积较小
	单一型	规模更小，加注油品单一，一般为单罐、单泵、单油品，类似国外的路边加油站	方便管理，占地小，投资少，便于选址
	流动型	用加油车、加油船流动加油，不设固定点，不建房屋，利用路边空地、插空停靠码头定点定时加油	因地制宜，灵活机动，可送油到点，效益好
按服务对象划分	公共型	为社会机动车辆服务的商业性加油站	服务对象广，效益好
	企（事）业型	工矿企业、交通运输等企（事）业单位，为本部门车辆和生产装置加油的加油站	服务对象单一，管理方便
按场所划分	陆上型	设在陆地上的加油站，城镇加油站多属于这种	便于建设，便于操作管理
	水上型	将加油站设置在码头或船上	解决水上加油的问题

4. 加油站企业特点

（1）地理位置。

加油站通常位于交通要道上，如高速公路、国道、城市主干道等，而且加油站的地理位置会考虑周边的人口密度和商业活动情况。在人口密集的城市区域，加油站的需求量通常较大，因此会有更多的加油站分布在这些地区。而在偏远地区，由于车辆流量较小，加油站的数量相对较少。另外，加油站的地理位置还需要考虑供应链的便捷性，需要与石油公司建立合作关系，确保燃油供应的稳定性。因此，加油站通常会选择靠近石油储备基地或者石油管道的地理位置，以便更好地获取燃油资源。

（2）设施设备。

①加油泵。加油站通常会配备多个加油泵，以满足不同类型的燃油需求，如汽油、柴油、天然气等。此外，加油站还会配备储油罐和油品输送管道，确保燃油供应的连续性。

②加油机、加油枪、加油卡。为了方便驾驶员进行加油操作，加油站通常会提供各种加油服务设施，如自助加油机、加油枪、加油卡支付系统

等。同时，加油站还会提供其他服务设施，如洗车服务、轮胎充气、机油更换等，以满足驾驶员对车辆维护的需求。

③消防设备、监控摄像头。为了确保加油站的安全性，加油站还会配备消防设备、监控摄像头等安全设施。这些安全设施可以帮助加油站及时发现和处理潜在的安全隐患，保障加油站的正常运营和人员的安全。

（3）经营模式。

①自营和加盟。加油站的经营模式通常分为两种：自营和加盟。自营加油站由石油公司直接经营管理，设备和服务都由石油公司提供；加盟加油站由个体或者公司与石油公司签订加盟合同，在石油公司的指导下经营加油站。自营加油站通常具有更强的品牌实力和资源优势，可以提供更稳定和高质量的燃油供应；加盟加油站可以根据自身的经营能力和市场需求灵活调整经营策略，以适应不同地区和消费群体的需求。

②直营和特许经营。加油站的经营模式包括直营和特许经营。直营加油站由石油公司直接运营管理，所有决策和运营都由石油公司负责；特许经营加油站由个体或者公司获得石油公司的授权，按照石油公司的标准和要求进行经营。

③多元化服务。为了增加便利，一些加油站还提供更多的便利服务，如洗车、维修、轮胎更换等“一站式”的服务满足用户需求。此外，一些加油站还增设了便利店、餐饮等业态，为用户提供更多选择和便利。

④品牌建设和营销创新。在品牌建设和营销创新方面，加油站通过加强品牌建设和营销创新吸引用户和提升竞争力。例如，与知名汽车品牌合作推出联名活动，举办加油节日促销活动等，增加用户黏性和忠诚度。

（4）环境保护。

加油站在经营过程中需要注意环境保护。加油站的设施设备需要符合环保标准，以减少对环境的污染。例如，加油站的储油罐需要采用双层或者防渗透材料，以避免燃油泄漏对土壤和地下水造成污染。

加油站还需要定期进行环境监测和检测，确保能够及时发现和解决燃油泄漏等环境污染问题。同时，加油站还需要妥善处理废弃物和废水，以减少对环境的影响。

为了促进可持续发展，一些加油站开始引入可再生能源，如太阳能和风能等。这些再生能源可以用于加油站的电力供应，减少对传统能源的依赖，降低碳排放和能源消耗。

（5）安全管理。

加油站的安全管理是其重要特点之一。加油站需要制定安全管理制度和操作规程，确保员工和驾驶员的安全。例如，加油站需要培训员工正确操作加油设备，防止火灾和爆炸等事故的发生。

加油站还须定期进行设备维护和安全检查，确保设备的正常运行和安全性。同时，加油站还须建立应急预案，以应对突发事故和灾害，保障员工和驾驶员的生命安全。

为了提高安全管理水平，一些加油站还会引入智能化技术，如视频监控、远程监测等。这些技术可以帮助加油站及时发现和处理安全问题，提高安全管理的效率和准确性。

（6）加油站发展趋势。

①环保与可持续发展。

a. 替代燃料的兴起。随着人们环保意识的提高和对气候变化的关注，替代燃料逐渐成为加油站发展的重要趋势。电动汽车和混合动力车辆的普及将减少对传统燃油的需求，加油站企业增加提供电动汽车充电设施和替代燃料的加注服务。

b. 可再生能源的应用。加油站企业可以利用可再生能源，如太阳能和风能为自身供电，减少对传统能源的依赖，实现可持续发展；还可以利用可再生能源为电动汽车充电，进一步推动清洁能源的使用。

c. 节能减排的措施。在运营过程中，加油站企业应采取节能减排的措施，如改进加油泵的设计提高能效；安装污水处理设备，减少废水排放；使用低碳材料和节能设备等，以降低对环境的影响。

②智能化和数字化。

a. 智能支付和无人加油。随着移动支付的普及，加油站企业开始引入智能支付系统，方便用户快速完成支付。同时，无人加油技术也将越来越成熟，用户可以通过 App 或其他自助设备完成加油操作，提高加油效率。

b. 数据分析和预测。加油站企业利用大数据技术对用户的行为和消费习惯进行分析，从而提供个性化的服务和推荐。此外，通过对市场需求和趋势的预测，加油站可以调整经营策略，提前做好准备。

c. 物联网和远程监控。物联网技术的应用可以实现加油站设备的远程监控和管理，提高运营效率和安全性。通过传感器和智能设备的连接，加油站企业可以实时监测油罐容量、泵站状态等信息，及时对其进行维护和保养。

③智能交通和无人驾驶。

a. 智能交通系统的发展。随着智能交通系统的不断完善，加油站企业可以与之连接，实现交通信息的共享和优化。例如，根据车辆的实时位置和路况，提供最佳的加油推荐路线，减少用户的等待时间和行程成本。

b. 无人驾驶技术的应用。无人驾驶技术的发展将改变加油站的运营模式。未来，无人驾驶汽车可以自动前往加油站加油，加油站企业需要配备自动加油设备和无人值守系统，以满足无人驾驶车辆的需求。

c. 共享经济与出行服务。共享经济的兴起将对加油站产生影响，如共享汽车服务的发展将减少私人车辆的数量，加油站企业需要适应这一变化，提供更多面向共享汽车的服务和合作机会。

5. 加油站企业专有设备

加油站的主要设备设施是站房及其他建筑设施、埋地卧式油罐、加油机与加油枪、油气回收与处理装置。在税务工作中，更加关注的可能是加油机、储油罐、液位仪（液位计）、IC 卡系统四个设施。

（1）加油机。

加油机是能够安全地完成输油和计量功能的设备，是加油站的主要设备之一。加油机的种类很多，按计数指示装置的不同，可分为机械型加油机、电子型加油机和计算机型加油机。机械型加油机采用的是机械式计数器；电子型加油机用电子计数器代替了机械计数器，同时增加了光电传感器；计算机型加油机采用的是计算机控制计数器。

另外，还有一些特殊的加油机，如车用加油机、潜油泵加油机和 IC 卡计算机加油机等。车用加油机是安装在流动式加油车上的加油机，其结构与工作方式与普通加油机大同小异。潜油泵加油机的油泵位于地平面以下，直接安装于罐区内。因为这类加油站地平面以上的管道中流动的是高于大气压的正压油，所以潜油泵也称为“正压泵”。这类加油机是未来的发展方向，与自吸式加油机比较，它具有噪声低、运转平稳、质量可靠、故障率低等优点，是大型加油站、城市人口密集区域加油站的首选机型。IC 卡计算机加油机是计算机安装上 IC 卡设备后具有卡机联动功能的加油机，此类加油机随着中国石化和中国石油两大集团在所属加油站加油卡工程的全面实施，成为国内加油机市场的主流，因此本节重点介绍 IC 卡加油机。

近年来，中国石化、中国石油正在实施“一卡在手，各地加油”的加油 IC 卡工程。加油 IC 卡工程是以 IC 卡为载体，对成品油零售业务进行再造与提升，该项工程中的一个主要设备是卡机联动加油机。所谓卡机联动加油机，即没有加油 IC 卡，加油机就不能启动加油；只有使用合法、有效的加油卡，加油机才能启动加油；加油结束后，加油机自动从加油卡扣除加油金额。以中国石化为例，其加油 IC 卡工程的目标是在公司所属的 3 万座加油站中安装 IC 卡系统，以 IC 卡这一现代支付工具取代传统的现金、油票等结算方式，实现加油款的电子支付和交易数据的自动采集。中国石化加油 IC 卡工程在设计上采用 4 层结构：总公司级（包括中国石化管理总中心和中国石化数据交换总中心）、省级（包括省级管理中心和省级数据中心）、地级（包括地级管理中心和地级前置系统）、各业务终端（包括县级管理终端、加油站、发卡网点等）。

接下来，介绍加油 IC 卡的种类。以中国石化为例，加油 IC 卡有以下几种类型，如图 4 - 2 所示。

对于车辆驾驶员等用户持有的加油 IC 卡，中国石化提供了两个应用功能，即电子油票应用、加油积分应用，并预留有银行应用区。加油卡设有

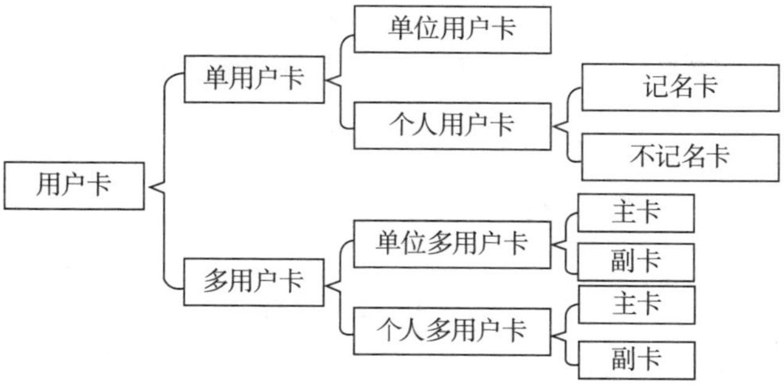

图 4－2　中石化加油 IC 卡分类

个人密码，用户加油时需利用加油机键盘输入个人密码。

按持有者的持卡数，用户卡可分为单用户卡和多用户卡，这两类卡又可按其持有者的身份分为单位单（多）用户卡和个人单（多）用户卡。单用户卡可按其开户时是否申报客户资料分为记名卡和不记名卡，不记名卡不能挂失，不能获得积分，可在填报客户资料后转为记名卡。多用户卡包括主卡和副卡，主卡既可加油也可用于对本户下的资金和副卡进行账目分配或交易查询等管理，而副卡只能用于加油。

（2）储油罐。

储油罐是加油站的基本储油设备；连接储油罐与加油机的管道，连接油罐槽车与储油罐的卸油管、呼吸管和量油管等，通称为“工艺管道”；阀门等工艺设备是加油站业务流程、环境保护和安全生产必需的。

加油站的储油罐为钢质卧式罐。卧式油罐的安装有地上式和地下式两类，地上式油罐安装在地平面以上，油罐外不覆土，暴露在空间中。

由于加油站购进或者销售油品大多数要经过储油罐，对储油罐基本知识的了解便于更好地了解加油站购进油品，以及销售油品的基本情况。而《汽车加油加气站设计与施工规范》（GB 50156—2002）中规定，一级、二级加油站的油罐宜设置带有高液位报警功能的液位计。

（3）液位仪。

液位仪对应油罐自动计量系统，是加强加油站库存管理，实现库存信息准确、安全、实时、自动采集的一个重要手段。

液位仪一般可以连接6根或16液位传感器，实现对油罐液位、界位、温度等参数的测试，配合不同传感器可以实现油罐静态测漏。同时，液位仪以图形的方式显示油罐液位，提供打印机和计算机的接口。目前，国内使用较多的有维德路特、青岛澳科、MTS、EBW和北京仪通等公司生产的液位仪。

通过液位仪的通信口，可以将液位数据输送到加油站的管理控制系统，实现加油站的进、销、存管理。

（4）IC卡系统。

加油IC卡系统包括加油IC卡交易系统、加油站IC卡管控系统。以中国石化为例进行说明：加油IC卡交易系统以省份作为运行和数据处理、管理的基本单位，通过省级数据中心连接中国石化的各个地级前置系统，再通过地级前置系统连接辖内加油站、加油卡发卡网点和POS机，构成了以省份为单位的加油IC卡交易体系，在省级数据中心和省级管理中心之间、中国石化管理总中心和中国石化数据交换总中心之间通过专线相连，解决管理系统与交易系统之间的互联问题。同时，建立中国石化数据交换总中心和各省级数据中心相连，负责数据交换，实现异地资金清算，从而实现“一卡在手，各地加油”的建设目标。

加油站IC卡管控系统是加油IC卡系统的数据源，也是与加油站关系最密切的一个模块。下面对该系统与税务上有关系的功能做简单介绍。

①油机监控功能。油机监控功能是指监控油机状态和实时交互信息，并能够与油机进行数据通信。

②业务管理。

a. 要油登记功能。加油站向上级部门申请要油及查询历史要油单。

b. 进油登记功能。处理加油站进油时的登记单，分为罐车验收和油罐验收，并且可对历史进油单进行查询（说明：必须先填写罐车验收，再填写油罐验收，并且油罐验收的“提货单号”必须与罐车验收的“提货单号”相同）。

c. 油品调节功能。调节与油罐对应的油品信息。

d. 非机走销售功能。登记所有非机走销售记录。

e. 月盘点登记功能。能够根据起止时间，对所有油品的进、销、存进行盘点，并且能够对历史盘点信息进行查询。

f. 损溢查询功能。查询运输损溢、卸油损溢和储发损溢。

g. 损溢核销查询功能。查询本加油站经上级部门审核后的各种油品的损溢核销。

h. 进油核对单报表功能。查询并打印历史进油单的明细。

i. 盘点月报表功能。查询并打印、盘点月报。

j. 加油站信息查询功能。显示本加油站的单位信息、加油站属性和建设情况。

k. 油品信息查询功能。查询上级部门下发给本加油站所有油品的基本信息和所有已生效的历史油价、油品密度信息。

l. 常用油品设置功能。根据本加油站的使用情况设置常用成品油。

m. 设备信息功能。维护加油站的油机、油罐、油枪等信息，具有新增、修改、删除等功能。

n. 油罐容积表设置功能。将加油站现有的油罐容积表手工输入或直接导入。容积表中至少要输入最大容积和最小容积。

③客户管理。

a. 定点客户信息功能。定点客户资料的维护及查询。

b. 定点客户建账功能。为已经建立客户信息的定点客户建立不同油品、不同记账类型的账户，并能查询某个定点客户的账户信息。

c. 定点客户缴款/退款功能。对已建账号的定点客户进行缴款登记，并能查询某个定点客户的已缴款信息。

d. 定点客户缴款查询功能。定点客户的交款/预存查询。

e. 定点客户账务查询功能。定点客户的账务查询。

（5）加油机的行业监管。

从 1999 年开始，国家相关部门陆续出台了很多对于加油机的管理规定。

①国家提出要求。国务院办公厅于1999年5月下发的《国务院办公厅转发国家经贸委等部门关于清理整顿小炼油厂和规范原油成品油流通秩序意见的通知》（国办发〔1999〕38号）提出，“经清理整顿合格的加油站（点），必须安装税控装置或具有税控功能的加油机”。

②税务和质量技术监管部门做出监管规定。国家税务总局和国家质量技术监督局按照国办发〔1999〕38号文件精神，于1999年6月下发《关于加油机安装税控装置和生产使用税控加油机有关问题的通知》，要求全国加油站的加油机安装税控装置，并且规定自2000年1月1日以后，不得再销售非税控加油机。

③成品油流通主管部门做出监管规定。商务部自2007年1月1日起实施的《成品油市场管理办法》（已废止）中规定，“禁止加油站不使用加油机等计量器具加油或不按照规定使用税控装置”。

④行业制定标准。加油机的国家标准《机动车燃油加油机》（GB/T 9081—2008）要求，加油机必须具有“税控功能”和“报税接口”；税控装置能记录7年的税务记录；当税控功能不能正常运行时，加油机将被自动锁定，以防止作弊。

6. 加油站油品损耗

（1）油品损耗分类。

油品损耗按原因可分为蒸发损耗、跑冒滴漏损耗、油品混油和变质损耗。

蒸发损耗不但会使油品数量减少，而且会使油品的质量下降。加油站在收发油过程中，均会造成蒸发损耗；跑冒滴漏损耗不但会使油品数量减少，严重时还会带来较大的安全隐患；油品混油和变质损耗虽然不会造成油品数量减少，但因油品变质不能使用或降级使用，也会造成损耗。

加油站一般按业务环节对损耗进行分类，不同的油品由于蒸发性能和环境条件不同，在各个业务环节中的损耗是不一样的。加油站业务一般可以分为运输、零售、清罐等几个环节。由于目前大多数加油站已采用升进升出的方式，下文讨论均以体积计量为主。

①运输损耗。油库发油后油罐车内容积与到站后油罐车内容积之差为运输损耗。造成损耗的原因有四方面：一是油库未发足油，而承运方没有及时要求补足；二是自然蒸发损耗和其他漏、渗等损耗；三是温度变化引起体积变化而未验收计算的问题；四是承运方其他各种人为的问题。

②零售损耗。根据《中国石油化工总公司成品油计量管理标准》（Q/SH039－019－90）的规定，零售损耗是指零售商店、加油站在小批量付油过程和保管过程中发生的油品损失；保管损耗是指油品从入库到出库，在整个保管过程中发生的损耗，其中包括储存、输转、灌桶、装卸等五项损耗。因此，对加油站来说，零售损耗包括了卸油时的损耗，收油后的跑、冒、滴、漏，少量的自然蒸发、转罐等输转损耗，还有油枪向客户汽车发油灌装过程中的蒸发损耗。所以，零售损耗一般可以包括卸油损耗、储存损耗和发油损耗。

（2）油品定额损耗和处理方法。

按照《散装液态石油产品损耗》（GB 11085—1989）的规定，加油站各个环节定额指标如表4－3所示

表4－3　加油站各个环节定额指标

零售损耗率		运输损耗率	
汽油	柴油	50km以下	50km以上
0.29	0.08	0.01	每增加50km增加0.01，不足50km按50km计算

为了计算方便、容易管理，一般规定加油站某种油品综合损耗按下列公式计算：

综合损耗量＝期初库存＋本期交运总量－本期销售总量－期末库存

综合损耗量＝综合损耗量/本期销售量×100%

当加油站的损耗在定额损耗以内时，应按实际核销。加油站损耗一般实行同品种油品损溢互抵，按月计算，损溢允许跨月，年终清算。核销时，加油站应填写《油品损耗（溢余）报告单》，经站长签字，上报上级各相关管理部门审核确认。实行承包制的加油站，当出现超耗时，其超耗部分由承包人赔付，如在年终前终止承包合同，在终止日进行盘点清算。

（3）油品损耗的检查流程。

凡是损耗异常，都是有原因的。一般加油站的损耗有两种情况：一种是人为隐瞒损耗或溢余，通过现场盘点检查时查出，可以直接询问加油站有关人员，从而查出损耗的原因；另一种是在账表中出现较大的损耗，检查中可以看到这个损耗，现场盘点也可以核实这个损耗，当期损耗复原后与油站账表中的损耗进行比较，差异率在5%以内时，认为加油站盘点准确，否则加油站存在盘点数据的隐瞒。

如该损耗超过规定，并认为有问题时，检查可按以下步骤进行：第一，查看加油站油品分罐账中的每天损耗大小规律及累计损耗，以及进油情况和销售情况的关系。第二，查看油库发货的配送单据，查看运输损耗是否异常，如有超耗，是否索赔及赔付款的去向。第三，检查加油机的误差，是正误差还是负误差，确认加油站是否多发油或少发油及其数量。第四，测量卧罐内的油温，查看油罐车到站时的计量油温，并与油库发油温度进行比较分析，确认是否存在油库发油温度和销售温度不同所引起的虚假损耗及虚假损耗数量。第五，测量卧罐内的水高，并查看加油站油品分罐账中的水高变化。有油罐液位仪的，可根据液位仪的测漏记录判断是否存在漏油现象；没有液位仪的，可根据损耗异常、水位变化及油罐的使用年限，考虑油罐漏油的可能性。第六，查看量油尺、量水尺、标准罐等计量器具的准确性。第七，分析卧式油罐容积表的准确性，确认是否存在因容积表不准而引起的虚假损耗及其数量。第八，如果排除以上客观原因，则可判断为人为所致，要根据数量大小追究人为责任。

二、成品油经销管理办法

【政策依据】

本部分内容根据《成品油流通管理办法》（以下简称“办法”）执行。

（一）基本内容

在中华人民共和国境内从事成品油批发、仓储、零售经营活动，应当遵守《成品油流通管理办法》的规定。国家对成品油零售经营实施准入许可管理，对成品油批发和仓储经营实施行政备案管理。商务部负责制定国内成品油流通监督管理政策，指导地方商务主管部门和设区的市级人民政府指定部门做好成品油流通监督管理工作；会同相关部门指导开展国际航行船舶保税油经营活动。

各省、自治区、直辖市及计划单列市人民政府商务主管部门（以下简称省级商务主管部门）依据本办法制定实施细则，实施批发、仓储经营行政备案，指导市级人民政府商务主管部门（以下简称市级商务主管部门）编制各辖区成品油零售体系发展规划。设区的市级人民政府指定部门（以下简称市级政府指定部门）负责各辖区内成品油零售经营资格审批。县级以上商务主管部门依据本办法，对各辖区内成品油流通进行监督管理。

1. 企业经营规范

（1）建立管理台账。

成品油经营企业应依法诚信经营，建立油品购销和出入库管理台账，完善油品来源、销售去向、检验报告、检查记录等凭证材料档案。省级商务主管部门负责制定油品购销和出入库台账的示范文本，提高台账的标准化和信息化水平。

（2）完善管理制度。

成品油经营企业应建立完善的质量、安全和环境保护管理制度，严格落实安全生产主体责任，制定事故应急处置预案，定期对工作人员开展安全生产、应急处置等专业培训，并开展安全自查。

（3）提供经营数据。

成品油经营企业应建立油品销售管理系统，按照有关部门要求如实推送油品购销等经营数据，配合开展经营数据采集工作。不得向负责监督检查的主管部门隐瞒有关情况、提供虚假数据，或者拒绝提供反映其经营情况的真实数据。

（4）停歇业备案。

成品油零售经营企业停歇业或终止经营的，应到所在地市级政府指定部门办理停歇业备案手续或办理经营资格注销手续，停歇业一般不应超过12个月。对因自然灾害、城市建设等原因造成停歇业或无法正常经营的，经企业所在地市级政府指定部门同意，可延长停歇业时间。

（5）油品购销管理。

成品油批发和零售企业应从符合国家产业政策、经国家相关产业部门认定的炼油企业，或合法经营的成品油批发企业购进成品油的。成品油仓储企业为其他企业代储成品油的，应验证油品的合法来源及委托人的合法证明。

（6）特殊用油供应。

地方确有需求的，可建立健全特殊用油供应管理规定，由市级政府指定部门批准符合条件的成品油零售企业，在农忙、应急、抢险救灾、灾后重建、重大活动及重大工程等特殊领域、特殊时段，使用符合国家相关安全、环保等技术标准的正规加油装置临时性供应成品油，并在到期后撤除。

（7）标识管理。

销售替代燃料的成品油零售企业应向消费者明示所销售替代燃料的油品种类、标号、替代能源混配比例；成品油零售网点加油设施罩棚标注的企业名称应与经营资格证书相符；加油站开展特许经营的，应在加油站罩棚显著位置标识“特许”或“特许经营”字样。

2. 监督管理

（1）公开公示。

省级商务主管部门应会同有关部门建立辖区内成品油批发、仓储企业名录，市级政府指定部门应建立辖区内成品油零售企业名录，并及时向社会公布。省级商务主管部门和市级政府指定部门应制定并公布成品油经营企业备案和许可的办事指南，公示线上线下办理渠道、材料目录、受理部门、程序和期限。

（2）分级管理。

各级商务主管部门应制定成品油经营企业分级管理规定，根据企业诚信经营、规范管理、依法纳税、服务质量、履行社会责任和专项检查、日常监管等情况，对辖区内成品油经营企业划分管理等级，依法实施差异化监管。

（3）日常检查。

各级商务主管部门应对辖区内成品油经营企业进行监督检查。对检查存在问题的企业下达整改通知书，对检查发现的违反本办法的行为及时查处，并将查处情况向社会公开；对于检查发现的涉及自然资源、生态环境、规划建设、治安反恐防范、消防气象、应急管理、水域监管、质量计量、税收监管、市场监管及成品油零售环节无证照经营等违法违规行为，应将有关情况通报同级相关部门予以查处。

监督检查可以采取下列措施：①进入企业从事经营活动的场所进行现场检查；②询问与监督检查事项有关的单位和个人，要求其说明情况；③查阅、复制有关文件和资料，检查、采集相关信息系统数据；④依据国家有关规定采取的其他措施。

（4）专项检查。

各级商务主管部门应每年组织对本辖区成品油批发、仓储企业和成品油零售企业进行专项检查，并将检查情况报商务部。

成品油经营企业应接受专项检查，提交检查材料，包括：①企业上年度经营状况和进销存台账；②企业基础信息及其经营设施是否符合本办法要求；③相关证照情况；④相关职能部门对企业的检查及整改情况；⑤主管部门认为应提交的可以客观反映成品油经营的其他材料。

（5）备案监管。

成品油批发、仓储企业隐瞒有关情况或者提供虚假材料报送备案的，省级商务主管部门不予备案。成品油批发、仓储经营企业有下列情形之一的，省级商务主管部门应在全国石油市场信息管理系统上注销其备案信息：①通过隐瞒有关情况或者提供虚假材料取得备案的；②危险化学品经营许可证或营业执照已失效的；③严重违反本办法第三十条规定的。

（6）智慧监管。

各级商务主管部门应会同相关部门建立成品油流通智慧监管系统，建立和完善智慧监管制度规定，加强辖区内成品油经营企业基本信息和经营数据的整合、汇聚和应用，加强部门间信息共享，提升数字化管理和服务水平。有关部门和单位对成品油流通管理工作中知悉的国家、商业秘密和个人隐私依法负有保密义务。

（7）协会作用。

成品油流通行业协会应建立健全行业经营自律规范、自律公约和职业道德准则，发挥行业协会在政策宣贯、权益保护、纠纷处理、企业信用评价、技能培训等方面的作用，积极参与政策法规、标准规范、发展规划的制定工作。

（二）成品油批发企业管理办法

1. 行政办案管理

成品油批发和仓储经营企业应自取得危险化学品经营许可证和营业执照之日起30日内，通过全国石油市场信息管理系统备案企业基本信息。办法实施前已设立的成品油批发和仓储经营企业应自本办法实施之日起30日内备案基本信息。

2. 行政备案实施

各省级商务主管部门应制定备案流程、办理时限、更新周期及监督管理措施，对成品油批发、仓储经营企业通过全国石油市场信息管理系统提交的备案申请材料进行核实，及时予以办理，生成企业备案信息确认表，并将备案企业名单推送给有关部门。

3. 变更事项

成品油批发和仓储经营企业备案的基本信息发生变更的，应自信息变更之日起30日内，在全国石油市场信息管理系统上完成备案信息更新。

（三）成品油零售企业管理办法

1. 零售准入许可

申请成品油零售经营资格的企业，应向所在市级政府指定部门提出申请。市级政府指定部门依据本办法和地方实施细则进行审核，对符合规定条件的，准予成品油零售经营资格许可，颁发《成品油零售经营批准证书》，并将审批企业名单推送给有关部门。

2. 零售许可条件

申请成品油零售经营资格的企业，应具备下列条件：①申请主体应为在中华人民共和国境内依法登记注册的企业；②零售网点符合本地区成品油零售体系发展规划，建设施工符合国家相关标准，依法依规通过验收；③零售网点符合加油站建设的国家强制性标准和《成品油零售企业管理技术规范》（SB/T 10390）有关要求；④利用加油船申请成品油零售经营资格的企业，除符合上述规定外，还应控股拥有符合国家相关法律法规要求的供油船舶；⑤民用机场航空燃油加油（注）站除符合上述①、③规定外，还应配备符合国家有关标准，与经营业务规模相适应的航空燃油供应设施和设备。地方政府指定部门应当根据以上规定条件，结合本地区实际情况制定实施细则。

3. 零售体系规划

省级商务主管部门要坚持优化存量、按需增量的原则，指导市级商务主管部门编制成品油零售体系发展规划。规划编制要与当地国土空间规划相衔接，统筹道路运输发展规划、收入和人口增长、汽车保有量和过境量等变化趋势，兼顾资源环境承载能力和新能源汽车发展情况，符合《成品油零售企业管理技术规范》的加油站设置间距要求。

新建、迁建成品油零售网点等设施，应符合所在地成品油零售体系发展规划，由市级商务主管部门对符合条件的成品油零售网点出具规划确认文件。民用机场加油站建设规划可在申报机场相关规划时配套设计，无须另行制定。

4. 零售资格证书

《成品油零售经营批准证书》的有效期为 5 年。有效期满，企业需要继续从事成品油零售经营活动的，应在有效期届满 30 日前，按照管理权限向审批部门提出延续申请。对仍具备本办法第八条规定条件的，准予换领

《成品油零售经营批准证书》。

《成品油零售经营批准证书》（正、副本）登记信息应包括：证书编号、企业名称、经营地址（场所）、法定代表人（负责人）、经营方式、经营种类、证书有效期、发证机关（签章）及发证时间。其中，经营方式包括自主经营、租赁经营、商业特许经营等。

《成品油零售经营批准证书》的发放实施“一站一证”原则，即《成品油零售经营批准证书》经营地址（场所）应与零售网点地址保持一致，每个零售网点地址同一时间只能核发一个《成品油零售经营批准证书》。颁发给租赁经营和特许经营企业的《成品油零售经营批准证书》，有效期不应超过合同终止日期。《成品油零售经营批准证书》不得伪造、涂改，不得买卖、出租、转借、质押或者以任何其他形式转让。已变更、注销或到期换证的《成品油零售经营批准证书》应交回发证机关，其他任何企业和个人不得私自收存。

5. 变更事项

成品油零售经营企业要求变更经营资格证书有关事项的，应按照管理权限向审批部门提出变更申请，经批准后换发《成品油零售经营批准证书》。

以租赁方式从事成品油零售经营的，出租人应将《成品油零售经营批准证书》变更到承租人名下。

6. 法律责任

（1）法规适用。

如有违反本办法规定，法律法规已有处罚规定的，按照其规定执行。

（2）虚假材料情形。

成品油零售企业隐瞒真实情况或者提供虚假材料申请经营许可的，市级政府指定部门应不予受理或者不予许可并给予警告。申请企业在1年内不得再次申请成品油零售经营许可。

（3）撤销许可情形。

有下列情形之一的，做出成品油零售经营资格许可决定的审批部门或者上一级主管部门，根据利害关系人的请求或依据职权，可以撤销成品油零售经营资格许可：①对不符合法定条件的申请人做出准予许可决定的；②超越法定职权或违反法定程序做出准予许可决定的；③以欺骗、贿赂等不正当手段取得经营资格许可的；④依法可以撤销行政许可的其他情形。

（4）注销许可情形。

成品油零售经营企业有下列情形之一的，做出许可决定的审批部门应依法办理成品油零售经营资格许可注销手续：①成品油零售经营资格证书有效期满未延续的；②危险化学品经营许可证或营业执照已失效的；③成品油零售经营许可被依法撤销、撤回的；④因不可抗力导致行政许可事项无法实施的；⑤法律、法规规定的其他应注销的情形。

（5）行政处罚情形。

成品油经营企业有下列情形之一的，由企业所在地县级以上商务主管部门责令限期改正，并可给予警告或处 10 万元以下罚款：①成品油零售企业擅自改（扩）建成品油零售网点的；②成品油零售企业涂改、倒卖、出租、转借、质押，或者以其他形式非法转让成品油零售经营资格证书的；③成品油零售企业未按规定办理停歇业备案手续的；④成品油零售企业未向消费者准确明示油品种类、标号、替代能源混配比例进行销售的；⑤成品油零售企业未按本办法第十七条规定擅自使用加油装置从事成品油零售经营的；⑥零售网点加油设施罩棚标注的企业名称与成品油零售经营资格证书不相符的，或加油站开展特许经营，未在加油站罩棚显著位置标识“特许”或“特许经营”字样的；⑦成品油零售企业恶意篡改、破坏成品油零售智能采集系统的；⑧成品油经营企业未按要求建立油品进销存和出入库管理台账的，或者对油品购销和出入库管理台账弄虚作假的；⑨成品油经营企业向负责监督检查的商务主管部门隐瞒有关情况，提供虚假数据，或者拒绝报送反映其经营活动情况真实数据的；⑩未按规定办理备案从事成品油批发和仓储经营活动的，或经营事项发生变更未按规定及时更新备案信息的；⑪成品油经营企业违反本办法第十六条规定，未按规定购进成品油的，成品油仓储企业不能提供代储油品的合法来源及委托人合法证明文件的；⑫违反本办法规定的其他行为。

（6）专项检查处理。

各级商务主管部门在年度专项检查过程中，对不配合检查或检查不合格的成品油经营企业应下达整改通知书，责令其限期整改；对连续 2 年不配合检查或检查不合格的企业，责令其限期整改或处 3 万元以下罚款。

（7）监督管理责任。

商务主管部门、市级政府指定部门及其工作人员违反本办法规定，有下列情形之一的，由其上级行政机关或监察机关责令改正；情节严重的，对直接负责的主管人员和其他直接责任人员给予行政处分：①对符合法定条件的申请不予受理的；②未向申请人说明不受理申请或者不予许可理由的；③对不符合条件的申请者予以许可，或者超越法定职权做出许可的；④对符合法定条件的申请者不予批准，或无正当理由不在法定期限内做出批准决定的；⑤不依法履行监督职责或监督不力，造成严重后果的。

三、成品油经销企业财务管理

（一）成品油批发企业会计核算总体要求

对于批发企业的会计核算，如果批发企业是中国石油、中国石化等大型集团公司的下属经销企业，则相关会计处理在中国石油、中国石化系统上统一进行。如果批发企业不是大型集团公司下属的经销企业，则会计核算的总体要求几乎等同于一般商贸企业。本部分以中国石化下属经销企业为例，对批发企业会计核算进行梳理。

根据会计核算的需要，油品销售业务分省和市两级分（子）公司设置会计核算体系，统一使用 SAP 管理信息系统（以下简称“SAP”）进行会计一级核算。

（1）对被纳入 SAP 上线范围的单位，在 SAP 中设立公司代码，并按照 ERP 成本中心和利润中心编制规则分别创建利润中心（组）及成本中心（组），实行全省一级会计核算，并按照地区分利润中心组进行数据管理。

（2）对未被纳入 SAP 上线范围的全资、控股独立核算单位，在原中国石化财务信息系统中按核算主体设置责任中心进行独立会计核算，独立生成月度财务报表。

（3）在 SAP 中，各企业应及时、正确、完整地编制录入自有会计凭证，审核由业务模块自动集成的物流、销售记账凭证，进行月末对账。

（二）加油站企业财务管理与会计核算

了解加油站财务管理和会计核算工作，不仅对加油站经营管理的顺利进行具有重要意义，也对税务人员管理加油站具有重要意义。因此，本部分介绍独立与非独立核算加油站的财务管理和会计核算。

1. 加油站的财务管理模式

独立核算的加油站必须按照《中华人民共和国会计法》《企业会计准则》《企业会计制度》《企业财务通则》和企业内部财务会计制度，建立健全财务管理制度，设立独立的核算体系，实行严格的财务管理和独立的会计核算。

非独立核算的加油站不设立独立的财务管理和会计核算体系，一般实行由主管公司“集中管理，统一核算”的财务管理模式。主要内容如下：

（1）资金管理一般实行“收支两条线”。

所有销售收入必须按主管公司规定及时上交，不准做支销货款。

（2）费用支出一般实行报账制。

日常零星费用根据主管公司规定的使用权限，从加油站的备用金中暂支，定期集中报主管公司批准报销。日常零星费用开支较少的加油站也可以直接到主管公司报销。

（3）实行单站核算或模拟核算。

加油站上级主管部门应对加油站经营成果实行财务核算或模拟核算，主要核算指标包括收入、费用、利润等。

2. 加油站资金管理

资金是以货币形态存在的资产，加油站的资金主要包括库存现金、银行存款和其他货币资金。为了加强资金管理，保证资金安全，提高资金使用效益，加油站应严格执行《中华人民共和国现金管理暂行条例》及相关的资金管理规定，建立和完善现金管理制度与银行存款管理制度。

（1）现金管理。

现金是加油站中流动性最强的资产，而且收付频繁，易出差错，因此要特别加强管理。

①完善加油站现金内部管理制度。要加强现金的管理，制度的建立和完善工作是首要的。

a. 明确职责分工，建立内部牵制制度，即现金的收支保管与记账由不同人员担任，实行账款分管，以减少差错，防止弊端的产生。

b. 建立现金清理核对和盘点制度。现钞收支必须当面点清、辨其真伪；库存现金应做到日清月结，以确保库存现金账面余额与实际库存数相符合；银行存款日记账与银行对账单定期核对；现金、银行存款日记账数额定期与现金、银行存款总账数额核对（每月至少核对一次），发现不一致时，均应逐笔查明原因并及时处理。

c. 加强现金收支凭证的管理，包括强化收据与发票的领用制度，加强空白凭证与使用过凭证和印鉴的管理。收支凭证要与印鉴分管，财务章由出纳保管，法人章和公章由站长保管，不配置出纳的加油站法人章、公章和财务章也应由站长和相关人员分开保管；支票、汇票的使用必须做到随签发、随盖章，不预盖印鉴；使用支票、汇票或汇款必须由站长审批。

d. 按《中华人民共和国现金管理暂行条例》和《人民币银行结算账户管理办法》中有关现金使用规定和结算纪律处理现金收支。

②遵守现金管理的有关规定。

a. 库存现金使用范围的规定。根据国家规定，加油站可在以下范围内使用库存现金：职工工资、奖金、各种工资性津贴支出，各种劳保福利费及国家规定对个人的其他支出；垫支加油站水电费、电话费、业务费、修理费、办公费等零星支出，原则上应在结算起点以下；出差人员必须随身携带的差旅费；收款找零；其他根据规定确需现金支付的支出。

b. 现金管理“六不准”规定：不准坐支现金，即不得从加油站的现钞收入中直接支付各种款项，切实遵守“收支两条线”的原则，加油站可拥有一定数额的备用金，用于日常零星费用的开支，对备用金的借入、支出、归还、监管等应建立严格的管理制度；不准向银行套取现金；不准利用银行账户代其他单位和个人存取款项；不准挪用现金，不准“白条抵库”；不准将公款以个人名义存入银行；不准私设“小金库”。

c. 库存现金限额的规定。由开户银行根据加油站的实际需要和距离银行远近等情况核定限额，对超过库存限额部分应及时解缴银行；主管公司对营业过程中柜内可存放的现金也应确定最高上限，超过部分应当及时投入保险柜。

（2）收入管理。

加油站的收入是指销售商品、提供劳务和让渡加油站资产等日常活动中形成的与投入资本无关的经济利益的总流入，包括销售商品收入、提供劳务收入、使用费收入、租金收入等。

加油站收入的主体是商品销售收入，即油品销售收入，但是今后通过增设便利店等形式产生的非油商品销售收入等会明显增加。

加强加油站的收入管理应注意做好以下几项具体工作：

①正确核算各种收入。加油站的各项收入必须纳入财务核算范围，并及时入账。不得隐匿或转移销售收入，不得私设“小金库”和公款私存。如果收到支票等票据，必须在核对无误，并确认款到账后才能付油。杜绝“坐支”等不规范的行为发生。

②处理好几种特殊的收入。加油站在经营过程中会出现油票、预收款、IC 卡等特殊的营业收入。其中，油票视同现金要妥善保管，做到日清月结；要完善油票内部交接手续，登记油票明细账；对于先收款、后加油的预收款业务，要与客户办理购油手续，签订合同，并为客户建立加油卡。同时，加油站应建立预收款加油专用台账，随时掌握顾客存油数量，并根据存油状况及时通知顾客办理续购手续。

③控制赊销业务的发生。在加油站经营管理过程中，难免会出现赊销情况。赊销虽有一定的促销作用，但会带来风险，增加成本，故应严格控

制赊销业务的发生，未经上级主管批准，不能发生赊销业务。对经批准发生的赊销业务，应严格控制，做好对应收账款的日常管理工作。

（3）费用管理。

费用是指企业销售商品、提供劳务等日常活动所发生的，与所有者利润分配无关的经济利益的流出。按照能否归属分配对象，费用可以分为营业成本和期间费用。其中，营业成本是指可归属于商品（产品）成本或劳务成本的费用，按照其对应业务在企业日常活动中所处地位的不同，可分为主营业务成本和其他业务成本；期间费用是指不能归属于商品（产品）成本或劳务成本，但应计入当期损益的费用，包括营业费用、管理费用和财务费用。在售价趋同的情形下，加油站通过正确的计划、控制、核算、分析和考核，将费用控制在相对较低水平，就能获取更多的利润，从而取得持久的市场竞争优势。

①营业成本的具体内容。加油站的营业成本主要指主营业务成本，即商品（油品）销售成本，也就是商品（油品）的进价。商品（油品）采购过程中发生的运输费、装卸费、保险费、包装费、仓储费等，以及运输途中的合理损耗，不列入进价，作为期间费用直接计入当期损益。

②期间费用的基本内容。加油站的期间费用包括营业费用、管理费用和财务费用。

a. 营业费用是指加油站在购、销、存环节发生的各种费用，包括运输费、装卸费、包装费、保险费、检验费、保管费、商品损耗、广告费、职工工资、福利费等。

b. 管理费用是指加油站为管理和组织经营活动而发生的各项费用，包括工会经费、职工教育经费、业务招待费、管理人员工资、福利费、差旅费、办公费、折旧费、修理费、劳动保险费、待业保险费、董事会费、咨询费、审计费、诉讼费、排污费、绿化费、费用性税金（房产税、土地使用税、印花税、车船使用税）、土地使用费、无形资产摊销、开办费摊销、坏账损失、存货盘亏（减盘盈）、毁损和报废等。

c. 财务费用是指加油站为筹集资金而发生的各项费用，主要包括利息支出（减利息收入）和金融机构手续费。

③不得列入费用的开支：a. 为购置、建造固定资产的支出；b. 赞助和捐赠的支出；c. 违约金、罚款、滞纳金等；d. 国家规定不得列入费用的支出。

3. 加油站会计核算

加油站属于零售行业，因此加油站的会计核算属于零售行业会计核算，基本核算原则如下。

按照《中华人民共和国会计法》《企业会计准则》的规定，零售行业会计核算主要有以下内容：

①收入结算种类。油品零售构成企业主要收入，包括零售油品和购油卡收入；商品零售收入构成企业其他业务收入。

②油品采购环节会计核算如下：

借：库存商品

　　应交税费——应交增值税（进项税额）

　　贷：库存现金/银行存款/应付账款

③商品销售环节。商品销售时，系统根据每日的业务销售数据自动结转收入，会计核算如下：

借：库存现金/银行存款/应收账款

　　贷：主营业务收入

　　　　应交税费——应交增值税（销项税额）

④成本结转环节。成本结转环节的会计核算如下：

借：主营业务成本

　　贷：库存商品

第二节　成品油批发企业税收政策解析与实务处理

成品油批发企业是指获得政府批准，具备合法资格，可以在市场上批发和销售成品油（如汽油、柴油等）的企业。这些企业通常需要满足一系列严格的条件和要求，包括但不限于拥有足够的储存设施、符合安全和生产标准、具备相关的运输和物流能力，以及满足税务和环保规定。在成品油行业链条上，批发企业属于链条上的中端，在行业的税收风险为“变票”“过票”风险。本节对批发企业的主要税收政策进行解读，并对批发企业的会计、税收实务处理进行介绍。

一、成品油批发企业主要税收政策解析及实务处理

（一）批发企业发票规则

2018 年 1 月 2 日，《国家税务总局关于成品油消费税征收管理有关问题的公告》（国家税务总局公告 2018 年第 1 号）发布。该公告的出台背景是为了加强成品油消费税的征收管理，维护公平的税收秩序，营造良好的营商环境，实施生产、批发、零售的全流程税收监控管理。该公告从以下三个方面对成品油行业进行管理。

1. 升级开票模块

升级“成品油发票模块”，规范成品油发票开具。2018 年以来，所有成品油发票均须通过增值税发票管理新系统中成品油发票开具模块开具。

2. 加强申报管理

实行消费税“票表比对”，保证开票应税油品如实填报。“票表比对”主要针对的是生产企业，生产企业通过增值税发票开票系统“成品油专用模块”开具成品油发票，发票上传税控系统，与“金三”中的消费税申报表进行“票表比对”。同时，税控系统将成品油发票信息推送“电子底账”，根据各个购进企业分别生成“经销企业购销台账”，为经销企业提供开出发票的“成品油品类”和“可销售数量”。

3. 优化开票规则

成品油经销企业“以进控销”。“电子底账”将“经销企业购销台账”中成品油库存信息推送给税控系统，成品油经销企业（通过勾选进项发票）在线获取成品油库存，使用成品油专用模块并依据库存量开具相应数量的成品油发票。同时，成品油发票上传税控系统，税控系统推送发票信

息，更新“电子底账”中“经销企业购销台账”，实现对成品油经销企业以进控销的管理，即纳税人能够销售 A 种油品的前提是必须有购进 A 的库存，原则上不会出现进 A 销 B 的情况，否则企业存在税收风险。

（二）视同生产行为

早在 2012 年，国家税务总局就下发了《国家税务总局关于消费税有关政策问题的公告》（国家税务总局公告 2012 年第 47 号）。该公告第三条规定：工业企业以外的单位和个人将外购的消费税非应税产品以消费税应税产品对外销售的，以及将外购的消费税低税率应税产品以高税率应税产品对外销售的，视为应税消费品的生产行为，按规定征收消费税。同时，根据《国家税务总局关于消费税有关政策问题补充规定的公告》（国家税务总局公告 2013 年第 50 号）的规定，外购的消费税低税率应税产品已缴纳的消费税准予按规定从消费税应纳税额中扣除。此外，国家税务总局于 2015 年又下发了一份明确由抵扣税款的企业承担补税责任，即《国家税务总局关于取消两项消费税审批事项后有关管理问题的公告》（国家税务总局公告 2015 年第 39 号），其第一条规定：“纳税人以外购、进口、委托加工收回的应税消费品（以下简称外购应税消费品）为原料连续生产应税消费品，准予按现行政策规定抵扣外购应税消费品已缴纳消费税税款。经主管税务机关核实上述外购应税消费品未缴纳消费税的，纳税人应将已抵扣的消费税税款，从核实当月允许抵扣的消费税中冲减。”

【实务举例1】

自 2018 年 9 月起，天津 × × 供销公司在陕西、山东、江苏等地租赁仓储油罐，开始从案外供应商处购买混合碳五、甲基叔丁基醚、混合芳烃、异辛烷、混合二甲苯、稳定轻烃等成品原料。2018 年 9 月 1 日至 10 月 31 日，外购产品含税金额 1 857 580 000 元，由案外供应商开具增值税发票 1 698份。与此同时，天津 × × 供销公司将上述购入产品简单调和成若干车用汽油后对外销售，并根据其品质严格按照国家税务总局相关规定，通过“成品油发票开具”模块开具汽油发票对外销售，属期销售金额

1 898 180 000元，开具成品油增值税专用发票1 656份。经查明：天津××供销公司于2018年9月通过增值税发票管理新系统中“成品油发票开具”模块开具增值税专用发票共计1 642份，货物名称为“车用汽油”，实际销售数量271 437.7吨，发票合计金额为1 575 199 498元；其于2018年10月20日申报属期2018年9月成品油品目增值税应税收入1 575 199 497.74元，同属期申报消费税燃料油、柴油、汽油销售数量为零，应纳税额为零。

对此，天津××供销公司的主管税务机关向该企业送达《税务事项通知书》，要求其对属期2018年9月1日至30日的消费税申报表予以补充申报，按照要求补缴相关消费税。

针对以上行为，税务机关与纳税人产生了争议。

天津××供销公司认为：第一，根据《中华人民共和国消费税暂行条例》和《中华人民共和国消费税暂行条例实施细则》的规定，消费税的进口、生产、委托加工企业为纳税主体。只在应税消费品的生产、委托加工和进口环节缴纳，只要地炼企业如实申报纳税，在整个流通环节的数次交易，就不需要由各交易商缴纳消费税。因此，天津××供销公司不是消费税的纳税主体，也不是适格的申报主体。第二，根据《国家税务总局关于消费税有关政策问题的公告》（国家税务总局公告2012年第47号）和《国家税务总局关于消费税有关政策问题补充规定的公告》（国家税务总局公告2013第50号）规定，天津××供销公司从案外供应商处购买的产品属于应缴纳消费税的石油化工产品，应通过增值税发票管理新系统中“成品油发票开具”模块开具发票。天津××供销公司与案外供应商约定的购货价格为含税价格，即天津××供销购买的货物应该已经缴纳消费税。但是，天津××供销在系统中填写消费税信息时发现，案外供应商均未按照要求在“成品油发票开具”模块中开具增值税发票，致使天津××供销公司购入成品油后，无法在该模块中将进项发票填入，造成天津××供销公司无法据实申报消费税。

税务机关认为：第一，天津××供销公司依法应认定为消费税纳税义务人，且其在2018年9月1日至30日存在消费税应税收入，依法应如实申报消费税并填写纳税申报表。天津××供销公司于2018年8月17日取得了新换发的《安全生产许可证》，于2017年8月10日经申请进行了汽油消费税的税种认定。天津××供销公司于2018年9月购进了甲基叔丁基醚、异辛烷、稳定轻烃、苯、石油醚、混合芳烃等有机化学原料产品共280 594.562吨，取得增值税专用发票1 646份，均为“非成品油发票开具”模块开具；同时，对其外销售车用汽油，通过“成品油发票开具”模块开具增值税专用发票共计1 642份，销售数量为271 437.7吨。按照《中华人民共和国消费税暂行条例》第一条的规定，在中华人民共和国境内生产、委托加工和进口本条例规定的消费品的单位和个人，以及国务院确定的销售本条例规定的消费品的其他单位和个人，为消费税的纳税人。而《消费税税目税率表》第六项规定，成品油中的汽油属于应征消费税的消费品；纳税人生产的应税消费品，于纳税人销售时纳税。因此，天津××供销公司的经营范围包括汽油生产，其自行申请进行了消费税税种的认定，并将外购的非消费税税目列举的产品，经生产加工变成消费税税目列举的“汽油”对外销售，而非其辩称仅是中间商进行经销。第二，根据《国家税务总局关于消费税有关政策问题的公告》（国家税务总局公告2012年第47号）第三条规定，工业企业以外的单位和个人将外购的消费税非应税产品以消费税应税产品对外销售的，视为应税消费品的生产行为，按规定征收消费税。所以，无论天津××供销公司是否承认实施了生产行为，其外购非消费税应税产品以消费税应税产品对外销售，都应依法认定为消费税纳税义务人，并应按照其对外销售汽油数量如实进行消费税纳税申报。第三，天津××供销公司采购的产品未依法取得消费税税款抵扣凭证，其主张按照所采购的货物金额进行消费税扣除于法无据。按照《国家税务总局关于成品油消费税征收管理有关问题的公告》（国家税务总局公告2018年第1号）（以下简称《成品油消费税公告》）第一条的规定，所有成品油发票均须通过增值税发票管理新系统中“成品油发票开具”模块开具成品油发票，是指销售汽油、柴油、航空煤油、石脑油、溶剂油、润滑油、燃料油等成品油所开具的增值税专用发票和增值税普通发票；成品油经销企业开具成品油发票前，应登陆增值税发票选择确认平台确认已取得的成品油专用发票、海关进口消费税专用缴款书信息，并通过“成品油发票开具”模块下载上述信息。按照《成品油消费税公告》第二条的规定，外购、进口和委托加工收回的汽油、柴油、石脑油、燃料油、润滑油用于连续生产应税成品油的，应凭通过增值税发票选择确认平台确认的成品油专用发票、海关进口消费税专用缴款书，以及税收缴款书（代扣代收专用），按规定计算扣除已缴纳消费税税款，其他凭证不得作为消费税扣除凭证。综上所述，天津××供销公司若仅为消费税应税成品油的经销商，即其未对所购入产品进行生产加工而仅仅是经销，那么其所购入产品的品名应与对外出售的产品品名一致，其依法可以通过登陆增值税发票选择确认平台确认已取得的成品油专用发票，并通过“成品油发票开具”模块下载相关信息实现消费税税款的扣除。另外，若天津××供销公司外购的为已缴纳消费税的产品，其依法也可以通过增值税发票选择确认平台确认的成品油专用发票按照规定计算扣除已纳消费税税款，但天津××供销公司显然并非仅实施了经销行为或者外购了已缴纳消费税的产品，其外购的产品并非通过“成品油发票开具”模块开具发票的已应税消费品，故无法就其销售收入实现消费税扣除，其声称无法据实申报消费税实际上是在未取得消费税抵扣凭证的前提下向税务部门要求实现消费税的扣除，于法无据。①

实务中关于本类案件不在少数。本书认为，从税收政策的角度出发，该企业购进甲基叔丁基醚、异辛烷、稳定轻烃、苯、石油醚、混合芳烃等有机化学原料（非应税油品），对外销售柴油（应税成品油）这种行为本身与该企业是否实际生产行为并无特别大的关联。因为，如果企业从事了调和生产的行为，则根据《中华人民共和国消费税暂行条例》第一条规

① 案件来源于裁判文书网。

定，在中华人民共和国境内生产、委托加工和进口本条例规定的消费品的单位和个人，以及国务院确定的销售本条例规定的消费品的其他单位和个人，为消费税的纳税人；如果企业从事的不是生产行为而只是经销行为，则根据《国家税务总局关于消费税有关政策问题的公告》（国家税务总局公告 2012 年第 47 号）和《国家税务总局关于消费税有关政策问题补充规定的公告》（国家税务总局公告 2013 第 50 号）的规定，工业企业以外的单位和个人将外购的消费税非应税产品以消费税应税产品对外销售的，视为应税消费品的生产行为，按规定征收消费税。天津 ×× 供销公司称其是购进汽油、销售汽油的行为，则应是上游生产企业没有缴纳消费税，需要根据《国家税务总局关于取消两项消费税审批事项后有关管理问题的公告》（国家税务总局公告 2015 年第 39 号）第一条的规定："纳税人以外购、进口、委托加工收回的应税消费品（以下简称外购应税消费品）为原料连续生产应税消费品，准予按现行政策规定抵扣外购应税消费品已纳消费税税款。经主管税务机关核实上述外购应税消费品未缴纳消费税的，纳税人应将已抵扣的消费税税款，从核实当月允许抵扣的消费税中冲减。"因此，从税收政策角度来看，天津 ×× 供销公司应当缴纳消费税。

以上是我国目前的税收政策，本书在此针对以上税收政策进行一次学术探讨。关于成品油经销企业视同生产行为缴纳消费税的税企争议，不论原因是什么，最终面临都是同样的问题：成品油经销企业是否具有纳税义务？税务机关在处理此类问题时，往往根据国家税务总局公告第 47 号、第 50 号和第 53 号文件的规定，如果经销企业因违反了这些规定，造成少缴消费税，则应补缴税款。而纳税人则认为，其并没有违反消费税基本规定，没有少缴消费税，不应当补缴消费税。为此，本书讨论一下以上 3 个公告在税务实务处理中如何适用的问题。3 个公告出台的背景是，从 2008 年燃油费改革后，税务机关在管理过程中发现一些石油炼化企业在发票开具时，首先，将应税成品油，变更为非应税成品油进行销售，实现不缴纳消费税的目的；其次，通过经销企业将发票开具为非应税成品油，变更为应税成品油销售给下游企业，若下游企业为成品油生产企业，则购进这些成品油又能抵扣消费税。这样操作下来，相关企业不仅没有缴纳相关消费税税款，而且造成消费税的抵扣，给国家带来损失。为堵塞税收漏洞，国家税务总局出台了国家税务总局 2012 年 47 号“视为生产行为”的公告。但是，公告出台之后面临 3 个问题。第一个问题是课税主体模糊。按照规定，成品油消费税在生产销售环节课税，即成品油生产企业是应税油品的课税主体，本不应存在“视同生产行为”的情况。上游炼化企业通过“变名”偷逃缴纳的消费税本应该由炼化企业进行补缴，而不是下游经销企业进行缴纳。第二个问题是纳税环节如何确定。依据《中华人民共和国消费税暂行条例》第一条规定：“在中华人民共和国境内生产、委托加工和进口本条例规定的消费品的单位和个人，以及国务院确定的销售本条例规定的消费品的其他单位和个人，为消费税的纳税人，应当依照本条例缴纳消费税。”也就是说，消费税征收仅包括生产环节、委托加工环节、进口环节，不包括流通环节。即使包括流通环节，也需要经过国务院授权，但是国家税务总局公告第 47 号文件将流通环节作为征收环节，找不到经过国务院授权的证明，因此其合理性值得商榷。第三个问题是，税务机关难以定性的是经销企业将外购非应税消费品以应税消费品对外销售的，是属于虚开增值税专用发票还是抽逃缴纳消费税。经销企业“变名”开具发票是为了少缴消费税税款，还是骗取国家增值税税款，是判断其违法行为属性的关键。

基于此从学术角度，本书建议取消国家税务总局公告第 47 号文件第三条和国家税务总局公告第 50 号文件及公告第 53 号文件相应条款，坚持以生产环节为成品油行业纳税环节的原则。以本案为例，不再纠结经销企业是否具有纳税义务，而是找准汽油到底是哪个企业生产，该企业就是纳税人。如果该企业没有缴纳相关的消费税，就由该企业补缴税款。其他企业不是消费税纳税人，但因其违反发票管理法规而追究其行政处罚责任。在以上逻辑的基础上，本案的关注点就是天津 × × 供销公司是否真实生产。如该企业没有真实生产，而是其上游炼化企业销售并“变名”开具非汽油的发票，则由上游炼化企业补缴消费税即可，天津 × × 供销公司不再补缴消费税；如该企业真实生产汽油，则该企业是消费税纳税人，该企业需要按照要求补缴消费税。同时，还应该关注该企业是否具备成品油生产资质，如不具备，则相关部门要对该企业进行处罚。

二、成品油批发企业采购与付款环节税收政策解析与实务处理

对于成品油批发企业，采购形式包括配置成品油直发（收储）采购和企业外部采购成品油购进。

（一）配置成品油直发（收储）采购流程

配置成品油直发（收储）采购适用于大型集团公司，如中国石油、中国石化、中国海油等。基本的采购流程如下。

（1）省（市）级公司采购部门应将《采购订单》及《内向交货单》，与油品销售事业部下达的月度油品配置直发计划进行核对，确保一致，并及时完成采购在途工厂收货。

（2）仓储部门在确认有《采购订单》及《内向交货单》后方可收油。在接到收货通知后，应准确计量相关油罐接卸前的油高、油温等，计算接卸前各油罐油品数量，根据泵站流量表记录下载数量或油罐检尺前后的实际入库数量，填写《油品下载计量单》，并对收货油品进行取样化验，保证商品质量。

（3）企业采购部门认真审核结算发票清单及增值税专用发票、出厂计量单等信息，根据《采购订单》《内向交货单》《油品入库验收单》和进货发票进行匹配，完成发票预制。月末，对未完结订单逐一进行审核，对不再使用的《采购订单》进行关闭处理。

（4）财务部门根据采购部门匹配后的《采购订单》《内向交货单》《油品入库验收单》或预制发票，完成发票校验。

完成以上步骤，系统内部会生成集成会计凭证。

（二）外部采购油品会计与税务实务处理

1. 采购环节的会计处理

在油品采购环节，批发企业与供应商签订采购合同，大型集团的批发企业可能会对自采进货基于收货的发票进行校验，采购部门根据《采购订

单》《油品入库验收单》、进货发票进行匹配，完成发票预制。月底业务部门对未完结订单逐一进行审核，对不再使用的采购订单进行关闭处理。对于该环节，由于尚未取得增值税专用发票，会计分录为：

借：物资采购——××油品

贷：应付账款——××油品

2. 入库环节的会计处理

采购油品入库之前应做好质量检验工作，油品质量不合格的，不予办理入库手续。油品验收入库，仓储部门根据质量检验合格证明，做好接卸、计量等工作，按实测数据填制计量凭证，由其他计量员复核、油库主任签字。此时，油品如有损耗，则由财务部门复核损耗资料，对于非合理损耗要跟踪采购部门的处理结果，对于合理损耗应计入相关进货成本。

【实务举例2】

2024 年 5 月 1 日，某经销企业购进汽油 2 000 吨，每吨成本 6 000 元（不含税）。2024 年 6 月 1 日，油品入库，仓储部门发现途中损耗 0.1 吨，经确认属于合理损耗，则企业会计分录如下：

（1）2024 年 5 月 1 日：

借：在途物资——汽油　　12 000 000

贷：应付账款　　12 000 000

（2）2024 年 6 月 1 日：

借：库存商品——汽油　　12 000 000

贷：在途物资——汽油　　12 000 000

3. 取得发票环节的会计处理

供应商开具销售油品的增值税专用发票或者增值税普通发票。财务部门收到供应商提供的采购发票后，根据《采购订单》《油品入库验收单》、采购发票进行“三单”匹配，对发票进行发票校验。

借：应交税费——应交增值税（进项）

贷：应付账款

4. 支付账款环节的会计处理

业务部门填写支付账款申请表，在申请表中必须填明的关键信息有：供应商名称、进货油品、进货数量、进货单价、到货地点、合同金额、预付款金额、支付时间，按照内控流程办理付款申请。申请审核通过后，再支付账款。

借：应付账款

贷：银行存款

5. 采购退货环节的税务处理

通常情况下，油品到货后经质量检验部门化验油品质量不合格的，仓储部门不做收货处理，由采购部门通知供应商办理退货，作废《采购订单》。主要业务流程为：仓储部门根据油品到库后发现的问题，准备相关退货资料，填写退货申请；仓储、业务、质量部门和供应商一起到现场认定是否需要退货，提出并审核退货申请；采购人员依据审批后的退货申请创建退货《采购订单》，退货《采购订单》应与《退货申请表》油品的代码、数量、价格、工厂、订单有效期等数据一致；油库存货管理岗根据退货《采购订单》做系统退货处理并打印《退货单》，仓储部门同时根据《退货单》办理实物退货。退货时间分为以下几种情况：进项发票未入账也未抵扣、进项发票入账但未抵扣、进项发票入账且已抵扣。

（1）进项发票未入账也未抵扣。

进货发票未入账，进项税未进行抵扣认证，也未做系统收货过账的，拒收实物的同时将进货发票联和抵扣联退回即可。

（2）进项发票入账但未抵扣。

采购收货已过账集成会计凭证，但未进行发票校验，进项税未进行抵扣认证的，应红冲原记账凭证。

（3）进项发票入账且已抵扣。

进货发票已入账，进项税已抵扣认证的（外采资源不允许未收货先行收取发票并认证抵扣），拒收实物的同时及时向主管税务机关填报《开具红字增值税专用发票申请单》，凭主管税务机关审核后出具的《开具红字增值税专用发票通知单》要求销售方开具红字增值税专用发票，根据销售方开具的红字增值税专用发票，做进项税税额冲销账务处理。

需要特别注意的是，如果供应商开具的是数电票，则业务流程稍有不同。具体操作如下。

（1）受票方未做用途确认及入账确认的，开票方在电子发票服务平台填开并提交《确认单》后，电子发票服务平台依据《确认单》自动全额开具红字数电票，或由开票方全额开具红字纸质发票，无须受票方确认。其中，《确认单》需根据对应的蓝字发票信息填开。

（2）受票方已进行用途确认或入账确认的，受票方为试点纳税人，开票方或受票方均可在电子发票服务平台填开并提交《确认单》，经对方在电子发票服务平台确认后，开票方全额或部分开具红字数电票或红字纸质发票；受票方为非试点纳税人的，由开票方在电子发票服务平台或由受票方在增值税发票综合服务平台填开并提交《确认单》，经对方确认后，电子发票服务平台依据《确认单》自动开具红字数电票，或由开票方开具红字纸质发票。其中，《确认单》需根据对应的蓝字发票信息填开。

（3）受票方已将发票用于增值税申报抵扣的，应当暂依《确认单》所列增值税税额从当期进项税额中转出，待取得开票方开具的红字发票后，与《确认单》一并作为记账凭证。

三、成品油批发企业销售与收款环节税收政策解析与实务处理

销售形式分为直销业务与批发业务。直销业务是指从油品供应商或炼厂直接发货给客户的销售。定量销售、非定量销售、实收量交接销售都是在油库发货，油品直售是从油品供应商或炼厂直接发货。批发业务是指从油品批发企业销售给客户。商品销售业务设置“主营业务收入”“其他业务收入”“应收账款”“合同负债”“应收票据”“应缴税费——应交增值税——销项税额”等科目。

（一）批发销售与收款业务基本流程

从发票管理的角度来看，由企业财务部门确认款项已到账后，才可开具销售发票。具体管理要求为：开票员创建销售订单信息，包括客户名称、销售品种、数量、价格、装运地点、特殊处理标志、销售雇员、收付方式等。在日常销售过程中，财务人员按照客户的购买需求，审查客户交付的现金及信用卡。收款人员在确认客户货款已收到后操作收款，按照收款额创建客户预收款凭证后创建后续订单。在创建订单过程中，开票员应对客户的价格、信用、产品分配计划、订单的完整性进行检查，订单信息如超过价格、信用额度、产品分配限额，则按照相关流程审批后，再修改订单。

（二）批发销售与收款业务会计处理

1. 现款销售分录

收款员收到客户现金，确认客户货款已经到账后，做“合同负债”处理。

借：银行存款

　　贷：合同负债

2. 开票员创建销售订单，开具发票

借：应收账款

　　贷：主营业务收入

　　　　应交税费——应交增值税（销项税额）

3. 清账

清账时，审核客户名称，油品型号、数量、单价，金税发票号等信息，确认无误后予以清账。

借：合同负债

　　贷：应收账款

（三）退货、退款环节税收政策解析及税务实务处理

退货、退款业务分为两种情况：一是客户未提货要求退款；二是客户未提货要求更换品种。开票员收回原发票，调整销售代保管库存数量，在

系统内查找原始标准订单编号，参照创建退货订单，做收货过账，开具系统贷记发票。如果客户要求全部退货，则开票员直接出具销售日报表，由财务退款；如果客户不是要求全部退货或者更换品种，则开票员将不退量和所换品种的销售进入正常的销售流程，根据客户的需求打印增值税发票或普通发票，出具报表，退款或补收更换油品的价差，经质量检验后才能将实物退回。

发生退货、退款业务时，根据《财政部　国家税务总局关于全面推开营业税改征增值税试点的通知》（财税〔2016〕36 号）的规定，纳税人适用一般计税方法计税的，因销售折让、中止或者退回而退还给购买方的增值税额，应当从当期的销项税额中扣减；因销售折让、中止或者退回而收回的增值税额，应当从当期的进项税额中扣减。会计处理按照对原业务记账凭证进行红冲处理即可。

第三节　加油站企业税收政策解析与实务处理

加油站作为零售业，是成品油行业链条的终端，既有零售行业的特点，也有成品油行业特点。其零售行业的特点是，在面对消费者加油不开发票的情况时，会存在一些“富余票”；其成品油行业的特点是，在油品上只能有汽油、柴油油品采购，原则上不会出现异辛烷，或者有机热载体等非应税成品油的采购。本书内容包括加油站税收政策解析，加油站企业采购与付款环节会计与税务实务处理，销售与收款环节会计与税务实务处理，其他经营业务会计与税务实务处理。

一、加油站税收政策解析

加油站涉及的相关税收政策文件主要有两份：《国家税务总局关于加油站一律按照增值税一般纳税人征税的通知》（国税函〔2001〕882 号）和《成品油零售加油站增值税征收管理办法》（国家税务总局令第 2 号）。两份文件的主要内容如下：

（一）对加油站执行一般纳税人管理

按照《国家税务总局关于加油站一律按照增值税一般纳税人征税的通知》（国税函〔2001〕882号）的规定，对从事成品油销售的加油站，无论其年应税销售额是否达到一般纳税人标准，一律按增值税一般纳税人征税。《成品油零售加油站增值税征收管理办法》（国家税务总局令第2号）第二条规定，成品油零售加油站是指凡经经贸委批准从事成品油零售业务，并已办理工商、税务登记，有固定经营场所，使用加油机自动计量销售成品油的单位和个体经营者（以下简称“加油站”）。

（二）加油站应税销售额的计算

1. 加油站应税销售额

加油站应税销售额包括当月成品油应税销售额和其他应税货物及劳务的销售额。其中，成品油应税销售额的计算公式为

成品油应税销售额 =（当月全部成品油销售数量 − 允许扣除的成品油数量）× 油品单价

2. 允许扣除的销售数量

加油站通过加油机加注成品油属于以下情形的，允许在当月成品油销售数量中扣除：①经主管税务机关确定的加油站自有车辆自用油；②外单位购买的，利用加油站的油库存放的代储油。加油站发生代储油业务时，应凭委托代储协议及委托方购油发票复印件向主管税务机关申报备案。

3. 加油站本身倒库油

加油站发生成品油倒库业务时，须提前向主管税务机关报告说明，由主管税务机关派专人实地审核监控。需要特别注意的是，倒库油业务是指以下两种情形：一是已通过加油机出库油因退货发生回库情形；二是因清库通过加油机出库却又回倒库的情形。

加油站在发生倒库油业务的两天前向主管税务机关提出现场审核申请，填写《加油站倒库油业务现场审核申请单》。主管税务机关受理申请

后，派两名税务人员到指定的现场审核监督，在倒库现场双方在《加油站倒库油业务申请审核表》上签署意见，各留存一份。未经主管税务机关审核同意的倒库油业务不予承认，按正常销售出库油处理。

4. 加油站检测用油（回罐油）

对于上述允许扣除的成品油数量，加油站月终应根据《加油站月销售油品汇总表》统计的数量向主管税务机关申报。

【实务举例3】

2023 年 5 月，甲加油站通过加油机销售 92 号汽油 30 万升、95 号汽油 100 万升、0 号柴油 20 万升。其中，经主管税务机关确定的加油站自有车辆自用 92 号汽油 500 升，倒库用 92 号汽油 300 升、95 号汽油 200 升、0 号柴油 200 升，当月销售加油卡 10 万元。购进成品油取得增值税专用发票，价款 300 万元、税额 39 万元，并已勾选认证。当月 92 号汽油、95 号汽油和 0 号柴油零售价分别为 7.1 元/升、7.6 元/升、6.5 元/升。

成品油销售额 = ［（300 000 − 500 − 300）×7.1 +（100 000 − 200）×7.6 +（200 000 − 200）×6.5］÷（1 + 13%）= 3 700 442.48（元）

销项税额 = 3 700 442.48 × 13% = 481 057.52（元）

当月应纳增值税 = 481 057.52 − 390 000 = 91 057.52（元）

（三）加油站税收征管具体规定

1. 发票管理

加油站无论以何种结算方式［如收取现金、支票、汇票、加油凭证（簿）、加油卡等］收取售油款，均应征收增值税。加油站销售成品油必须按不同品种分别核算，准确计算应税销售额。加油站以收取加油凭证（簿）、加油卡方式销售成品油，不得向用户开具增值税专用发票。

发售加油卡、加油凭证销售成品油的纳税人（以下简称“预售单位”）在售卖加油卡、加油凭证时，应按预收账款方法做相关账务处理，不征收增值税；预售单位在发售加油卡或加油凭证时可开具普通发票，如购油单位要求开具增值税专用发票，待用户凭卡或加油凭证加油后，根据加油卡或加油凭证回笼纪录，向购油单位开具增值税专用发票。接受加油卡或加油凭证销售成品油的单位与预售单位结算油款时，接受加油卡或加油凭证销售成品油的单位根据实际结算的油款向预售单位开具增值税专用发票。

其具体操作根据《国家税务总局关于营改增试点若干征管问题的公告》（国家税务总局公告2016年第53号）的规定：支付机构销售多用途卡取得的等值人民币资金，或者接受多用途卡持卡人充值取得的充值资金，不缴纳增值税。支付机构可按照相关规定，向购卡人、充值人开具增值税普通发票，不得开具增值税专用发票。这里的支付机构是指取得中国人民银行核发的《支付业务许可证》，获准办理“预付卡发行与受理”业务的发卡机构和获准办理“预付卡受理”业务的受理机构；多用途卡是指发卡机构以特定载体和形式发行的，可在发卡机构之外购买货物或服务的预付价值。

相关规定在《商品和服务税收分类与编码（试行）》中的分类编码中增加6“未发生销售行为的不征税项目”，用于纳税人收取款项但未发生销售货物、应税劳务、服务、无形资产或不动产的情形。“未发生销售行为的不征税项目”下设601“预付卡销售和充值”，使用“未发生销售行为的不征税项目”编码，发票税率栏应填写“不征税”，不得开具增值税专用发票。

【实务举例4】

2023年5月3日，乙加油站向A公司（一般纳税人）售卖加油卡，取得货款11 300元，开具了增值税普通发票。至5月31日，A公司该加油卡实际消费5 650元。

对该加油卡取得的收入，加油站5月应确认应税销售额＝5 650÷（1＋13%）＝5 000（元）。

月末，A公司可凭加油卡、加油票据，按实际消费结算的油款，由加油站开具增值税专用发票。

2. 跨区经营的加油站征收方式

采取统一配送成品油方式设立的非独立核算加油站，在同一县市的，由总机构汇总缴纳增值税；在同一省份内跨县市经营的，是否汇总缴纳增值税，由省级税务机关确定；跨省份经营的，是否汇总缴纳增值税，由国家税务总局确定。对统一核算，且经税务机关批准汇总缴纳增值税的成品油销售单位跨县市调配成品油的，不征收增值税。

（四）台账管理

加油站必须按照规定建立《加油站日销售成品油台账》（见表4－4）登记制度。加油站应按日登记台账，按日或交接班次填写，完整、详细地记录当日或本班次的加油情况，月终汇总登记《加油站月销售油品汇总表》（见表4－5）。台账须按月装订成册，按会计原始账证的期限保管，以备主管税务机关检查。

表4－4　加油站日销售成品油台账

年　　月　　　　单位：升、元

项目	油品	加油机	起始	终止	出油	应扣除油量				应税销售数量			单价	销售金额	加油员签字
月 日 时	型号	编号	油量数	油量数	数量	自用	倒库	代储	检测	合计	现金、支票等	凭证（卡）			
—	1	2	3	4	5 = 4 − 3	6	7	8	9	10 = 5 − 6 − 7 − 8 − 9 = 11 + 12	11	12	13	14 = 10 × 13	15
合计															

表4－5　加油站月销售油品汇总表

单位名称（印章）：　　　　　　　　　　　　　　　　　　单位：升、元

油品型号	出油数量		应扣除油量								应税销售数量						销售金额			
	本月数	累计数	本月数				累计数				本月数			累计数			通过加油机		不通过加油机	
			自用	倒库	代储	检测	自用	倒库	代储	检测	合计	现金、支票等	凭证（卡）	合计	现金、支票等	凭证（卡）	本月数	累计数	本月数	累计数
合计																				

此外，加油站除按月向主管税务机关报送增值税一般纳税人纳税申报办法规定的申报资料外，还应报送《加油站____月份加油信息明细表》（见表4－6）或加油IC卡，《加油站月销售油品汇总表》和《成品油购销存数量明细表》（见表4－7）。

表 4－6 加油站____月份加油信息明细表 单位：升、元

单位名称（印章）：					
纳税人识别号					
总枪数		电话号码		法人姓名	
加油枪出厂编号		油品型号	月累计加油量	月累计金额	月应纳增值税额
合计					

表 4－7 成品油购销存数量明细表 单位：吨

单位名称（印章）：					
油量型号	期初库存量	本期购进量	本期出库量		期末库存量
			应税销售量	应扣除数量	
	1	2	3	4	5 =1 +2 －3 －4

二、加油站企业采购与付款环节会计与税务实务处理

加油站采购的油品主要是汽油、柴油。因加油站是零售企业，没有生产资质，所以原则上不会购入组分油品等。加油站采购渠道分为内部资源配置购进、大区集采资源购进和省市自采资源购进。商品采购成本包括购买价款、相关税费、运输费、装卸费、保险费、包装费、仓储费（入库前）、运输途中的合理损耗，以及其他可归属于存货采购成本的费用。对于加油站来说，采购分为内部配置业务和外部采购业务。

（一）内部配置业务会计与税务实务处理

内部配置业务是指加油站对油品使用需求进行预估，然后制作《采购订单》上交给省（市）公司，省（市）公司采购部门将《采购订单》及《内向交货单》与油品销售事业部下达的月度油品配置直发计划进行核对，确保一致；并及时完成采购在途工厂收货。因此，对于加油站这种采购方式不是由加油站结算，而是由省（市）公司统一结算，在省（市）公司进行会计处理，而只是将油品移库的过程。

（二）外部采购业务会计与税务实务处理

加油站外部采购油品是指加油站自己与炼化企业或者经销企业签订合同，直接购买油品，并在合同中注明品种、数量、运输方式等。按照运输方式不同，外部采购业务分为铁路自采到库收货、公路自采到库收货、水运自采到库收货及公路自采到站收货等购进方式。

【实务举例5】

某加油站在2024年5月1日采购汽油1 000吨，成本价6 000元/吨（不含税）。2024年5月5日，汽油到达该加油站并入库，损耗汽油0.1吨（在合理范围内），实际入库999.9吨。2024年6月1日，企业取得该笔业务增值税专用发票并认证、支付款项。该加油站的会计处理如下：

（1）2024年5月1日：

借：在途物资	6 000 000.00	
贷：应付账款		6 000 000.00

（2）2024年5月5日：

借：库存商品	6 000 000.00	
贷：在途物资		6 000 000.00

（3）2024年6月1日：

借：应付账款	6 000 000.00	
应交税费——应交增值税（进项）	780 000.00	
贷：银行存款		6 780 000.00

三、销售与收款环节会计与税务实务处理

（一）加油站销售业务流程

加油站零售销售一般分为零售小额配送销售和加油机正常销售两种。

1. 零售小额配送业务流程

（1）加油站根据客户提出的配送需求与客户经理达成一致意见后，客户经理提交零售管理部和商业客户部审批。

（2）客户根据购买油品数量、核定的价格，将支票等送交企业收入银行账户，将进账单交财务部门查询到账后，由财务应收会计做合同负债账务处理。营业部开票员根据合同负债情况创建销售订单，或客户直接将现金交营业部收款员收款，由开票员创建销售订单。创建小额配送订单、发货过账、开具发票、转销售代保管（定量销售业务流程），生成电子形式的预售未提提货单，客户经理将预售未提货单交给物流配送部验票员。

（3）油库开票员刷验电子提货单发货过账，并打印出库单交客户提油。

2. 加油机销售业务流程

（1）加油站（点）日结。首先，进行加油卡系统日结，生成《销售日报表》；其次，根据加油卡系统日结情况，生成《交接班报表》；最后，完成加油站零售管理系统日结。

（2）集成 ERP 系统零售数据。市公司零售管理部数据上报人员根据审核后的加油站零售电子账表册系统销售数据，经与加油卡管控系统的现金消费和加油卡消费数据分别核对一致后，通过加油站零售电子账表册系统导出形成零售模板，集成至 ERP 系统。

（3）财务人员根据加油站销售日报表、付油日报表、现金缴款单、加油卡消费附表等，对 ERP 系统中的销售数据进行审核，经审核无误后清账。

（二）收到每日营业款会计与税务实务处理

加油站的收款方式包括现金收款、微信收款、支付宝收款、充值卡收款及往来单位赊销（月结）等。加油站在收取款项后，每日要登记《加油站油品销售日报表》（见表 4 -8），该表上显示各种方式收款的具体金额。具体业务处理如下：

表 4－8 加油站油品销售日报表

编制单位： 计量单位：千克、升、元

油品规格名称	期初库存	本期进货	加油机发出量	当日销售													加油机其他发出				本期损益处理	期末库存
				合计													小计					
				数量	单价	折扣及折让	折后金额	作价密度	换算重量	现金	预收款	积分	银联卡	IC 卡	中油牡丹卡	其他	换算重量	数量	回罐数量	自用		
92#汽油																						
小计																						
98#汽油																						
小计																						
0#柴油																						
小计																						
合 计																						

续表

当日缴款净额	现款销售			非现款销售								小计	新增预收款	IC卡储值	回收欠款
	小计	现金	转账	小计	预收款	积分	银联卡	IC卡	中油牡丹卡	其他					
增值税发票			普通发票					作废增值税发票		作废普通发票		银行进账单：		张	
												进账单明细：			
____号至____号，____计____份			____号至____号，____计____份					____号，____计____份		____号，____计____份					

同时，加油站应做好“日清要求”和“月结要求”。“日清要求”包括：加油站零售业务数据的日结时点为每日早晨8点前，加油站的营业日报表统计时间应与进行日结操作的时间保持一致；进行日结操作时，加油站的销售业务应相对静止，加油机和便利店收银POS机均不在操作状态；同一个加油站内，加油卡卡管系统、便利店管理系统、零售账表册系统的日结时点必须完全一致。“月结要求”包括：加油站油品和非油品业务的销售数据截止时点为月末最后一日上午日结后；加油站库存和盘点业务不受日结时点影响；月末，对加油站销售日结后至当日24时发生的油库转储业务，正常减少油库库存的同时增加加油站库存；对加油站日结后发生的盘点业务，应按照实际盘点库存数量加（减）日结至盘点时点发生的已销售（已入库）数量，还原到月结时点的账面库存，并填制《盘点损溢表》，报相关部门审批后，财务部门进行相关账务处理。

1. 现金收款、微信收款、转账收款会计与税务实务处理

【实务举例6】

2024年3月5日，其加油站收到营业款18 573.56元。首先填写《加油站日营业表》，款项已存入银行，其会计凭证记账如下：

借：银行存款　　18 573.56

　　贷：主营业务收入　　16 436.78

　　　　应交税费——应交增值税（销项）　　2 136.78

在实务操作过程中，有一部分加油站在这笔业务的贷方不直接计入“主营业务收入”及“应交税费——应交增值税（销项）”，而是计入一些过渡科目（如“应收款项”“应付款项”等）中，待到月末再将过渡科目转入“主营业务收入”及“应交税费——应交增值税（销项）”中统一核算。

2. 加油卡业务会计与税务实务处理

加油卡是指可在全国联网加油站刷卡加油消费的专用卡，用户先充值后消费，是一种非现金支付手段。加油卡的运营管理采取“统一管理、分

级运营、集中清算”的模式，即在各省份公司所属地市分公司及部分加油站设立发卡充值点，承办加油卡的发放、充值和开具发票业务。在全国联网加油站（包括自营、控股、联营）承办加油卡的加油、扣款和纳税等业务；在总部层面统一进行加油卡异地交易（加油卡跨省交易）的资金清算工作。

发卡充值网点（以下简称发卡点）出售加油卡、充值卡或为客户已购的加油卡充值时，根据实际收款金额为用户充值；发卡点的操作员核对当班充值卡业务无误后，打印加油充值卡系统综合业务报表，并审核当日充值卡系统日结报表中的充值卡销售应收款金额与收取的现金、支票等的金额是否一致，同时核对充值卡系统为加油卡验证的充值金额与加油卡系统中充值卡的充值金额是否相符，是否存在不同步操作。财务人员每日应根据收到的“预收款日报表”（包括网上银联充值、充值卡充值等）进行账务处理，必须做到“日清日结”。每日核对充值网点预收款日报表收款金额与实际到账金额是否一致，核对无误后及时清账。每日营业终了，区内老加油卡系统记账员或操作员整理各班收取的现金、票据，进行系统日结，与系统统计的发卡充值点（包括网上营业厅发卡点、手机终端发卡点、自助一体机）预收款日报表进行核对；正在开发的区外新加油卡系统采用系统零点前自动日结方式，发卡网点不需要做日结操作，次日记账员或操作员进入系统查询前一日的发卡充值点预收款日报表。记账员或操作员要按照报表统计的应收款金额将现金缴存至指定银行并录入零售电子账表册系统，打印发卡充值点预收款日报表，由发卡网点负责人签字后连同现金缴款单、银行小票、银行回单、发票记账联（单联发票不需要）等单据一起交给财务部门进行账务处理。财务人员通过加油卡系统查询各发卡点预收款日报表及业务日报表，与发卡点上交的相应纸质业务单据（日报表、银行进账单、发票记账联等）进行核对，核对无误后进行账务处理，属报表上报错误的返回发卡点查找原因并更正。根据《企业会计准则 14 号——收入》的规定，加油卡充值、消费、促销等相关业务通过“合同负债”科目核算。

【实务举例7】

2024 年 3 月 6 日，某加油站收到某有限责任公司购买加油卡金额 3 000 元，该加油站为了促销给予 300 元的优惠，因此卡里金额一共 3 300 元。

首先在该加油站储蓄卡充值记录表中记录该笔业务，如表 4 –9 所示。

表 4 –9　储蓄卡充值记录表

单位：元

日期	卡号	客户名称	充值金额	赠送金额	总计金额
2024 年 3 月 6 日	××××××	某有限责任公司	3000	300	3300

在该笔业务中，企业收到现金（银行存款）3 000 元，但是将来企业用该加油卡会加 3 300 元的油。对于某加油站来说，这种情况属于折扣发生在销售之前，属于商业折扣（又名“折扣销售”），因此在后续加油过程中，属于打折销售（促销）油品。折扣率为 9 折左右（3 000 ÷3 300≈0.91）。

关于折扣销售，特别需要注意的是，根据《财政部　国家税务总局关于全面推开营业税改征增值税试点的通知》（财税〔2016〕36 号）第四十三条的规定，纳税人发生应税行为，将价款和折扣额在同一张发票上分别注明的，以折扣后的价款为销售额；未在同一张发票上分别注明的，以价款为销售额，不得扣减折扣额。因此，折扣金额要在同一张销售发票上单独体现。采用充值环节提供发票方式的，应将充值金额和折扣金额分两行分别在发票上反映，合计金额为实际收款金额；采用凭实际消费记录开具发票方式的，应将已消费金额和相应折扣金额分两行分别反映，合计金额为实际消费金额。

企业在进行财务处理时，上例提到发票开具的问题：企业收到在发售加油卡或加油凭证时可开具普通发票，发票中货物或应税劳务、服务名称为“预付卡销售＊充值卡充值”，金额处填写 3 000 元，税率处体现“不征税”，税额处体现“＊＊＊”。

会计分录为：

借：银行存款　　3 000

　　贷：合同负债——加油卡消费　　3 000

【实务举例8】

接上例：2024 年 4 月 6 日，该有限责任公司到加油站用加油卡加 95# 汽油 50 升，当日汽油价格为 7.52 元/升，则该加油站的会计分录为：

借：合同负债——加油卡消费　　341.82

　　贷：主营业务收入——95#汽油　　302.50

　　　　应交税费——应交增值税（进项）　　39.32

注：合同负债金额 =50 ×7.52 × （3 000/3 300） ≈341.82（元）

在加油站，除了加油卡业务，还有一些电子钱包业务。随着近年来移动支付、电子支付等支付手段的丰富，配套营销活动的创新，客户用加油卡的消费习惯逐步改变，电子预付卡也悄然兴起。电子钱包系统主要面对习惯使用手机支付、电子支付的个人客户群体，通过便捷的移动支付与传统实体加油卡的功能和服务形成有益的互补，两套系统同时运营。电子钱包系统为集中部署、分省开户，开户时系统同时生成一个资金账户及一个返利账户，资金账户标识开户省，同一个客户只能开通一套账户。电子钱包也可以在全国网点加油、购买非油品或服务。

电子钱包的充值仅通过线上操作，不设线下充值。客户可以通过 App 等客户端线上完成充值，充值前期开放微信、支付宝、银联作为支付方式，充值资金汇入开户省账户。电子钱包的业务基本等同于加油站业务的财税处理。

3. 奖励积分处理业务会计与税务实务处理

奖励积分是指对记名加油卡客户的持卡消费给予会员积分奖励，在奖励积分达到规定额度后，客户可申请兑换商品或服务的促销业务。加油站应按照《会计准则》规定的稳健性原则和配比原则核算加油卡的产生、消费和结存情况。在销售产品或提供劳务的同时，应将销售取得的货款或应收货款在本次商品销售或劳务提供所产生的收入与奖励积分的公允价值之间进行分配，将取得的货款或应收货款扣除奖励积分公允价值的部分确认为收入，奖励积分的公允价值确认为负债。积分产生将引起企业未来经济利益流出，因此要确认负债的同时冲减收入；客户使用积分消费后，按照正常销售处理，确认收入同时减少相应负债。

加油卡客户持卡消费后，消费数据上传到加油卡系统完成清分清算。加油卡系统按照事先设定的优惠规则及会员积分规则自动计算应给予客户的积分，并将会员积分产生信息（分记账日、分加油站、分品号的汇总金额）通过数据接口上传零售电子账表册系统，零售电子账表册系统将当日加油卡消费金额扣减会员积分产生的金额后确认为加油卡销售收入，经零售账管人员审核后上载财务核算系统。

会员积分的产生金额，计入“合同负债——奖励积分”科目贷方。客户积分达到一定数量后可以申请兑换积分，对于兑换充值卡的，借记“合同负债——奖励积分”科目，贷记“合同负债——地方充值卡”或“合同负债——全国充值卡发售”科目；对于兑换商品的，借计“合同负债——奖励积分”科目，贷记“其他业务收入——非油品业务收入”科目；对于兑换第三方商品的，借计“合同负债——奖励积分”科目，贷记“银行存款”等科目。

【实务举例9】

A 企业在 B 加油站有 50 000 积分，按照加油站管理要求，可以兑换 500 元充值卡。2024 年 3 月日，A 企业将 50 000 积分兑换成充值卡，并加油 100，则 B 加油站会计处理如下：

借：合同负债——奖励积分　　500

　　贷：合同负债——充值卡　　500

借：合同负债——充值卡　　100

　　贷：主营业务收入——××油品　　88.50

　　　　应交税费——应交增值税（销项）　　11.50

四、其他经营业务会计与税务实务处理

（一）自用油业务会计与税务实务处理

1. 自用油业务介绍

加油站除了有销售油品的业务，还有自用油业务。自用油包括成品油、燃料油。自用油的形式主要有：行政用车自用油、经营用车自用油、油库消防用车自用油、计量及质量检测自用油、发电用油、采暖用油、消防用油等。根据《成品油零售加油站增值税征收管理办法》的规定，经税务机关确定的加油站自有车辆自用油和加油站检测用油（回罐油）允许在当月成品油销售数量中剔除，不作为应税销售的成品油。自用油业务使用的油品不属于增值税视同销售的几种情况，也不属于进项税额不得抵扣的几种情况。因此，在加油站合理合规使用的前提下，自用油不涉及缴纳增值税和企业所得税的情况。

加油站存在自用油业务时，需要由使用部门填写《内部自用油审批表》，按内控权限规定的流程审批，以审批后的《内部自用油审批表》为提油依据，与发油凭证配对做档案保管。并且，内部行政和经营车辆用油应到主管税务部门办理备案手续，取得税务部门的认可。

2. 自用油业务会计与税务处理

加油站自用油业务分为两种情况：一种情况是生产经营自用油，另一种情况是非生产经营福利自用油。自用油业务原则上通过发放加油卡方式开展，即在自用油情况下，刷自用油加油卡。具体流程如下：

（1）生产经营自用油。

①发放加油卡，公司内部行政和经营车辆用油。

a. 加油卡充值时：

借：其他应收款（车辆自用油虚拟客户）

　　贷：合同负债——加油卡充值

b. 车辆自用油消费时：

借：合同负债——加油卡消费

贷：其他应收款（车辆自用油虚拟客户）

同时，按照车、船自用油数量和单位成本，确认自用油成本费用。

借：车辆使用费——汽柴油费等

贷：库存商品

②通过填写《内部自用油审批表》，按内控权限规定的流程审批，以审批后的《内部自用油审批表》为提油依据的加油站的检测用油等，按照自用油成本结转确认相关费用。

借：化验计量费等

贷：库存商品

（2）非生产经营福利自用油。

①通过发放加油卡，领用非生产福利自用油。

a. 自用油加油卡充值时：

借：其他应收款（车辆自用油虚拟客户）

贷：合同负债——加油卡充值

b. 车辆自用油消费时，按照使用加油卡销售确认收入，结转成本。

c. 月末根据非生产福利自用油加油卡使用情况：

借：应付职工薪酬——职工福利

贷：其他应收款（车辆自用油虚拟客户）

借：职工薪酬——福利费

贷：应付职工薪酬——职工福利

②非生产经营自用油，如油库食堂用油等。

a. 提取油品时，按正常销售流程处理。

b. 到财务报销时，通过填写《内部自用油审批表》，按内控权限规定的流程审批，以审批后的《内部自用油审批表》和销售发票为报销依据：

借：应付职工薪酬——职工福利

贷：现金/银行存款/其他应收款——备用金

借：职工薪酬——福利费

贷：应付职工薪酬——职工福利

（二）清罐（管）业务会计与税务实务处理

如果加油站需要对储油罐（管）进行清理，则要先向商品保管部门提出清罐（管）申请，经上级主管部门审批后实施。此时，确认罐（管）底余油后，根据其油品数量在系统内将相应的油品转入质检状态。清罐（管）结束后，经化验员确认可回收油品数量和不可回收油品数量，其中回收数量从质检状态油品转入非限制使用库存。这里特别需要注意的是，在清罐（管）的过程中，可能会存在残值油品做降级变成渣油，加油站变卖渣油的业务。如果有此类业务，加油站需要缴纳相应的增值税及所得税。会计分录如下：

借：银行存款

　　贷：其他业务收入——渣油

　　　　应交税费——应交增值税（销项税额）

借：主营业务成本——渣油

　　贷：库存商品——渣油

（三）油品损失业务会计与税务实务处理

上文提到，油品在输转或存放时，会发生一些损耗和损失。因油品挥发等原因造成的正常损耗被分摊进入库存商品成本，若是由于人为管理不善造成的非正常损耗，如发生输油管道爆裂、运输罐车爆炸等事故，则需要对损失油品的进项税额进行转出。

【实务举例10】

2024 年 5 月 1 日，某加油站因管理不善发生油罐爆炸事故，损失 92# 汽油 1 万吨，每吨成本为 6 元（不含税）。该加油站已经取得该油品 10 万吨进项税发票并进行认证抵扣。2024 年 6 月 1 日，经保险公司认定赔偿款为 5 万元。该加油站会计分录如下。

（1）2024 年 5 月 1 日：

借：待处理财产损溢——待处理流动资产损溢　　67 800

　　贷：库存商品——92#汽油　　60 000

应交税费——应交增值税（进项） 7 800

（2）2024 年 6 月 1 日：

借：银行存款 50 000

营业外支出——报废毁损损失 17 800

贷：待处理财产损溢——待处理流动资产损溢 67 800

（四）加油站转让业务税收政策解析及实务处理

加油站企业在转让房地产时，如果将成品油零售特许经营权估价后在收入中扣除，就会产生土地增值税计税依据减少的税收风险（所谓“特许经营权”即取得“成品油零售经营批准证书”时获得的“成品油零售经营资格”），能否在收入中扣除？

根据《国家税务总局关于纳税人转让加油站房地产有关土地增值税计税收入确认问题的批复》（税总函〔2017〕513 号）、《成品油市场管理办法》（商务部令 2006 年第 23 号）第三十六条、第二十九条的规定，成品油经营批准证书不得伪造、涂改，不得买卖、出租、转借或者以任何其他形式转让；经营单位投资主体发生变化的，原经营单位应办理相应经营资格的注销手续，新经营单位应重新申办成品油经营资格。

提示：《成品油市场管理办法》虽已废止，但《成品油流通管理办法》第十条也有同样表述，另外在《成品油零售经营批准证书》中有记述：不得伪造、涂改、不得买卖、出租、转借、质押或者以任何其他形式转让。

因此，对依法不得转让的成品油零售特许经营权作价或评估作价，不应从转让加油站整体资产的收入金额中扣除。

【实务举例11】

2024 年 7 月，A 有限责任公司将其下属的某加油站整体资产以 4 800 万元转让给 B 公司，《资产转让合同》约定，具体资产包括约 4.5 亩土地、房屋、相关设备设施及加油站的“特许经营权”等。合同约定的价款包括：土地使用权作价 13 030 041.87 元、房屋等不动产作价 2 941 327.25

元、机器设备作价 317 143. 17 元、特许经营权作价 31 711 487. 71 元，合计 4 800 万元。支付方式分为两种：一是资产价款 2 845 万元；二是承担贷款本金 1 955 万元，合计 4800 万元。

根据在原市国土资源局调取的申请人的前身“某总公司”（2000 年 6 月 25 日变更为某有限公司）在 1998 年 5 月 8 日取得该加油站时的《转让协议》，协议转让价格为 380 万元，其中土地使用权价格 2 269 125 元（《财产移交清单》），确认其取得土地使用权金额为 2 269 125 元。旧房建筑物的评估价格为 2 941 327. 25 元。确定的营业税及附加、印花税等，共计 2 694 081. 41 元。评估费用票据 30 000 元。

A 有限责任公司在转让加油站过程中，应缴纳多少土地增值税?

首先，根据《成品油流通管理办法》第三十六条的规定，成品油经营批准证书不得伪造、涂改，不得买卖、出租、转借或者以任何其他形式转让。税总函〔2017〕513 号文件也提到，对依法不得转让的成品油零售特许经营权作价或评估作价不应从转让加油站整体资产的收入金额中扣除。

其次，根据《中华人民共和国土地增值税暂行条例》第二条的规定，转让国有土地使用权、地上的建筑物及其附着物（以下简称“转让房地产”）并取得收入的单位和个人，为土地增值税的纳税义务人（以下简称“纳税人”），应当依照本条例缴纳土地增值税；第五条规定，纳税人转让房地产所取得的收入，包括货币收入、实物收入和其他收入。根据《中华人民共和国土地增值税暂行条例实施细则》第五条的规定，条例第二条所称的收入，包括转让房地产的全部价款及有关的经济收益。

因此，A 有限责任公司房地产转让收入 = 13 030 041. 87 + 2 941 327. 25 + 31 711 487. 71 = 47 682 856. 83（元）。

A 有限责任公司房地产扣除项目 = 2 269 125 + 2 941 327. 25 + 2 694 081. 41 + 30 000 = 7 934 533. 66（元）。

增值额 = 47 682 856. 83 − 7 934 533. 66 = 39 748 323. 17（元）。

增值率 = 39 748 323. 17 ÷ 7 934 533. 66 × 100% = 501%。

根据《中华人民共和国土地增值税暂行条例》第七条和计算出的增值

幅度（超过了200%），适用税率为60%，速算扣除系数为35%。

根据《中华人民共和国土地增值税暂行条例》第十条的规定，土地增值税具体公式为：土地增值税税额 = 增值额 × 税率 − 扣除项目金额 × 速算扣除系数。

因此，A有限责任公司应缴纳土地增值税税额为：39 748 323.17 × 60% −7 934 533.66 ×35% =21 071 907.12（元）。

参考文献

[1]吴金林,毕港峰．加油站经营与管理[M]．北京:中国石化出版社,2021.

[2]马秀让．加油站主要设备设施[M]．北京:中国石化出版社,2016.

[3]税智星．成品油消费税:若干重大问题的探讨[EB/OL]．[2024 −9 −9]. https://www.tax.vip/web/information/info − datail −13919. html.

第五章　石油炼化产品应用行业税收政策解析与实务处理

成品油行业生产的产品，要流入化工、交通运输、建筑等行业。这些行业是成品油行业产品的应用环节，能够侧面反映成品油行业产品的性质。了解油品的应用环节对于成品油行业的涉税风险分析有着重要的作用。因此，本章主要介绍石油炼化产品的应用，即化工行业、建筑业和交通运输业的税收政策与实务处理。

第一节　石油炼化产品应用于化工行业的税收政策解析与实务处理

化工行业是从事化学工业生产、开发的企业和单位的总称。化工行业渗透各个领域，是国民经济中不可或缺的重要组成部分，对于人类经济和社会发展具有重要的现实意义。

一、石油炼化产品与化工行业

（一）化工行业分类与行业特点

1. 化工行业分类

化工行业是指在化学反应作用下将物质的结构、形态、组成进行改变后生产出所需要的化学产品的行业。

《国民经济行业分类》（GB/T 4754—2017）将化学工业分为石油加工及炼焦加工业、化学原料及化学制品制造业、医药制造业、化学纤维制造业等。本节内容涉及的化工行业，是除石油加工及炼焦加工业之外的其他化工企业。

2. 化工行业特点

（1）化工行业属于连续生产工种，是流程型行业，各生产环节相互依存。化工行业的生产过程靠调节工艺操作参数实现，控制信息要求及时、稳定、可靠。因此，流程生产过程的安全、稳定、长周期是节能、稳定、高产的重要保障。

（2）化工行业的产品一般具有毒性、危险等特性，产品专业性强。物料及产成品的任何差错、闪失都会严重影响企业的运作及生产的正常秩序，因此化工企业对原料及产成品的管理相当严格。由于化工行业的手工操作容易出错，经常出现账面与仓库实存数不符的情况，以致企业员工高度紧张。如何合理科学地分类和管理化工行业，对于采购部门单据录入，销售部门查寻，仓库部门记录、统计、分析和收发货等业务的完成非常重要。

（3）化工行业的产品是连续的，而且有许多联产品、副产品和中间产品。有时候是投入多个原料，每道工序都有产品产出。这些产品有些是由一个炉里同时产出的，有些则还要经过冷却或者压缩等后续工序。

（二）石油化工原料与化工产品

1. 石油化工原料

石油化工原料主要为石油炼制过程中产生的各种石油馏分和炼厂气、油田气、天然气等。

石油馏分（主要是轻质油）通过烃类裂解、裂解气分离可制取乙烯、丙烯、丁二烯等烯烃和苯、甲苯、二甲苯等芳烃，其中芳烃也可来自石油轻馏分的催化重整。石油轻馏分和天然气经蒸汽转化，重油经部分氧化可制取合成气，进而生产合成氨、合成甲醇等。从烯烃出发，可生产各种醇、酮、醛、酸类及环氧化合物等。随着科学技术的发展，烯烃、芳烃经加工可生产包括合成树脂、合成橡胶、合成纤维等高分子产品及一系列制品，如表面活性剂等精细化学品。因此，石油化工的范畴已经扩大到高分子化工和精细化工的大部分领域。石油化工生产一般与石油炼制或天然气加工相结合，相互提供原料、副产品或半成品，以提高经济效益。

2. 化工产品分类

化工行业的主要产品种类繁多，被广泛应用于日常生活、建筑、医疗、工业生产等各个领域。

根据原料及用途不同，化工行业产品分为以下几种：

（1）塑料。

塑料是化工行业的重要产品，以合成树脂为主体，加入不同功能的添加剂后制成的高分子材料，包括聚乙烯、聚丙烯、聚氯乙烯等。不同类型的塑料应用范围广泛，从日常用品到汽车零部件、医疗器械、包装材料等领域均有所应用。

（2）涂料。

涂料是用于保护、装饰和美化物体表面的材料，包括油漆、清漆、涂料配件等。它们被广泛应用于建筑、汽车、船舶、家具等领域。

（3）合成纤维。

合成纤维包括聚酯纤维、聚酰纤维、聚酰胺纤维等，被广泛应用于纺织、服装、家具、工业过滤等领域。

（4）农药。

农药广义上是指农业上使用的药剂，化工行业生产的各类农药，包括杀虫剂、除草剂、杀菌剂等，用于植物保护和农作物生产，帮助提高农作物的产量和质量。

（5）医药品。

化工行业生产的医药品涵盖了各种药物，包括处方药、非处方药、生物制品等，用于预防、治疗和诊断疾病。

（6）化肥。

化工行业生产多种类型的化肥，用于促进农作物生长、提高产量。

除此之外，化工行业还涉及润滑油、塑料添加剂、化工原料、化工中间体等多种产品。这些产品通常以石油产品的原材料制成，在各个行业发挥着重要作用，支持着现代社会的运作和发展。

（三）化工行业主要产品与生产过程

1. 乙烯及其衍生物

（1）乙烯及其衍生物的分类。

乙烯及其衍生物主要包括乙烯、环氧乙烷、氯乙烷、醋酸等。乙烯是烯烃中最简单也是最重要的化合物之一，具有活泼的双键结构，容易发生各种加成聚合等反应。

环氧乙烷是最简单的乙烯部分氧化产物，与乙醛互为同分异构体，其化学活性强，是乙烯系主要的中间体。

氯乙烯是聚氯乙烯塑料的单体，是目前塑料产量最大的品种之一。在工农业、交通运输、日常生活各方面，聚氯乙烯制品的使用十分广泛。

醋酸是最重要的中间体之一：醋酸与乙烯作用生成的醋酸乙烯酯，是制造合成纤维维尼纶的主要原料；由醋酸制得醋酐进而制成的醋酸纤维素，是合成人造纤维、塑料和电影胶片片基的原料。另外，醋酸还被广泛应用于医药、染料、农药、工业等领域。

（2）乙烯及其衍生物的生产过程。

乙烯的制备主要包括石脑油裂解、轻烃制乙烯和煤制烯烃 3 种工艺流程。这些工艺路线各具优势和特点，可根据实际生产需求进行选择和优化。

石脑油裂解制备乙烯，主要是利用石脑油进行管式炉蒸汽裂解和催化裂解。在高温条件下，石脑油发生裂化反应，生成较小的分子。这些小分子通过自由基反应进一步反应，生成气态轻质烯烃。

轻烃制乙烯的主要原料包括乙烷、丙烷和丁烷等，其中乙烷脱氢制乙烯是轻烃制乙烯的主要路径。这一过程主要发生在高温裂解炉中，通过脱氢反应将乙烷转化为乙烯，同时副产出氢气。

煤制乙烯包括 CTO 和 MTO 两种工艺：CTO 工艺是以煤为原料，先制成甲醇，再经过脱水反应得到乙烯；MTO 工艺是直接使用外购的甲醇为原料，经过特定的反应制得烯烃。

2. 芳烃

（1）芳烃的分类。

芳烃主要包括苯、甲苯、二甲苯等。在约800万种的已知有机化合物中，芳烃化合物占了约30%，其中苯－甲苯－二甲苯混合物（Nem zene－Toluene－Xylene，BTX）被称为“一级基本有机原料”。随着合成树脂、合成纤维、合成橡胶工业的发展，芳烃的生产在石油化工领域占有越来越重要的位置。

（2）芳烃的生产过程。

石油芳烃有两种加工过程：一种为石油馏分的催化重整，不同馏分石脑油经重整后可得到含芳烃50%～70%的重整油；另一种为石油馏分蒸汽裂解制乙烯的副产品裂解汽油，其中芳烃的含量也在50%～70%。重整油和裂解汽油再经过分离，可得到苯、甲苯、二甲苯、乙苯等。

3. 合成树脂

（1）合成树脂的分类。

按照应用功能，塑料可分成以下三大类：

①通用塑料。通用塑料的原料来源丰富，应用面广，如聚乙烯、聚丙烯、聚氯乙烯、聚苯乙烯、聚氨酯等热塑性塑料，酚醛树脂、脲醛树脂、环氧树脂、不饱和树脂等热固性塑料。

②工程塑料。工程塑料的综合性能（机械性能、耐低温性能、电性能等）好，可代替金属做结构材料，其中聚酰胺、聚碳酸酯、聚甲醛、改性聚苯酯及热塑性聚酯树脂为五大通用工程塑料。

③功能性塑料。功能性塑料产量较小，具有某种特殊的优异功能，如耐高温、耐腐蚀、耐辐射、导电、导磁等。这类塑料有聚酰亚胺、聚氨酯、聚苯硫醚、聚醚酮等。

（2）塑料的生产过程。

塑料的生产过程包括树脂生产、塑料制备和塑料制品生产三部分：

①树脂生产。树脂的生产过程就是把许多小分子原料（单体）通过聚合反应连接起来变成高分子化合物。按单体元素组成和结构变化，可将聚合反应分为加聚反应和缩聚反应。

②塑料制备。将树脂制造成塑料，通常采用“改性”的方法，在合成树脂中加入各种各样的添加剂，改变其性能，使种类有限的单一树脂变成成千上万种具有各种优良性能的新型材料，从而满足不同领域、不同方面的需求。

③塑料制品生产。塑料成形是指将塑料变成具有一定形状且有使用价值的物件或定型材料。塑料成形过程大致如下：首先，将聚合物粒料或粉料转变为可塑性的流动态，一般是通过加热熔融或配成溶液、乳液或糊；其次，将流动的聚合物粒料或粉料充满模具型腔，或流延成膜，或经喷丝头喷丝等，成形后进行冷凝固化，对于纤维和薄膜还要经过拉伸取向、退火、淬火等后加工处理，以便达到稳定的制品形状和要求的使用性能。从这里可以看出，树脂既可以制成塑料制品，也可以制成纤维。

二、石油炼化产品应用于化工行业的财务核算

（一）化工行业财务核算相关名词

1. 联产品

联产品是指用同样原料，经过同一个生产过程，生产出两种或两种以产品。这些产品在经济上有不同的性质和用途，而且属于企业生产的主要目的。

2. 副产品

副产品是指生产主要化工产品过程中附带生产出的非主要产品。

3. 联产品系数

联产品系数是指分配联产品成本时将分配标准折算成相对固定的系数，按照系数在各种产品之间分配费用，以此计算产品成本。

4. 综合结转分步法

综合结转分步法是指上一生产步骤的半成品成本转入下一生产步骤

时，是以“半成品”或“直接材料”综合项目记入下一生产步骤成本计算单的方法。

5. 分项结转分步法

分项结转分步法是指将各步骤耗用的上一步骤半成品成本，按照成本项目分项转入各该步骤产品成本明细账的各个成本项目中。如果半成品通过半成品库收发，那么在自制半成品明细账中登记半成品成本时，也要按照成本项目分别登记。

6. 约当产量

约当产量是指在产品按其完工程度折合成完工产品的产量。

7. 吨产品现金操作费用

吨产品现金操作费用是指某化工装置平均每生产1吨主产品发生的不含原料成本的各项付现费用支出。

烯烃装置的产品现金操作费用包括：烯烃装置应分摊的除折旧和摊销以外的管理费用、销售费用；装置耗用的辅助材料、燃料、动力和修理费支出，以及该装置的生产、管理人员职工薪酬和除折旧和摊销以外的其他间接生产费用，外供和转送的水、电、蒸汽及其他产品和劳务费作为减项予以扣除。烯烃装置的产品现金操作费用包括所有修理费支出。

单位现金操作费用（元/吨）＝（外购辅助材料、燃料、动力＋修理费支出＋除折旧和摊销项目以外的其他生产、管理、销售费用付现支出－外供和转送的水、电、蒸汽及其他产品和劳务费）÷主产品产量（含来料加工）

除烯烃装置外的其他化工装置产品现金操作费用包括该装置耗用的辅助材料、燃料、动力和修理费支出，以及该装置的生产、管理人员职工薪酬与除折旧和摊销以外的其他间接生产费用；外供和转送水、电、蒸汽及其他产品和劳务费作为减项予以扣除。

单位现金操作费用（元/吨）＝（外购辅助材料、燃料、动力＋装置的修理费支出＋除折旧和摊销项目以外的其他生产付现支出－外供和转送

的水、电、蒸汽及其他产品和劳务费）÷主产品产量（含来料加工）

8. 吨产品完全加工费

吨产品完全加工费是指某化工装置平均每生产1吨化工产品所发生的不含原料成本的各项费用支出。

（1）指标确定考虑的因素。

吨产品完全加工费 =（生产成本 - 原材料 + 管理费用 + 销售费用 + 财务费用）÷全部产品商品产量（不含公用工程及包装物）

其中，“生产成本”为各单位主营业务成本表中的当期生产成本，燃料等变动费用未考虑价格变化因素，不考虑在产品、半成品、产成品库存等因素的影响：“原材料”为主营业务成本表中第一项“外购原料”。

根据全产全销原则，各单位的产品商品产量根据上报事业部主营业务利润表各产品商品销售量之和计算确定（不含公用工程及包装物），对个别单位进行了调整，计量单位统一为“吨”。

（2）各单位月度完成指标的计算依据

吨产品完全加工费 =（生产成本 - 原材料 + 管理费用 + 销售费用 + 财务费用）÷全部产品商品产量（不含公用工程及包装物）

“生产成本”为各单位主营业务成本表中的当期生产成本；“原材料”为主营业务成本表中第一项“外购原料”。

全部产品商品产量按产成品库存明细表中本月生产量扣除自用、其他减少及盘盈（亏）数量计算确定（不含公用工程及包装物），计量单位统一为“吨”。

（二）化工行业财务核算要求

1. 产品成本核算

（1）根据化工产品连续生产、顺序加工的特点，产品成本计算采用综合结转分步法。

（2）化工装置生产的产品能明确划分成本的，采用品种法计算产品成本；不能明确划分成本的，采用联产品系数法分配计算各产品成本。

化纤产品采用品种法，按品种、规格型号计算产品成本。

（3）化工联产品的成本计算。化工联产品成本采用系数法计算，首先，按照成本项目（包括扣除副产品项目）汇集分离前的综合成本；其次，用产品系数分离综合成本，算出各产品的成本，计算公式如下：

联产品折合产量（积数和）=Σ（各联产品产量×产品系数）

联产品折合产量单位成本（积数单位成本）=联产品总成本÷联产品折合产量（积数和）

某种产品总成本=某种产品折合产量×联产品折合产量单位成本（某种产品的积数和×积数单位成本）

某种产品单位成本=某种产品总成本÷某种产品实际产量

（4）分类产品的成本计算。分类产品是指品种虽相同，但规格、等级、型号不同的产品。其成本计算也采用系数法，用产品系数将综合成本分离，计算方法和计算公式参照上述联产品，分类产品系数根据实际情况按产量等比例确定。

（5）对于联产品和分类产品分离综合成本时采用的标准产品系数，总部有规定的，从其规定；总部未做规定的，各单位由财务部门会同技术部门确定标准产品、测定产品系数，并报上级财务部门备案。

2. 在产品成本核算

在产品成本是指已投入生产过程，但尚未形成产成品而消耗的材料和费用等。

化工企业按以下原则确定计算在产品成本的方法：在产品数量较少、生产周期较短的，不计算在产品成本；在产品数量较大，但各月之间变动不大的，不计算在产品成本；在产品数量较大，并且月度变动较大的，采用约当产量法计算在产品的成本，其中对于原材料占成本比重较大的产品，只计算在产品的原材料成本。在产品通过“在制品”科目进行核算。

化工企业应当根据生产统计部门提供的统计信息，按照会计手册的规定计算各生产装置在产品成本；按在产品的明细构成分别建立虚拟物料，建立对应的新评估类型，计入“在制品”科目进行核算。如果遇到开停车或大检修等异常情况，在产品成本计算方法改变或在产品成本变化很大的，则需要上报化工事业部备案。

3. 包装车间费用的核算

化工企业、化纤企业包装车间作为基本生产部门核算。成品车间如果承担的主要职能是仓储和转运，则作为辅助生产部门核算；成品车间如果承担的主要职能是成品包装，则作为基本生产部门核算。

化工企业的散装产品、半成品到包装（成品）车间根据实际情况进行分项结转或综合结转，包装（成品）车间为多个装置、部门的产品提供包装劳务的，包装（成品）车间发生的生产费用按提供的包装量比例分配结转到相应装置和部门的产品成本中。

4. 不合格产品成本的计算

不合格产品应与合格产品同样计算成本，少量的落地料、废品、废料视同副产品扣除。各单位应加强对不合格产品的管理，并在生产过程中控制不合格产品的产生。

5. 副产品成本的计算

副产品是伴随主要产品的生产而产生的，一般价值小、数量少。副产品成本根据可变现净值按固定价格从主产品成本中扣除计算。可变现净值的计算方法如下：

（1）副产品不需要加工即可出售的，单位副产品可变现净值 = 单位售价（不含税金）。

（2）副产品需要加工后才能出售的，单位副产品可变现净值 = 单位售价（不含税金） - 单位加工费。

各单位应按照规定界定副产品，并按照上述可变现净值确定原则来确定副产品扣除成本后从全部产品总成本中扣除。

（三）化工行业财务核算方法

1. 材料采购的核算

外购材料成本包括材料买价、运杂费、装卸费和运输过程中发生的合理途耗，入库前的加工、整理及挑选费用等。

（1）外购材料入库时，按照订单价格确认原材料成本和应付暂估。

借：原材料

贷：应付账款——应付暂估

（2）取得发票时进行发票校验，按照订单价与发票实际价格差异调整原材料库存成本。

借：应付账款——应付暂估

应交税费——应交增值税（进项税额）

借/贷：原材料

贷：应付账款

（3）途耗。

对于发票数量和实际验收入库数量的差异，通过采购订单进行采购的货物，应按照实际验收入库数量进行订单收货，按照发票数量进行发票校验，若差异在双方约定的正常范围内，则直接计入当期采购差异；若差异超过约定范围，则需上报审批后确定后续处理方法，向供应商理赔或计入损益。

①合理途耗不单独进行会计处理，随发票校验计入原材料成本（调整入库数量）。

②非合理途耗在发生时计入“待处理财产损溢”科目。

借：待处理财产损溢——待处理流动资产损溢

贷：原材料

企业应当查明非合理途耗原因，并根据损失形成原因，分别向责任人、保险公司索赔，取得的赔偿金额计入“其他应收款”科目；对赔偿不足部分形成的净损失，在履行规定的审批程序后，区分损失原因分别计入“管理费用”科目或“营业外支出”科目。同时，由于管理不善造成被盗、丢失、霉烂变质的非正常损失，需要进行进项税转出处理。

借：其他应收款

管理费用

营业外支出

贷：待处理财产损溢——待处理流动资产损溢

应交税费——应交增值税——进项税额转出（由于管理不善造成被盗、丢失、霉烂变质的非正常损失）

2. 材料出库的核算

（1）材料采用实际成本进行核算，如按移动加权平均法计算出库成本。

采用计划成本或标准成本核算的，主要原材料必须按照品种计算成本差异，一般材料按类别计算成本差异。企业应根据材料的用途，逐月分配材料成本差异。发出材料负担的成本差异，除委托外部加工材料可按照上月的差异率计算外，其余都应使用当月的材料成本差异率进行计算。

材料成本差异率计算公式如下：

本月材料成本差异率 =（月初结存材料的成本差异 + 本月入库材料的成本差异）÷（月初结存材料的计划成本 + 本月入库材料的计划成本）×100%

上月材料成本差异率 = 月初结存材料的成本差异 ÷ 月初结存材料的计划成本 ×100%

领用材料应负担的材料成本差异 = 领用材料计划成本 × 材料成本差异率

（2）按规定采用品种法核算产品成本时，能直接认定用于产品生产的材料、自制半成品，直接计入各产品成本；不能直接认定用于产品生产的材料、自制半成品，按消耗定额、产品产量比例等方式进行合理分配。按规定采用联产品系数法核算产品成本时，采用会计手册规定的装置联产品系数对联产品材料成本进行分配，计算各联产品的材料成本。

①原料或自制半成品领用出库时，按移动加权平均法计算出库材料的实际成本，根据物料清单直接发送到 PP 生产订单。

借：生产成本——原材料及主要材料

生产成本——自制半成品

贷：原材料

自制半成品

②采用计划成本核算的，月末按照库存数量、生产消耗数量分摊材料成本差异。

借：原材料

产品成本差异

贷：材料成本差异

（3）材料储耗主要是指货物在存储过程中发生的损耗。发生原材料储耗时，应先判断是否属于正常范围内的储耗，对于合理储耗计入“生产成本”科目。

借：生产成本——原材料及主要材料

贷：原材料——××材料

对于原材料非合理储耗，应作为待处理财产损溢核算。

借：待处理财产损溢——待处理流动资产损溢

贷：原材料——××材料

按照管理权限报经批准后，根据造成非合理储耗的原因，分别按照实际情况进行处理：属于计量收发差错和管理不善等原因造成的非合理储耗，应先扣除残料价值、可以收回的保险赔偿和过失人赔偿，将净损失记入“管理费用”科目；属于自然灾害等非常原因造成的非合理储耗，应先扣除处置收入（如残料价值）、可以收回的保险赔偿和过失人赔偿，将净损失计入“营业外支出”科目。

借：其他应收款

管理费用

营业外支出

贷：待处理财产损溢——待处理流动资产损溢

应交税费——应交增值税——进项税额转出（由管理不善造成被盗、丢失、霉烂变质的非正常损失）

（4）化工企业装置间互供原料，即下游装置以上游装置产品作为原料的，按照实际耗用量，将产品以标准成本根据物料清单发送至下游装置的生产订单。标准成本与实际成本之间的生产价格差异通过物料清单转入生产订单。

借：生产成本——自制半成品

贷：自制半成品

三、石油炼化产品应用化工行业税收政策解析与实务处理

（一）税收政策对化工行业的影响

税收政策在化工行业中发挥着重要作用，对其产业链和市场竞争具有深远影响。企业所得税、增值税和消费税税收政策的组合，对石油炼化下游化工行业及整个石油炼化供应链均有明显影响。针对化工产品的消费税和增值税政策会影响化工产品的价格，进而影响市场需求和供应，直接或间接影响化工产业链的成本，从原材料采购到产品销售，税务成本可能在产业链中传递。

税收政策对成品油和化工行业的影响是多方面且深远的。税收优惠和减免作为奖励措施，可以鼓励企业进行研发、创新，推动企业技术进步，提高产品质量和生产效率。税收政策奖励企业采取节能减排措施，可以鼓励企业采用环保型技术和生产模式，促进企业绿色发展和可持续经营。通过差别化的税收政策，政府引导行业结构调整，推动重点领域发展，如鼓励新型材料、高端化工品的生产。

（二）石油炼化产品应用于化工行业税收政策

上文提到，税收政策对成品油和化工行业的影响是多方面且深远的。具体的税收政策、税收优惠政策在本书前面均有涉及。因此，本部分仅对化工行业税收政策进行分析。

从化工产业链来看，原油经过石油炼化企业加工，初步产出汽油、柴油、石脑油、溶剂油、航空煤油、润滑油、燃料油这 7 个消费税税目下的应税产品和其他化工品。成品油应税产品既是石油炼化的产品，也是石油化工的原料，这就使上述产品既可以直接离开生产企业作为应税消费品上

市流通，也可以作为中间原材料在生产企业内部继续流转，还可以成为其他石油化工或化工企业的原材料。石油炼化产品应用于化工行业的特有税收政策是石脑油、燃料油生产乙烯芳烃退税政策。

【政策依据】

根据《财政部　中国人民银行　国家税务总局关于延续执行部分石脑油燃料油消费税政策的通知》（财税〔2011〕87 号）（以下简称《通知》）的规定，为促进我国烯烃类化工行业的发展，经国务院批准，用于生产乙烯、芳烃类化工产品的石脑油、燃料油消费税退（免）税政策延续问题明确如下：

（1）自 2011 年 10 月 1 日起，对生产石脑油、燃料油的企业（以下简称生产企业）对外销售的用于生产乙烯、芳烃类化工产品的石脑油、燃料油，恢复征收消费税。

（2）自 2011 年 10 月 1 日起，生产企业自产石脑油、燃料油用于生产乙烯、芳烃类化工产品的，按实际耗用数量暂免征收消费税。

（3）自 2011 年 10 月 1 日起，对使用石脑油、燃料油生产乙烯、芳烃的企业（以下简称使用企业）购进并用于生产乙烯、芳烃类化工产品的石脑油、燃料油，按实际耗用数量暂退还所含消费税。

退还石脑油、燃料油所含消费税计算公式为

应退还消费税税额 = 石脑油、燃料油实际耗用数量 × 石脑油、燃料油消费税单位税额

使用企业所在地主管国家税务局（以下简称主管税务机关）负责退税工作。主管税务机关根据使用企业石脑油、燃料油实际耗用量核定应退税金额，并开具“收入退还书”（预算科目为：101020121 成品油消费税退税），后附退税审批表、退税申请书等，送交当地国库部门。国库部门审核后从中央预算收入中退付税款。

（4）用石脑油、燃料油生产乙烯、芳烃类化工产品的产量占本企业用石脑油、燃料油生产产品总量的 50% 以上（含 50%）的企业，享受本《通知》规定的退（免）消费税政策。符合本条规定条件的企业，应在本

《通知》下发后到主管税务机关提请退（免）税资格认定。

（5）乙烯类化工产品是指乙烯、丙烯、丁二烯及衍生品；芳烃类化工产品是指苯、甲苯、二甲苯、重芳烃、混合芳烃及衍生品。

（6）使用企业生产乙烯、芳烃类化工产品过程中所生产的消费税应税产品，照章缴纳消费税。

（7）用于生产乙烯、芳烃类化工产品的石脑油、燃料油消费税具体退（免）税管理办法，由国家税务总局另行制定。

（8）财政部驻各地财政监察专员办事处要加强对消费税退（免）税政策执行情况的监督检查。各级国家税务局要加强对消费税退（免）税的组织、监督，严格管理，堵塞漏洞。对于发现并经查实的骗取退（免）税的行为应依法处罚，并取消退（免）消费税的资格。

第二节　石油炼化产品应用于建筑业的税收政策解析与实务处理

石油炼化产品与建筑业的联系非常紧密，其多用于建筑材料、工程机械燃料、筑路施工与防水卷材、油漆涂料等。本节主要讲述石油炼化产品在建筑业的应用范围、油品种类和特有的税收政策，而对一般性税收政策不再赘述。

一、石油炼化产品与建筑业

（一）建筑业及其特点

1. 建筑业分类

建筑业是指国民经济中从事建筑安装、工程勘察、设计、施工，以及对原有建筑物进行维修活动的物质生产部门。

按照《国民经济行业分类》（GB/T 4754—2017）目录，建筑业由以下四大类组成：①房屋建筑业；②土木工程建筑业；③建筑安装业；④建筑装饰、装修和其他建筑业。

建筑业的职能主要是对各种建筑材料和构件、机器设备等进行建筑安装活动，为国民经济建造生产性与非生产性固定资产。建筑业的发展与固定资产投资规模有着十分密切的关系，两者相互促进、相互制约。

2. 建筑业的特点

建筑业生产由劳动者利用机械设备与工具，按照设计要求对劳动对象进行加工制作，从而生产出一定的产品，这使它具有工业生产的特征。但是，建筑业生产又有许多不同于一般工业生产的技术经济特点，因而是一个独立的物质生产部门。建筑业产品的主要特点是：①固着地上，不能移动；②复杂多样，彼此各异；③形体庞大，整体难分；④经久耐用，使用期长。

建筑业产品的这些特点又产生了建筑业生产上的一系列特点，主要有以下四个：①生产的流动性。生产的流动性表现在两个方面：一是生产人员和机具，甚至整个施工机构，都要随施工对象坐落位置的变化而迁徙流动，转移区域或地点；二是在一个产品的生产过程中，施工人员和机具都要随施工部位的不同而沿着施工对象上、下、左、右流动，不断地变换操作场所。为了适应施工条件的经常变化，施工机具多是比较小型或便于移动的，手工操作也较多，在一定程度上影响了建筑业技术的发展。②生产的单件性。由于建筑物或构筑物的功能要求不同，所处的自然条件和社会经济条件各异，每个工程都有独特的工程设计和施工组织设计，产品价格也必须个别确定并单独进行成本核算。③生产周期长。较大工程的工期常以年计，施工准备也需要较长时间。因此，在生产中往往要长期占用大量的人力、物力和资金，不可能在短期内提供有用的产品。④露天和高空作业多，受自然气候条件的影响大，质量和安全问题突出。

（二）石油炼化产品在建筑业中的应用

石油炼化产品在建筑业中有广泛的应用，是许多建筑材料的重要组成部分。

塑料、涂料、黏合剂、绝缘材料、防水材料和胶黏剂等都是常用的建筑材料，制造它们需要使用石化产品作为原材料，聚氯乙烯和聚苯乙烯等常用于管道、窗框、隔热材料等建筑构件；石化产品被广泛应用于建筑涂料的生产，油漆、涂料和防腐蚀涂层都使用石化产品作为基础材料，以保护和装饰建筑物的表面；保温、隔音和绝缘材料常使用石化产品制造，聚氨酯泡沫和聚苯板是常见的隔热与保温材料，用于建筑墙体、屋顶和地板的隔热绝缘；石化产品的管道涂层可以防止管道腐蚀和提高管道的耐久性，使其能更长时间地使用。石化产品在建筑行业中扮演着重要角色，是许多建筑材料、涂料和绝缘材料的主要成分，为建筑行业的生产提供了关键的原材料。

建筑业常使用的油品有柴油、石油沥青、建筑沥青、油漆涂料、溶剂油。

1. 柴油——工程机械燃料

工程机械和车辆是一个建筑工程的主干力量，常见的工程车有重型运输车辆、大型吊车、挖掘机、推土机、压路机、装载机、越野工程车、电焊工程车、起重机械、氧化剂污水处理工程车等。这些工程机械和车辆有一个共同点，就是基本都以柴油作为燃料，这与柴油及柴油机的特性有关。

目前，国内汽车使用的轻柴油按凝固点分为 6 个标号：10 号、0 号、－10 号、－20 号、－35 号和－50 号。在选择柴油时，应考虑其标号，合适的标号是保证柴油在任何气温下都能正常流动供给的关键。一般来说，10 号轻柴油适用于有供油系加热设备的高速柴油机和热带地区盛夏季节使用；0 号轻柴油适用于最低气温在 4℃以上的地区使用；－10 号轻柴油适用于最低气温在－5℃以上的较冷地区使用；－20 号轻柴油适用于最低气温在－14～－5℃的寒冷地区使用；－35 号柴油适合于最低气温在－29℃以上的严寒地区使用；－50 号柴油适用于最低气温在－44℃以上的高寒地区使用。

不同标号的柴油可以混用。根据不同季节的气温条件，可以适当调配不同标号的柴油掺兑使用，这样可以降低柴油的凝点，提高柴油的流动性。但需要注意的是，掺兑后的凝点不是两种标号柴油的平均值，而是稍高于两者的平均值。例如，将 -10 号和 -20 号各一半掺兑后得到的柴油凝点不是 -15℃，而是高于 -15℃，为 -15 ~ -14℃。在掺兑柴油时，应注意搅拌均匀。在冬季缺乏低凝点柴油时，也可在 0 号柴油里掺入 40% 的裂化煤油（航空煤油），以得到 -10 号柴油。但是，柴油和汽油不能掺兑使用。因为汽油的燃点较高，如果掺入汽油，汽油进入气缸，就会冲刷气缸润滑油膜，加速气缸的磨损。

2. 石油沥青——筑路施工

石油沥青是石油里最重的成分，常温下是黑色固体，有的很硬、有的比较软，在挤压下会变形。当温度升高时，沥青会变软，甚至成为黏稠的流体。在用沥青铺设路面的时候，首先要把它加热到能够流动的状态；其次，趁热把它和沙子及不同颗粒的石子混合起来搅拌均匀；最后，把这种混合料摊铺到路基上，再平整压实，就定型为沥青混凝土路面。

需要注意的是，不是所有的沥青都能用来铺路，石油沥青也有不同的品种和牌号。按照用途进行划分，除道路沥青外，还有建筑沥青、防水防潮沥青、管道防腐沥青、油漆沥青等。只普通的道路沥青，我国就有 200 号、180 号、140 号、100 号 和 60 号 5 个牌号。这些数字表示的是沥青在 25℃下的“针入度”。所谓针入度，就是在规定条件下，将一根负重的标准针插入沥青试样，在一定时间内针能插进沥青的深度（以 1/10 毫米计）。当沥青越软时，针入度越大；当沥青越硬时，针入度越小。

为了进一步提高道路沥青的质量，延长其使用寿命，现在常采用一种改性的技术。所谓改性，就是把合成橡胶之类的高分子聚合物加入沥青中。使用改性沥青铺设的路面，在高温下不容易形成车辙，在低温下不容易缩裂，即使长期反复受压也不易因疲劳而出现裂纹。

3. 建筑沥青——防水卷材

目前，常用的防水材料叫作“建筑沥青”。这种沥青与铺路用的石油沥青性能有所不同，建筑沥青比较硬，石油沥青的软化温度要相对高一些。建筑沥青一般以石油经过常压和减压蒸帽得到的减压渣油为原料，通过氧化的方法制得。常温下，建筑沥青是黑色的脆性固体，加热至100℃以上时会逐渐软化，直至成为很黏稠的流体。在实际施工中，必须使用沥青做成的防水卷材。防水卷材俗称“油毡”，目前常用的是以纸为胎基制得的“纸胎油毡”。制造时，首先用比较容易软化的沥青（石油沥青）在200℃左右浸渍纸质胎基；其次，将软化温度较高的建筑沥青涂敷在油纸表面，再撒布一些滑石粉，经冷却便成了防水卷材。

除了用于屋顶防水外，在建筑地基的防水及在防止水库坝体渗水等方面，建筑沥青也是必不可少的防水材料。

4. 油漆涂料——工程施工

油漆工程是工程施工中的最后一道工序，墙体外漆、工程机械防腐漆及室内装修均涉及油漆涂料产品。

涂料是指涂覆在被保护或被装饰的物体表面，并能与被涂物形成牢固附着的连续薄膜，通常以树脂或油、乳液为主，添加或不添加颜料、填料，添加相应助剂，用有机溶剂或水配制而成的黏稠液体。涂料一般有4种基本成分：成膜物质（树脂）、颜料（包括体质颜料）、溶剂和添加剂。根据涂料中使用的主要成膜物质可将涂料分为：油性涂料、纤维涂料、合成涂料和无机涂料。按涂料或漆膜性状可将涂料分为溶液、乳胶、溶胶、粉末、有光、消光和多彩美术涂料等。涂料具有保护、装饰、标志及其他特殊作用（如电绝缘、防污、减阻、隔热、耐辐射、导电、导磁等）。

油漆是指以有机溶剂为介质或高固体、无溶剂的油性漆总称。近年来，涂料品种日益增多，质量和性能不断提高，许多新型涂料已不再含有油的成分，这样“油漆”这个名词就显得不够确切了。因此，现在把用于涂装物面的各种材料统称为“涂料”，油漆只是涂料中的一种。

5. 溶剂油

溶剂油是五大类石油产品之一，是成品油消费税的征税油品之一。溶剂油的用途十分广泛，用量最大的为涂料溶剂油（俗称“油漆溶剂油”），其次有食用油、印刷油墨、皮革、农药、杀虫剂、橡胶、化妆品、香料、医药、电子部件等溶剂油。目前，有400~500种溶剂在市场上销售，其中溶剂油（烃类溶剂、苯类化合物）占一半左右。

按溶剂油用途可以分为：主要用于抽出大豆油、菜籽油、花生油和骨油等动植物油脂的抽提溶剂油；用于橡胶、鞋胶、轮胎等领域的橡胶溶剂油；用于油漆、涂料工业的油漆溶剂油；等等。此外，还有洗涤溶剂油、油墨溶剂油等。根据《油漆及清洗用溶剂油》（GB 1922—2006）的规定，按其98%馏出温度或干点划分溶剂油，常见的牌号有：70号香花溶剂油、90号石油醚、120号橡胶溶剂油、190号洗涤剂油、200号油漆溶剂油、260号特种煤油型溶剂。此外，还有6号抽提溶剂油、航空洗涤汽油、310号彩色油墨溶剂油、农用灭蝗溶剂油等。实际上，市场销售的溶剂油远不止这些，生产厂家可以根据用户需要生产各种规格的溶剂油。

二、石油炼化产品应用于建筑业的税收政策解析与实务处理

石油炼化产品用于建筑业，最主要的增值税税收政策及企业所得税税收政策。

（一）外购石油炼化产品用于工程施工的增值税政策与实务处理

脱离了石油炼化企业进入经销环节的石油炼化产品，无论是柴油、溶剂油还是沥青、涂料，抑或其他名称的产品，都已经是进入市场流通环节的一般商品，均是增值税这一税种的征税对象。因此，应按照增值税的一般规定课征增值税，但根据外购石油炼化产品纳税主体资质的不同，以及从事工程施工项目的用途不同，会有不同的税收政策。比如，一般纳税人外购涂料从事施工，可以享受外购石油炼化产品取得的增值税专用发票的进项税额政策，但是会因其从事的施工项目是简易计税项目，用于非应税项目而不能抵扣增值税进项税额。

【政策依据】

根据《财政部 国家税务总局关于全面推开营业税改征增值税试点的通知》（财税〔2016〕36号）相关规定，用于简易计税方法计税项目的购进货物、加工修理修配劳务、服务、无形资产和不动产中涉及的固定资产、

无形资产、不动产，仅指专用于上述项目的固定资产、无形资产（不包括其他权益性无形资产）、不动产。

适用于一般计税方法的纳税人，兼营简易计税方法计税项目、免征增值税项目而无法划分不得抵扣的进项税额，按照下列公式计算不得抵扣的进项税额：

不得抵扣的进项税额＝当期无法划分的全部进项税额×（当期简易计税方法计税项目销售额＋免征增值税项目销售额）÷当期全部销售额

【政策解析】

建筑业纳税人往往有简易计税项目和一般计税项目，同时担任管理职能的公司总部会有增值税进项税额。纳税人将简易计税项目和一般计税项目进项税额混淆扣除，将无法划分当期的全部进项税额是否按销售额进行计算分摊。

在收入成本费用没有分项目核算的情况下，存在进项税额混淆扣除的风险，担任管理职能的公司总部发生的当期无法划分的进项税额应当按照销售额进行分摊。

【实务举例1】

某企业为一般纳税人，提供货物运输服务和装卸搬运服务，其中货物运输服务适用一般计税方法，装卸搬运服务选择适用简易计税方法。该企业于2023年6月取得货物运输收入6万元，装卸搬运服务费4万元，缴纳当月电费11.3万元，取得增值税专用发票并于当月认证抵扣，且该进项税额无法在货物运输服务和装卸搬运服务间划分。

该企业因兼营简易计税项目而无法划分所取得进项税额的，按照上述公式计算不得抵扣的进项税额：

当期无法划分的全部进项税额＝11.3÷（1＋13%）×13%＝1.3（万元）

该企业不得抵扣的进项税额＝1.3×4÷（4＋6）＝0.52（万元）

（二）外购石油炼化产品应用于工程施工的企业所得税税收政策与实务处理

外购石油炼化产品用于工程施工时，所购石油炼化产品作为工程施工的原材料计入相关成本、费用科目，但能否在税前列支上述外购石油炼化产品的成本费用，还要看外购石油炼化产品与承接的施工项目是否匹配，是否有真实、有效的凭证等，这方面企业所得税不同于增值税凭票抵扣的原理，更侧重于业务的实质。具体内容见本书第二章第三节。

第三节　成品油应用于交通运输行业的税收政策解析与实务处理

石油炼化产品与交通运输业的联系非常紧密，石油炼化产品如汽油、柴油等多应用于交通运输业的车辆中；润滑油多应用于车辆维修中。本节仅对涉及的特有的税收政策进行分析，对一般性税收政策不再赘述。

一、石油炼化产品与交通运输业

（一）交通运输业及其分类

交通运输业是指使用运输工具将货物或者旅客送达目的地，使其空间位置得到转移的业务活动。它在产业、区域、城乡之间起纽带作用。

《国民经济行业分类》（GB/T 4754—2017）将交通运输业分为铁路运输业、道路运输业、水上路运输业、航空运输业和管道运输业。

1. 铁路运输业

铁路运输业是指铁路的安全管理、调度指挥、行车组织、货运组织，以及机车车辆、线桥隧涵、牵引供电、通信信号、信息系统的运用及维修养护。

铁路运输业包括铁路旅客运输、铁路货物运输和铁路运输辅助活动。其中，铁路旅客运输又包括高速铁路旅客运输、城际铁路旅客运输和普通铁路旅客运输。铁路运输辅助活动有客运火车站、货运或者站（场）、铁路运输维护活动、其他铁路运输辅助活动。

2. 道路运输业

道路运输业，包括城市公共交通运输、公路旅客运输、道路货物运输和道路运输辅助活动。

（1）城市公共交通运输是指城市旅客运输活动，具体包括：公共汽车客运、城市轨道交通（城市地铁、轻轨、有轨电车等）、出租车客运（出租车公司及出租车签协议的出租车驾驶员服务、网约车及承揽网络预约客运的驾驶员服务）、公共自行车服务（政府或社会机构以低价格为居民提供的自行车出行服务）和其他城市公共交通运输。

（2）公路旅客运输是指城市以外道路的旅客运输活动，具体有长途客运、旅游客运和其他公路客运。

（3）道路货物运输是指所有道路货物运输活动，具体包括：①普通货物道路运输；②冷藏车道路运输，是指配有专门运输设备的道路货物运输活动；③集装箱道路运输，是指以集装箱为承载货物容器的道路货物运输活动；④大型货物道路运输，是指具备长度超过 6 米，高度超过 2.7 米，宽度超过 2.5 米，质量超过 4 吨中一个及以上条件的道路货物运输活动；⑤危险货物道路运输，是指具有燃烧、腐蚀、有毒、放射性等物质，在运输、装卸、保管过程中可能引起人身伤亡和财产损毁而需要特别防护的货物道路运输活动。

（4）道路运输辅助活动，是指与道路运输相关的运输辅助活动，具体包括：客运汽车站、货运枢纽（站）、公路管理与养护和其他道路运输辅助活动。

3. 水上运输业

水上运输业，包括水上旅客运输、水上货物运输和水上运输辅助活动。

（1）水上旅客运输，包括海上旅客运输、内河旅客运输、客运轮渡运输。其中，海上旅客运输是指沿海、远洋客轮的运输活动和以客运为主的沿海、远洋运输活动；内河旅客运输，是指江、河、湖泊、水库的水上旅客运输活动；客运轮渡运输，是指城市及其他水域旅客轮渡运输活动。

（2）水上货物运输，包括远洋货物运输、沿海货物运输、内河货物运输。

（3）水上运输辅助活动，包括客运港口（含水上运动码头）、货运港口和其他水上运输辅助活动。

4. 航空运输业

航空运输业，包括航空客货运输、通用航空服务和航空运输辅助活动。

（1）航空客货运输是指以旅客运输为主和以货物或者邮件为主的航空运输活动，包括航空旅客运输和航空货物运输。

（2）通用航空服务是指使用民月航空器从事除公共航空运输以外的民用航空活动，包括通用航空生产服务、观光旅游航空服务、体育航空运动服务和其他通用航空服务。其中，通用航空生产服务是指通用航空为农业、测绘、航拍、抢险、救援等提供的服务；观光旅游航空服务，是指直升机、热气球的游览服务；体育航空运动服务，是指通过各种航空器进行运动活动的服务，包括航空俱乐部服务。

（3）航空运输辅助活动，包括机场、空中交通管理和其他航空运输辅助活动。

5. 管道运输业

管道运输业是指通过管道对气体、液体等进行的运输活动，包括海底管道运输和陆地管道运输。

管道运输是一种较为特殊的运输方式，我国采用管道运输的主要是石油和天然气。

（二）成品油在交通运输业的应用

交通运输业是国民经济的重要基础产业，也是资源占用型和能源消耗型行业。我国交通运输业的主要能源载体为汽油（33%）、柴油（52%）、燃料油（8.7%）、煤油（5.6%）和电（1.1%）。交通运输业石油消费量占全国石油消费量的40%左右，大约有95%的汽油、60%的柴油和80%的煤油被各类交通工具所消耗。

按照《成品油流通管理办法》的规定，成品油是指汽油、煤油、柴油及其他符合国家产品质量标准，具有相同用途的乙醇汽油和生物柴油等替代燃料。

1. 汽油的应用

在交通运输业中，汽油是消耗量最大的品种，是机动车的主要燃料。汽油的沸点为30～205℃，密度为0.70～0.78克/立方厘米，商品汽油按该油在汽缸中燃烧时抗爆震燃烧性能的优劣区分，标记为辛烷值70、80、90或更高，标号越大，性能越好，主要用作汽车、摩托车、快艇、直升机、农林用飞机的燃料。

原油经过蒸馏后可以得到一部分很轻的馏分，但是不能直接用来开汽车，因为不符合车用汽油的基本要求。例如，衡量汽油质量最主要的指标——辛烷值，现在的要求至少是92，也就是“92号车用汽油”。而从原油蒸馏直接得到的轻馏分辛烷值至多只有60，与要求相去甚远。为此，近年来，我国大力发展催化裂化工艺。目前，我国车用汽油绝大部分是用催化裂化工艺生产的，其辛烷值接近90。但是，现在小轿车要求所用汽油的辛烷值至少是92，有的则要求用95号，甚至98号汽油。

2. 柴油的应用

在交通运输业中，柴油通常用于柴油发动机，如卡车、公共汽车、铁路机车、船舶等。

柴油是复杂烃类（碳原子数10～22）混合物，为柴油机燃料，主要由原油蒸馏、催化裂化、热裂化、加氢裂化、石油焦化等过程生产的柴油馏分调配而成，也可由页岩油加工和煤液化制取，分为轻柴油（沸点180～370℃）和重柴油（沸点350～410℃）两大类。对于石油及其加工产品，习惯上对沸点或沸点范围低的称为“轻”，相反称为“重”。故前者称为

“轻柴油”，后者称为“重柴油”。商品柴油按凝固点分级，如 10 号、0 号、－10 号、－20 号等，表示适用的环境温度，柴油被广泛应用于使用柴油内燃机的车辆（包含火车）、船舰及柴油锅炉。由于高速柴油机（汽车用）比汽油机省油，柴油需求量增长速度大于汽油，所以一些小型汽车也改用柴油作为燃料。

3. 航空汽油和航空煤油的应用

在交通运输业中，航空煤油是指用于飞机的燃料，通常是一种特殊配方的煤油，不同类型的飞机使用不同种类的航空燃料；船燃是指专供船舶使用的各种类型燃料油。

喷气燃料主要供喷气式飞机使用，沸点为 60 ~ 280℃ 或 150 ~ 315℃（俗称“航空汽油”和“航空煤油”）。为适应高空低温高速飞行需要，这类油要求发热量大，在－50℃不出现固体结晶。

航空汽油是用作活塞式航空发动机燃料的石油产品，具有足够低的结晶点（－60℃以下）和较高的发热量，良好的蒸发性和足够的抗爆性，是一种高辛烷值燃料，也曾经使用于赛车中。航空汽油有两种牌号：一种为 95 号（95/130，即汽油－空气贫混合物在巡航条件下的马达法辛烷值为 95MON，汽油－空气富混合物在起飞时的品度值为 130），主要用于有增压器的大型活塞式航空发动机；另一种为 75 号，水白色（马达法辛烷值为 75MON），无铅汽油，主要用于无增压器的小型活塞式航空发动机。

航空煤油的组成有下列规定：芳香烃含量在 20% 以下（其中，双环芳烃含量不超过 3%），烯烃含量在2% ~3%，正构烷烃含量用燃油结晶点不高于－60 ~ －50℃。航空发动机通常使用 3 号航空煤油和 5 号航空煤油，市面上最常见的航空煤油是“3 号喷气燃料”。

4. 润滑油与润滑脂的应用

原油经过蒸馏可以得到轻重不同的产物，专业上称为“馏分油”。其中，经减压蒸馏得到的、沸点比较高（350℃以上）的馏分油比较黏稠，往往含有蜡，经过精制除去杂质和蜡以后就很透亮了。但是，这些油不能直接加到机器里当润滑油，因为即使经过了精制和脱蜡，这些馏分油也仅仅是制取润滑油的原料，一般称为“润滑油基础油”，而市面上出售的商品润滑油都是由基础油和添加剂组成的。

润滑油的品种多达数百种，汽油在发动机里燃烧后的温度高达上千摄氏度，在这样高的温度下单纯的基础油很容易被氧化，在发动机气缸和活塞上生成像油漆一样的膜，甚至是很硬的焦炭，这样发动机很快就会被磨损坏。为了弥补基础油的不足，人们有针对性地加入各种各样的添加剂以改善它的各方面性能。虽说是添加剂，但是它们的加入量并不少，有时甚至会达到总量的10%左右。润滑油添加剂共有20多个门类，一两百个品种，是一类技术含量比较高的石油产品。随着汽车技术的发展，发动机的工作条件越来越苛刻，因此对润滑油的质量要求越来越高，而满足这种要求的关键是要着力研制添加剂的新品种并不断改进它的性能。

除起润滑作用外，润滑脂还能对金属零件起到防护作用，使金属零件不会因腐蚀而生锈。另外，润滑脂还能被用作密封材料。

5. 轻循环油、混合芳烃、稀释沥青的应用

轻循环油是清洁油，是催化裂化过程中副产物含有大量单环及多环芳烃、十六烷值很低的柴油组分，主要用于内燃机车、拖拉机和各种高速柴油机。当不能直接使用柴油时，轻循环油可以替代柴油，因为轻循环油较轻，适用于大型矿山机械和船舶。

混合芳烃是无色透明液体，有特殊气味，是通过窄馏分重整芳烃抽提所得的芳烃混合物，被主要用于橡胶工业、胶黏剂、制鞋业等，也是生产对二甲苯的主要原料。混合芳烃分为高苯、低苯芳烃两类，在汽油调和原料中所占比率高达30%，其中苯含量的多少决定了其具体分类。大于等于1%含苯量称为高苯，小于1%称为低苯，正常国标汽油要求苯含量不能大于1%，因此国内调和油市场对于原料指标要求苯含量越小越好。

稀释沥青是以天然沥青、石油沥青、矿物焦油或矿物焦油沥青为基本成分的沥青混合物，主要来自新加坡和马来西亚。进口稀释沥青有90%用于炼厂原料。

二、交通运输企业外购石油炼化产品税收政策解析

（一）交通运输企业外购石油炼化产品种类

交通运输业常见的外购石油炼化产品有汽油、柴油、航空汽油和航空煤油、润滑油与润滑脂，以及轻循环油、混合芳烃、稀释沥青等。

（二）交通运输企业外购石油炼化产品消费税税收政策解析

交通运输业常见的外购石油炼化产品，需要关注进口环节应征消费税的政策规定。其中，润滑油是交通运输业一个必不可少又常被忽视的成品油消费税应税产品；航空汽油属于“汽油”品目，应按照“汽油”征收消费税；而航空煤油暂缓征收消费税。

【政策依据】

根据财政部、海关总署、国家税务总局《关于对部分成品油征收进口环节消费税的公告》（财政部　海关总署　国家税务总局公告 2021 年第 19 号）的规定，对归入税则号列 27075000，且 200 摄氏度以下时蒸馏出的芳烃以体积计小于 95% 的进口产品，视同石脑油按 1.52 元/升的单位税额征收进口环节消费税；对归入税则号列 27079990、27101299 的进口产品，视同石脑油按 1.52 元/升的单位税额征收进口环节消费税；对归入税则号列 27150000，且 440 摄氏度以下时蒸馏出的矿物油以体积计大于 5% 的进口产品，视同燃料油按 1.2 元/升的单位税额征收进口环节消费税。

【政策解析】

1. 文件出台背景

在我国严打走私柴油高压态势下，享受关税优惠政策大量进口的轻质循环油，在调和加工后形成非标柴油，以低价迅速挤占市场批发、销售环节，利润巨大，扰乱成品油市场秩序，造成国家巨额税收流失。这是一种成品油偷逃税的新模式。这类油品品质达不到国云标准要求，一些指标严重“爆表”，成为“移动的污染源”。

国家对走私成品油打击力度不断加大，但自 2019 年以来，沿海一些社会经营商利用“零关税”进口的轻质循环油加工调和成非标油并大量流入

市场。

轻质循环油是原油生产的一种中间循环物料，与航空煤油简单调和后即形成非标柴油，成本低廉、工艺简单。轻质循环油大量从东盟成员国、韩国等国家进口，享受优惠税率甚至“零关税”。

围绕此类非法油已经形成了一条完整的产业链：贸易商进口后销售给调油商—调油商调和成油卖给批发商—批发商分销到建筑工地、厂矿企业或“自流黑”（自设罐、流动加油车和黑油点）—“自流黑”再向终端车辆零售。甚至有的炼化厂为了逃避消费税，生产出的汽柴油产品以其他化工产品的名目销售，还有一些油品出厂后不能达到汽（柴）油标准，最后以组分的形式卖给了一些调油商。

2. 文件主要内容

我国对进口混合芳烃和轻循环油视同石脑油，征收1.52元/升消费税；对进口稀释沥青视同燃料油，征收1.2元/升消费税。2021年19号公告内容整理如下，将财政部、海关总署、国家税务总局公告2021年第4号内容涉及产品税收政策折合吨油税收，对归入税则号列27075000，且200摄氏度以下时蒸馏出的芳烃以体积计小于95%的进口产品混合芳烃视同石脑油，按1.52元/升的单位税额征收1387元/吨（吨桶比以7.27、密度以0.87克/立方米计算）；对归入税则号列27079990及27101299的进口产品轻循环油视同石脑油，按1.52元/升的单位税额征收1348元/吨（吨桶比以7.07、密度以0.89克/立方米计算）；对归入税则号列27150000，且440摄氏度以下时蒸馏出的矿物油以体积计大于5%的进口产品稀释沥青视同燃料油，按1.2元/升的单位税额征收1276元/吨（吨桶比以6.69、密度以0.94克/立方米计算）。

（三）交通运输业外购石油炼化产品增值税税收政策

成品油产品进入交通运输业后，已经脱离了消费税的征收环节，成为一般商品货物。因此，对于外购成品油消耗使用的交通运输单位或者一般纳税人企业，取得外购成品油的增值税专用发票后，便进入了增值税和企业所得税的处理环节。

需要特别注意的是，虽然成品油产品进入了交通运输企业，但是交通运输企业需要油品的种类及数量对于上游炼厂生产销售油品的种类及数量，以及交通运输企业是否接受虚开增值税专用发票的判断起着非常重要的作用。

【政策依据】

根据国家税务总局《关于跨境应税行为免税备案等增值税问题的公告》（国家税务总局公告 2017 年第 30 号）第二条的规定，纳税人以承运人身份与托运人签订运输服务合同，收取运费并承担承运人责任，然后委托实际承运人完成全部或部分运输服务时，自行采购并交给实际承运人使用的成品油和支付的道路、桥、闸通行费同时符合下列条件的，其进项税额准予从销项税额中抵扣：成品油和道路、桥、闸通行费，应用于纳税人委托实际承运人完成的运输服务；取得的增值税扣税凭证符合现行规定。

【政策解析】

由于大多数物流企业无法独立完成所有运输服务，经常出现业务转包给包括个体运输户在内的运输企业进行实际承运，即无运输工具承运业务。根据《营业税改征增值税试点实施办法》（财税〔2016〕36 号）的规定：无运输工具承运业务，按照交通运输服务缴纳增值税。

《销售服务、无形资产、不动产注释》指出，无运输工具承运业务是指经营者以承运人身份与托运人签订运输服务合同，收取运费并承担承运人责任，然后委托实际承运人完成运输服务的经营活动。

三、交通运输企业外购石油炼化产品税收实务处理

【实务举例2】

无车承运取得发票案例

A 公司为无船承运人，利润的主要来源是运费差价。2018—2020 年，A 公司对外开具运费增值税发票 2 312 份，发票金额 2 亿余元，但其取得的品名为“运费”的发票仅 449 份，发票金额不足 5 500 万元。经查，

2018 年 12 月至 2019 年 12 月，A 公司取得的其余发票为上游 8 家石化企业开具的 760 份油品发票，发票金额为 9 700 余万元。A 公司取得的油品发票存在以下多项疑点。

(1) A 公司上游部分开票企业不具备成品油等危险化学品的生产加工、存储等相关资质和能力，相关油品交易可能不存在真实货物作为交易基础。

(2) A 公司与实际承运人签订的相关船运合同，并未见到以油品抵减运费的相关约定，也未见相关补充协议。双方未对抵减运费油品数量、质量、存储地点、加油地点等做出约定，不符合正常交易的商业逻辑。

(3) A 公司取得的油品发票物品明细多为"原料油""重质油"等非可直接用于船舶发动机的成品油，在存续期间并未取得任何可用于加工上述油品设备的发票，也未取得相关的委托加工支出发票，上述油品不属于能直接交付实际承运人使用以开展相应运输业务的成品油；A 公司主张与实际承运人以油品抵减运费，但该行为并未按照规定视同销售，该业务模式与正常的无船承运经营模式不符。

税务机关认为，A 公司油品发票上游企业异常，其取得油品发票的业务模式与正常的无船承运经营模式不符，A 公司也不具备使用发票所载油品的条件，遂对其取得的 760 份油品类发票定性为虚开增值税专用发票，要求 A 公司对其取得的外购油品类进项发票做进项税额转出，补缴增值税等税费共计 1 600 余万元，并加收滞纳金。

实践中，无运输工具承运企业普遍存在缺少进项的税负痛点，上述案例集中反映出无运输工具承运企业违规取得油品发票虚增进项抵扣的业务模式。

1. 无运输工具承运企业委托实际承运人的税负痛点

在物流运输行业中，运输服务市场以散户为主。在供方主体中，大型运输企业和专业运输车队稀少，与个体规模庞大相对应的是个体司机普遍纳税意识淡薄，几乎不可能主动向税务机关申报并缴纳相关个人所得税、增值税，并代开增值税专用发票，使得开展无运输工具承运业务的运输企业将承运业务转包给实际承运人后，难以取得进项票、成本票。

2. 无运输工具承运企业违法取得油品发票的模式

（1）汽柴油变运输发票流入物流领域。

在石化行业中，加油站作为面向链条终端的个体司机销售成品油的主体，在个体司机不需要开具发票的情况下，加油站隐瞒未开票收入，能够积累大量富余的进项发票。而运输企业通过支付开票费的方式取得这些汽柴油等成品油发票，再对其下游单位（实际承运人）开具运输发票，实现将成品油发票变更为运输发票的效果，本质上骗取抵扣了国家增值税税款。

（2）其他油品发票违法流入物流运输领域。

由于运输企业本身无加工生产能力，但大量购进与运输生产经营无关的品名为“液化气”“原料油”“重质油”等非成品油性质的石化油品，也未将购进的石化类商品直接销售，在未列支任何保险费用、船舶车辆维修费用、配件费用，或者费用列支金额畸低的情况下，却以运输服务名义对外开具发票，取得巨额运费收入，可能涉嫌虚开发票，极易因交易异常被依法查处。

上述案例所涉及无运输工具承运模式是，由无运输工具承运人作为承运业务的经营人，承接托运人的业务后再外包给实际承运人。在这一模式下，运输企业获取的利润主要是运费差价。由于无法取得个体司机开具的发票，为了避免承担过高的增值税额，并能在所得税前扣除成本，运输企业只能从外部另寻冲抵成本和进项的方法。由此，实践中还滋生了事后补录运单、虚构运单信息、油品抵减运费和买卖发票等不合规的税务乱象。

【实务举例3】

无车承运取得发票案例

某省税务局对交通运输企业购进非成品油发票组织风险排查，一起运输企业涉嫌虚开案件曝光，揭露了“工业白油”发票变“运输”发票的新型变票模式，引发全链条虚开风险并波及数以千计的下游企业。

此类运输企业异常风险点表现如下。

（1）大量购买与运输生产经营无关的品名为“液化气”“天然气”“石油焦”“白油”“工业白油”“原油”等非成品油性质的石化类商品。

（2）企业本身无加工生产能力，也未将购进的石化类商品直接销售。

（3）企业未列支任何保险费用、船舶车辆维修费用、配件费用，或者费用金额畸低与巨额运费收入不匹配。

（4）企业开具的销项发票均为运输服务发票。

交通运输企业需要的燃料为“汽油”或者“柴油”，但是由于上游炼化企业生产销售“汽油”或者“柴油”需要缴纳消费税，上游炼化企业可能出现生产“汽油”或者“柴油”，却开具品名为“液化气”“天然气”“石油焦”“白油”“工业白油”“原油”等非成品油性质的石化类商品发票，以达到偷逃缴纳消费税的目的。而交通运输企业存在购进“汽油”或者“柴油”但是取得发票名为“液化气”“天然气”“石油焦”“白油”“工业白油”“原油”等非成品油性质的石化类商品的增值税专用发票并进行了抵扣。对于交通运输企业，性质的判断需要结合本书第七章，取得虚开增值税专用发票“善意”“恶意”和“不善不恶”的判断。

总之，除交通运输企业的处理外，通过交通运输企业购进油品种（终端使用环节），也能判断上游炼化企业、经销企业是否存在“变名”“变票”行为。

第六章　特殊业务税收政策解析与实务处理

成品油行业链条包括油田企业、炼化企业、经销企业和主要终端客户企业，以上各类企业都会涉及特殊业务，而这些特殊业务的税收政策及实务处理基本一致。本章主要介绍成品油行业各类企业特殊销售业务、建造合同、股权激励及研发费用的税收政策与税务处理。

第一节　特殊销售业务税收政策解析与实务处理

在特殊销售业务中，成品油行业最常见的有四种：视同销售业务、销售折扣与折让业务、“买一赠一”、非货币性交易业务。

一、视同销售业务税收政策解析与实务处理

“视同销售”是企业经常遇到的一种特殊销售行为，从财务角度来看，它并没有给企业带来直接的现金流，但是税收上认为它实现了销售，应该按照规定交税，这是税法“拟制”的一种规范。本书重点介绍增值税、企业所得税及消费税的视同销售业务。

（一）增值税视同销售业务税收政策解析与实务处理

1. 增值税视同销售业务征税范围

【政策依据】

根据《中华人民共和国增值税暂行条例实施细则》第四条的规定，单位或者个体工商户有下列行为的，视同销售货物。

（1）将货物交付其他单位或者个人代销。

（2）销售代销货物。

（3）设有两个以上机构并实行统一核算的纳税人，将货物从一个机构移送其他机构用于销售，但相关机构设在同一县（市）的除外。

（4）将自产或者委托加工的货物用于集体福利或者个人消费。

（5）将自产或者委托加工或者购进的货物作为投资，提供给其他单位或者个体工商户。

（6）将自产或者委托加工或者购进的货物分配给股东、投资者。

（7）将自产或者委托加工或者购进的货物无偿赠送给其他单位或者个人。

根据《财政部　国家税务总局关于创新药后续免费使用有关增值税政策的通知》（财税〔2015〕4 号）的规定，药品生产企业销售自产创新药的销售额，为向购买方收取的全部价款和价外费用，其提供给患者后续免费使用的相同创新药，不属于增值税视同销售范围。本规定自 2015 年 1 月 1 日起施行。

根据《营业税改征增值税试点实施办法》第十四条的规定，下列情形视同销售服务。

（1）单位或者个体工商户向其他单位或者个人无偿提供服务，但用于公益事业或者以社会公众为对象的除外。

（2）单位或者个人向其他单位或者个人无偿转让无形资产或者不动产，但用于公益事业或者以社会公众为对象的除外。

（3）财政部和国家税务总局规定的其他情形。

根据《国家税务总局关于土地价款扣除时间等增值税征管问题的公告》（国家税务总局公告 2016 年第 86 号）第七条的规定，纳税人出租不动产，租赁合同中约定免租期的，不属于《营业税改征增值税试点实施办法》（财税〔2016〕36 号文件印发）第十四条规定的视同销售服务。本条款自 2016 年 12 月 24 日起施行。

【政策解析】

增值税视同销售业务的税务处理具体分为以下四种情形。

（1）代销。

代销包括将货物交付他人代销和销售代销货物。

将货物交付他人代销，是针对委托代销业务中的委托方而言，委托方将货物交付受托方代销的行为应当按照视同销售业务处理。

委托代销货物纳税义务发生时间为收到代销单位销售的代销清单，或收到全部或部分货款的当天。若未收到代销清单及货款的，则其增值税纳税义务发生时间为发出代销货物满 180 天的当天。需要特别注意的是，企业所得税代销情况下没有 180 天的政策依据。

销售代销货物，是针对委托代销业务中的受托方而言。受托方将其接受委托方委托代销的货物售出时，自己虽然不确认收入，但应按照实际售价视同销售业务确认销项税额处理。若是以收取手续费方式委托代销业务，则受托方向委托方收取的手续费收入属于营改增后现代服务业当中的经纪代理服务，受托方应按照正常实现的销售收入计算缴纳增值税。

如此，在整个委托代销业务中，委托方和受托方均需要视同销售，以保证增值税抵扣链条的完整性。

（2）跨县移送货物。

跨县移送是指设有两个或两个以上机构并实行统一核算的纳税人，将货物从一个机构移送到其他机构用于销售，但相关机构设在同一县（或市）的除外。货物在总分机构或者分支机构之间移送，这种行为属于会计上的内部往来，并没有将货物移出法人之外，所以不确认收入。而增值税的处理由于该税种在制度设计上确定为中央和地方共享税，涉及地方财政收入问题，同时增值税实行属地管理原则，增值税专用发票不能跨地区使用等，所以当总分机构不在同一县（市）时，若移送的货物用于销售在起运地征税，则无法使用销售地的发票；若对其在销售地征税，则由于该分支机构作为独立的纳税义务人无进项税额抵扣，会产生重复征税的问题。增值税实行环环抵扣的计税原则，移送企业视同销售确认销项税额，被移送企业可以确认进项税额，金额相同，抵减后税款为零，既保持了增值税征收链条的连续性，也不会涉及重复征税的问题。因此，当同一企业发生异地转移货物时，需要按照视同销售业务处理。

(3) 将自产或委托加工的货物用于集体福利或个人消费。

需要注意的是，只有自产和委托加工的货物被用于集体福利与个人消费，才属于视同销售行为；将外购的货物用于集体福利和个人消费，则不属于视同销售行为，而是属于进项税额不得抵扣的范围。

(4) 将自产、委托加工或者购进的货物用于投资、分配或无偿赠送。

将自产、委托加工或者购进的货物用于投资、分配或无偿赠送属于“外部移送”，要么作为投资、要么分配给股东、要么对外赠送给其他单位或个人，都有可能继续流转、继续产生增值。因此，增值税抵扣链条不能就此中断，应当按照视同销售业务确认销项税额。

对这一情形的税务处理，应当从三个方面把握：一是移送的对象是“货物”，若是服务、无形资产或者不动产，则不按本情形处理；二是货物的来源有三种，包括自产、委托加工和购进，其他来源的货物则按照不得抵扣进项税额处理；三是用于企业外部，即投资、分配或无偿赠送，若用于企业内部，包括自用或者用于非应税项目、集体福利和个人消费，则应按照不得抵扣进项税额处理。

(5) 单位或者个体工商户向其他单位或者个人无偿提供服务的，但用于公益事业或者以社会公众为对象的除外。这里特别强调的是，个人向其他单位或者个人无偿提供服务不属于视同销售。

(6) 单位或者个人向其他单位或者个人无偿转让无形资产或者不动产的，但用于公益事业或者以社会公众为对象的除外。

【实务举例1】

某油田企业向其关联单位无偿提供贷款，由于应税服务已实施并被接受，尽管是无偿提供服务，但是根据文件规定也应视同销售，需要确认销项税额。

2. 增值税视同销售业务销售额的确定

【政策依据】

根据《增值税暂行条例实施细则》第十六条和《营业税改征增值税试点实施办法》第四十四条的规定，纳税人发生视同销售货物行为而无销售额者，按下列顺序确定销售额。

（1）按纳税人最近时期同类货物、服务、无形资产或者不动产的平均销售价格确定。

（2）按其他纳税人最近时期同类货物、服务、无形资产或者不动产的平均销售价格确定。

（3）按组成计税价格确定。组成计税价格的公式为

组成计税价格 = 成本 ×（1 + 成本利润率）

属于应征消费税的货物，其组成计税价格中应加计消费税额。其计算公式为

组成计税价格 = 成本 ×（1 + 成本利润率）÷（1 − 消费税税率）

以上公式中的成本是指销售自产货物的为实际生产成本，销售外购货物的为实际采购成本。

根据《增值税若干具体问题的规定》（国税发〔1993〕154 号）第二条第（四）项的规定，纳税人因销售价格明显偏低或无销售价格等原因，按规定需组成计税价格确定销售额的，其组价公式中的成本利润率为 10%。但属于应从价定率征收消费税的货物，其组价公式中的成本利润率为《消费税若干具体问题的规定》（国税发〔1993〕156 号）中规定的成本利润率。

【政策解析】

《增值税暂行条例实施细则》对增值税视同销售额应当按照先后顺序确定，不可以选择使用。成本利润率的确定方式是根据《增值税若干具体问题的规定》（国税发〔1993〕154 号）第二条第（四）项的规定处理。属于应从价定率征收消费税的货物，其组价公式中的成本利润率为《消费税若干具体问题的法规》中的成本利润率。

【问题延伸】

思考：不得抵扣税额与视同销售有何区别？

在一般涉税经营活动中，同样是货物用于“集体福利”或者“个人消费”，有时是“视同销售”，有时是“不得抵扣进项税额”，这在税务上是如何确定的，这两种情形应该如何区分？首先，视同销售的情形。根据《增值税暂行条例实施细则》第四条和《财政部、国家税务总局关于全面推开营业税改征增值税试点的通知》（财税〔2016〕36号）第十四条的规定，单位或者个体工商户将自产或者委托加工的货物、劳务、服务、无形资产和不动产用于非增值税应税项目、集体福利或者个人消费，以及将自产、委托加工或者购进的货物劳务、服务、无形资产和不动产作为投资、无偿赠送其他单位或者个人（用于公益事业或者以社会公众为对象的除外），按照视同销售业务处理。其次，不得抵扣进项税额的情形。根据《中华人民共和国增值税暂行条例》第十条的规定，用于简易计税方法计税项目、免征增值税项目、集体福利或者个人消费的购进货物、劳务、服务、无形资产和不动产，以及非正常损失的购进货物、相关的劳务和交通运输服务，非正常损失的在产品、产成品所耗用的购进货物（不包括固定资产）、劳务和交通运输服务的进项税额不得从销项税额中抵扣。

【实务举例2】

某化工有限公司准备购买20张机票用于奖励公司优秀员工团队，请问购票支出对应的进项税额能否从销项税额中抵扣？

解析：按照财税〔2016〕36号文件第二十七条第（一）项的规定，纳税人购进货物、加工修理修配劳务、服务、无形资产和不动产，用于集体福利或者个人消费项目的进项税额，不得从销项税额中抵扣。某化工有限公司用于奖励员工的20张机票属于集体福利项目，对应的进项税额不得从销项税额中抵扣。

【实务举例3】

某化工有限公司买来发给职工用于预防病毒的口罩、酒精等防护用品，取得了增值税专用发票，这部分进项税额是否因其用于集体福利而无法抵扣？

解析：按照《中华人民共和国增值税暂行条例》等相关规定，某化工有限公司购买的口罩、酒精等防护用品用于本企业复工复产的，属于特殊时期的劳保用品，取得合法有效扣税凭证的，其进项税额可以从销项税额中抵扣。

（二）消费税视同销售业务税收政策解析与实务处理

1. 消费税视同销售业务征税范围

【政策依据】

根据《中华人民共和国消费税暂行条例》《中华人民共和国消费税暂行条例实施细则》的相关规定，纳税人生产的应税消费品于纳税人销售时纳税。纳税人自产自用的应税消费品用于连续生产应税消费品的，不纳税；用于其他方面的，于移送使用时纳税。这里的“其他方面”是指纳税人将自产自用应税消费品用于生产非应税消费品、在建工程、管理部门、非生产机构、提供劳务、馈赠、赞助、集资、广告、样品、职工福利、奖励等方面。纳税人将自产自用应税消费品用于上述其他方面的，从会计角度而言，不属于正常的销售业务，但按照税法规定在移送使用时需要计征消费税，这就是视同销售应税消费品。

【政策解析】

“视同销售”是税法上认定的一种特殊销售形式，一般不会给企业带来直接的经济利益。但按照税法的规定，只要是消费税纳税人（我国境内生产、委托加工和进口应税消费品的单位及个人）产生了应交消费税行为，不管有没有产生经济利益流入，都要作为销售处理，计算缴纳消费税。

消费税视同销售业务的税务处理包括两种情形：一是自产自用应税消费品；二是纳税人用于“换、抵、投”。

纳税人将应税消费品用于生产非应税消费品、在建工程、管理部门、非生产机构等方面，存货的所有权没有发生转移，仅在企业内部流转，不满足收入确认条件；将应税消费品用于馈赠、赞助等，不能带来经济利益（不能增加企业资产或者减少企业负债），也不能满足收入确认条件。纳税人将应税消费品用于集资、广告、样品、职工福利、奖励等方面，所有权发生转移，也能使经济利益流入企业（如用于职工福利、奖励等可以减少企业的负债，间接导致经济利益流入企业），符合收入确认条件。

由于消费税是价内税，在会计上如果已经确认了销售收入，则计入“长期股权投资”“应付职工薪酬”“在建工程”等科目，而消费税不应重复计入；如果尚未确认收入，仅结转成本，则应当将消费税计入相关项目成本。

2. 消费税视同销售业务销售额的确定

（1）按照平均价格确定销售额。

【政策依据】

根据《中华人民共和国消费税暂行条例》第七条的规定，纳税人自产自用的应税消费品，按照纳税人生产的同类消费品的销售价格计算纳税；没有同类消费品销售价格的，按照组成计税价格计算纳税。

实行从价定率办法计算纳税的组成计税价格计算公式为

组成计税价格 =（成本 + 利润）÷（1 − 比例税率）

实行复合计税办法计算纳税的组成计税价格计算公式为

组成计税价格 =（成本 + 利润 + 自产自用数量 × 定额税率）÷（1 − 比例税率）

这里的同类消费品的销售价格，是指纳税人或者代收代缴义务人当月销售的同类消费品的销售价格，如果当月同类消费品各期销售价格高低不同，则应按销售数量进行加权平均计算。

【政策解析】

根据《国家税务总局关于印发〈消费税若干具体问题的规定〉的通知》（国税发〔1993〕156 号）第三条第（六）项的规定，纳税人用于换取生产资料和消费资料，投资入股和抵偿债务等方面的应税消费品，应当以纳税人同类应税消费品的最高销售价格作为计税依据计算消费税。

（2）视同销售应税消费品的会计处理。

关于视同销售应税消费品的会计处理，会计实务上普遍存在两种做法：一是将应税消费品的消费税计入相关资产成本或费用；二是将应税消费品的消费税计入“税金及附加”科目。消费税“视同销售”会计处理的关键是，判断该行为是否满足收入确认条件。

①对于符合收入确认条件的消费税视同销售行为的实务处理，应当将消费税计入当期损益“营业税金及附加”科目；按照公允价值确认销售收入，计入“主营业务收入”“其他业务收入”科目贷方，按照销售额乘以增值税税率计算的增值税，计入“应交税费——应交增值税（销项税费）”科目贷方，按照两者合计计入相关项目的借方；结转销售成本，借记“主营业务成本”“其他业务收入”科目，贷记“库存商品”“发出商品”“委托代销商品”等科目；将消费税计入当期损益“营业税金及附加”科目，借记“税金及附加”科目，贷记“应交税费——应交消费税”科目。

纳税人正常销售应税消费品时，在满足收入确认条件的情况下需要确认销售收入、结转销售成本，同时将应纳消费税计入“税金及附加”科目。这是因为消费税是价内税，实际上是对收入的一种抵减；根据企业所得税视同销售及2008年《国家税务总局关于企业处置资产所得税处理问题的通知》（国税函〔2008〕828号）的规定，企业发生下列情形的处置资产，除将资产转移至境外以外，由于资产所有权属在形式和实质上均不发生改变，可作为内部处置资产，所以不视同销售确认收入：①将资产用于生产、制造、加工另一产品；②改变资产形状、结构或性能；③改变资产用途（如自建商品房转为自用或经营）；④将资产在总机构及其分支机构之间转移；⑤上述两种或两种以上情形的混合；⑥其他不改变资产所有权属的用途。

但企业将资产移送他人的下列情形，因资产所有权属已发生改变而不属于内部处置资产，应按规定视同销售确定收入：①用于市场推广或销售；②用于交际应酬；③用于职工奖励或福利；④用于股息分配；⑤用于对外捐赠；⑥其他改变资产所有权属的用途。

因此，当视同销售应税消费品的所有权流出企业时，如将应税消费品用于对外投资、捐赠、个人消费、职工福利等，按照上述所得税视同销售的相关规定，则需要确认收入。为了保证与正常销售应税消费品会计处理的一致性，宜将其应纳消费税计入“税金及附加”科目；反之，如果视同销售应税消费品的所有权没有流出企业，只是在企业内部之间流转，比如将自产自用应税消费品用于生产非应税消费品、在建工程、内部管理部门和非生产机构等，同样依据上述所得税视同销售相关规定，则“视同销售”不需要确认收入。在没有收入的情况下，消费税谈不上抵减收入，因此应将其计入相关资产成本或费用。

【实务举例4】

某化工厂于2023年10月将自产润滑油2 000升用于在建工程，该润滑油不含税售价为每升6元，单位成本每升3.8元（消费税定额税为每升0.2元）。

企业以自产产品用于在建工程属于视同销售行为，由于应税消费品（润滑油）的所有权没有流出企业，根据所得税视同销售规定，不需要确认收入，因此相应的消费税应计入在建工程成本。该化工厂的具体会计处理为：

应纳消费税税额 = 2 000 × 0.2 = 400（元）

增值税销项税额 = 2 000 × 6 × 13% = 1 560（元）

借：在建工程	9 560	
贷：库存商品		7 600
应交税费——应交增值税（销项税额）		1 560
——应交消费税		400

【实务举例5】

某石油炼化厂于2023年11月将一批自产汽油油品抵债，总计10吨，合计13 880升，每吨成本4 000元。当月自产销售的同类汽油不含增值税，每吨5 000元。

企业以自产产品赠送给客户属于视同销售行为，由于应税消费品（燃料油）的所有权已经流出企业，根据所得税视同销售规定需要确认收入，因此与正常销售应税消费品一样，相应的消费税计入“税金及附加”科目。该炼化厂的具体会计处理为：

应纳消费税税额 = 13 880 × 1 = 13 880（元）

增值税销项税额 = 5 000 × 10 × 13% = 6 500（元）

（1）确认收入：

借：主营业务收入　　56 500

　　贷：主营业务收入　　50 000

　　　　应交税费——应交增值税（销项税额）　　6 500

（2）结转成本：

借：主营业务成本　　40 000

　　贷：库存商品　　40 000

（3）计提消费税：

借：税金及附加　　13 880

　　贷：应交税费——应交消费税　　13 880

【实务举例6】

某石油炼化厂通过用自产汽油给员工加油的方式为员工提供通勤补贴，本月领用自产应税汽油10 000升，该产品的账面价值为30 000元，售价为55 000元（不含增值税，含消费税），适用的消费税税率为每升1.52元，增值税税率为13%。该企业的有关会计分录如下：

（1）确认收入：

借：应付职工薪酬——职工福利　　62 150

　　贷：主营业务收入　　55 000

应交税费——应交增值税（销项税额）　　7 150

（2）结转成本：

借：主营业务成本　　30 000

　　贷：库存商品　　30 000

（3）计算消费税：

计提消费税＝10 000×1＝10 000（元）

借：税金及附加　　10 000

　　贷：应交税费——应交消费税　　10 000

综上所述，对于视同销售应税消费品的会计处理，主要取决于其所有权是否流出企业，如果所有权已经流出企业，则将其消费税计入“税金及附加”科目，否则应计入相关资产成本或费用。

②对于不符合收入确认条件的消费税视同销售行为的实务处理，

不确认收入，仅结转成本，并计算增值税销项税额。按存货成本及相关税费合计数借记“在建工程”“营业外支出”等科目，按存货成本贷记“库存商品”“发出商品”“委托代销商品”等科目，按计算出的增值税和消费税贷记“应交税费——应交增值税（销项税额）”“应交税费——应交消费税”科目。

【实务举例7】

某石油炼化厂于2024年4月1日在建工程领用自产柴油，成本为100 000元，售价为132 000元（不含增值税，含消费税），按售价计算的应交增值税为18 720元，应交消费税为12 000元。该企业的有关会计分录如下：

借：在建工程　　130 720

　　贷：库存商品　　100 000

　　　　应交税费——应交增值税（销项税额）　　18 720

　　　　　　　　——应交消费税　　12 000

二、销售折扣与折让税收政策解析与实务处理

销售折扣与折让在成品油行业销售活动中表现为折扣销售、销售折扣和销售折让。折扣销售又名“商业折扣”，常见于加油站企业折扣发生在销售之前，将未折扣的销售金额与折扣金额填在同一张发票的金额栏上，按照折扣之后的金额确定销售额，计算缴纳增值税。销售折扣常见的是“现金折扣”，成品油行业中一些大型企业采用这种方式，折扣发生在销售之后，按照折扣前的金额开具相应发票内容，以便确认收入，计算销项税额。销售折是指企业为实现促销与购买方形成协议约定，保证销售商品企业一方向购买方开具增值税专用发票，然后确保购买方在一定时期内累计购买货物达到一定金额或数量。

（一）折扣销售方式销售业务税收政策解析及实务处理

【政策依据】

根据《国家税务总局关于印发〈增值税若干具体问题的规定〉的通知》（国税发〔1993〕154 号）的规定，纳税人采取折扣方式销售货物，如果销售额和折扣额在同一张发票上分别注明的，则可按折扣后的销售额征收增值税；如果将折扣额另开发票，无论其在财务上如何处理，均不得从销售额中减除折扣额。同时，根据《国家税务总局关于折扣额抵减增值税应税销售额问题通知》（国税函〔2010〕56 号）的规定，纳税人采取折扣方式销售货物，销售额和折扣额在同一张发票上分别注明是指销售额和折扣额在同一张发票上的“金额”栏分别注明的，可按折扣后的销售额征收增值税；未在同一张发票“金额”栏注明折扣额，而仅在发票的“备注”栏注明折扣额的，折扣额不得从销售额中减除。

【政策解析】

国家税务总局针对商业折扣税务处理的相关工作相比会计处理操作环节更加严格，但实物折扣的税务处理与商业折扣的税务处理是一致的。同时，税务处理要做到严谨有效，避免偷税漏税行为发生。实际上，商业折扣销售处理与会计税务处理存在本质上的区别，但两者都需要在销售额中

扣除一定的折扣额，且折扣额不构成实现销售额的重要部分。

对于折扣销售方式下发票的开具，增值税法中规定同一张发票上分别注明的，可以按折扣后的销售额征收增值税；如果将折扣额另开发票，无论其财务上如何处理，均不得从销售额中减除折扣额。这一点是从税收征收管理上避免造成处理混乱的角度考虑，如果允许对销售额开一张销货发票，折扣额再开一张退款红字发票的话，按照发生销售方按折扣后的销售额计算销项税，而购货方不一定按减除折扣额的销售额及其进项税额进行抵扣，这样会给税务机关征收管理带来很大的难度。合规的发票开具方法为，在防伪税控开票系统中，按销售原价填写并开具发票后，在发票填开对话框中单击“折扣”按钮，在出现的对话框中填写相关折扣信息，自动生成“折扣行”。在实务中，很多财务人员直接按折后价格按正常销售处理办法开具发票，虽然达到的效果一样，但有可能引起不必要的税收风险。

（二）现金折扣销售业务税收政策解析及实务处理

现金折扣在税法上称为“销售折扣”，可以理解为折扣发生在销售行为之后，对及时付款的购买者提供的减价优待。实质上就是销售方在发生赊销行为后，为了尽早收回货款给予购货方金钱上的一定奖励，即一部分债务的豁免。

【政策依据】

根据《国家税务总局关于确认企业所得税收入若干问题的通知》（国税函〔2008〕875号）第一条第（五）项第二款的规定：债权人为鼓励债务人在规定的期限内付款而向债务人提供的债务扣除属于现金折扣，销售商品涉及现金折扣的，应当按扣除现金折扣前的金额确定销售商品收入金额，现金折扣在实际发生时作为财务费用扣除。

【政策解析】

山东省青岛市国家税务局关于现金折扣有更明确的文件，根据《山东省青岛市国家税务局关于2010年度企业所得税汇算清缴若干问题的公告》（山东省青岛市国家税务局公告2011年第1号）的规定，符合国税函

〔2008〕875号文件第一条第（五）项规定的现金折扣，可凭双方盖章确认的有效合同、根据实际情况计算的折扣金额明细、银行付款凭据、收款收据等证明该业务真实发生的合法凭据据实列支。根据该规定，现金折扣在实际发生时可以作为财务费用扣除，相关合同及收付款凭证可以作为税前列支的合法凭证。销售折扣不能从销售额中扣除，也就是说，在销售折扣下不会影响增值税的计算，发生的折扣计当期损益，对企业所得税的计算会有影响。

【实务举例8】

2023年11月28日，某石油炼化厂从乙企业购入油品外包装9 000个，单价600元/个（不含税价），款项尚未支付，乙企业已签发增值税专用发票，材料尚未到达。双方约定的现金折扣条件为2/10，1/20，*n*/30，计算现金折扣时不考虑增值税。

（1）11月28日，购货方某石油炼化厂账务处理：

借：在途物资——油品外包装　　5 400 000

　　应交税费——应交增值税（进项税额）　　702 000

　　贷：应付账款——乙企业　　6 102 000

（2）11月28日，销货方乙企业账务处理：

借：应收账款——某石油炼化厂　　6 102 000

　　贷：主营业务收入——设备外壳　　5 400 000

　　　　应交税费——应交增值税（销项税额）　　702 000

12月8日，某石油炼化厂通过银行汇款偿还欠乙企业上述全部货款。

由于双方约定了现金折扣条件，某石油炼化厂于10天内付款享受2%的折扣，计算的折扣＝5 400 000×2%＝108 000（元）。

（1）购货方某石油炼化厂的会计处理：

借：应付账款——乙企业　　6 102 000

　　财务费用——现金折扣　　－108 000

　　贷：银行存款　　5 994 000

（2）销货方乙企业的会计处理：

借：银行存款　　5 994 000

　财务费用——现金折扣　　108 000

　贷：应收账款——某石油炼化厂　　6 102 000

（三）销售折让业务税收政策解析及实务处理

在进行销售折让时，既要考虑市场价格下调这一因素，还要结合购买商品质量进行进一步分析，确保销售方能够给予购买商品方一定的价格优惠或折扣补偿，由此开展销售折让行为。

【政策依据】

根据《财政部　国家税务总局关于全面推开营业税改征增值税试点的通知》（财税〔2016〕36号）第四十二条的规定：纳税人发生应税行为，开具增值税专用发票后，发生开票有误或者销售折让、中止、退回等情形的，应当按照国家税务总局的规定开具红字增值税专用发票。

【政策解析】

销售折让会对税收产生影响。相比商业折扣，销售折让有所不同，因为一般销售行为会发生在折让行为之前，在企业已经确认销售收入后，销售折让才会发生，此时需要直接采用冲减当期销售收入的方式。在企业会计核算中，销售折让应当属于资产负债表中的日后事项内容，需要按照资产负债表日后事项相关规则进行针对性处理。销售折让会产生增值税，而企业所得税处理与会计处理部分基本一致，是在实际发生折让时，对当期收入和销项税额的有效冲减。在增值税税务处理时，需要履行一定的税务报批手续，并通过开具红字专用发票才能完成冲减销项税额的过程。

【实务举例9】

2023年11月30日，某化工有限公司销售给丙公司非应税油品，价值200万元（不含税价）。物品到达丙公司后，因部分商品质量不合格，对方要求给予10%折让。双方经协商达成按销售额给予5%折让的协议，丙公司按折扣后的金额付款。对于销售折让，销售方做销售业务的红字冲销法或相反分录即可，同理购货方也做购进货物的红字冲销法或相反分录。

（1）销售方某化工有限公司的会计处理：

借：主营业务收入　　100 000

　　应交税费——应交增值税（销项税额）　　13 000

　　贷：应收账款——丙公司　　113 000

（2）某化工有限公司按折后金额收款：

借：银行存款　　2 248 700

　　贷：应收账款——丙公司　　2 248 700

（3）购货方丙公司的会计处理：

借：应付账款——某化工有限公司　　113 000

　　贷：原材料　　100 000

　　　　应交税费——应交增值税（进项税额）　　13 000

（4）丙公司付折扣后的款项：

借：应付账款——某化工有限公司　　2 248 700

　　贷：银行存款　　2 248 700

（四）销售退回业务税收政策解析与实务处理

销售退回是指企业销售的产品到达购货方后，因品种、规格、质量不符合合同要求而被购货方退回。“退回”包括销售货物的全部或部分取消，产品销售收入减少，与销售折让相比：销售折让只是货款上的折让，而销售退回则出现货物的退回。会计处理同销售折让的处理，即购销双方在会计上分别做购进或销售业务的红字冲销法处理，或者做对应业务的相反分录处理。

【实务举例10】

乙公司于2023年11月初发现，某化工有限公司10月底向乙公司销售的10吨A型号燃料油出现了质量问题，经双方协议，将不合格产品原数按售价退回。该产品售价4 000元/吨，单位成本2 800元/吨，已向对方开具红字增值税发票。

销售方某化工有限公司的会计处理，做销售货物会计处理的红字冲销法应根据退回货物的数量、价款开出红字增值税专用发票，并做账务处理，分录为：

借：应收账款——乙公司　　-45 200
　　贷：主营业务收入——A型号燃料油　　-40 000
　　　　应交税费——应交增值税（销项税额）　　-5 200

同时，销售退回冲减成本会计处理：

借：库存商品——A型号燃料油　　28 000
　　贷：主营业务成本——A型号燃料油　　28 000

购货方乙公司根据取得某化工有限公司开来的红字增值税专用发票，做购进货物的红字冲销法或相反分录，分录为：

借：库存商品——A型号燃料油　　-40 000
　　应交税费——应交增值税（销项税额）　　-6 800
　　贷：应付账款——某化工有限公司　　-46 800

三、“买一赠一”税收政策解析与实务处理

【政策依据】

根据《国家税务总局关于确认企业所得税收入若干问题的通知》（国税函〔2008〕875号）第三条的规定，企业以“买一赠一”等方式组合销售本企业商品的，不属于捐赠，应将总的销售金额按各项商品公允价值的比例分摊确认各项的销售收入。

【政策解析】

国税函〔2008〕875号文件中的“买一赠一”是企业所得税的规定，而“买一赠一”这种方式在增值税上的处理方式是一样的。这种特殊销售方式不同于企业对外捐赠，应将销售总金额按照一定的分配标准分摊确认各项商品的销售收入。“买一赠一”销售方式更多地出现在加油站销售业

务时，可以按照各项商品的公允价值或账面价值的比例分配，也可以按照成本价比例分配、实物量法或其他可行的标准分配，还可以利用成本会计学中的费用分配通用公式分配：

某项费用分配率＝待分配费用/分配标准之和

某分配项目的分配额＝该分配项目的分配标准×分配率

【实务举例11】

2013年11月30日，某化工有限公司的促销方案：购买1吨A型号柴油（成本4 800元）送1台B型电水壶，正常销售价格分别是5 000元/吨和100元/台（均为不含税价格）。乙运输企业购入1吨柴油，同时获赠1台电水壶，均做了账务处理，取得增值税专用发票。1吨A型号柴油收入＝5 000×5 000÷（5 000＋100）＝4 901.96（元）；B型电水壶收入＝100×5 000÷（5 000＋100）＝98.04（元）。销售方某化工有限公司的会计处理为：

借：银行存款	5 650
贷：主营业务收入——A型号柴油	4 901.96
——B电水壶	98.04
应交税费——应交增值税（销项税额）	650

四、非货币性交易行为税收政策解析与实务处理

企业在生产经营过程中进行的各类交易按照交易对象的属性，可分为非货币性交易和货币性交易。非货币性交易不同于企业发生的一般交易行为，根据我国《企业会计准则第7号——非货币性资产交换》的规定，非货币性交易是指交易双方以非货币性资产进行的交换，这种交换不涉及或只涉及少量的货币性资产（补价）。非货币性资产是指货币性资产以外的资产，包括存货、固定资产、无形资产、股权投资，以及不准备持有至到期的债券投资等。

（一）非货币性资产交易业务

非货币性资产交换准则规定，认定涉及少量货币性资产的交换为非货币性资产交换，通常以补价占整个资产交换金额的比例是否低于25%作为参考比例。具体来说，从收到补价的企业来看，收到补价的公允价值占换出资产公允价值（或占换入资产公允价值和收到的货币性资产之和）的比例低于25%的，视为非货币性资产交换；从支付补价的企业来看，支付的货币性资产占换出资产公允价值与支付补价的公允价值之和（或占换入资产公允价值）的比例低于25%的，视为非货币性资产交换；如果上述比例高于25%（含25%），则视为货币性资产交换，适用《企业会计准则第14号——收入》等相关准则的规定。

1. 非货币性资产交易业务的确认

【政策依据】

根据《企业会计准则第7号——非货币性资产交换》的规定，企业应当分别按照下列原则对非货币性资产交换中的换入资产进行确认，对换出资产进行终止确认。

（1）对于换入资产，企业应当在换入资产符合资产定义并满足资产确认条件时予以确认。

（2）对于换出资产，企业应当在换出资产满足资产终止确认条件时终止确认。

换入资产的确认时点与换出资产的终止确认时点存在不一致的，企业在资产负债表日应当按照下列原则进行处理。

（1）换入资产满足资产确认条件，换出资产尚未满足终止确认条件的，在确认换入资产的同时将交付换出资产的义务确认为一项负债。

（2）换入资产尚未满足资产确认条件，换出资产满足终止确认条件的，在终止确认换出资产的同时将取得换入资产的权利确认为一项资产。

2. 非货币性资产交易的种类

（1）具有商业实质且公允价值能够可靠计量的非货币性资产交易。

【政策依据】

根据《企业会计准则第7号——非货币性资产交换》的规定，非货币性资产交换应同时满足两个条件（该项交换具有商业实质；换入资产或换出资产的公允价值能够可靠地计量），应当以公允价值和应支付的相关税费作为换入资产的成本，公允价值与换出资产账面价值的差额计入当期损益。

【政策解析】

非货币性资产交换具有商业实质，是能够以公允价值为基础计量的重要条件之一。在确定资产交换是否具有商业实质时，企业应当重点考虑由于发生了该项资产交换，预期使企业未来现金流量发生变动的程度，通过比较换出资产和换入资产预计产生的未来现金流量或现值，确定非货币性资产交换是否具有商业实质。只有当换出资产和换入资产预计未来现金流量或现值两者之间的差额较大时，才能表明交易的发生使企业经济状况发生了明显改变，非货币性资产交换因而具有商业实质。

（2）不具有商业实质或公允价值不能可靠计量的非货币性资产交易。

【政策依据】

根据《企业会计准则第7号——非货币性资产交换》的规定，不具有商业实质或虽具有商业实质但换入资产的公允价值不能可靠计量的非货币性资产交换，应当按照换出资产的账面价值和应支付的相关税费作为换入资产的成本，无论是否支付补价，均不确认损益；收到或支付的补价作为确定换入资产成本的调整因素。

（二）非货币性资产交易税收政策解析与实务处理

1. 非货币性资产交易增值税税收政策解析与实务处理

（1）非货币性交易增值税征税范围。

【政策依据】

根据《中华人民共和国增值税暂行条例实施细则》第三条的规定，销售货物是指有偿转让货物的所有权，有偿是指从购买方取得货币、货物或其他经济利益。

【政策解析】

非货币性交易是指向对方取得非货币性货物的交易行为。因此，对企业之间进行的非货币性交易在增值税处理上，应比照货币性交易进行。同时，按照《企业会计准则——非货币性交易》的规定，非货币性资产包括存货、固定资产、无形资产、股权投资，以及不准备持有至到期的债券投资等。

（2）非货币性交易销售额的确定。

以公允价值为基础计量。

【政策依据】

根据《企业会计准则第 7 号——非货币性资产交换》及《财政部　国家税务总局关于全面推开营业税改征增值税试点的通知》（财税〔2016〕36 号）的规定：非货币性交易应当分解为两项业务，即换出资产的销售业务和换入资产的采购业务。换入或换出存货，应按换入或换出货物的公允价值取得或开具发票。如双方均为增值税一般纳税人，则应当开具或取得增值税专用发票，合法抵扣进项税额。如换出的货物无法准确确认公允价值，或公允价值过低且无正当理由，则应按下列顺序确认计税价格：①按换出货物的当月平均售价确定；②按换出货物的近期平均售价确定；③按组成计税价值［成本 ×（1 + 成本利润率）］确定。

对于组成计税价格中的成本，如果换出的货物是自产的则为实际生产成本，如果是外购的则为实际采购成本；成本利润率一般为 10%，换出的货物属于应征消费税的消费品组成计税价格中还应加计消费税额。

在非货币性交易中，如果交易的货物发生非正常损失，则应按规定做进项税金转出处理。

【实务举例12】

2024 年 1 月 1 日，某化工有限公司决定以一批库存商品换入乙企业某无形资产。该库存商品的账面余额为 1 500 000 元，未计提减值准备，计税价格等于公允价值为 2 000 000 元，该项交易过程不涉及其他相关税费。如该业务为具有商业实质且公允价值能够可靠计量的非货币性资产交易，则某化工有限公司的账务处理如下：

借：无形资产　　2 260 000.00

　贷：主营业务收入　　2 000 000.00

　　应交税费——应交增值税（销项税额）　　260 000.00

借：主营业务成本　　1 500 000.00

　贷：库存商品　　1 500 000.00

依据《企业会计准则》的规定，如果交换具有商业实质且公允价值能可靠计量，则在会计上确认损益。上例中甲公司确认损益为500 000元，这与企业所得税处理一致，因此不需要纳税调整。涉及补价的会计处理与不涉及补价的会计处理类似，只是收到补价方应借记“银行存款”科目，支付补价方应贷记“银行存款”科目等。

【实务举例13】

某公司以一项专利权换入乙公司的一批原材料，换出专利权的账面原价为280 000元，累计摊销为50 000元，计税价格为240 000元，换入原材料可抵扣的增值税额为34 000元，某公司向乙公司收取补价6 000元。某公司以账面价值为基础确定换入存货的成本。假定除增值税外，该项交易中未涉及其他相关税费；该业务不具有商业实质或公允价值不能可靠计量，则某公司的账务处理如下：

借：原材料　　204 400

　应交税费——应交增值税（进项税额）　　34 000

　银行存款　　6 000

　累计摊销　　50 000

　贷：无形资产　　280 000

　　应交税费——应交增值税（销项税额）　　14 400

依据《企业会计准则》的规定，如果交换业务不具有商业实质或公允价值不能可靠计量，则在会计上不确认损益，与税收处理产生差异的，需要进行企业所得税纳税调整。上例情形与税收处理产生差异，需纳税调整，甲公司应在纳税申报表其他收入一栏填写 10 000 ［240 000 －(280 000 －50 000)］元，同时在纳税申报表的收入明细表中的“营业外收入非货币性资产交易收益”一栏填写 10 000 元。

2. 非货币性资产交易消费税税收政策解析与实务处理

【政策依据】

根据《中华人民共和国消费税暂行条例》第四条的规定，纳税人生产的应税消费品，于纳税人销售时纳税。纳税人自产自用的应税消费品，用于连续生产应税消费品的，不纳税；用于其他方面的，于移送使用时纳税。

另外，根据《国家税务总局〈关于印发消费税若干具体问题的规定〉的通知》（国税发〔1993〕156 号）的规定，纳税人用于换取生产资料和消费资料，投资入股和抵偿债务等方面的应税消费品，应当以纳税人同类应税消费品的最高销售价格作为计税依据计算消费税。

【政策解析】

税法规定，纳税人自产的应税消费品用于换取生产资料和消费资料，投资入股或抵偿债务等方面，应当按照纳税人同类应税消费品的最高销售价作为计税依据。

以投资为例，按照应税消费品的评估价或协议价和按规定计算出的应交消费税，借记“长期投资”科目；按照规定计算出的应交消费税，贷记“应交税金——应交消费税”科目；按照应税消费品的账面成本，贷记“产成品”“自制半成品”科目。

【实务举例14】

某化工企业将自产应税消费品提供给另一单位作为实物投资，为该单位开具专用发票，价款为 30 000 元，增值税为 3 900 元，价税合计为 33 900 元，消费税税率为5%，但该企业同类产品最高售价为40 000元，则应纳消费税额为2 000（40 000×5%）元。如果成本为20 000元，则应做会计分录为：

借：长期投资——其他投资	25 900	
贷：产成品		20 000
应交税金——应交增值税（销项税额）		3 900
应交税金——应交消费税		2 000

3. 非货币性资产交易企业所得税税收政策解析

【政策依据】

根据《中华人民共和国企业所得税法实施条例》第二十五条的规定，企业发生非货币性资产交换，以及将货物、财产、劳务用于捐赠、偿债、赞助、集资、广告、样品、职工福利或者利润分配等用途的，应当视同销售货物、转让财产或者提供劳务，但国务院财政、税务主管部门另有规定的除外。

【政策解析】

（1）不涉及补价的非货币性交易。

企业换出非货币性资产在税收上应做销售处理，按公允价值确认其计税收入和按账面价值确定其计税成本的，调整应纳税所得额；换入非货币性资产的计税成本，应按接受资产的公允价值加上应支付的相关税费确认。

（2）涉及补价的非货币性交易。

收到补价的企业由于其用于交换的资产一部分价值的盈利过程已经完成，会计上应确认已实现部分的利润（亏损），并将其计入营业外收入（或营业外支出）。另外，对补价应进行补充调整，因为补价是由于换出资产的公允价值大于换入资产的公允价值取得的，税法对换出资产已确认了计税收入和计税成本，同时确定了相应的应纳税所得额，所以对补价收益（或损失）就不应再计入应纳税所得额，否则就会重复计算收益（或损失）；已计入“营业外收入”科目的补价收益应调整减少应纳税所得额；已计入“营业外支出”科目的补价损失应调整增加应纳税所得额。在进行所得税纳税调整时，也应划分以下两种情况处理：①对于涉及补价的非货币性交易，且换出非货币性资产的公允价值大于其账面价值的，在调整计算应纳所得税时，首先应调整增加应纳税所得额，其次将补价收入中确定的收益再调整减少应纳税所得额。②对于涉及补价的非货币性交易，且换出非货币性资产的公允价值小于其账面价值的，在调整计算应纳税所得额时，首先应调整减少应纳税所得额，其次将补价收入中确定的损失再调整增加应纳税所得额。

【实务举例15】

A、B公司均为增值税一般纳税人，适用的增值税税率为13%，且没有发生除增值税外的相关税费。2023年8月10日，A公司以外购的甲材料5 000千克与B公司交换乙材料4 000千克。甲材料账面价值每千克11元，公允价值每千克12元；乙材料账面价值每千克17元，公允价值每千克15元。

A公司换出资产的公允价值60 000元大于其账面价值55 000元，按会计制度规定进行会计处理为：

借：原材料——乙材料　55 000

　　应交税金——应交增值税（进项税额）　7 800

　　贷：原材料——甲材料　55 000

　　　　应交税金——应交增值税（销项税额）　7 800

A公司在计算应纳税所得额时，应做如下调整：换出甲材料应确认计税收入60 000（5 000×12）元，计税成本55 000（5 000×11）元，应调整增加应纳税所得额5 000元；换入乙材料的计税成本应为60 000元，应调整增加5 000元。

【实务举例16】

接上例，B公司换出资产的公允价值60 000元小于其账面价值68 000

元，按会计制度进行会计处理为：

借：原材料——甲材料　68 000

应交税金——应交增值税（进项税额）　7 800

贷：原材料——乙材料　68 000

应交税金——应交增值税（销项税额）　7 800

B公司在计算应纳税所得额时，应做如下调整：换出乙材料应确认计税收入60 000（4 000×15）元，计税成本68 000（4 000×17）元，综合影响应调整减少应纳税所得额8 000元；换入甲材料的计税成本应为60 000元，应调整减少8 000元。

【实务举例17】

2023年9月，A公司以生产经营过程中使用的一台设备交换B汽车装配公司装配生产的一辆油罐车，换入的油罐车作为固定资产管理。A、B公司均为增值税一般纳税人，适用的增值税税率均为13%。设备的账面原价为150万元，在交换日的累计折旧为45万元，公允价值为90万元。油罐车的账面价值为110万元，在交换日的市场价格为90万元，计税价格等于市场价格。B公司换入A公司的是生产油罐车过程中需要使用的设备。

假设A公司此前没有为该项设备计提资产减值准备，整个交易过程中，除支付该项设备的运杂费15 000元外，没有发生其他相关税费。假设B公司此前也没有为油罐车计提存货跌价准备，在整个交易过程中没有发生除增值税以外的其他税费。

整个资产交换过程没有涉及收付货币性资产，因此该项交换属于非货币性资产交换。对A公司来讲，换入的油罐车是经营过程中必需的资产；对B公司来讲，换入的设备是生产装配油罐车过程中必须使用的机器，两项资产交换后对换入企业的特定价值显著不同，两项资产的交换具有商业实质。同时，两项资产的公允价值都能够可靠地计量，符合以公允价值计量的两个条件。因此，A公司和B公司均应当以换出资产的公允价值为基础，确定换入资产的成本，并确认产生的损益。

（1）A公司的账务处理如下：

A公司换入资产的增值税进项税额 = 900 000 × 13% = 117 000（元）

换出设备的增值税销项税额 = 900 000 × 13% = 117 000（元）

借：固定资产清理　　1 050 000
　　累计折旧　　450 000
　　贷：固定资产——设备　　1 500 000

借：固定资产清理　　15 000
　　贷：银行存款　　15 000

借：固定资产——油罐车　　900 000
　　应交税费——应交增值税（进项税额）　　117 000
　　资产处置损益　　165 000
　　贷：固定资产清理　　1 065 000
　　　　应交税费——应交增值税（销项税额）　　117 000

（2）B公司的账务处理如下：

根据增值税的有关规定，企业以库存商品换入其他资产，视同销售行为发生，应计算增值税销项税额，缴纳增值税。

换出油罐车的增值税销项税额 = 900 000 × 13% = 117 000（元）

换入设备的增值税进项税额 = 900 000 × 13% = 117 000（元）

假定B公司换出存货的交易符合《企业会计准则第14号——收入》规定的收入确认条件。

借：固定资产——设备　　900 000
　　应交税费——应交增值税（进项税额）　　117 000
　　贷：主营业务收入　　900 000
　　　　应交税费——应交增值税（销项税额）　　117 000

借：主营业务成本　　1 100 000
　　贷：库存商品——油罐车　　1 100 000

第二节　建造合同税收政策解析与实务处理

建造合同是指为建造一项或数项在设计、技术、功能、最终用途等方面密切相关的资产而订立的合同。根据《中华人民共和国民法典》的规定，建设工程合同是承包人进行工程建设，发包人支付价款的合同。建设工程合同包括工程勘察、设计、施工合同，应当采用书面形式。建设工程的招标投标活动，应当依照有关法律的规定公开、公平、公正地进行。

成品油行业建造合同业务中比较典型的是油气田企业的工程建设业务，即建筑安装施工企业的建造合同业务，其内容主要包括石油化工装置安装建设、油田建设、油气储运设施安装建设，以及其他建筑安装业务。

一、油气田企业建造合同

油气田企业建造合同既具有一般性建造合同的共性，也具有该行业的特性。

（一）油气田企业建造合同业务特点

油气田企业建造合同业务具有以下特点：

1. 经营模式的特殊性

油气田企业建设单位的经营模式与其他企业有着明显区别，油气田企业建设单位通常采用招标或者投标的形式获得工程项目的合同。施工工期较长，投入较大，需要分期、分部位确定工程完工进度并付款。工程的开工、正常施工、竣工、验收、质量保证等方面的工作都很复杂。在工程实施中，除工程单位以外，工程监理单位和业主也要对工程实施全程跟踪监督，若是国家工程，在工程实施期间或竣工后还要进行行政审核。

2. 生产产品的特殊性

油气田企业建设单位提供的主要产品包括房屋、建筑物、桥梁、道路、码头、设备等，其中很多产品对我国的基础设施、国计民生有非常大的影响。这类项目一般是不动产，每个产品都具有特殊的使用和施工需求，具有固定、使用年限长、产品单一、多样化等特征。

3. 生产方式的特殊性

首先，油气田企业建设单位通过建筑、安装等方式实现建筑工程的建造，这是一种独特的方式。其次，项目的建设成果是一成不变的，而项目的人员、机构、材料等必须在不同区域、不同类别的项目之间流动。最后，在工程实施过程中，建筑单位需要依靠大量的临时设施和专用装备进行工程建设。

4. 系统模式的特殊性

油气田企业建设单位的业务采用订单方式进行，从而达到产品设计的目的。这就需要油气田企业建设单位在机构、材料、设备、人员等方面满足工程的变化特点，导致其结构形式具有特殊性。当前，施工单位实行项目管理，由项目管理部门负责。在施工前期，组建项目管理部门；在施工结束并办理验收手续后，项目管理部门自行解体。以工程项目的建成为核心进行资源配置，以项目费用或效益为中心对项目的运营绩效进行评估。

5. 施工风险的特殊性

油气田企业建设单位的建筑工程之所以存在特殊的施工风险，一是因为工程通常是在户外进行，工作条件变化很大，同一份设计方案会由于地质、气象、水温等条件的变化，导致结果有很大差别，且由于施工工期较长，施工中有很多不稳定的自然原因，如地震、洪涝、大风、山崩等，这些都将对施工单位造成难以预料的损失。二是因为施工单位在外地施工，地方组工的现象很常见，如果承包项目的施工人员技术不过关，则很可能对项目的质量产生不利影响，从而引起各种各样的赔偿，使油气田企业建设单位蒙受不必要的损失。

（二）油气田企业建造合同业务种类

油气田企业建造合同可分为固定造价合同和成本加成合同。

1. 固定造价合同

固定造价合同，是指按照固定的合同价或固定单价确定工程价款的建造合同。固定造价合同在签订合同时，工程造价是预先定好的，即固定的。合同签订后，承包方要按合同的约定，按时间、按质量完成合同；在建造过程中，难免会有原材料的价格变动，尤其是工期较长的承包合同，如果工期内原材料的价格上涨或者涨幅较大，则有可能变成亏损合同，所以固定造价合同的风险主要由建造承包方承担。

（1）固定造价合同分类。

固定造价合同可分为固定总价合同和固定单价合同两种。

①固定总价合同，是指按商定的总价承包工程，是以图纸和工程说明书为依据，明确承包内容和计算包价。在合同执行过程中，除非建设单位要求变更原定的承包内容，承包单位一般不得要求变更包价。固定总价合同要求竣工结算总价等于合同总价，不能调整，即使超出或不足合同工程量，也不能调整。如果设计图纸和说明书十分详细，能据此比较精确地估算造价，签订合同时考虑得也比较周全，不致有太大的风险，那么对建设单位和承包商来说，是一种比较简便的承包方式。

②固定单价合同，是指合同的价格计算是以图纸及规定、规范为基础，工程任务和内容明确，业主的要求和条件清楚，合同单价一次确定，就固定不变，即不再因为环境的变化和工程量的增减而变化的一类合同。固定单价合同要求竣工结算单价等于合同单价，同样不能调整，若超出合同部分工程量，则可以追加金额；若不足合同部分工程量，则可以扣除金额。

（2）固定造价合同的适用范围。

在固定造价合同中，承包商承担了全部的工作量和价格的风险。造价合同，是指根据单位工程量的固定价格与实际完成的工程量计算合同的实际总价的工程承包合同。

建设工程固定造价合同适用范围：①工程量小、工期短，在施工过程中环境因素变化小，工程条件稳定并合理；②工程设计详细，图纸完整、清楚，工程任务和范围明确；③工程结构和技术简单，风险小；④投标期相对宽裕，承包商有充足的时间详细考察现场、复核工程量，分析招标文件，拟订施工计划；⑤合同条件中双方的权利和义务十分清楚，合同条件完备，期限短（一般指1年以内）。

2. 成本加成合同

成本加成合同是指以合同约定或其他方式议定的成本为基础，加上该成本的一定比例或定额费用确定工程价款的建造合同。成本加成合同在签订时，双方只约定工程质量，承包方只要满足发包方的要求即可，至于价格问题则由发包方随市场价格结算，用多少报销多少，原材料涨价时，由发包方承担涨价部分，承包方则按固定利润率结算。所以，成本加成合同的风险由发包方承担。

成本加成合同分为成本加固定费用合同、成本加固定比例费用合同、成本加奖金合同、最大成本费用合同。

（1）成本加固定费用合同，适用于工程总成本一开始估计不准，可能变化不大的情况。

（2）成本加固定比例费用合同，适用于在工程初期很难描述工作范围和性质，或工期紧迫的情况，不利于缩短工期和降低成本。

（3）成本加奖金合同，奖金是根据报价书中的成本估算指标规定的。在合同中对这个估算指标规定一个底点和顶点，分别为工程成本估算的60% ~75%和110% ~135%。在招标时，当图纸、规范等准备不充分，不能据以确定合同价格，而仅能制定一个估算指标时，可采用这种形式。

（4）最大成本加费用合同，当设计深度达到可以报总价的深度时，投标人报一个工程成本总价和一个固定的酬金（包括各项管理费、风险费和利润）。

二、油气田企业建造合同业务税务政策解析与实务处理

油气田企业建造合同业务涉及的税种主要有增值税和企业所得税。

（一）油气田企业建造合同业务增值税税收政策与实务处理

根据《中华人民共和国增值税暂行条例》及其相关规定，油气田企业建造合同业务增值税税收政策应重点关注纳税义务发生时间、销售额的确

认、纳税申报和发票开具等问题。

1. 建造合同业务增值税纳税义务发生时间

【政策依据】

根据《财政部　国家税务总局关于全面推开营业税改征增值税试点的通知》（财税〔2016〕36号）相关规定，为纳税人发生应税行为并收讫销售款项或者取得索取销售款项凭据的当天；先开具发票的，为开具发票的当天。收讫销售款项，是指纳税人销售服务、无形资产、不动产过程中或者完成后收到款项。取得索取销售款项凭据的当天，是指书面合同确定的付款日期；未签订书面合同或者书面合同未确定付款日期的，为服务、无形资产转让完成的当天或者不动产权属变更的当天。

【政策解析】

（1）建造合同业务增值税纳税义务发生时间具体分为以下四种情形。

①发生应税行为，先开具发票的，为开具发票的当天。

②提供建筑服务过程中或之后收到款项的，即收到工程进度款时，为收到工程进度款的当天。

③未签订书面合同或者书面合同未确定付款日期的，为建筑工程项目竣工验收的当天。

④提供建筑服务过程中或之后，甲乙双方在书面合同中约定付款日期的，为书面合同确定的付款日期当天。

以上四种情形按照孰先原则，就是哪种情况先发生，就先发生纳税义务。

上述①~③情形，在实务中较易掌握，不难判断。需要重视的是，“提供建筑服务过程中或之后，甲乙双方在书面合同中约定付款日期的，为书面合同确定的付款日期当天”。

（2）建筑业合同价款结算方式与纳税义务发生时间。

根据建设施工合同中付款日期的约定，常见的合同价款结算方式有以下三种：

①竣工后一次结算。对施工简单、工期较短的小型项目和零星项目，

可以采取竣工后一次结算的方式。

竣工后一次结算的，在施工企业和甲方进行全部工程量验工计价，并在工程量计算表单上签章后发生纳税义务。如果合同预定有验工计价后多少日内付款，那么合同约定的计价后付款日期就是纳税义务发生时点；如果合同约定付款周期的约定与计量周期保持一致，那么施工企业和甲方进行全部工程量验工计价，并在工程量计算表单上签章后即发生纳税义务。

②按月（季度）结算与支付，即实行按月（季度）支付进度款，竣工后清算的办法。

在月末（季末）施工企业和甲方进行工程量验工计价，并在工程量计算表单上签章后发生纳税义务。如果合同预定有验工计价后多少日内进行付款，那么合同约定的计价后付款日期就是纳税义务发生时点；如果合同约定的付款周期与计量周期保持一致，那么施工企业和甲方进行工程量验工计价，并在工程量计算表单上签章后即发生纳税义务。

③按照工程形象进度分段结算与支付，即当年开工、当年不能竣工的工程按照工程形象进度，划分不同阶段支付工程进度款。

在按照工程形象进度确认的时点，施工企业和甲方进行工程量验工计价，并在工程量计算表单上签章后即发生纳税义务。如果合同预定有验工计价后多少日内付款，那么合同约定的计价后付款日期就是纳税义务发生时点；如果合同约定付款周期的约定与计量周期保持一致，那么施工企业和甲方进行工程量验工计价，并在工程量计算表单上签章后即发生纳税义务。

（3）施工企业预收账款的纳税义务发生时点。

在《财政部　国家税务总局关于建筑服务等营改增试点政策的通知》（财税〔2017〕58 号）取消了施工企业取得预收款即发生增值税纳税义务的规定后，预收账款纳税义务发生时点为“书面合同确定的付款日期当天”。预收账款纳税义务发生时点是以合同约定的预收款抵扣工程进度款的时间。

（4）质保金纳税义务发生时间。

根据《国家税务总局关于在境外提供建筑服务等有关问题的公告》

（国家税务总局公告 2016 年第 69 号）的规定，纳税人提供建筑服务，被工程发包方从应支付的工程款中扣押的质押金、保证金，未开具发票的，以纳税人实际收到质押金、保证金的当天为纳税义务发生时间。

【实务举例18】

合同专用条款约定，项目竣工且在政府建设主管部门办理完竣工验收备案手续时，支付工程价款的 80%；承包方将已竣工项目全部工程档案资料交给发包方时，支付工程价款的 10%；发包方收到承包方递交的竣工工程决算书后 60 日内审核完毕（含第三方审计）；承包方将全部工程结算资料交给发包方，发包方在收到全部工程结算资料 10 天内支付工程价款至审计结果的 95%。剩余 5% 作为质保金，在保修期满 1 年后 60 日内支付工程价款至审计结果的 97%，两个采暖期后的 60 日内发包方预留防水总造价的 5% 作为防水工程保修款后付清余款，交工 5 年后的 10 日内一次性付清防水工程保修款。

如果企业不存在提前收取款项或者开具发票，则企业该业务增值税纳税义务发生时间为四个时点：第一个时点为项目竣工且在政府建设主管部门办理完竣工验收备案手续时，工程价款的 80% 到了增值税纳税义务发生时间；第二个时点为承包方将已竣工项目全部工程档案资料交给发包方时，工程价款的 10% 到了增值税纳税义务发生时间；第三个时点为承包方将全部工程结算资料交给发包方，发包方在收到全部工程结算资料 10 天内，工程价款的 5% 到了增值税纳税义务发生时间；第四个时点为 5% 质保金的部分在交工 5 年后 10 日，到纳税义务发生时间。

2. 建造合同业务增值税销售额的确认

【政策依据】

根据《财政部　国家税务总局关于全面推开营业税改征增值税试点的通知》（财税〔2016〕36 号）的相关规定：建筑行业一般纳税人在清包工、甲供工程和建筑服务老项目可以选择适用简易计税方法计税。以清包工方式提供建筑服务是指施工方不采购建筑工程所需的材料或只采购辅助材料，并收取人工费、管理费或者其他费用的建筑服务。甲供工程是指全部或部分设备、材料、动力由工程发包方自行采购的建筑工程。建筑工程老项目是指《建筑工程施工许可证》注明的合同开工日期在2016年4月30日前的建筑工程项目；未取得《建筑工程施工许可证》的，建筑工程承包合同注明的开工日期在2016年4月30日前的建筑工程项目。

建筑业纳税人适用一般计税方法的销售额应以取得的全部价款和价外费用为销售额计算应纳税额。建筑业纳税人适用简易计税方法的销售额应以取得的全部价款和价外费用扣除支付的分包款后的余额为销售额，按照3%的征收率计算应纳税额。

此外，根据《国家税务总局关于发布〈纳税人跨县（市、区）提供建筑服务增值税征收管理暂行办法〉的公告》（国家税务总局公告2016年第17号）的规定，纳税人跨县（市、区）提供建筑服务的，按照以下规定预缴税款：

（1）一般纳税人跨县（市、区）提供建筑服务，适用一般计税方法计税的，以取得的全部价款和价外费用扣除支付的分包款后的余额，按照2%的预征率计算应预缴税款。纳税申请表可见后文中表6－2和表6－3所示。

（2）一般纳税人跨县（市、区）提供建筑服务，选择适用简易计税方法计税的，以取得的全部价款和价外费用扣除支付的分包款后的余额，按照3%的征收率计算应预缴税款。

（3）小规模纳税人跨县（市、区）提供建筑服务，以取得的全部价款和价外费用扣除支付的分包款后的余额，按照3%的征收率计算应预缴税款。

具体如下：

①适用一般计税方法计税的：应预缴税款＝（全部价款和价外费用－支付的分包款）÷（1＋9%）×2%

②适用简易计税方法计税的：应预缴税款＝（全部价款和价外费用－支付的分包款）÷（1＋3%）×3%

纳税人取得的全部价款和价外费用扣除支付的分包款后的余额为负数的，可结转下次预缴税款时继续扣除。

纳税人应按照工程项目分别计算应预缴税款，并分别进行预缴。

纳税人按照上述规定从取得的全部价款和价外费用中扣除支付的分包款，应当取得符合法律、行政法规和国家税务总局规定的合法有效凭证，否则不得扣除。

【政策解析】

建造合同业务增值税销售额计入企业施工结算收入，主要包括以下内容。

（1）分部分项工程费收入。分部分项工程费包括人工费、材料费、施工机械使用费、企业治理费。①人工费是指直接从事建筑安装工程施工的生产工人开支的各项费用，包括基本工资、工资性补贴、生产工人辅助工资、职工福利费、劳动保护费。②材料费是指施工过程中耗费的构成工程实体的原材料、辅助材料、构配件、零件、半成品的费用和周转使用材料的摊销费用，包括材料原价、材料运杂费、运输损耗费、采购及保管费。③施工机械使用费是指施工机械作业发生的机械使用费、机械安拆费和场外运费。施工机械××班单价应由下列费用组成：折旧费、大修理费、经常修理费、安拆费及场外运费、人工费、燃料动力费、车辆使用费等。④企业治理费是指施工企业组织施工生产和经营治理所需的费用，包括治理人员的基本工资、工资性补贴、职工福利费、劳动保护费、差旅交通费、办公费、固定资产使用费、生产工具用具使用费、工会经费及职工教育经费、财产保险费、劳动保险补助费、财务费等。

分部分项工程费还应当包括安装、装饰等其他工程收入，水暖通风、照明、给排水、楼宇智能化等施工项目的收入。

（2）措施项目费收入。措施项目费是指为工程的形成提供条件所需的费用，包括：①环境保护费；②文明施工费；③安全施工费；④临时设施费；⑤夜间施工费；⑥材料二次搬运费；⑦大型机械设备进出场费及安拆费；⑧砼、钢筋砼、模板及支架费；⑨脚手架费；⑩已完工程保护费；⑪

施工排水、降水费。

措施项目费还应当包括夜间施工增加费、二次搬运费、冬雨季施工增加费、已完工程及设备保护费、特殊地区施工增加费、大型机械设备进出场及安拆费、脚手架工程费等项目收入。

（3）其他项目费收入。其他项目费收入，如甲供材，发包方供应到施工工地仓库或现场堆放点的，施工单位计取采购甲供材保管费，甲供材保管费应当确认为收入；又如，合同完成后处置残余物资取得的收入等。

（4）规费收入。如收取的社会保险费、工程排污费应确认为收入。

（5）变更、调差、索赔等的二次经营收入。

（6）价外费用。如收到的提前竣工奖励、质量奖励，收到银行承兑汇票贴息、代为建设方进行拆迁补偿的报酬等。

另外，对于简易计税下分包款差额征税，在增值税和企业所得税税务实务处理中，由于工程款往往不能同步支付，所以会发生总包方已发生纳税义务，但不能同时取得分包方发票的情况。这时，需要注意以下三个方面：①总包方是否有因未取得分包方发票扣除，取得总包收入不按规定时间申报纳税，等待取得分包方发票再申报纳税情况。②总包方是否用工程结算单等单据代替合法有效凭据在税前扣除。总包方是否存在扩大分包扣除范围，将不属于分包合同规定的分包内容的材料、机械租赁、费用、劳务派遣等作为分包支出扣除。③异地施工，当地税务机关委托代征增值税，是否及时足额代征。

【实务举例19】

某公司承包了一个钻井平台项目，工程造价1 000万元，该项目适用简易计税。该公司把其中部分工程以400万元分包给甲公司，支付分包款后，取得A公司开具的普通发票。工程完工后，该公司收到工程款1 000万元，并给发包方开具1 000万元3%的增值税专用发票，发票载明的税额为29.13（1 000/1.03×3%）万元。该公司与甲公司均采取简易计税方法。甲公司完成该钻井平台项目累计发生合同成本300万元。

建筑企业简易计税项目以取得的全部价款和价外费用扣除支付的分包款后的余额为销售额，按照3%的征收率计算应纳税额，其差额征税是按照全额开票、差额申报方式通过增值税纳税申报表的填写实现的差额征税。

某公司工程结算时按照1 000万元全额计算应交增值税，在“应交增值税——简易计税”贷方记录29.13（1 000/1.03×3%）万元。但是，该公司实际申报时只缴纳了17.48[（1 000－400）/1.03×3%]万元，两者之间产生11.65万元差额。对于这部分差额的会计处理，根据财会〔2016〕22号文件中第（三）项差额征税的账务处理规定，待取得合规增值税扣税凭证且纳税义务发生时，按照允许抵扣的税额，借记“应交税费——应交增值税（销项税额抵减）”或“应交税费——简易计税”科目（小规模纳税人应借记“应交税费——应交增值税”科目），贷记“主营业务成本”“存货”“工程施工”等科目。

3. 建造合同业务增值税进项税额的扣除

【政策依据】

根据《财政部　国家税务总局关于全面推开营业税改征增值税试点的通知》（财税〔2016〕36号）的相关规定：用于简易计税方法计税项目的购进货物、加工修理修配劳务、服务、无形资产和不动产，其中涉及的固定资产、无形资产、不动产，仅指专用于上述项目的固定资产、无形资产（不包括其他权益性无形资产）、不动产。

适用一般计税方法的纳税人，兼营简易计税方法计税项目、免征增值税项目而无法划分不得抵扣的进项税额，可按照下列公式计算不得抵扣的进项税额：

不得抵扣的进项税额＝当期无法划分的全部进项税额×（当期简易计税方法计税项目销售额＋免征增值税项目销售额）÷当期全部销售额

【政策解析】

建筑业纳税人往往有简易计税项目和一般计税项目，而担任管理职能的公司总部会有增值税进项税额。纳税人将简易计税项目和一般计税项目的进项税额混淆扣除，将无法划分当期的全部进项税额是否按销售额计算分摊。

在收入成本费用没有分项目核算的情况下，存在进项税额混淆扣除的风险，担任管理职能的公司总部发生的当期无法划分的进项税额应当按销售额计算分摊。

【实务举例20】

某企业为一般纳税人，提供货物运输服务和装卸搬运服务，其中货物运输服务适用一般计税方法，装卸搬运服务适用简易计税方法。某企业于2023 年 6 月取得货物运输收入 6 万元，装卸搬运服务收入 4 万元，缴纳当月电费 11.3 万元，取得增值税专用发票并于当月认证抵扣，且该进项税额无法在货物运输服务和装卸搬运服务间划分。

该企业因兼营简易计税项目而无法划分取得进项税额的，按照上述公式计算不得抵扣的进项税额：

当期无法划分的全部进项税额 =11.3 ÷（1 +13%）×13% =1.3（万元）

某企业不得抵扣的进项税额 =1.3 ×4 ÷（4 +6）=0.52（万元）

4. 建造合同业务增值税纳税申报

【政策依据】

根据《财政部　国家税务总局关于全面推开营业税改征增值税试点的通知》（财税〔2016〕36 号）的规定，试点纳税人提供建筑服务适用简易计税方法的，以取得的全部价款和价外费用扣除支付的分包款后的余额为销售额。

【政策解析】

建筑企业申报环节统一在机构所在地申报。

对于一般计税的建筑企业来说，在申报环节需要全额征税，即以取得的全部价款和价外费用为销售额按照 9% 税率计算应纳税额，然后减去预交环节已经预交的税款，在机构所在地申报纳税。

对于简易计税的建筑企业来说，在申报环节按照差额征税，以取得的全部价款和价外费用扣除支付的分包款后的余额为销售额，按照3%的征收率计算应纳税额，然后减去预交环节已经预交的税款，在机构所在地申报纳税。

【实务举例21】

某公司在A地承包了一个油田工程项目，工程造价400万元。该公司把劳务部分以200万元分包给甲公司，支付分包款后，取得甲公司开具的普通发票。甲公司收到工程款后，给发包方开具400万元3%的增值税专用发票。

其申报步骤如下：

（1）项目地预缴。

某公司属于跨区异地施工项目，所以要先在项目地按照3%进行税款预缴。项目地预缴一般是在项目地主管税务机关现场填报预缴申报表，完成预缴工作。

（2）机构地申报。

在项目地完成预缴以后，某公司在电子税务局填写《增值税及附加税费预缴表》，如表6－1所示。

表6－1　增值税及附加税费预缴费

税款所属时间：　年　月　日至　年　月　日					
纳税人识别号（统一社会信用代码）：□□□□□□□□□□□□□□□□□□			是否用于一般计税方法 是□ 否□		
纳税人名称：					金额单位：元（列至角分）
项目编号：		项目名称：			
项目地址					
预征项目和栏次		销售额	扣除金额	预征率	预征税额
		1	2	3	4
建筑服务	1	400 000 000	200 000 000	3%	58 252 473
销售不动产	2				

一般主表数据都是根据附表数据直接生成的，核对无误即可申报。

表 6－2　增值税及附加税费申报表（小规模纳税人适用）附列资料（一）

（服务、不动产和无形资产扣除项目明细）

税款所属期：　　年　月　日至　　年　月　日　　　　　填表日期：　　年　月　日

纳税人名称（公章）：　　　　　　　　　　　　　　　　金额单位：元（列至角分）

应税行为（3%征收率）扣除额计算			
期初余额	本期发生额	本期扣除额	期末余额
1	2	3（3≤1＋2 之和，且 3≤5）	4＝14＋2－3
	2 000 000 00	2 000 000 00	0
5	6＝3	7＝5－6	8＝7÷1．03
4 000 000 00	2 000 000 00	2 000 000 00	194 174 757

表 6－3　增值税及附加税费申报表

（小规模纳税人适用）

纳税人识别号（统一社会信用代码）：□□□□□□□□□□□□□□□□□□□□□□□□

纳税人名称：　　　　　　　　　　　　　　　　　　　　金额单位：元（列至角分）

税款所属分：　　年　月　日至　　年　月　日　　　　　填表日期：　　年　月　日

项目	栏次	本期数		本年累计	
		货物及劳务	服务、不动产和无形资产	货物及劳务	服务、不动产和无形资产
应征增税值不含税销售额（3%增收率）	1		1 941 747.57		
增值税专用发票不含税销售额	2		1 941 747.57		
其他增值税发票不含税销售额	3				

5. 建造合同业务增值税发票开具

【政策依据】

根据《国家税务总局关于全面推开营业税改征增值税试点有关税收征收管理事项的公告》（国家税务总局公告 2016 年第 23 号）第四条第（三）

项的规定，提供建筑服务，纳税人自行开具或者税务机关代开增值税发票时，应在发票的备注栏注明建筑服务发生地县（市、区）名称及项目名称。

【政策解析】

根据上述文件可知，纳税人（包括一般纳税人和小规模纳税人）开具（包括自开或代开）增值税发票（包括专票和普票），按照国家税务总局公告2016年第23号文件规定，在建筑服务发票备注栏必须注明两项信息：一是建筑服务发生地县（市、区）名称；二是项目名称。其他备注信息并不强制标注，纳税人可以自行选择。

（二）油气田企业建造合同业务企业所得税税收政策与实务处理

根据《中华人民共和国企业所得税法》《中华人民共和国企业所得税实施条例》及其相关规定，油气田企业建造合同业务企业所得税税收政策应重点关注纳税义务发生时间、收入确认、成本费用税前扣除等问题。

1. 建造合同业务企业所得税纳税义务发生时间与收入确认

【政策依据】

根据《中华人民共和国企业所得税法实施条例》第二十三条第（二）项的规定，企业受托加工制造大型机械设备、船舶、飞机，以及从事建筑、安装、装配工程业务或者提供其他劳务等，持续时间超过12个月的，按照纳税年度内完工进度或者完成的工作量确认收入的实现。

根据《国家税务总局关于确认企业所得税收入若干问题的通知》（国税函〔2008〕875号）第二条的规定，企业在各个纳税期末提供劳务交易的结果能够可靠估计的，应采用完工进度（完工百分比）法确认提供劳务收入。可用已完工作的测量、已提供劳务占劳务总量的比例、发生成本占总成本的比例三种方法确定提供劳务的完工进度。企业应按照从接受劳务方已收或应收的合同，或协议价款确定劳务收入总额，根据纳税期末提供劳务收入总额乘以完工进度扣除以前纳税年度累计已确认提供劳务收入后的金额，确认为当期劳务收入；同时，按照提供劳务估计总成本乘以完工进度扣除以前纳税期间累计已确认劳务成本后的金额，结转为当期劳务成本。

【政策解析】

关于油气田企业建造合同业务企业所得税税收政策的特殊规定，实务中纳税义务发生时间与收入确认存在税务处理的政策适用与税务处理的风险。

（1）时间性差异。

在以成本确认完工百分比的方法下，成本和收入时间性差异要么是同时提前确认收入、成本，即提前确认利润；要么是同时滞后确认收入、成本，即滞后确认利润。既不存在单独的收入时间性差异，也不存在单独的成本时间性差异。如果成本提前结转了，就会提前确认所得；如果成本滞后结转了，就会推迟确认所得，在新收入准则下，日常的成本归集通过“合同履约成本”科目，期末“合同履约成本”结转到“主营业务成本”中。“合同履约成本”存在钩稽关系，如果“合同履约成本”中成本归集错误，是否会影响“主营业务成本”，进而影响所得，很容易做出判断。

（2）完工百分比法的销售收入确认。

在企业会计处理上，相较于其他确认方法，完工百分比法在使用上更复杂，具有相当的模糊性，对财务人员的职业判断依赖性更高，更容易被用来操纵和调节收入与利润。在企业所得税税务处理上，建筑企业如果没有按照完工百分比法确认收入，而是以开发票金额确认收入，或者完工百分比确认不准确，就会产生税收风险。

建造合同业务企业所得税收入的确认，还应重视是否存在资产负债表日或合同完工时建造合同的结果有不可靠估计时，按能得到补偿的费用确认收入的问题。

【实务举例22】

某企业承建某钻井项目并与甲企业签订钻井固定造价合同，合同总金额109 000 000元（其中合同价款为100 000 000元，增值税销项税额为

9 000 000 元），合同完工进度按照累计实际发生的合同成本占合同预计总成本的比例确定。工程于 2024 年 1 月 1 日开工，预计工期两年，预计合同总成本为 90 000 000 元。2024 年 3 月 31 日，该企业累计发生施工成本为 9 000 000元，并确认了相关增值税进项税额，同时业主对甲企业进行季度末验工计价金额为 11 990 000 元，并开具增值税专用发票（其中工程款计价11 000 000元，增值税销项税额 990 000 元）。

（1）计算 2024 年 3 月 31 日该建造工程完工百分比及建造合同收入。

完工百分比 =9 000 000 ÷ 90 000 000 × 100% =10%

当期确认建造合同收入 =100 000 000 × 10% =10 000 000（元）

（2）确认当期合同收入、成本、毛利。

借：主营业务成本	9 000 000	
工程施工——合同毛利	1 000 000	
贷：主营业务收入		10 000 000

（3）业主期末验工计价。

借：应收账款	11 990 000	
贷：工程结算		11 000 000
应交税费——应交增值税（销项税额）		990 000

2. 建造合同业务企业所得税成本费用扣除

【政策依据】

根据《中华人民共和国企业所得税法》第八条的规定，企业实际发生的与取得收入有关的、合理的支出，包括成本、费用、税金、损失和其他支出，准予在计算应纳税所得额时扣除。

【政策解析】

企业所得税税前扣除范围包括成本、费用、税金、损失及其他支出，扣除原则是关联性、合法性和真实性。多列成本费用一方面可以少缴纳税款，另一方面可以转移套取资金，以支付所谓的工程信息费、居间费、业务费、给员工的提成奖励。

结合建造合同业务的特殊性，企业所得税税前扣除政策适用中，应当重点关注下列问题：

（1）实际发生的成本费用有无多列或者重复列支。

实务中，应当根据实际情况进行核实分析。例如，以主要材料的信息价对照当期材料购买价，是否有大额偏差；核对材料数量，是否虚增材料、多列成本；是否把低价材料冒充高价材料，虚列高价入账。

（2）未实际发生的成本费用等虚假列支。

实务中，对于未实际发生的成本费用等进行虚假列支，应当严格审查处理。例如，虚列、多列劳务分包，多列成本，套取资金。这往往会牵扯到劳务分包公司的虚开发票违法行为；多列、虚列机械台班费用；虚假购进地材；虚增咨询费用等。

（3）对于合同预计总成本超过合同总收入的预计损失，企业提取损失准备，在计算应纳税所得额时不做调整。

合同预计总成本超过合同总收入形成合同预计损失，按照会计准则计提资产减值准备，但在企业所得税纳税申报时需要做纳税调增处理。

（4）借款费用重复扣除或提前扣除。

该类涉税问题表现为如下两种形式：一是应计入合同成本的支出，直接计入期间费用提前扣除；二是已计入合同成本的借款费用，重复计入财务费用在税前扣除。

三、油气田企业建造合同业务的财务核算

由于油气田企业建设单位通常所涉及的工程项目数量多、建设周期各异、项目复杂和工作场所有差异，企业财务核算方法也有不同。这里会按照最新会计准则的规定，重点介绍合同总收入和合同预计总成本的确定、履约进度的确认、合同收入和合同成本的确认。

（一）合同总收入和合同预计总成本的确定

1. 合同总收入

企业应当根据合同条款，综合考虑各相关因素确定合同预计总收入。

在确定合同预计总收入时，企业应当考虑可变对价、合同中存在的重大融资成分、非现金对价、应付客户对价等因素的影响。

预计总收入主要包括合同规定的初始收入、索赔、奖励。

2. 合同预计总成本

合同预计总成本是指根据投标资料，或其他有关资料预计的，从合同签订到项目结束发生的全部直接成本和间接成本总和。企业应当根据经营管理部门提供的预算成本预计完成合同可能发生的全部项目成本。

3. 分包收入和分包成本

分包业务应被纳入建造合同的核算中，分包收入和分包成本应作为合同总收入和总成本的组成部分。甲方指定分包商，且工程质量由分包商直接向业主负责，甲方只负责进度统计，仅通过甲方代收代付的分包业务，不计入合同总收入和总成本，应按净额法核算收入成本。

（二）履约进度的确认

1. 工程合同

企业应根据投入法（成本法）确定履约进度。企业通常按照累计实际发生的成本占预计总成本的比例确定履约进度，累计实际发生的成本包括企业向客户转移商品过程中发生的直接成本和间接成本，如直接人工、直接材料、分包成本，以及其他与合同相关的成本。

2. 履约进度验证的要求

按成本法确定的合同履约进度，应当定期与形象进度进行核对比较，差异超过 10% 的，应及时查清原因，检查归集成本是否及时、完整、准确，并对合同预计总成本进行核查调整。如调整后差异仍较大的，应当根据实际情况对投入成本进行调整。在项目中交后，收入确认应不低于合同预计总收入的 85%。

3. 履约进度管理要求

各企业应当准确估计合同预计总成本，确保履约进度准确恰当。履约进度原则上不能超过项目形象进度，即形象进度超过 90% 的，成本进度不得超过形象进度。因为企业自身原因造成工期拖延的，应当单独归集该部分人工成本、差旅费及折旧摊销等与时间有关的项目成本，在发生时将其计入当期损益，不计入据以计算合同履约进度的合同预计总成本及累计发生成本。

（三）合同收入和合同成本的确认

1. 合同履约进度能够合理确定的项目

建筑施工企业签订的固定总价合同、成本加成合同，以及总工作量可以合理确认的固定单价（费率）合同，合同履约进度能够合理确定时，应以履约进度确认收入。

（1）期末，建筑施工企业应根据履约进度计算本期应确认收入。

当期应确认收入＝合同总收入×履约进度－以前会计期间累计已确认合同收入

（2）建筑施工企业应定期对已确认的合同成本与按形象进度比例计算的应发生成本进行比较，分析差异金额及原因，由于因毛利率出现偏差并可能对项目当期的效益产生较大影响时，应及时调整预计施工项目总成本，以确保收入确认进度与成本确认进度相匹配。

（3）合同预计损失。当合同预计总成本超过合同预计总收入时，应将预计损失立即确认为当期营业成本。期末，根据未来预计损失和以前会计期间已确认预计损失计算当期需确认的预计损失额。

当期确认的预计损失额＝（预计总成本－预计总收入）×（1－履约进度）－以前会计期间累计已确认的预计损失

2. 或有合同项目的确定

期末如果能够合理预计合同将能且已发生成本能够收回的，应将当期归集的合同成本金额暂时保留在工程施工成本中，不得确认营业收入和营业成本，收到的预收款应计入合同负债。工程施工成本暂时保留时间不得超过一年，如超过一年以上仍未签署合同，则已归集的成本在扣除预收款后应结转计入当期损益；如无法预计合同是否能够签订，成本无法确定能否得到补偿的，应当将已发生的成本全部确认为营业成本，不确认收入；待合同签订后，且合同结果能够可靠计量时，再按照合同履约进度确认合同收入和合同成本。

3. 不能合理预计总工作量的合同

合同的总工作量不能合理确定的固定单价（费率）合同和成本加成合同，不能采用履约进度确认和计量合同收入与合同成本，其合同收入与合同成本的确认可参照下述方法，同时应注意合同收入与成本确认内容的一致性。

（1）不能合理预计总工作量的固定单价（费率）合同。

固定单价（费率）合同在不能合理预计总工作量时，应以客户签认的工作量为依据确认合同收入，同时按已发生的合同成本金额确认合同成本：

合同当期收入＝合同当期完成工作量×固定单价（费率）

合同当期成本＝合同当期实际发生成本

（2）不能合理预计合同总工作量的成本加成合同。

成本加成合同如不能合理预计总工作量，应以客户签认的工作量为依据确认合同收入，同时按已发生的合同成本金额确认合同成本：

合同当期收入＝合同当期成本×（1＋成本加成率）

合同当期成本＝合同当期实际发生成本

4. 合同取得成本

合同关系成立之前为订立合同发生的差旅费、投标费等，应当在发生时直接计入当期销售费用。为取得合同发生的佣金、手续费，合同期短于一年的，在合同发生时直接计入销售费用；期限超过一年的，计入合同取得成本，按履约进度摊销，计入销售费用。

5. 与合同相关的借款费用

企业为客户建造资产项目过程中，因资金周转等原因向银行借入款项，在合同建造期间发生的借款费用，符合本手册“专项业务会计处理”

中借款费用规定的资本化条件的，应当计入合同成本。合同完成后发生的借款费用，应当计入当期损益，不再计入合同成本。计入合同成本的借款费用应上报集团公司备案。

6. 不计入合同成本的各项费用

下列各项费用属于期间费用，应在发生时计入当期损益，不计入工程建设合同成本：

（1）企业行政管理部门为组织和管理生产经营活动发生的管理费用。

（2）企业为工程建设合同借入款项发生的，不符合“专项业务会计处理”中借款费用规定的资本化条件的借款费用。例如，企业在工程建设合同完成后发生的利息净支出、汇兑净损失、金融机构手续费，以及筹资所发生的其他财务费用。

7. 项目零星收益

项目零星收益是指在合同执行过程中取得，但不计入合同收入而应冲减合同成本的非经常性的收益。例如，完成合同后处置残余物资取得的收益。项目零星收益原已计入成本的，在收回处置时应按原渠道冲减“成本”、冲减“直接材料费”等相关科目。

（四）合同履约成本

合同履约成本是指企业为履行合同可能发生的各种成本。不属于其他企业会计规范范围且同时满足下列条件的，应当作为合同履约成本确认为一项资产。

（1）该成本与一份当期或预期取得的合同直接相关。与合同直接相关的成本包括：直接材料费、直接设备费、直接人工费、机械使用费、成分包成本、其他直接支出、制造（间接）费用。

（2）该成本增加了企业未来用于履行（包括持续履行）履约义务的资源。

（3）该成本预期能够收回。

企业应当在下列支出发生时，将其计入当期损益：一是管理费用，除非这些费用明确由客户承担；二是非正常损耗的直接材料、直接人工和制造费用（或类似费用），这些支出虽为履行合同发生，但未反映在合同价格中；三是与履约义务中已履行（包括已全部履行或部分履行）部分相关的支出，即该支出与企业过去的履约活动相关；四是无法在尚未履行与已履行（或已部分履行）的履约义务之间区分的相关支出。

四、建造合同业务税会差异与实务处理

（一）建造合同业务增值税税会差异与实务处理

1. 建造合同增值税税会差异的产生

新收入准则下收入的确认体现了会计核算的谨慎性原则，但税法要求在预先确认收入的基础上征收增值税，其具体表现为如下差异：

（1）当合同中存在多项履约义务时，会计准则规定，从商品层面和合同层面判定多项履约义务是否可以合并为一项履约义务；而税法对于存在多项履约义务的业务统一标准没有细致分类。

（2）当合同中存在可变对价时，会计准则规定，在可变对价包括合同交易价格后，收入将根据履约进度在合同履约过程中分配和确认；税法却对分摊的可变对价暂不予以确认，不产生纳税义务。

（3）当合同存在预收款项或合同期限超过一年时，会计准则规定，按照控制权转移原则确认相关收入；税法则按照是否提供劳务同时收讫销售款原则确认纳税义务时间。企业在收到合同预收款项时并不满足控制权转移原则，会计上确认为“合同负债”。由于款项已到账，税法上纳税义务已发生，需要预缴或缴纳增值税款。当合同期限超过一年时，会计上按履约进度确认相关收入；税法上则可能对此收入暂不征收增值税，在相关款项实际收到时，纳税义务才产生。

2. 建筑施工企业会税差异实务处理

（1）识别履约义务时的税会差异。

【实务举例23】

甲公司是具有生产、销售和安装资质的钢结构企业。2023 年 1 月 1

日，甲公司与乙公司签订一份钢结构销售安装合同。合同约定，甲公司负责钢结构的运输和安装等工作，可以对销售钢结构和安装钢结构进行单独核算。合同价款为2 260 万元，合同成本为1 600 万元。2023 年6 月30 日，甲公司将这批钢结构运输到乙公司并且安装完毕，收到乙公司的货款2 260 万元。

甲公司在6 月30 日确认2 000 万元收入，会计分录为：

借：银行存款　　2 260

　　贷：主营业务收入　　2 000

　　　　应交税费——应交增值税（销项税额）　　260

由于甲公司可以单独核算销售的商品和提供的服务，根据《国家税务总局关于进一步明确营改增有关征管问题的公告》（国家税务总局公告2017 年第11 号）的规定，甲公司销售和安装钢结构业务并不符合增值税中规定的混合销售行为，则甲公司不应该采用13% 的税率同时计算应交税额，而应该按照销售商品的13% 和建筑服务业的9% 计算增值税。假设甲公司的安装服务市场价款为300 万元，税法上甲公司的会计分录为：

借：银行存款　　1 921

　　贷：主营业务收入　　1 700

　　　　应交税费——应交增值税（销项税额）——销售商品　　221

借：银行存款　　327

　　贷：主营业务收入　　300

　　　　应交税费——应交增值税（销项税额）——安装服务　　27

对于钢结构销售安装业务，甲公司在会计处理中安装一项采用履约义务处理，按混合销售确认，其应交增值税额为260 万元。根据税法，该项业务应该拆分为两项单独的履约义务，按销售商品和提供建筑服务确认应纳税额，需要缴纳248 万元的应交增值税额，两种处理产生了12 万元的纳税额差异。

（2）确定交易价格时产生的税会差异。

【实务举例24】

接前例，合同约定每半年对钢结构施工进行工程测量，若甲公司可以在2024年6月底建成，乙公司提供额外奖励金100万元。工程于2023年2月1日动工，预计于2024年年底完工。甲公司预计工程总成本为6 000万元，截至2023年年底实际花费成本为3 900万元。甲公司按照实际发生成本占预计总成本的比例确认履约进度。2023年6月30日，甲公司对办公楼进行测量，进度为35%；2023年12月31日，甲公司对办公楼进行测量，进度为70%。同时，假设2023年6月和12月实际发生的合同成本与测量工程量一致，乙公司按照工程进度支付工程款。

分析：签订合同价款为8 000万元，据已测量的工程进度，在2024年6月底办公室能建成，乙公司将支付甲公司100万元奖励金，合同存在100万元的可变对价，交易价格应调整为8 100万元。2023年6月30日，工程进度达35%，企业确认收入（8 000 + 100）×35% =2 835万元，结转成本6 000×35% =2 100（万元），会计分录为：

借：合同结算——收入结转	2 835	
贷：主营业务收入		2 835
借：主营业务成本	2 100	
贷：合同履约成本——已结转成本		2 100
借：应收账款	3 090. 15	
贷：合同结算——价款结算		2 835
应交税费——应交增值税（销项税额）		255. 15

但是根据税法规定，甲公司并没有提前取得100万元的奖励金，企业并未产生与该款项相关的纳税义务，税会差异的实际金额为100×35%×9% =3. 15（万元）。

（3）确认收入时产生的税会差异。

【实务举例25】

甲公司是一家建筑单位，2023 年 1 月 1 日与乙公司签订一项办公楼建造合同。合同约定，建造办公楼价格为 8 800 万元，在合同签订之初支付合同价款的 10%，其余款项在办公楼竣工日支付。工程于 2023 年 2 月 1 日动工，预计于 2024 年年底完工。甲公司预计工程总成本为 6 000 万元。2023 年年底，甲公司实际花费成本为 3 900 万元。按照实际成本占预计总成本的相关比例确定履约义务。

分析：2023 年 1 月 1 日，收到预付款时的会计分录为：

借：银行存款　　880

　　贷：合同负债——办公楼项目　　880

收到乙公司支付的 10% 合同价款时，甲公司应将其计入“合同负债”科目。假设此预收账款开具了发票，则税法上产生了纳税义务，具体处理如下：

借：应缴税费——应缴增值税　　80

　　贷：银行存款　　80

此案例中，会计和税法对预收账款处理的不同，导致 80 万元的增值税暂时性差异。

（二）建造合同业务企业所得税税会差异与实务处理

1. 建造合同业务企业所得税税会差异

新收入准则强调在客户取得相关商品控制权时确认收入，很可能对价收回的条件也在其中体现。企业所得税收入确认原则，根据《国家税务总局关于确认企业所得税收入若干问题的通知》（国税函〔2008〕875 号）的规定，企业所得税收入遵循权责发生制原则和实质重于形式原则。仅从销售方角度来看，转移所有权相关的主要风险和报酬，没有保留与所有权相联系的继续管理权，也没有实施有效控制，未考虑购买方及可能存在的不确定性。

2. 建造合同业务企业所得税税会差异实务处理

【实务举例26】

甲公司为一家钻井设备制造生产企业，主营项目包括钻井设备的生产与销售，同时包括与之配套的设备安装与调试、土建（含场地、设备清理）、混凝土施工、管道铺设、建筑材料及其他辅助设备供应等。2023 年 12 月 1 日，甲公司与 A 公司（一家油气田企业）签订了一份建筑施工合同。合同约定，甲公司为 A 公司的某钻井平台提供主要钻井设备供应、设备安装、生产线相关地基构建等工建项目、配套公辅项目的管道安装和铺设，以及项目完工后的场地清理。合同总价 3 200 万元（不含增值税），合同中对设备及其他服务项目分项注明价格，设备部分为 2 400 万元，其中主要钻井设备价格为 2 000 万元，其他设备价格为 400 万元。合同对付款条款进行了约定：在设备运抵 A 公司指定地点后，A 公司需要支付给甲公司合同价款的 80%（其中含主要钻井设备与其他设备款项）。甲公司预计该项合同实现合同毛利 400 万元，预计合同总成本 2 800 万元，其中主要钻井设备成本 1 900 万元，其他设备成本 350 万元，其他成本 550 万元。合同约定，2023 年 12 月 31 日，主要钻井设备与其他设备均需运抵 A 公司施工地。截至 2018 年 12 月 31 日，甲公司将主要钻井设备与其他设备运抵 A 公司施工地，但未对上述设备进行安装。通过核算，截至 2018 年 12 月 31 日，甲公司收到 A 公司合同款 2 560 万元（其中设备款 2 400 万元），且甲公司已为该合同项目发生其他成本 100 万元。

根据收入准则相关规定：首先，A 公司能够从甲公司提供的一系列商品或服务，或将其与 A 公司易于获得的其他资源一起使用中受益。但是，根据合同条款规定，甲公司向 A 公司转让主要钻井设备和其他设备、设备安装、生产线相关地基构建等土建项目、配套公辅项目的管道安装和铺设，以及项目完工后的场地清理等服务，整合到整条钻井生产线上属于一项重大服务，“从分项投入，到组合产出”可以判断，甲公司为建设整条钻井生产线提供的一系列商品和服务是不可明确区分的，即甲公司向 A 公司转让主要钻井设备与其他设备的承诺与合同中其他承诺无法单独区分。因此，甲公司应将提供的商品和服务作为单一履约义务处理。其次，A 公司在甲公司履约的同时，可以控制、取得并消耗甲公司建设钻井平台带来的经济利益。因此，该合同的履约义务属于时段履约。此外，假设甲公司运用投入法（按照已发生的成本占预计总成本的比例）计量履约义务的履约进度。

截至 2023 年 12 月 31 日，甲公司的收入确认情况如表 6－4 所示。

表 6－4　2023 年 12 月 31 日甲公司向客户 A 转让设备及提供服务确认收入金额计算表

<table>
<tr><th>产品或服务</th><th>合同交易价格/万元</th><th>履约进度</th><th>2023 年 12 月 31 日甲公司确认的会计收入/万元</th><th>备注</th></tr>
<tr><td>设备转让</td><td rowspan="2">3 200</td><td rowspan="2">（1 900＋350＋100）/2 800×100%＝83.93%</td><td rowspan="2">3 200×83.93%＝2 686</td><td rowspan="2">甲公司提供的商品和其他服务不可明确区分，该合同属于单一履约义务。截至 2023 年 12 月 31 日，甲公司已将设备运抵客户 A 要求的指定施工地点，此时客户 A 已经取得对设备的控制权，但是设备并未安装，其他服务项目也并未实施。因此，即使设备已运抵客户 A 处，其取得了对相关商品的控制权，甲公司提供商品的收入部分仍应被纳入整个履约合同进度进行测算与确认</td></tr>
<tr><td>建安服务</td></tr>
<tr><td>合计</td><td>3200</td><td>83.93%</td><td>2686</td><td>—</td></tr>
</table>

根据表 6－4 的计算结果，甲公司 2023 年 12 月 31 日在会计上应确认收入 2 686 万元。

根据税法规定，可以计算出税法收入，即甲公司在申报 2023 年企业所得税时，针对该项业务应纳税所得额确认为（1 900＋350＋100）÷2 800×3 200＝2 686（万元）。

所以，针对此类建筑合同项目，即主体设备与其他辅助设备均由供方自产并销售，税法收入与会计收入在确认方面基本一致，不会形成税会差异。

3. 其他情况及分析

在实际业务中，一般会出现以下情况，承包方提供的主体设备是由自己设计并制造生产的，而其他设备由第三方提供，再通过商品与服务组合打包的形式出售给客户。继续以前述案例进行分析，假设合同条款中注明的其他设备价格为400万元，该其他设备并非甲公司设计、制造，而是从第三方处采购的，其他条件不变。显然，税法收入以发生成本占总成本的比例作为完工进度计算，应纳税所得额依然是2 686万元，但是在确认会计收入时存在差异。由于其他设备从第三方采购，在整体设备未进入安装阶段之前，外购的其他设备发生的成本如果参与整个合同履约进度的测算，就会导致履约进度值偏大，最终导致当期确认的收入被高估。

因此，会计上剔除第三方采购的设备成本后计算履约进度，根据此履约进度确认会计收入，同时根据相关准则规定，针对转让从第三方采购的设备应以采购成本金额为限确认收入。所以，针对甲公司该合同2023年会计收入的确认测算如下：

（1）2023年12月31日，甲公司对客户A的合同履约进度 =（1 900 +100）÷（2 800 -350）×100% =81.63%。

（2）2023年12月31日，甲公司针对该合同应确认收入 =（3 200 - 400）×81.63% +350≈2 664（万元）。

根据以上计算结果，针对甲公司与客户A的该份合同，2018年甲公司在会计上应确认收入2 664万元，但是在申报企业所得税时，需调增应纳税所得额22万元。会计准则与税法规定形成22万元差额，此差异将会在下一个会计年度予以消除。

第三节　股权激励税收政策解析与实务处理

股权激励是指公司通过推行股权激励计划，将股东和管理层的利益紧密地捆绑在一起，以激励管理层勤勉尽责地为公司长期发展服务。成品油行业的股权激励，总体上分为两大类：上市公司股权激励（应用于中国石油、中国石化、中国海油等）和非上市公司股权激励（应用于其他一些成品油行业）。成品油行业又具体分为股票期权、限制股股票、股权奖励等。

一、股权激励专业术语

股权激励的专业性较强，涉及很多专业术语，下面一一进行介绍：

“标的股票”是指根据股权激励计划，激励对象有权获授或者购买的上市公司股票。

“权益”是指激励对象根据股权激励计划获得的公司股票、股票期权。

“授予权益”（授出权益、授权）是指公司根据股权激励计划的安排，授予激励对象限制性股票、股票期权的行为。

“分次授出权益”（分次授权）是指公司根据股权激励计划的安排，向已确定的激励对象分次授予限制性股票、股票期权的行为。

“行使权益”（行权）是指激励对象根据股权激励计划的规定，解除限制性股票的限售、行使股票期权购买公司股份的行为。

“分期行使权益”（分期行权）是指根据股权激励计划的安排，激励对象已获授的限制性股票分期解除限售，已获授的股票期权分期行权的行为。

“预留权益”是指股权激励计划推出时未明确激励对象，股权激励计划实施过程中确定激励对象的权益。

“授予日或者授权日”是指公司向激励对象授予限制性股票、股票期权的日期。授予日、授权日必须为交易日。

“限售期”是指股权激励计划设定的激励对象行使权益的条件尚未成就，限制性股票不得转让、用于担保或偿还债务期间，自激励对象获授限制性股票完成登记之日起算。

“可行权日”是指激励对象可以开始行权的日期。可行权日必须为交易日。

“授予价格”是指公司向激励对象授予限制性股票时确定的，激励对象获得公司股份的价格。

“行权价格”是指公司向激励对象授予股票期权时确定的，激励对象购买公司股份的价格。

“标的股票交易均价”是指标的股票交易总额或标的股票交易总量。

二、股权激励管理规定

（一）上市公司股权激励管理规定

根据《上市公司股权激励管理办法》（中国证券监督管理委员会令第126号）的规定，股权激励是指上市公司以本公司股票为标的，对其董事、高级管理人员及其他员工进行的长期性激励。

上市公司以限制性股票、股票期权实行股权激励的，适用本办法以法律、行政法规允许的其他方式实行股权激励的，参照本办法有关规定执行。

1. 上市公司股权激励对象

（1）不得实行股权激励的上市公司。

上市公司具有下列情形之一的，不得实行股权激励：①最近一个会计年度财务会计报告被注册会计师出具否定意见或无法表示意见的审计报告；②最近一个会计年度财务报告内部控制被注册会计师出具否定意见或无法表示意见的审计报告；③上市后最近36个月内出现过未按法律法规、公司章程、公开承诺进行利润分配的情形；④法律法规规定不得实行股权激励的；⑤中国证监会认定的其他情形。

（2）激励对象的范围。

激励对象可以包括上市公司的董事、高级管理人员、核心技术人员或者核心业务人员，以及公司认为应当激励的对公司经营业绩和未来发展有直接影响的其他员工，但不应当包括独立董事和监事。在境内工作的外籍员工任职上市公司董事、高级管理人员、核心技术人员或者核心业务人员的，也可以成为激励对象。

单独或合计持有上市公司5%以上股份的股东或实际控制人及其配偶、父母、子女，不得成为激励对象。下列人员也不得成为激励对象：①最近

12 个月内被证券交易所认定为不适当人选；②最近 12 个月内被中国证监会及其派出机构认定为不适当人选；③最近 12 个月内因重大违法违规行为被中国证监会及其派出机构作出行政处罚或者采取市场禁入措施；④具有《中华人民共和国公司法》规定的不得担任公司董事、高级管理人员情形的；⑤法律法规规定不得参与上市公司股权激励的；⑥中国证监会认定的其他情形。

2. 上市公司股权激励的条件

上市公司应当设立激励对象获授权益、行使权益的条件。拟分次授出权益的，应当就每次激励对象获授权益分别设立条件；分期行权的，应当就每次激励对象行使权益分别设立条件。

激励对象为董事、高级管理人员的，上市公司应当设立绩效考核指标作为激励对象行使权益的条件。

3. 上市公司激励标的股票来源

拟实行股权激励的上市公司，可以下列方式作为标的股票来源：

（1）向激励对象发行股份。

（2）回购本公司股份。

（3）法律、行政法规允许的其他方式。

4. 股权激励计划

（1）股权激励计划的有效期。

股权激励计划的有效期从首次授予权益日起不得超过 10 年。

（2）股权激励计划的实行。

上市公司可以同时实行多期股权激励计划。同时实行多期股权激励计划的，各期激励计划设立的公司业绩指标应当保持可比性，后期激励计划的公司业绩指标低于前期激励计划的，上市公司应当充分说明其原因与合理性。

上市公司全部在有效期内的股权激励计划所涉及的标的股票总数，累计不得超过公司股本总额的 10%。非经股东大会特别决议批准，任何一名激励对象通过全部在有效期内的股权激励计划获授的本公司股票，累计不得超过公司股本总额的1%。股本总额是指股东大会批准最近一次股权激励计划时，公司已发行的股本总额。

（3）设置预留权益。

上市公司在推出股权激励计划时，可以设置预留权益，预留比例不得超过本次股权激励计划拟授予权益数量的20%。

上市公司应当在股权激励计划经股东大会审议通过后的12个月内明确预留权益的授予对象；超过12个月未明确激励对象的，则预留权益失效。

5. 限制性股票授予与解除

限制性股票是指激励对象按照股权激励计划规定的条件，获得的转让等部分权利受到限制的本公司股票。限制性股票在解除限售前不得转让、用于担保或偿还债务。

（1）股票授予价格。

上市公司在授予激励对象限制性段票时，应当确定授予价格或授予价格的确定方法。授予价格不得低于股票票面金额，且原则上不得低于下列价格较高者：①股权激励计划草案公布前1个交易日的公司股票交易均价的50%；②股权激励计划草案公布前20个交易日、60个交易日或者120个交易日的公司股票交易均价之一的50%。

上市公司采用其他方法确定限制性股票授予价格的，应当在股权激励计划中对定价依据及定价方式做出说明。

（2）限售期与分期解除限售。

限售期是指激励对象获得的转让等部分权利受到限制的本公司股票股权激励计划规定的条件。限制性股票在解除限售前不得转让、用于担保或偿还债务。限制性股票授予日与首次解除限售日之间的间隔不得少于12个月。在限制性股票有效期内，上市公司应当规定分期解除限售，每期时限不得少于12个月，各期解除限售的比例不得超过激励对象获授限制性股票总额的50%。当期解除限售的条件未成就的，限制性股票不得解除限售或递延至下期进行解除限售。出现应当终止或者解除限售的情形，或者其他终止实施股权激励计划的情形，或激励对象未达到解除限售条件的，上市公司应当回购尚未解除限售的限制性股票，并按照《中华人民共和国公司法》的规定处理。

对出现不得实行股权激励情形负有个人责任的，或出现不得成为激励对象情形的，回购价格不得高于授予价格；出现其他情形的，回购价格不得高于授予价格加上银行同期存款利息之和。

6. 股票期权授予与解除

股票期权是指上市公司授予激励对象在未来一定期限内以预先确定的条件购买本公司一定数量股份的权利。激励对象获授的股票期权不得转让、用于担保或偿还债务。

（1）股票期权授予价格。

上市公司在授予激励对象股票期权时，应当确定行权价格或者行权价格的确定方法。行权价格不得低于股票票面金额，且原则上不得低于下列价格较高者：①股权激励计划草案公布前1个交易日的公司股票交易均价；②股权激励计划草案公布前20个交易日、60个交易日或者120个交易日的公司股票交易均价之一。

上市公司采用其他方法确定行权价格的，应当在股权激励计划中对定价依据及定价方式做出详细说明。

（2）股票期权等待期与有效期。

等待期是指股票期权授权日与获授股票期权首次可行权日之间的时间段。等待期不得少于12个月。当期行权条件未成就的，股票期权不得行权或递延至下期行权。

有效期是指从股票期权授予日起到股票期权失效为止的时间段。在股票期权有效期内，上市公司应当规定激励对象分期行权，每期时限不得少于12个月，后一行权期的起算日不得早于前一行权期的届满日。每期可行权的股票期权比例不得超过激励对象获授股票期权总额的50%。

股票期权各行权期结束后，激励对象未行权的当期股票期权应当终止行权，上市公司应当及时注销。

出现应当终止或者解除、行权条件未成就的情形，或者其他终止实施股权激励计划的情形，或激励对象不符合行权条件的，上市公司应当注销对应的股票期权。

（二）非上市公司股权激励管理规定

根据《非上市公众公司监管指引第 6 号——股权激励和员工持股计划的监管要求（试行）》（中国证券监督管理委员会公告〔2020〕57 号）的规定，挂牌公司实施股票期权、限制性股票等股权激励计划的，应当符合法律、行政法规、部门规章、本指引和公司章程的规定，有利于公司的持续发展，不得损害公司利益，并履行信息披露义务。

1. 挂牌公司股权激励对象

激励对象包括挂牌公司的董事、高级管理人员及核心员工，但不应包括公司监事。挂牌公司聘任独立董事的，独立董事不得成为激励对象。

核心员工的认定应当符合《公众公司办法》的规定。

2. 挂牌公司股权激励的条件

挂牌公司应当合理设立激励对象获授权益、行使权益的条件，并就每次激励对象行使权益分别设立条件。

激励对象为董事、高级管理人员的，挂牌公司应当设立绩效考核指标作为激励对象行使权益的条件。绩效考核指标应当包括公司业绩指标和激励对象个人绩效指标。相关指标应当客观公开、清晰透明，符合公司的实际情况，有利于促进公司竞争力的提升。

权益行使前不得转让、用于担保或偿还债务。

3. 挂牌公司激励标的股票来源

拟实施股权激励的挂牌公司，可以用下列方式作为标的股票来源：

（1）向激励对象发行股票。

（2）回购本公司股票。

（3）股东自愿赠予。

（4）法律、行政法规允许的其他方式。

激励对象参与股权激励计划的资金来源应当合法合规，不得违反法律、行政法规、中国证监会及全国中小企业股份转让系统有限责任公司的相关规定。

挂牌公司不得为激励对象依股权激励计划获取有关权益提供贷款，以及其他任何形式的财务资助，包括为其贷款提供担保等。

4. 股权激励计划

（1）股权激励计划的有效期。

股权激励计划的有效期自首次授予权益日起不得超过 10 年。挂牌公司应当规定分期行使权益，激励对象获授权益与首次行使权益的间隔不少于 12 个月，每期时限不得少于 12 个月，各期行使权益的比例不得超过激励对象获授总额的 50%。

（2）股权激励计划的实行。

挂牌公司可以同时实施多期股权激励计划，并应当充分说明各期激励计划设立的公司业绩指标的关联性。

挂牌公司全部在有效期内的股权激励计划所涉及的标的股票总数累计不得超过公司股本总额的 30%。

（3）设置预留收益。

股权激励计划预留权益的，预留比例不得超过本次股权激励计划拟授予权益数量的 20%，并应当在股权激励计划经股东大会审议通过后 12 个月内明确预留权益的授予对象；超过 12 个月未明确激励对象的，预留权益失效。

5. 限制性股票授予与解除

（1）股票授予价格。

限制性股票的授予价格、股票期权的行权价格不得低于股票的票面金额。

限制性股票的授予价格原则上不得低于有效的市场参考价的 50%；股票期权的行权价格原则上不得低于有效的市场参考价。对授予价格、行权价格低于有效的市场参考价标准的，或采用其他方法确定授予价格、行权价格的，挂牌公司应当在股权激励计划中对定价依据及定价方法做出说明。

（2）股票解除。

挂牌公司董事会应当根据股东大会决议，实施限制性股票的授予、解除限售和回购，以及股票期权的授权、行权和注销。

出现终止行使获授权益的情形，或者当期行使权益条件未成就的，不得行使权益或递延至下一期，相应权益应当回购或注销。回购应按《中华人民共和国公司法》的规定进行，并且不得损害公司利益。

因标的股票除权、除息或者其他原因需要调整权益价格或者数量的，挂牌公司董事会应当按照规定的原则、方式和程序调整。

6. 员工持股计划

员工持股应以货币出资，并按约定及时足额缴纳，可以员工合法薪酬和法律、行政法规允许的其他方式解决。

（1）员工持股计划可以通过以下方式解决股票来源。

①挂牌公司回购本公司股票。

②通过全国股转系统购买。

③认购定向发行股票。

④股东自愿赠予。

⑤法律、行政法规允许的其他方式。

其中，向员工持股计划定向发行股票的，应当符合《中华人民共和国证券法》《公众公司办法》的规定。

（2）员工持股计划管理。

挂牌公司实施员工持股计划，既可以自行管理，也可以委托给具有资产管理资质的机构管理；员工持股计划在参与认购定向发行股票时，不穿透计算股东人数。

三、上市公司股权激励个人所得税税收政策解析与实务处理

（一）上市公司股权激励个人所得税应税项目

1. 股票期权

【政策依据】

根据《财政部 国家税务总局关于个人股票期权所得征收个人所得税问题的通知》（财税〔2005〕35号）的规定，实施股票期权计划企业授予该企业员工的股票期权所得，应按《中华人民共和国个人所得税法》及其实施条例有关规定征收个人所得税。

企业员工股票期权（以下简称股票期权），是指上市公司按照规定的程序授予本公司及其控股企业员工的一项权利，该权利允许被授权员工在未来时间内以某一特定价格购买本公司一定数量的股票。

上述“某一特定价格”被称为“授予价”或“施权价”，即根据股票期权计划可以购买股票的价格，一般为股票期权授予日的市场价格或该价格的折扣价格，也可以是按照事先设定的计算方法约定的价格；“授予日”也称“授权日”，是指公司授予员工上述权利的日期；“行权”也称“执行”，是指员工根据股票期权计划选择购买股票的过程；员工行使上述权利的当日为“行权日”，也称“购买日”。

2. 股票增值权与限制性股票

【政策依据】

根据《财政部 国家税务总局关于股票增值权所得和限制性股票所得征收个人所得税有关问题的通知》（财税〔2009〕5号）的规定，对于个人从上市公司（含境内、外上市公司）取得的股票增值权所得和限制性股票所得，比照《财政部 国家税务总局关于个人股票期权所得征收个人所得税问题的通知》（财税〔2005〕35号）、《国家税务总局关于个人股票期权所得缴纳个人所得税有关问题的补充通知》（国税函〔2006〕902号）的相关规定，计算征收个人所得税。

股票增值权是指上市公司授予公司员工在未来一定时期和约定条件

下，获得规定数量的股票价格上升所带来收益的权利。被授权人在约定条件下行权，上市公司按照行权日与授权日二级市场股票差价乘以授权股票数量，发放给被授权人现金。

限制性股票是指上市公司按照股权激励计划约定的条件，授予公司员工一定数量的本公司的股票。

3. 股权奖励

【政策依据】

根据《我国支持科技创新主要税费优惠政策指引（大）》相关规定。

股权奖励是指企业无偿授予激励对象一定份额的股权或一定数量的股份。

（二）上市公司股权激励个人所得税纳税义务发生时间与扣缴义务人

根据《财政部　国家税务总局关于个人股票期权所得征收个人所得税问题的通知》（财税〔2005〕35 号）和《国家税务总局关于股权激励有关个人所得税问题的通知》（国税函〔2009〕461 号）的规定。

1. 纳税义务发生时间

股票增值权个人所得税纳税义务发生时间，为上市公司向被授权人兑现股票增值权所得的日期；限制性股票个人所得税纳税义务发生时间，为每一批次限制性股票解禁的日期。

2. 扣缴义务人

实施股票期权计划的境内企业为个人所得税的扣缴义务人，应按税法规定履行代扣代缴个人所得税的义务。

个人因任职、受雇从上市公司取得的股票增值权所得和限制性股票所得，由上市公司或其境内机构按照“工资、薪金所得”项目和股票期权所得个人所得税计税方法，依法扣缴个人所得税。

员工从两处或两处以上取得股票期权形式的工资薪金所得和没有扣缴义务人的，该个人应在个人所得税法规定的纳税申报期限内自行申报缴纳税款。

（三）上市公司股权激励个人所得税应纳税额的计算与管理

1. 股票期权个人所得税应纳税所得额的确定

【政策依据】

根据《财政部 国家税务总局关于个人股票期权所得征收个人所得税问题的通知》（财税〔2005〕35 号）、《国家税务总局关于个人股票期权所得缴纳个人所得税有关问题的补充通知》（国税函〔2006〕902 号）的规定，股票期权所得性质的确认及其具体征税如下。

（1）授权时。

①不可公开交易的股票期权。员工接受实施股票期权计划企业授予的股票期权时，除另有规定外，一般不作为应税所得征税。

②可公开交易的股票期权。员工取得可公开交易的股票期权，属于员工已实际取得有确定价值的财产，应按授权日股票期权的市场价格，作为员工授权日所在月份的工资薪金所得。如果员工以折价购入方式取得股票期权的，可以授权日股票期权的市场价格扣除折价购入股票期权时实际支付的价款后的余额，作为授权日所在月份的工资薪金所得。

（2）行权前转让。

对因特殊情况，员工在行权日之前将不可公开交易的股票期权转让的，以股票期权的转让净收入作为"工资、薪金所得"征收个人所得税。"股票期权的转让净收入"，一般是指股票期权转让收入。如果员工以折价购入方式取得股票期权的，可以股票期权转让收入扣除折价购入股票期权时实际支付的价款后的余额，作为股票期权的转让净收入。

（3）行权时。

①不可公开交易的股票期权，行权时按工资、薪金所得征税。员工行权时，其从企业取得股票的实际购买价（施权价）低于购买日公平市场价（指该股票当日的收盘价，下同）的差额，是因为员工在企业的表现和业绩情况而取得的与任职、受雇有关的所得，应按"工资、薪金所得"适用的规定计算缴纳个人所得税。

凡取得股票期权的员工在行权日不实际买卖股票，而按行权日股票期权所指定股票的市场价与施权价之间的差额，直接从授权企业取得价差收益的，该项价差收益应作为员工取得的股票期权形式的工资薪金所得，以此计算缴纳个人所得税。

②可公开交易的股票期权，行权时财产转让所得征税。员工取得可公开交易的股票期权后，转让该股票期权所取得的所得属于财产转让所得，依法缴纳个人所得税。

员工取得可公开交易的股票期权后，实际行使该股票期权购买股票时，不再计算缴纳个人所得税。

（4）行权时应纳税所得额的计算。

员工行权日所在期间的工资薪金所得，应按下列公式计算工资薪金应纳税所得额：

股票期权形式的工资薪金应纳税所得额 =（行权股票的每股市场价 − 员工取得该股票期权支付的每股施权价）× 股票数量

【政策解析】

上述公式中的“员工取得该股票期权支付的每股施权价”，一般指员工行使股票期权购买股票实际支付的每股价格。如果员工以折价购入方式取得股票期权，上述施权价可包括员工折价购入股票期权时实际支付的价格。股票期权等待期内，上市公司发生“送、转、配”股的，应相应地调整施权价、股权票期权份数和行权购买股票数。

这里需要说明的是，凡取得股票期权的员工在行权日不实际买卖股票，而按行权日股票期权所指定股票的市场价与施权价之间的差额，直接从授权企业取得价差收益的员工，该项价差收益应作为员工取得股票期权形式的工资、薪金所得，按照规定计算缴纳个人所得税。

（5）行权后再转让收益。

员工将行权后的股票再转让时获得的高于购买日公平市场价的差额，是因个人在证券二级市场上转让股票等有价证券而获得的所得，应按照“财产转让所得”适用的征、免税规定计算缴纳个人所得税，即个人将行权后的境内上市公司股票再行转让取得的所得，除应税限售股外，暂不征收个人所得税；个人转让境外上市公司的股票取得的所得，应按税法征免税的规定计算应纳税所得额和应纳税额，依法缴纳税款。

（6）行权后参与利润分配取得的所得。

员工因拥有股权而参与企业税后利润分配取得的所得，应按照“利息、股息、红利所得”适用的征、免税规定计算缴纳个人所得税。符合规定的，可享受上市公司股息红利差别化政策优惠。

2. 股票增值权个人所得税应纳税所得额的确定

【政策依据】

根据《国家税务总局关于股权激励有关个人所得税问题的通知》（国税函〔2009〕461 号）的规定，股票增值权被授权人获取的收益，是由上市公司根据授权日与行权日股票差价乘以被授权股数，直接向被授权人支付的现金。上市公司应于向股票增值权被授权人兑现时依法扣缴其个人所得税。被授权人股票增值权应纳税所得额计算公式为

股票增值权某次行权应纳税所得额 =（行权日股票价格 − 授权日股票价格）× 行权股票份数

3. 限制性股票个人所得税应纳税所得额的确定

【政策依据】

根据《国家税务总局关于股权激励有关个人所得税问题的通知》（国税函〔2009〕461 号）的规定，按照个人所得税法及其实施条例等有关规定，原则上应在限制性股票所有权归属于被激励对象时确认其限制性股票所得的应纳税所得额。

具体计算方法为：上市公司实施限制性股票计划时，应以被激励对象限制性股票在中国证券登记结算公司（境外为证券登记托管机构）进行股票登记日期的股票市价（指当日收盘价，下同）和本批次解禁股票当日市价（指当日收盘价，下同）的平均价格乘以本批次解禁股票份数，减去被激励对象本批次解禁股份数所对应的为获取限制性股票实际支付资金数额，其差额为应纳税所得额。

被激励对象限制性股票应纳税所得额计算公式为

应纳税所得额 =（股票登记日股票市价 + 本批次解禁股票当日市价）÷2 × 本批次解禁股票份数 − 被激励对象实际支付的资金总额 ×（本批次解禁股票份数 ÷ 被激励对象获取的限制性股票总份数）

4. 股权激励所得个人所得税应纳税额的计算

【政策依据】

根据《财政部　国家税务总局关于延续实施上市公司股权激励有关个人所得税政策的公告》（财政部　国家税务总局公告 2023 年第 25 号）的规定，居民个人取得股票期权、股票增值权、限制性股票、股权奖励等股权激励符合相关条件的，不并入当年综合所得，全额单独适用综合所得税率表，以此计算纳税。其计算公式为

应纳税额 = 股权激励收入 × 适用税率 − 速算扣除数

【政策解析】

居民个人一个纳税年度内取得两次以上（含两次）股权激励的，应合并按规定计算纳税。两次以上股权激励，包括从境内和境外取得的不同激励形式的股权激励所得。

需要注意的是，被激励对象为缴纳个人所得税款而出售股票，其出售价格与原计税价格不一致的，按原计税价格计算其应纳税所得额和应纳税额。

另外，限制性股票禁售期内，发生股本溢价转增股本（转股）的，需要相应调整“股票登记日股票市价”与“被激励对象获取的限制性股票总份数”，若用未分配利润转增股本（送股），则需调整“被激励对象实际支付的资金总额”。

【实务举例27】

2021 年，已在某石化有限公司任职三年的居民个人宋某被授予本公司股票期权，施权价为 3 元/股，股票为 3 万股。2023 年 8 月行权，行权当日收盘价为 9 元/股。当年还取得工资收入 8 000 元/月，不考虑专项扣除、

专项附加扣除和其他扣除。

要求：(1) 计算宋某2023年8月应缴纳的个人所得税；(2) 如果上述期权在2021年8月行权，计算行权所得应纳的个人所得税。

【解析】

(1) 2023年8月，应纳个人所得税为

股票期权形式的工资、薪金应纳税所得额 =（行权股票的每股市场价 - 每股施权价）×股票数量 =（9 - 3）×30 000 = 180 000（元）

该股票期权行权所得不与综合所得合并，单独适用综合所得税率表，计算应纳税额。查找综合所得税率表，适用税率20%，速算扣除数为16 920元。

行权所得应缴纳的个人所得税为

180 000 ×20% - 16 920 = 19 080（元）

每月工资薪金所得应预扣预缴个人所得税计算如下。

2023年1—7月应预扣预缴个人所得税为

（8 000 ×7 - 5 000 ×7）×3% = 630（元）

2023年8月应预扣预缴个人所得税为

（8 000 ×8 - 5 000 ×8）×3% - 630 = 720 - 630 = 90（元）

(2) 如果在2021年8月行权，则行权当月应纳个人所得税为

股票期权形式的工资、薪金应纳税所得额 =（行权股票的每股市场价 - 每股施权价）×股票数量 =（9 - 3）×30 000 = 180 000（元）

180 000 ÷12 = 15 000（元/月）

查找工资薪金所得税率表，适用税率25%，速算扣除数为1 005元。该项股权激励所得应缴纳的个人所得税为

（180 000 ÷12 ×25% - 1 005）×12 = 32 940（元）

工资应纳个人所得税：（8 000 - 3 500）×10% - 105 = 345（元）

【实务举例28】

2021年2月1日，甲上市公司经股东大会批准授予员工限制性股票

1 000万股，其中总经理王某在甲公司任职5年，被授予100万股，授予价格为20元/股，股票登记日为2月8日，当日股票收盘价为36元/股。

2023年2月，该公司实施2022年度利润分配，以2021年年底公司总股本为基数，向全体股东每10股派发现金红利1元（含税）、送3股、转增2股，股权登记日为2月28日。

2023年5月8日，王某经考核符合第一批解禁条件，解禁30%即30万元，当日收盘价为41元/股。

要求：计算王某出售第一批解禁股票所得应纳的个人所得税。

【解析】

（1）根据利润分配方案对投资成本进行调整。

“10股送3股”视为“先分配、后投资”，实际投资成本需追加调整为：

100×20+30=2 030（万元）

“每10股派发现金红利1元（含税）、送3股、转增2股”，授予100万股送转后股数为150万股。根据新的股数调整后的每股投资成本为：

2 030÷150=13.5（元/股）

（2）本批次解禁30%，即：

150×30%=45（万股）

100万股股票登记日收盘价为36元/股，150万股股票登记日收盘价调整为：

36×100/150=24（元/股）

本批次解禁计税平均价为：

（24+41）÷2=32.5（元/股）

（3）应纳税所得额为：

（32.5−13.5）×45=855（万元）

应纳个人所得税为：

855×45%−18.192=366.558（万元）

王某一次缴纳个人所得税的，可根据《财政部　国家税务总局关于完善股权激励和技术入股有关所得税政策的通知》（财税〔2016〕101号）的规定，自限制性股票解禁之日起，在不超过12个月的期限内缴纳。

5. 股权激励个人所得税其他有关问题的规定

【政策依据】

根据《国家税务总局关于股权激励有关个人所得税问题的通知》（国税函〔2009〕461号）的规定。

（1）上述股权激励个人所得税政策，适用于上市公司（含所属分支机构）和上市公司控股企业的员工，其中上市公司占控股企业股份比例最低为30%（间接控股限于上市公司对二级子公司的持股）。

间接持股比例按各层持股比例相乘计算，上市公司对一级子公司持股比例超过50%的，按100%计算。

（2）具有下列情形之一的股权激励所得，不适用上述规定的优惠计税方法，应直接计入个人当期所得征收个人所得税：①除上述（1）规定之外的集团公司、非上市公司员工取得的股权激励所得；②公司上市之前设立股权激励计划，待公司上市后取得的股权激励所得；③上市公司未按照本通知第六条规定向其主管税务机关报备有关资料的。

6. 股权激励个人所得税备案与资料报送

【政策依据】

根据《国家税务总局关于股权激励有关个人所得税问题的通知》（国税函〔2009〕461号）、《财政部 国家税务总局关于股票增值权所得和限制性股票所得征收个人所得税有关问题的通知》（财税〔2009〕5号）相关规定：实施股票增值权计划或限制性股票计划的境内上市公司，应在向中国证监会报备的同时，将企业股票增值权计划、限制性股票计划或实施方案等有关资料报送主管税务机关备案。

报送有关资料包括：实施股票增值权计划的境内企业，应在股票增值权计划实施之前，将企业的股票增值权计划或实施方案、授权通知书等资料报送主管税务机关；应在员工行权之前，将股票增值权行权通知书和行权调整通知书等资料报送主管税务机关。

境外上市公司的境内机构，应向其主管税务机关报送境外上市公司实施股权激励计划的中（外）文资料备案。

上市公司未按照规定向其主管税务机关报备有关资料的，股权激励所得不适用优惠计税方法，应直接计入个人当期所得征收个人所得税。

四、非上市公司股权激励个人所得税税收政策解析与实务处理

符合条件的非上市公司股权激励递延纳税政策适用的股权激励形式，包括股票（权）期权、限制性股票和股权奖励。对其他股权激励方式，如员工持股计划、股票增值权等，不适用非上市公司股权激励递延纳税政策。

（一）非上市公司股权激励递延纳税政策

为支持国家“大众创业、万众创新”战略的实施，促进我国经济结构转型升级，2016 年 9 月 22 日，《财政部　国家税务总局关于完善股权激励和技术入股有关所得税政策的通知》（财税〔2016〕101 号）出台了非上市公司股权激励递延纳税政策。《国家税务总局关于股权激励和技术入股所得税征管问题的公告》（国家税务总局公告 2016 年第 62 号）对相关征管问题进行了细化。

与奖金、福利等现金激励类似，股权激励是企业以股权形式对员工的一种激励。企业通过低于市场价或无偿授予员工股权。在股权激励中，员工往往低价或无偿取得企业股权。对于该部分折价，实质上是企业给员工发放的非现金形式的补贴或奖金，应在员工取得时计算纳税。

【政策依据】

根据《财政部　国家税务总局关于完善股权激励和技术入股有关所得税政策的通知》（财税〔2016〕101 号）及《国家税务总局关于股权激励和技术入股所得税征管问题的公告》（国家税务总局公告 2016 年第 62 号）的相关规定。

1. 股权激励递延缴纳个人所得税

非上市公司授予本公司员工的股票期权、股权期权、限制性股票和股权奖励符合规定条件的，经向主管税务机关备案，可实行递延纳税政策，

即员工在取得股权激励时可暂不纳税，递延至转让该股权时纳税；股权转让时，按照股权转让收入减除股权取得成本及合理税费后的差额，适用“财产转让所得”项目，按照20%的税率计算缴纳个人所得税。

【政策解析】

由于股权激励在员工购买取得股权时需要计算纳税，纳税人此时取得的往往是股权形式的所得，而没有现金流入。通过递延纳税，将纳税时点递延至股权转让环节，即纳税人因股权激励取得股权时先不纳税，待实际转让股权时再纳税。递延纳税的好处是，解决纳税人纳税义务发生当期缺乏现金流缴税的困难。

2. 股权激励递延纳税的条件

享受递延纳税政策的非上市公司股权激励（包括股票期权、股权期权、限制性股票和股权奖励）须同时满足以下条件。

（1）属于境内居民企业的股权激励计划。

（2）股权激励计划经公司董事会、股东（大）会审议通过。未设股东（大）会的国有单位，经上级主管部门审核批准。股权激励计划应列明激励目的、对象、标的、有效期、各类价格的确定方法，激励对象获取权益的条件、程序等。

（3）激励标的应为境内居民企业的本公司股权。股权奖励的标的可以是技术成果投资入股到其他境内居民企业所取得的股权。激励标的股票（权）包括通过增发、大股东直接让渡及法律法规允许的其他合理方式授予激励对象的股票（权）。

（4）激励对象应为公司董事会或股东（大）会决定的技术骨干和高级管理人员，激励对象人数累计不得超过本公司最近6个月在职职工平均人数的30%。

（5）股票（权）期权自授予日起应持有满3年，且自行权日起持有满1年；限制性股票自授予日起应持有满3年，且解禁后持有满1年；股权奖励自获得奖励之日起应持有满3年。上述时间条件须在股权激励计划中列明。

（6）股票（权）期权自授予日至行权日的时间不得超过10年。

（7）实施股权奖励的公司及其奖励股权标的公司所属行业均不属于《股权奖励税收优惠政策限制性行业目录》范围。公司所属行业按公司上一纳税年度主营业务收入占比最高的行业确定。

3. 股票（权）转让时的资料报送

递延纳税股票（权）转让、办理纳税申报时，扣缴义务人、个人应向主管税务机关一并报送能够证明股票（权）转让价格、递延纳税股票（权）原值、合理税费的有关资料，具体包括转让协议、评估报告和相关票据等。资料不全或无法充分证明有关情况，造成计税依据偏低，又无正当理由的，主管税务机关可依据《中华人民共和国税收征收管理法》有关规定核定。

（二）符合递延纳税条件个人所得税税收政策解析与实务处理

【政策依据】

根据《财政部　国家税务总局关于个人股票期权所得征收个人所得税问题的通知》（财税〔2005〕35号）、《财政部、国家税务总局关于将国家自主创新示范区有关税收试点政策推广到全国范围实施的通知》（财税〔2015〕116号）、《财政部　国家税务总局关于完善股权激励和技术入股有关所得税政策的通知》（财税〔2016〕101号）、《国家税务总局关于股权激励和技术入股所得税征管问题的公告》（国家税务总局公告2016年第62号）、《财政部　国家税务总局关于延续实施上市公司股权激励有关个人所得税政策的公告》（财政部　国家税务总局公告2023年第25号）、《股权激励和技术入股个人所得税政策口径》（税总所便函〔2016〕149号）的相关规定。

1. 授予时的处理

员工接受实施股票（权）期权、限制性股票激励计划的非上市公司授予的股票（权）期权时，由于没有取得实际所得，不作为应税所得征税。

2. 解禁和转让股票时的处理

非上市公司授予本公司员工的限制性股票，同时符合实施主体、计划审批、激励标的、激励对象、持有期限五个规定条件的，经向主管税务机关备案，可实行递延纳税政策，即员工在限制性股票解禁取得股权激励所得时可暂不纳税，递延至转让该股票时纳税。

员工将解禁后的限制性股票再转让时获得的高于取得成本的差额，是因个人转让股票等有价证券而获得的所得，应按照“财产转让所得”计算缴纳个人所得税。

递延纳税的限制性股票转让时，按照股票转让收入减除限制性股票取得成本及合理税费后的差额，适用“财产转让所得”项目，按照20%的税率计算缴纳个人所得税。股票转让时，限制性股票取得成本按实际出资额确定。

个人转让股票时，视同享受递延纳税优惠政策的股票优先转让。递延纳税的股票成本按照加权平均法计算，不与其他方式取得的股票成本合并计算。

3. 股票（权）期权行权时的处理

员工在取得期权行权所得时可暂不纳税，递延至转让该股权时纳税。

4. 转增股本时的处理

持有递延纳税的股权或限制性股票期间，因该股权产生的转增股本收入，应在当期缴纳税款。

《股权激励和技术入股个人所得税政策口径》（税总所便函〔2016〕149号）问题19明确：依据税法，企业以未分配利润、盈余公积金、资本公积转增股本，须按照“利息、股息、红利所得”项目计征个人所得税。中小高新技术企业转增股本，个人股东可分期5年缴税。但是，个人持有递延纳税股权或限制性股票期间，发生转增股本的，因递延纳税的股票产生的转增股本收入，应在当期缴纳税款。

5. 以股权对外投资的处理

在持有递延纳税的股权或限制性股票期间，以该递延纳税的股权进行非货币性资产投资的，应在当期缴纳税款，而不适用非货币资产对外投资分期纳税政策。

【政策解析】

《股权激励和技术入股个人所得税政策口径》（税总所便函〔2016〕149号）中问题22明确：个人以股权进行非货币性资产投资，《财政部 国家税务总局关于个人非货币性资产投资有关个人所得税政策的通知》（财税〔2015〕41号）规定，可以分期5年缴纳。但个人以技术成果投资入股选择递延纳税的，根据财税〔2016〕101号文件第四条第（四）项的规定，个人以递延纳税的股权进行非货币性资产投资，须在非货币性资产投资当期缴纳税款。

6. 在境内上市后处置股权的处理

个人因股权激励取得股权或者解禁取得股票后，非上市公司在境内上市的，处置递延纳税的股权或者解禁取得股票时，按照现行限售股有关征税规定执行。

《股权激励和技术入股个人所得税政策口径》（税总所便函〔2016〕149号）明确：个人因获得非上市公司实施符合条件的股权激励或者限制性股票激励而选择递延纳税的，自其取得股权或者限制性股票解禁至实际转让期间，如果公司在境内上市了，员工持有的递延纳税股权（股票）自然转为限售股。相关税收处理应按照限售股相关规定执行，具体包含以下三个方面。

（1）股票转让价格，按照限售股有关规定确定。

（2）扣缴义务人转为限售股转让所得的扣缴义务人（证券机构），实施股权激励的公司只需要及时将相关信息告知税务机关，无须继续扣缴递延纳税股票个人所得税。

（3）转让的股票来源于股权激励的，原值为其实际取得成本；来源于技术成果投资入股的，原值为技术成果原值。若证券机构扣缴的个人所得税与纳税人的实际情况有出入，个人须向证券机构所在地主管税务机关申请办理税收清算。

7. 转让股权的处理

员工将行权后的股票（权）再转让时获得的高于购买日公平市场价的差额，是因个人转让股票（权）等有价证券而获得的所得，应按照“财产转让所得”适用的征免规定计算缴纳个人所得税。

个人转让股权时，视同享受递延纳税优惠政策的股权优先转让。递延纳税的股权成本按照加权平均法计算，不与其他方式取得的股权成本合并计算。

（三）不符合递延纳税条件个人所得税税收政策解析与实务处理

【政策依据】

根据《财政部 国家税务总局关于完善股权激励和技术入股有关所得税政策的通知》（财税〔2016〕101号）、《国家税务总局关于股权激励和技术入股所得税征管问题的公告》（国家税务总局公告2016年第62号）、《财政部、国家税务总局关于延续实施上市公司股权激励有关个人所得税政策的公告》（财政部 国家税务总局公告2023年第25号）、《股权激励和技术入股个人所得税政策口径》（税总所便函〔2016〕149号）的相关规定。

1. 不适用递延纳税优惠情形

（1）初始不符合条件的不适用递延纳税优惠。

股权激励计划所列内容不能同时满足规定的全部条件的，不得享受递延纳税优惠，应在股票（权）期权行权时按规定计算缴纳个人所得税。

（2）递延纳税期间情况发生变化不再符合条件的处理。

非上市公司股权激励所得递延纳税期间公司情况发生变化，不再符合激励对象范围、股权持有时间、行权时间等条件的，不得享受递延纳税优惠，应于情况发生变化之次月15日内，按规定计算缴纳个人所得税。

2. 不适用个人所得税递延纳税优惠的处理

（1）取得股票（权）的处理。

个人从任职受雇企业以低于公平市场价格取得股票（权）的，凡不符合递延纳税条件则应在获得股票（权）时，对实际出资额低于公平市场价格的差额，按照“工资、薪金所得”项目，自 2019 年 1 月 1 日起至 2027 年 12 月 31 日止，不并入当年综合所得，全额单独适用综合所得税率表计算纳税。计算公式为

应纳税额 = 股权激励所得 × 适用税率 − 速算扣除数

居民个人一个纳税年度内取得两次以上（含两次）股权激励的，应合并按规定计算纳税。

居民个人的股权激励所得，在 2019 年 1 月 1 日至 2027 年 12 月 31 日期间内，不并入综合所得税，应单独按综合所得税率表计算纳税。

（2）股票（权）期权行权时的处理。

①员工行权时，其从企业取得股票（权）的实际购买价（施权价）低于购买日公平市场价的差额，是因员工在企业的表现和业绩情况而取得的与任职、受雇有关的所得，应按“工资、薪金所得”适用的规定计算缴纳个人所得税。

员工以在一个公历月份中取得的股票（权）形式工资、薪金所得为一次。员工行权日所在期间的股票（权）形式的工资、薪金所得，应按下列公式计算工资、薪金应纳税所得额：

股票（权）期权形式的工资薪金应纳税所得额 = ［行权股票（权）的每股市场价 − 每股施权价］ × 股票数量

②员工因参加股票（权）期权计划而从中国境内取得的所得，按规定应按工资薪金所得计算纳税的，对该股票（权）期权形式的工资、薪金所得可区别于所在月份的其他工资、薪金所得，自 2019 年 1 月 1 日起至 2027 年 12 月 31 日，不并入当年综合所得，全额单独适用综合所得税率表计算纳税。计算公式为

应纳税额 = 股权激励收入 × 适用税率 − 速算扣除数

居民个人一个纳税年度内取得两次以上（含两次）股权激励的，应合并按规定计算纳税。

（3）将行权后的股票（权）再转让的处理。

员工将行权后的股票（权）再转让时获得的高于购买日公平市场价的差额，是因个人转让股票（权）等有价证券而获得的所得，应按照“财产转让所得”适用的征免规定计算缴纳个人所得税，即个人将行权后的非上市公司（包括全国中小企业股权转让系统挂牌公司原始股）股票（权）转让而取得的所得，按“财产转让所得”适用20%的税率计算缴纳个人所得税。个人股票（权）期权行权后，公司股票公开上市，再转让股票的，按限售股相关规定征收个人所得税。

（4）因拥有股权而参与税后利润分配的处理。

员工因拥有股权而参与企业税后利润分配取得的所得，应按照“利息、股息、红利所得”适用的规定计算缴纳个人所得税。

（5）符合条件实行递延纳税与不符合条件股权激励分别计税。

员工以在一个公历月份中取得的股票（权）形式工资、薪金所得为一次。员工取得符合条件、实行递延纳税政策的股权激励，与不符合递延纳税条件的股权激励分别计算。

（6）多次取得不符合条件的股票（权）形式所得的处理。

员工在一个纳税年度中多次取得不符合递延纳税条件的股票（权）形式工资、薪金所得的，自2019年1月1日起至2027年12月31日，不并入当年综合所得，应全额合并单独适用综合所得税率表计算纳税。计算公式为

应纳税额＝股权激励收入×适用税率－速算扣除数－以前各次已纳税额

（7）公平市场价格的确定。

公平市场价格按以下方法确定：①上市公司股票的公平市场价格，按照取得股票当日的收盘价确定；取得股票当日为非交易日的，按照上一个交易日收盘价确定。②非上市公司股票（权）的公平市场价格，依次按照净资产法、类比法和其他合理方法确定。净资产法按照取得股票（权）的上年末净资产确定。

第四节 研发费用税收政策解析与实务处理

研发活动是成品油行业重要的经济事项，常见于油田企业。以中国石油、中国石化企业为例，每年的研发投入规模均超百亿元。根据《中华人民共和国企业所得税法》及其实施条例的规定，企业开发新技术、新产品、新工艺发生的研究开发费用，可以在计算应纳税所得额时加计扣除。因此，研发费用加计扣除，是一项企业所得税税收优惠政策。探索如何用好、用足研发费用加计扣除优惠政策，有效提高符合加计扣除条件的研发费用比例，对提升企业效益、节约税收成本和流动资金管理有着重要意义。

为方便查找和充分理解现行研发费用加计扣除政策，国家税务总局编写了《研发费用加计扣除政策执行指引（2.0 版）》。

一、研发费用加计扣除企业所得税税收政策

（一）研发费用加计扣除政策要点

1. 自主研发费用的加计扣除

【政策依据】

根据《财政部 国家税务总局关于进一步完善研发费用税前加计扣除政策的公告》（财政部 国家税务总局公告 2023 年第 7 号）的规定，企业开展研发活动中实际发生的研发费用，未形成无形资产计入当期损益的，在按规定据实扣除的基础上，自 2023 年 1 月 1 日起，再按照实际发生额的 100% 在税前加计扣除；形成无形资产的，自 2023 年 1 月 1 日起，按照无形资产成本的 200% 在税前进行摊销。

【政策解析】

根据《中华人民共和国企业所得税法》的规定，无形资产摊销年限不得低于 10 年。作为投资或者受让的无形资产，有关法律规定或者合同约定了使用年限的，可以按照法律规定或者合同约定的使用年限分期摊销。

2. 委托、合作、集中研发费用的加计扣除

【政策依据】

根据《财政部 国家税务总局 科技部关于企业委托境外研究开发费用税前加计扣除有关政策问题的通知》（财税〔2018〕64号）和《国家税务总局关于企业研究开发费用税前加计扣除政策有关问题的公告》（国家税务总局公告2015年第97号）的规定。

（1）企业委托境内的外部机构或个人进行研发活动发生的费用，按照费用实际发生额的80%计入委托方研发费用并按规定计算加计扣除；委托境外（不包括境外个人）进行研发活动所发生的费用，按照费用实际发生额的80%计入委托方的委托境外研发费用。委托境外研发费用不超过境内符合条件的研发费用2/3的部分，可按规定在企业所得税前加计扣除。

（2）企业共同合作开发的项目，由合作各方就自身实际承担的研发费用分别计算加计扣除。

（3）企业集团根据生产经营和科技开发的实际情况，对技术要求高、投资数额大，需要集中研发的项目，其实际发生的研发费用可以按照权利和义务相一致、费用支出和收益分享相配比的原则，合理确定研发费用的分摊方法，在受益成员企业间进行分摊，由相关成员企业分别计算加计扣除。

3. 创意设计活动

【政策依据】

根据《财政部 国家税务总局 科技部关于完善研究开发费用税前加计扣除政策的通知》（财税〔2015〕119号）的规定，企业为获得创新性、创意性、突破性的产品进行创意设计活动而发生的相关费用，可按照本通知规定进行税前加计扣除。

（二）研发费用加计扣除与据实扣除

研发费用加计扣除与会计核算的据实扣除不一致，会产生企业的税会

处理差异。

1. 加计扣除与据实扣除的概念

加计扣除是企业所得税的一种税基式优惠方式，一般是指按照税法规定在实际扣除额的基础上，再加成一定比例，作为计算应纳税所得额时的扣除额。对企业的研发费用实施加计扣除，则称为“研发费用加计扣除”。

据实扣除是按照实际发生额予以扣除。根据《中华人民共和国企业所得税法》第八条的规定，企业实际发生的与取得收入有关的、合理的支出，包括成本、费用、税金、损失和其他支出，准予在计算应纳税所得额时扣除。

研发费用据实扣除，在遵循基本原则的基础上，又有其特殊要求。

2. 研发费用加计扣除与研发费用据实扣除的关系

研发费用加计扣除与研发费用据实扣除既有相同点又有不同点。

（1）研发费用加计扣除与研发费用据实扣除的相同点。

研发费用加计扣除与研发费用据实扣除的相同点主要体现在以下几个方面：①研发活动特征相同。两者都是企业为获得科学与技术（不包括人文、社会科学）新知识，创造性运用科学技术新知识，或实质性改进技术、工艺、产品（服务）而持续进行的具有明确目标的研究开发活动。②研发费用处理方式相同。企业实际发生的研发支出费用化与资本化处理的原则，按照财务会计制度规定执行。③不允许税前扣除费用范围相同。法律、行政法规和国务院财税主管部门规定不允许企业所得税前扣除的费用和支出项目，同样不允许加计扣除。④核算要求基本相同。企业未设立专门的研发机构或企业研发机构同时承担生产经营任务的，应对研发费用和生产经营费用分开核算，准确、合理地计算研发费用。

（2）研发费用加计扣除与研发费用据实扣除的不同点。

研发费用加计扣除与研发费用据实扣除的不同点主要体现在以下几个方面：①适用对象不同。研发费用加计扣除仅适用于财务核算健全并能准确归集核算研发费用的居民企业，而研发费用据实扣除适用于能够准确核算研发费用的所有企业。②行业限制不同。享受研发费用加计扣除的企业有负面清单行业的限制，而研发费用据实扣除的企业则没有负面清单行业的限制。③研发费用范围不同。研发费用加计扣除的范围限于《财政部 国家税务总局 科学技术部关于完善研究开发费用税前加计扣除政策的通知》（财税〔2015〕119 号）等文件列举的 6 项费用及明细项，包括人员人工费用、直接投入费用、折旧费用、无形资产摊销、新产品设计费、新工艺规程制定费、新药研制的临床试验费、勘探开发技术的现场试验费和其他相关费用，而据实扣除的研发费用范围按照税收及财务会计制度的规定确定。

二、研发活动的界定

成品油行业享受研发费用加计扣除税收优惠，应先判断企业从事的活动是否属于研发活动。

（一）研发活动

【政策依据】

根据《财政部 国家税务总局 科学技术部关于完善研究开发费用税前加计扣除政策的通知》（财税〔2015〕119 号）的规定，研发活动是指企业为获得科学与技术新知识，创造性运用科学技术新知识，或实质性改进技术、产品（服务）、工艺而持续进行的具有明确目标的系统性活动。

该定义主要参照《弗拉斯卡蒂（Frascati）手册》《企业会计准则第 6 号——无形资产》《企业会计制度》对研发活动的界定。研发活动可分为基础研究、应用研究、试验发展 3 种类型。研发活动类型及形式如表 6 - 5 所示。

表 6-5　研发活动类型及形式

类型	研发活动		非研发活动
	主要目的	具体形式	
基础研究	基础研究不预设某一特定的应用或使用目的，主要是为获得关于现象和可观察事实基本原理的新知识，可针对已知或具有前沿性的科学问题，或者针对人们普遍感兴趣的某些广泛领域，以未来广泛应用为目标	分为两种类型：一是自由探索性基础研究，即为了增进知识，不追求经济效益或社会效益，也不积极谋求将其应用于实际问题或把成果转移到负责应用的部门；二是目标导向（定向）基础研究，旨在获取某方面知识，期望为探索解决当前已知或未来可能发现的问题奠定基础	艺术或人文学方面的研究
应用研究	主要针对某一特定的实际应用目的或目标，为获取新知识或寻找已有知识的实际应用途径开展的创造性研究	包括辨别基础研究成果的可应用性，或者研究出一套使企业能够完成预先设定的发展目标的新方案等	对某项科研成果的直接应用，对现存产品、服务、技术、材料或工艺流程进行的重复或简单改变
试验发展	主要是利用从科学研究和实际经验中获得的现有知识，为生产新材料、新产品、新设备，建立新工艺、新系统，或对已产生和已建立的上述各项进行实质性改进而进行的开发、试制、小试、中试等试验性、系统性工作	原型样机设计、制造、测试，设计新工艺所需要的专用设备和架构，对新产品和新工艺的构思、开发和样品制造等	市场调查、质量控制、测试分析、维修维护、常规测试、为生产工艺进行的设计、试生产等

（二）研发活动的判断

1. 研发活动判断的基本要点

企业可自行判断其项目是否为研发活动。研发活动判断要点及内涵如表 6-6 所示。

表6-6 研发活动判断要点及内涵

要点	内涵	
1	有明确创新目标	研发活动一般具有明确的创新目标，如获得新知识、新技术、新工艺、新材料、新产品、新标准等，可通过以下问题予以明确。例如，该活动是否要探索以前未发现的现象、结构或关系，是否要在一定范围突破技术瓶颈，研发成果是否不可预期，如果回答为“是”，则说明该活动具有明确的创新目标
2	有系统组织形式	研发活动以项目、课题等方式组织进行，围绕具体目标有较为确定的人、财、物等支持，经过立项、实施、结题的组织过程，因此是有边界的和可度量的
3	研发结果不确定	研发活动的结果是不能完全预期的，必须经过反复不断的试验、测试，具有较大的不确定性，存在失败的可能

2. 不适用税前加计扣除政策的活动

【政策依据】

根据《财政部　国家税务总局　科学技术部关于完善研究开发费用税前加计扣除政策的通知》（财税〔2015〕119号）的规定，以下活动不适用税前加计扣除政策。

（1）企业产品（服务）的常规性升级。

（2）对某项科研成果的直接应用，如直接采用公开的新工艺、材料、装置、产品、服务或知识等。

（3）企业在商品化后为顾客提供的技术支持活动。

（4）对现存产品、服务、技术、材料或工艺流程进行的重复或简单改变。

（5）市场调查研究、效率调查或管理研究。

（6）作为工业（服务）流程环节或常规的质量控制、测试分析、维修维护。

（7）社会科学、艺术或人文学方面的研究。

其中，（1）~（6）虽与研发活动有密切关系，但都不属于研发活动。

3. 研发活动判断的边界

在某些情况下，研发活动与生产活动、科技活动等较难区分，有时甚至同时进行。因此，对研发活动边界的界定尤为重要。

【政策依据】

根据《研发费用加计扣除政策执行指引（2.0 版）》《财政部　国家税务总局　科学技术部关于完善研究开发费用税前加计扣除政策的通知》（财税〔2015〕119 号）和《弗拉斯卡蒂（Frascati）手册》对研发活动的界定，从以下两个方面进一步说明。

（1）研发活动与其他产业活动之间的边界。

研发活动与其他产业活动之间的边界说明如表 6－7 所示。

表 6－7　研发活动与其他产业活动之间的边界说明

项目	处理方式	备注
原型	计入 R&D	原型的设计、制造和测试都属于研发活动，但为了进行批量生产试生产的首批产品不是原型，其制造不属于研发活动
小试	计入 R&D	为了验证新产品、新工艺等能否正常运行的研发活动
中试	计入 R&D	为了验证新产品、新工艺等在大规模投产前能否正常运行的研发活动
中试工厂（中试设施）	区别对待	主要目的是研发活动，其建造与运行则属于研发活动，包括为了对假设进行评估、编写新产品方案、确定新成品规则、设计新工艺需要的专用设备和建筑物、编制工艺操作说明书或手册等收集数据，或者获得经验；否则，不属于研发活动
工业设计	区别对待	为研发活动开展的设计属于研发活动，如设计程序、制定技术规格、开发其他用途等，生产进行的设计不属于研发活动
工业工程和工装准备	区别对待	“反馈”研发及与创新过程中的工装准备和工程属于研发活动，为产品流程进行的工作不属于研发活动
软件开发	区别对待	在不以软件为最终产品的情况下，如果软件开发是研发项目整体组成的一部分，则属于研发活动；否则，需要进一步判断
试生产	区别对待	为新产品、新工艺全面测试及随后进一步地设计和工程化进行的试生产属于研发活动；否则，不属于研发活动
售后服务和故障排除	不属于 R&D	“反馈”研发除外
专利与许可证工作	不属于 R&D	与研发项目直接相关的专利工作除外
常规测试	不属于 R&D	即使是由 R&D 人员进行的常规测试，也不属于研发活动

续表

项目	处理方式	备注
数据收集	区别对待	作为研发项目必不可少组成部分的数据收集属于研发活动；否则，不属于研发活动
公共检验控制、标准与规章的执行	不属于 R&D	—

（2）研发活动与其他科技活动之间的边界。

科技活动的范围很广，包括研究开发、科技服务、科技成果转化等与科学技术相关的各类活动。很多科技活动单独看并不属于研发活动，但如果主要是为了实现研发需求，则可以视为研发活动。例如，科技信息服务、通用信息收集和编制、测试与规范化、质量控制、可行性研究等；否则，不属于研发活动。

以下科技服务活动不属于研发活动：①以常规手段或者为生产经营目的进行一般加工、定做、修理、修缮、广告、印刷、测绘、标准化测试，建设工程的勘察、设计、安装、施工、监理等服务，但以非常规技术手段解决复杂、特殊技术问题提供的服务除外；②描晒复印图纸、摄影摄像等服务；③计量检定单位提供的强制性计量检定服务；④理化测试分析单位提供的仪器设备的购售、租赁及用户服务。

三、研发项目管理

【政策依据】

根据《研发费用加计扣除政策执行指引（2.0 版）》的规定，适用研发费用加计扣除政策的两大核心是“研发活动的判断”和“研发费用的准确核算归集”，而两者都需要以研发项目为基础，即判断研发项目是否为研发活动且按照研发项目进行研发费用准确核算归集。因此，规范的研发项目管理是研发费用加计扣除政策适用的基础和前提。

（一）研发项目的类型

根据企业研发活动组织方式的不同，企业研发项目一般分为自主研发、委托研发、合作研发与集中研发。

根据《技术合同认定登记管理办法》（国科发政字〔2000〕063 号）第六条的规定，未申请认定登记和未予登记的技术合同，不得享受国家对有关促进科技成果转化规定的税收、信贷和奖励等方面的优惠政策。因此，委托研发与合作研发项目应签订合同，委托、合作研发的合同需经科技行政主管部门登记。其中，根据《财政部　国家税务总局　科技部关于企业委托境外研究开发费用税前加计扣除有关政策问题的通知》（财税〔2018〕64 号）的规定，委托境外进行研发活动由委托方到科技行政主管部门登记。

（二）研发项目的流程管理

【政策依据】

企业对研发项目从立项、实施到结题，建议建立全流程的管理制度，以便可以更好地适用研发费用加计扣除政策。

1. 研发项目的立项

企业研发项目立项需要有企业决议文件与项目计划书。项目计划书需要回答以下问题：为什么做，做什么，怎样做，做的条件，做后取得的成果和达到的水平，有什么创新点？

因此，项目计划书建议包括以下基本要素：

（1）研发目标，包括研发意义、国内外现状、预期研发成果、预期实现的技术指标、预期应用价值等。

（2）研发内容，包括技术难点或拟解决的关键技术问题、创新点、技术路线等。

（3）研发条件，包括研发基础、项目人员编制、经费预算等。

（4）项目进度安排，包括研发准备、技术攻关、试验测试等进度安排。

（5）成果形式与考核指标。

2. 研发项目的实施

为保证研发项目有效实施，并便利研发费用加计扣除政策享受，建议企业建立规范的研发项目实施管理制度。例如，企业可以根据实际情况，采取以下管理制度：

（1）研发项目归口管理制度。

企业可以设立研发项目的归口管理部门，对项目实施全程管理，包括项目计划书的编制、项目招标、合同签订与管理、科技成果鉴定、资料归档等工作。

（2）项目责任人负责制度。

为保证项目顺利进行，可明确项目的管理权责，实行项目责任人负责制，并明确权利与责任。每个项目一般确定一个或两个项目责任人。

（3）研发费用全流程记录制度。

为保证研发费用的准确归集，从每个研发项目开始实施，建议研发部门与财务部门协调配合，对该项目的资源投入情况进行全流程记录。例如，通过工时系统对研发活动人员参与某一研发项目的工时进行记录，通过材料领料单对某一研发项目的研发领用材料进行记录等。

（4）研发进度记录制度。

例如，可对研发新材料关键核心技术攻关进行记录，包括技术路线、使用的关键设备和材料等；可对新材料是否达到某一关键技术指标的测试过程进行记录，包括测试的方法、结果、结论等。

（5）项目调整制度。

在项目的执行过程中，如果出现技术路线或主要研究内容调整、主要研究人员变动及其他可能影响项目顺利完成的重大事项，项目责任人可及时向归口的科研管理部门报告，并按照规定的程序进行项目变更、暂停、终止等。

3. 研发项目的结题

研发项目结束后，建议项目组形成结题报告，包括项目进展情况、知识产权成果、研发成果先进性、关键技术突破点、失败原因分析、技术测试报告等内容；建议财务部门形成财务决算报告。

4. 研发项目的资料管理

建议企业建立研发项目资料全程规范化管理制度，明确企业内部相关部门的资料管理职能。每个研发项目从立项、实施到结题形成的各类文件、资料等，由相关部门归档管理，从而为享受研发费用加计扣除政策提供资料支撑。

四、研发费用加计扣除政策的主要内容

【政策依据】

根据《财政部　国家税务总局　科学技术部关于完善研究开发费用税前加计扣除政策的通知》（财税〔2015〕119 号）、《国家税务总局关于企业研究开发费用税前加计扣除政策有关问题的公告》（国家税务总局公告 2015 年第 97 号）的规定。

（一）政策适用范围

研发费用加计扣除政策适用于会计核算健全、实行查账征收并能准确归集研发费用的居民企业。此外，为获得创新性、创意性、突破性的产品进行创意设计活动的企业发生的相关费用，也可按照规定进行加计扣除。

1. 负面清单行业企业不能享受研发费用加计扣除政策

不适用研发费用加计扣除政策的行业，包括烟草制造业、住宿和餐饮业、批发和零售业、房地产业、租赁和商务服务业、娱乐业、财政部和国家税务总局规定的其他行业。

（1）行业划分依据。

行业划分以《国民经济行业分类与代码》（GB/T 4754—2011）为准，并随之更新［目前最新版本为《国民经济行业分类与代码》（GB/T 4754—2017）］。

（2）判断口径具体细化。

以列举的不适用税前加计扣除政策行业为主营业务，其研发费用发生当年的主营业务收入占企业按税法计算的收入总额减除不征税收入和投资收益的余额 50%（不含）以上的企业。从收入总额中减除的投资收益包括税法规定的股息、红利等权益性投资收益及股权转让所得。

在计算收入总额时，应注意收入总额的完整性和准确性，税收上确认

的收入总额不能简单等同于会计收入，应重点关注税会收入确认差异及调整情况。在判定主营业务时，应将企业当年取得的各项不适用加计扣除行业业务收入汇总确定。

2. 核定征收企业不能享受加计扣除政策

研发费用加计扣除政策适用于会计核算健全、实行查账征收并能够准确归集研发费用的居民企业。按核定征收方式缴纳企业所得税的企业不能享受此项优惠政策。

3. 创意设计活动发生的相关费用可以享受加计扣除政策

创意设计活动是指多媒体软件、动漫游戏软件开发，数字动漫、游戏设计制作；房屋建筑工程设计（绿色建筑评价标准为三星）、风景园林工程专项设计；工业设计、多媒体设计、动漫及衍生产品设计、模型设计等。

值得一提的是，虽允许“创意设计活动”适用加计扣除政策，但其属于一项单独的优惠政策，并不代表此类“创意设计活动”属于研发活动。

（二）研发费用加计扣除归集口径

【政策依据】

根据《研发费用加计扣除政策执行指引（2.0 版）》和《财政部　国家税务总局　科学技术部关于完善研究开发费用税前加计扣除政策的通知》（财税〔2015〕119 号）相关规定。

1. 可加计扣除的研发费用范围

（1）人员人工费用是指直接从事研发活动人员的工资薪金、基本养老保险费、基本医疗保险费、失业保险费、工伤保险费、生育保险费和住房公积金，以及外聘研发人员的劳务费用。

直接从事研发活动人员分为研究人员、技术人员和辅助人员三类。直接从事研发活动人员既可以是本企业的员工，也可以是外聘研发人员。外聘研发人员是指与本企业或劳务派遣企业签订劳务用工协议（合同）和临时聘用的研究人员、技术人员、辅助人员。接受劳务派遣的企业按照协议（合同）约定支付给劳务派遣企业，且由劳务派遣企业实际支付给外聘研发人员的工资薪金等费用，属于外聘研发人员的劳务费用。工资薪金包括按规定可以在税前扣除的对研发人员股权激励的支出。

（2）直接投入费用是指研发活动直接消耗的材料、燃料和动力费用；用于中间试验和产品试制的模具、工艺装备开发及制造费，不构成固定资产的样品、样机及一般测试手段购置费，试制产品的检验费；用于研发活动的仪器、设备的运行维护、调整、检验、维修等费用，以及通过经营租赁方式租入的用于研发活动的仪器、设备租赁费。

（3）折旧费用是指用于研发活动的仪器、设备的折旧费。

（4）无形资产摊销是指用于研发活动的软件、专利权、非专利技术（包括许可证、专有技术、设计和计算方法等）的摊销费用。

（5）新产品设计费、新工艺规程制定费、新药研制的临床试验费、勘探开发技术的现场试验费是指企业在新产品设计、新工艺规程制定、新药研制的临床试验、勘探开发技术的现场试验过程中发生的与开展该项活动相关的各类费用。

（6）其他相关费用是指与研发活动直接相关的其他费用，如技术图书资料费、资料翻译费、专家咨询费、高新科技研发保险费，研发成果的检索、分析、评议、论证、鉴定、评审、评估、验收费用，知识产权的申请费、注册费、代理费，差旅费，会议费，职工福利费，补充养老保险费，补充医疗保险费。此类费用总额不得超过可加计扣除研发费用总额的10%。

2. 研发费用的会计核算和加计扣除口径对比

研发费用的会计核算和加计扣除口径对比如表6－8所示。

表6－8　研发费用的会计核算和加计扣除口径对比

项目	研发费用加计扣除	会计规定
人员人工费用	直接从事研发活动人员的工资薪金、基本养老保险费、基本医疗保险费、失业保险费、工伤保险费、生育保险费和住房公积金，以及外聘研发人员的劳务费用	企业在职研发人员的工资、奖金、津贴、补贴、社会保险费、住房公积金等人工费用，以及外聘研发人员的劳务费用

续表

项目	研发费用加计扣除	会计规定
直接投入费用	研发活动直接消耗的材料、燃料和动力费用	研发活动直接消耗的材料、燃料和动力费用
	用于中间试验和产品试制的模具、工艺装备开发及制造费，不构成固定资产的样品、样机及一般测试手段购置费，试制产品的检验费	用于中间试验和产品试制的模具、工艺装备开发及制造费，样品、样机及一般测试手段购置费，试制产品的检验费等
	用于研发活动的仪器、设备的运行维护、调整、检验、维修等费用，以及通过经营租赁方式租入的用于研发活动的仪器、设备租赁费	用于研发活动的仪器、设备、房屋等固定资产的租赁费，设备调整及检验费，以及相关固定资产的运行维护、维修等费用
折旧费用、长期待摊费用	用于研发活动的仪器、设备的折旧费	用于研发活动的仪器、设备、房屋等固定资产的折旧费
无形资产摊销	用于研发活动的软件、专利权、非专利技术（包括许可证、专有技术、设计和计算方法等）的摊销费用	用于研发活动的软件、专利权、非专利技术等无形资产的摊销费用
设计试验等费用	新产品设计费、新工艺规程制定费、新药研制的临床试验费、勘探开发技术的现场试验费	
其他相关费用	与研发活动直接相关的其他费用，如技术图书资料费、资料翻译费、专家咨询费、高新科技研发保险费，研发成果的检索、分析、评议、论证、鉴定、评审、评估、验收费用，知识产权的申请费、注册费、代理费，差旅费，会议费，职工福利费，补充养老保险费，补充医疗保险费。此项费用总额不得超过可加扣除研发费用总额的10%	与研发活动直接相关的其他费用，包括技术图书资料费、资料翻译费、会议费、差旅费、办公费、外事费、研发人员培训费、培养费、专家咨询费、高新科技研发保险费用等。研发成果的论证、评审、验收、评估，以及知识产权的申请费、注册费、代理费等费用

3. 研发费用加计扣除“其他相关费用”限额计算方法

【政策依据】

根据《财政部　国家税务总局　科学技术部关于完善研究开发费用税前加计扣除政策的通知》（财税〔2015〕119 号）相关规定，与研发活动直接相关的其他相关费用，不得超过可加计扣除研发费用总额的 10%。

根据《国家税务总局关于进一步落实研发费用加计扣除政策有关问题

的公告》（国家税务总局公告2021年第28号）的规定，自2021年起，企业在一个纳税年度内同时开展多项研发活动的，由原来的按照每一研发项目分别计算“其他相关费用”限额，改为统一计算全部研发项目“其他相关费用”限额。

【实务举例29】

甲企业2023年开展了A、B两个研发项目，A项目人员人工等5项费用之和为88万元，与研发活动直接相关的其他相关费用为12万元；B项目人员的人工等5项费用之和为84万元，与研发活动直接相关的其他相关费用为8万元。假设两项研发活动均符合加计扣除相关规定。2023年度该企业A、B两个项目的其他相关费用限额为19.11［(88+84)×10%÷(1-10%)］万元，小于实际发生数20（12+8）万元，则该企业当年允许加计扣除的其他相关费用为19.11万元，允许加计扣除的研发费用为191.11（88+84+19.11）万元。2023年该企业的研发费用加计扣除额为191.11（191.11×100%）万元。

4. 资本化项目中“其他相关费用”处理

2021年及以后年度，对于资本化项目“其他相关费用”的处理分为以下四步：第一步，按当年全部费用化项目和当年已结束的资本化项目统一计算出当年全部项目“其他相关费用”限额；第二步，比较“其他相关费用”限额及其实际发生数的大小，确定可以加计扣除的“其他相关费用”金额；第三步，用可加计扣除的“其他相关费用”金额除以全部项目实际发生的“其他相关费用”，得出可加计扣除比例；第四步，用可加计扣除比例乘以每个资本化项目实际发生的“其他相关费用”，得出单个资本化项目可加计扣除的“其他相关费用”，与该项目其他可加计扣除的研发费用一并在以后年度摊销。

5. 企业委托研发费用处理

【政策依据】

根据《研发费用加计扣除政策执行指引（2.0版）》和《财政部 国

家税务总局　科技部关于企业委托境外研究开发费用税前加计扣除有关政策问题的通知》（财税〔2018〕64 号）的规定。

（1）委托外部进行研发活动。

扣除时按照研发活动发生费用的 80% 作为加计扣除基数。

委托个人研发的，应凭个人出具的发票等合法有效凭证在税前加计扣除（个人可通过电子税务局等渠道申请发票，或到税务机关申请代开发票）。其中“研发活动发生的费用”是指委托方实际支付给受托方的费用。

无论委托方是否享受研发费用税前加计扣除政策，受托方均不得进行加计扣除。

委托外部研究开发费用实际发生额应按照独立交易原则确定。

（2）委托境外进行研发活动。

企业委托境外进行研发活动所发生的费用，按照费用实际发生额的 80% 计入委托方的委托境外研发费用。委托境外研发费用不超过境内符合条件的研发费用 2/3 的部分，可以按规定在企业所得税前加计扣除。

委托境外个人进行研发活动所发生的费用不可加计扣除。

6. 企业委托关联方和非关联方管理要求的区别

委托方委托关联方开展研发活动的，受托方需向委托方提供研发过程中实际发生的研发项目费用支出明细情况。

【实务举例30】

A 企业 2023 年委托 B 关联企业研发，假设该研发项目符合研发费用加计扣除的相关条件。A 企业支付给 B 企业 100 万元。B 企业实际发生研发费用 90 万元（其中，按可加计扣除口径归集的费用为 85 万元），利润 10 万元。2023 年，A 企业可加计扣除的金额为 100 × 80% × 100% = 80（万元），但 B 企业应向 A 企业提供实际发生费用 90 万元的明细情况。

委托方委托非关联方开展研发活动的，考虑到涉及商业秘密等原因，受托方无须向委托方提供研发过程中实际发生的研发项目费用支出明细情况。

（三）冲减研发费用的特殊情况

【政策依据】

根据《研发费用加计扣除政策执行指引（2.0 版）》《国家税务总局关于研发费用税前加计扣除归集范围有关问题的公告》（国家税务总局公告2017 年第40 号）的规定。

1. 特殊收入应扣减可加计扣除的研发费用

企业开展研发活动中实际发生的研发费用，可按规定享受加计扣除政策。实务中常有已归集计入研发费用，但在当期取得的研发过程中形成的下脚料、残次品、中间试制品等特殊收入，均为与研发活动直接相关的收入，应冲减对应的可加计扣除研发费用。为简便操作，企业取得研发过程中形成的下脚料、残次品、中间试制品等特殊收入，在计算确认收入当年的加计扣除研发费用时，应从已归集研发费用中扣减不足扣减的，研发费用加计扣除按零计算。

2. 研发活动直接形成产品或作为组成部分形成的产品对外销售的特殊处理

生产单机、单品的企业，研发活动直接形成产品或作为组成部分形成的产品对外销售，产品耗用的料、工、费全部计入研发费用加计扣除，不符合政策鼓励本意。考虑到材料费用占比较大且易于计量，企业研发活动直接形成产品或作为组成部分形成产品对外销售的，研发费用中对应的材料费用不得加计扣除。产品销售与对应的材料费用发生在不同纳税年度且材料费用已计入研发费用的，可在销售当年以对应的材料费用发生额直接冲减当年的研发费用；不足以冲减的，在结转以后年度继续冲减。

3. 政府补助用于研发的区别处理

企业取得的政府补助，会计处理时采用直接冲减研发费用方法且税务处理时未将其确认为应税收入的，应按冲减后的余额计算加计扣除金额。

根据《企业会计准则第 16 号——政府补助》的规定，政府补助有总额法和净额法两种会计处理方法。净额法是将政府补助确认为对相关资产账面价值或者补偿成本费用等的扣减。按照《中华人民共和国企业所得税法》的规定，企业取得的政府补助应确认为收入，计入收入总额。净额法产生了税会差异。企业在税收上将政府补助确认为应税收入，同时增加研发费用，加计扣除应以税前扣除的研发费用为基数。但企业未进行相应调整的，税前扣除的研发费用与会计的扣除金额相同，应以会计上冲减后的余额计算加计扣除金额。

【实务举例31】

2023 年，某企业发生研发费用 200 万元，取得政府补助 50 万元，当年会计上的研发费用为 150 万元，未进行相应的纳税调整，其税前加计扣除金额为 150（150×100%）万元。

（四）其他事项

1. 研发费用加计扣除可以与其他企业所得税优惠事项叠加享受

【政策依据】

根据《国家税务总局关于发布修订后的〈企业所得税优惠政策事项办理办法〉的公告》（国家税务总局公告 2018 年第 23 号）的规定，优惠事项是指企业所得税法规定的优惠事项，以及国务院和民族自治地方根据企业所得税法授权制定的企业所得税优惠事项，包括免税收入、减计收入、加计扣除、加速折旧、所得减免、抵扣应纳税所得额、减低税率、税额抵免等。

根据《财政部　国家税务总局关于执行企业所得税优惠政策若干问题的通知》（财税〔2009〕69 号）的规定，企业所得税法及其实施条例中规定的各项税收优惠，凡企业符合规定条件的，均可以同时享受。因此，企业既符合享受研发费用加计扣除政策条件，又符合享受其他优惠政策条件的，可以同时享受有关优惠政策。

根据《国家税务总局关于研发费用税前加计扣除归集范围有关问题的公告》（国家税务总局公告 2017 年第 40 号）的规定，将加速折旧的加计扣除口径调整为就税前扣除的折旧部分计算加计扣除。

【实务举例32】

某企业于2022年12月购入并投入使用一套专门用于研发活动的设备，单位价值1200万元，会计处理时按8年折旧，税法上规定的最低折旧年限为10年，不考虑残值。企业对该项设备选择缩短折旧年限的加速折旧方式，折旧年限缩短为6（10×60%）年。2023年，企业会计处理计提折旧额150（1 200÷8）万元，税收上因享受加速折旧优惠可以扣除的折旧额是200（1 200÷6）万元，若该设备6年内用途未发生变化，每年均符合加计扣除政策规定，则企业在6年内每年直接就其税前扣除的“仪器、设备折旧费”200万元进行加计扣除200（200×100%）万元。

2. 失败的研发活动发生的研发费用也可加计扣除

失败的研发活动发生的研发费用也可享受加计扣除政策。

3. 盈利企业和亏损企业都可以享受加计扣除政策

企业发生的研发费用，无论企业当年是盈利还是亏损，其发生符合条件的研发费用均可以加计扣除。

五、加计扣除研发费用的核算要求

（一）享受研发费用加计扣除政策的会计核算要求

【政策依据】

根据《财政部　国家税务总局　科学技术部关于完善研究开发费用税前加计扣除政策的通知》（财税〔2015〕119号）的规定，对研发费用会计核算提出了若干要求。

1. 遵照国家统一会计制度

企业应按照国家财务会计制度要求，对研发支出进行会计处理。

2. 设置研发支出辅助账

对享受加计扣除的研发费用按研发项目设置辅助账，准确归集核算当年可加计扣除的各项研发费用实际发生额。企业在一个纳税年度内进行多项研发活动的，应按照不同研发项目分别归集可加计扣除的研发费用。企业研发费用各项目的实际发生额归集不准确、汇总额计算不准确的，税务机关有权对其税前扣除额或加计扣除额进行合理调整。

3. 研发费用与生产费用分别核算

企业应对研发费用和生产经营费用分别核算，准确、合理归集各项费用支出，对划分不清的，不得实行加计扣除。

（二）研发支出辅助账的设置与核算

1. 研发支出辅助账的样式

【政策依据】

根据《国家税务总局关于企业研究开发费用税前加计扣除政策有关问题的公告》（国家税务总局公告 2015 年第 97 号）和《国家税务总局关于进一步落实研发费用加计扣除政策有关问题的公告》（国家税务总局公告 2021 年第 28 号）的规定，研发项目立项时应设置研发支出辅助账，由企业留存备查。研发支出辅助账样式包括以下 3 种。

（1）2015 版研发支出辅助账样式及汇总表。

研发支出辅助账样式包括 4 种形式，分别为自主研发（研发支出辅助账样式）、委托研发（研发支出辅助账样式）、合作研发（研发支出辅助账样式）、集中研发（研发支出辅助账样式）。企业继续使用 2015 版研发支出辅助账样式的，可以参考 2021 版研发支出辅助账样式对委托境外研发费用、其他相关费用限额的计算公式等进行相应调整。

（2）2021 版研发支出辅助账样式及汇总表。

与 2015 版研发支出辅助账样式相比，2021 版研发支出辅助账样式将辅助账体系由“4 张辅助账 +1 张汇总表”精简为“1 张辅助账 +1 张汇总表”，并精简了辅助账填报项目，减少了企业填写工作量。

（3）自行设计的研发支出辅助账样式。

企业按照研发项目设置辅助账时，可以自主选择使用 2015 版研发支出辅助账样式，或者 2021 版研发支出辅助账样式，也可以参照上述样式自行设计研发支出辅助账样式。企业自行设计的研发支出辅助账样式，应当包括 2021 版研发支出辅助账样式所列数据项，且逻辑关系一致，能准确归集允许加计扣除的研发费用。

2. 研发支出辅助账核算流程

企业应根据研发项目的形式，在立项后按要求设置辅助账。其中，选择 2015 版研发支出辅助账样式的，应根据研发项目的形式选择相应的辅助账样式，如自主研发的项目，选择自主研发研发支出辅助账样式；委托研发的项目，选择委托研发研发支出辅助账样式等。选择 2021 版研发支出辅助账样式的，按研发项目设置辅助账即可。同一项目既涉及费用化又涉及资本化的应分别设置辅助账。

企业应根据研发支出辅助账，汇总填报辅助账汇总表。需要注意的是，研发支出辅助账汇总表应填报所属期间的费用化及已结束的资本化项目的研发支出金额。具体核算流程如图 6－1 所示。

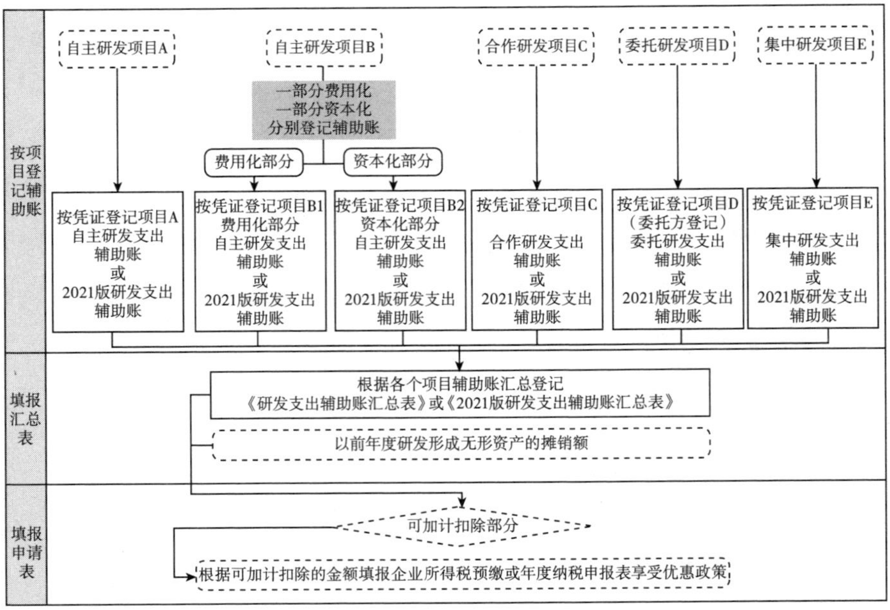

图 6－1　研发费用辅助账填写总流程

（三）研发费用的费用化或资本化处理

【政策依据】

根据《企业会计准则第 6 号——无形资产》的规定，企业开展研发活动中实际发生的研发费用形成无形资产的，其税收上资本化的时点应与会计处理保持一致。企业内部研究开发项目的支出，应当区分研究阶段支出与开发阶段支出。

1. 研究阶段支出的处理

研究阶段是指为获取新的科学或技术知识并理解它们而进行的独创性的、有计划的调查活动。比如，意在获取知识而进行的活动，研究成果或其他知识的应用研究、评价和最终选择，材料、设备、产品、工序、系统或服务替代品的研究，新的或经改进的材料、设备、产品、工序、系统或服务的可替代品的配制、设计、评价和最终选择等，均属于研究活动。

研究阶段是探索性的，已进行的研究活动将来是否会转入开发，开发后是否会形成无形资产等均具有较大的不确定性。因此，对于企业内部的研究开发项目，研究阶段的有关支出应当在发生时全部费用化，并计入当期损益（管理费用）。

2. 开发阶段支出的处理

开发阶段是指在进行商业性生产或使用前，将研究成果或其他知识应用于某项计划或设计，以生产出新的或具有实质性改进的材料、装置、产品等活动。比如，生产前或使用前的原型和模型的设计、建造、测试，不具有商业性生产经济规模的试生产设施的设计、建造和运营等，均属于开发活动。

对于企业内部研究开发项目，开发阶段的支出同时满足下列条件才能资本化，确认为无形资产；否则，应当计入当期损益（管理费用）。

（1）完成该无形资产以使其能够使用或出售在技术上具有可行性。

（2）具有完成该无形资产并使用或出售的意图。

（3）无形资产产生经济利益的方式，包括能够证明运用该无形资产生产的产品存在市场或无形资产自身存在市场，无形资产将在内部使用的，应当证明其有用性。

（4）有足够的技术、财务资源和其他资源支持，以完成该无形资产的开发，并有能力使用或出售该无形资产。

（5）归属于该无形资产开发阶段的支出能够可靠地计量。

3. 无法区分研究阶段和开发阶段支出的处理

无法区分研究阶段和开发阶段的支出，应当在发生时费用化，计入当期损益（管理费用）。

（四）共用的人员及仪器、设备、无形资产核算要求

【政策依据】

根据《财政部　国家税务总局　科学技术部关于完善研究开发费用税前加计扣除政策的通知》（财税〔2015〕119号）的规定，部分企业特别是中小企业，从事研发活动的人员同时也会承担生产经营管理等职能，用于研发活动的仪器、设备、无形资产同时也会用于非研发活动。对允许加计扣除的研发费用不再强调“专门用于”。为准确核算研发费用，企业应对此类人员参与研发活动情况及仪器、设备、无形资产的使用情况做必要记录，并将其实际发生的相关费用按实际工时占比等合理方法在研发费用和生产经营费用间进行分配，未分配的不得加计扣除。

（五）企业集团集中开发的研发费用分摊需要关注关联申报

【政策依据】

根据《财政部　国家税务总局　科学技术部关于完善研究开发费用税前加计扣除政策的通知》（财税〔2015〕119号）的规定，企业集团根据生产经营和科技开发的实际情况，对集中研发项目按照财税〔2015〕119号文件规定归集的，可加计扣除研发费用，按照权利和义务相一致、费用支出和收益分享相配比的原则，合理确定研发费用的分摊方法，在受益成员企业间进行分摊，由相关成员企业分别计算加计扣除。企业集团应将集中研发项目的协议或合同、《集中研发项目研发费决算表》《集中研发项目费用分摊明细情况表》和实际分享收益比例等资料提供给相关成员企业。

协议或合同应明确参与各方在该研发项目中的权利和义务、分摊方法等内容。

根据《国家税务总局关于完善关联申报和同期资料管理有关事项的公告》（国家税务总局公告2016年第42号）的规定，企业集团开发、应用无形资产及确定无形资产所有权归属的整体战略，包括主要研发机构所在地和研发管理活动发生地及其主要功能、风险、资产和人员情况等应在主体文档中进行披露。

（六）合作研发项目核算要求

【政策依据】

根据《财政部　国家税务总局　科学技术部关于完善研究开发费用税前加计扣除政策的通知》（财税〔2015〕119号）的规定，企业共同合作开发的项目，由合作各方就自身实际承担的研发费用分别计算加计扣除。企业共同合作研发的项目，由合作各方就自身实际承担的研发费用，按照项目计划书、经登记的技术开发（合作）合同等进行分项目会计核算、设置研发支出辅助账，并按照研发费用归集范围分别计算加计扣除。

六、研发费用加计扣除申报和后续管理

（一）享受研发费用加计扣除政策的办理方式

企业享受研发费用加计扣除优惠政策采取“真实发生、自行判别、申报享受、相关资料留存备查”的办理方式，具体流程如图6－2所示。

（二）享受研发费用加计扣除政策的时点

1. 预缴申报

（1）企业7月预缴申报第二季度（按季预缴）或6月（按月预缴）企业所得税时，能准确归集核算研发费用的，可以结合自身生产经营实际情况，自主选择就当年上半年研发费用享受加计扣除政策。对7月预缴申报期未选择享受优惠的企业，在10月预缴申报或年度汇算清缴时能够准确归集核算研发费用的，可结合自身生产经营实际情况，自主选择在10月预缴申报或年度汇算清缴时统一享受。

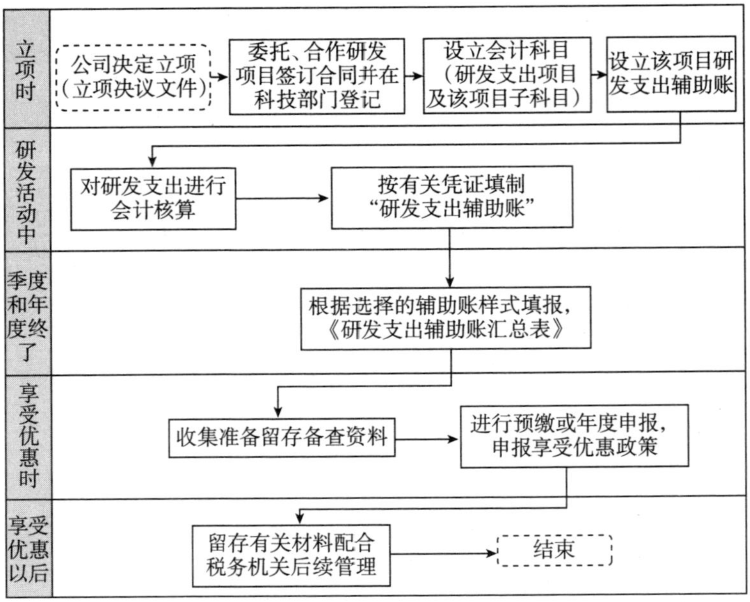

图 6-2　享受研发费用加计扣除政策基本流程

（2）企业 10 月预缴申报第三季度（按季预缴）或 9 月（按月预缴）企业所得税时，能准确归集核算研发费用的，企业可结合自身生产经营实际情况，自主选择就当年前三季度研发费用享受加计扣除政策。

对 10 月预缴申报期未选择享受优惠的企业，在年度汇算清缴时能够准确归集核算研发费用的，可结合自身生产经营实际情况，自主选择在年度汇算清缴时统一享受。

2. 汇缴申报

企业年度汇算清缴时能够准确归集核算研发费用的，可以就当年发生的研发费用享受加计扣除政策。

（三）享受研发费用加计扣除政策的留存备查资料

1. 自主、委托境内、合作、集中研发留存备查资料

企业自主、委托境内、合作、集中研发费用享受加计扣除政策的，应留存备查以下资料。

（1）自主、委托、合作研究开发项目计划书和企业有权部门关于自

主、委托、合作研究开发项目立项的决议文件。

（2）自主、委托、合作研究开发专门机构或项目组的编制情况和研发人员名单。

（3）经科技行政主管部门登记的委托、合作研究开发项目的合同，科技行政主管部门一般是指技术合同登记机构。

（4）从事研发活动的人员（包括外聘人员）和用于研发活动的仪器、设备、无形资产的费用分配说明（包括工作使用情况记录及费用分配计算证据材料）。

（5）《集中研发项目研发费决算表》、《集中研发项目费用分摊明细情况表》和实际分享收益比例等资料。

（6）研发支出辅助账及汇总表。

（7）企业如果已取得地市级（含）以上科技行政主管部门出具的鉴定意见，应作为资料留存备查。

2. 委托境外研发留存备查资料

企业委托境外研发费用享受加计扣除政策的，应留存备查以下资料。

（1）企业委托研发项目计划书和企业有权部门立项的决议文件。

（2）委托研究开发专门机构或项目组的编制情况和研发人员名单。

（3）经科技行政主管部门登记的委托境外研发合同，科技行政主管部门一般是指技术合同登记机构。

（4）研发支出辅助账及汇总表。

（5）委托境外研发银行支付凭证和受托方开具的收款凭据。

（6）当年委托研发项目的进展情况等资料。

（7）企业如果已取得地市级（含）以上科技行政主管部门出具的鉴定意见，应作为资料留存备查。

企业预缴申报享受优惠时，应将《研发费用加计扣除优惠明细表》（A107012）与有关规定的其他资料一并留存备查。企业对留存备查资料的真实性、合法性承担法律责任。按照国家税务总局公告 2018 年第 23 号文件，企业留存备查资料应从企业享受优惠事项当年的企业所得税汇算清缴期结束次日起保留10年。

（四）税务机关后续管理

企业享受优惠事项后，税务机关应适时开展后续管理。在进行后续管理时，企业应当根据税务机关管理服务的需要，按照规定的期限和方式提供留存备查资料，以证实享受优惠事项符合条件。企业未能按照税务机关要求提供留存备查资料，或者提供的留存备查资料与实际生产经营情况、财务核算情况等不符，无法证实符合优惠事项规定条件的，或者存在弄虚作假情况的，税务机关将依法追缴其已享受的企业所得税优惠，并按照《中华人民共和国税收征收管理法》等相关规定处理。

（五）其他注意事项

1. 享受研发费用加计扣除的研发项目无须事先通过相关部门鉴定或立项

企业申报享受研发费用加计扣除优惠，无须事前通过科技部门鉴定。企业研发项目立项只需企业内部有决策权的部门，如董事会等做出决议即可，无须经过科技部门和税务部门立项备案。政府及相关部门支持的重点项目，根据政府部门立项管理的相关要求办理。委托研发和合作研发的合同，须经科技行政主管部门登记。

2. 税企双方对研发项目异议的处理

根据《科技部　财政部　国家税务总局关于进一步做好企业研发费用加计扣除政策落实工作的通知》（国科发政〔2017〕211号）的规定，税务部门事中、事后对企业享受加计扣除优惠的研发项目有异议的，应及时通过县（区）级科技部门将项目资料送地市级（含）以上科技部门进行鉴定；由省份直接管理的县、市，可直接由县级科技部门鉴定。鉴定部门在收到税务部门的鉴定需求后，应及时组织专家鉴定，并在规定时间内通过原渠道将鉴定意见反馈给税务部门。鉴定时，应由3名以上相关领域的产业、技术、管理等专家参加。

3. 当年符合条件未享受加计扣除优惠的可以追溯享受

企业符合财税〔2015〕119号文件规定的研发费用加计扣除条件而在

2016年1月1日以后未及时享受该项税收优惠的，可以追溯享受，追溯期限最长为3年。

参考文献

吴健,王会,吴冠桦. 新个人所得税实物与案例[M]. 北京:中国市场出版社,2021.

第七章　成品油行业增值税发票管理

2018年3月1日以来，为加强汽油、柴油、航空煤油、石脑油、溶剂油、润滑油、燃料油等成品油消费税的征收管理，维护公平的税收秩序，营造良好的营商环境，所有成品油发票均须通过增值税发票管理新系统中成品油发票开具模块开具。近年来，随着电子普通发票和全面数字化电子发票（以下简称“数电票”）的试点和普及，部分成品油企业可使用电票平台办理开票、用票业务，而发票问题既融于税，又独立于税；既涉补税、罚款之事，又可独立成刑。它贯穿企业经营的全过程，对企业的合规经营产生了巨大影响。因此，本章重点介绍成品油行业开具发票合规、发票取得合规，以及对于发票违法行为的处罚，同时也特别提示发票对于企业所得税的影响。

第一节　发票与增值税发票管理的一般规定

成品油行业在日常工作中涉及的主要发票种类为增值税专用发票、增值税普通发票、数电票，以上发票的取得和开具决定了成品油行业的用票安全。因此，本节重点介绍成品油行业增值税专用发票、增值税普通发票、数电票、增值税红字发票，以及加油站零售业务开具发票的基本规定。

一、发票与增值税发票

对于成品油行业发票管理的基本原则是对增值税发票的管理，而增值税发票的管理原则主要依据《中华人民共和国发票管理办法》（以下简称《发票管理办法》）。《发票管理办法》大致分为发票的基本概述，发票的领用、开具与保管，发票违法行为的税务行政处罚等内容。

（一）发票与发票功能

发票是指在购销商品、提供或者接受服务及从事其他经营活动中，开具、收取的收付款凭证。发票的基本内容包括：发票的名称、发票代码和号码、联次及用途、客户名称、开户银行及账号、商品名称或经营项目、计量单位、数量、单价、大小写金额、税率（征收率）、税额、开票人、开票日期、开票单位（个人）名称（章）等。省以上税务机关可根据经济活动及发票管理需要，确定发票的具体内容。

发票具有合法性、真实性、统一性、及时性等特征，是记录经济活动内容的载体，是企业会计记账最基本的原始凭证，是企业财务管理的重要工具。同时，发票也是税务机关控制税源、征收税款的重要依据，是国家监督经济活动、维护经济秩序、保护国家财产安全的重要手段。在企业日常的业务交易中，发票的使用非常广泛。发票的使用功能主要有三个，即结算功能、计税功能和记账凭证功能。

（二）发票的分类

根据表现形式，发票分为纸质版发票和电子版发票，应当按照税务机关发票管理规定以数据电文形式开具、收取。电子发票与纸质发票的法律效力相同，任何单位和个人不得拒收。税务机关建设电子发票服务平台，为用票单位和个人提供数字化等形态电子发票开具、交付、查验等服务。单位和个人按照国家税务总局有关规定开展发票数据处理活动，依法承担发票数据安全保护义务，不得超过规定的数量存储发票数据，不得违反规定使用、非法出售或非法向他人提供发票数据。纸质发票的基本联次包括存根联、发票联、记账联。存根联由收款方或开票方留存备查；发票联由付款方或受票方作为付款原始凭证；记账联由收款方或开票方作为记账原始凭证。省以上税务机关可根据纸质发票管理情况及纳税人经营业务需要，增减除发票联以外的其他联次，并确定其用途。

（三）增值税发票

发票共分为五种：增值税专用发票、增值税普通发票、通行费发票、火车票及机票行程单，以及定额发票。增值税发票分为增值税专用发票、增值税普通发票和机动车销售统一发票。随着电子发票的普及，未来将进入数电票时代。对于成品油行业来说，最常见的发票为增值税专用发票、增值税普通发票和数电票。

1. 增值税专用发票

增值税专用发票，是增值税一般纳税人销售货物或者提供应税劳务开具的发票，是购买方支付增值税额并可按照增值税有关规定据以抵扣增值税进项税额的凭证。如果行业纳税人销售的产品属于成品油，那么在2018年3月1日后，须通过增值税发票管理新系统中成品油发票开具模块开具，票面上显示“成品油”字样；如果行业纳税人销售产品属于非成品油，则正常开具增值税专用发票。

2. 增值税普通发票

增值税普通发票是相对增值税专用发票而言的，在一定情况下，纳税人不得开具增值税专用发票，只得开具增值税普通发票。对于成品油行业而言，常见的增值税普通发票分为增值税普通发票（折叠票）、增值税普通发票（卷票）和增值税电子普通发票。增值税普通发票（折叠票）、增值税普通发票（卷票）在加油站更为常见，而成品油行业纳税人更多的是取得增值税电子普通发票。

3. 数电票

数电票是与纸质发票具有同等法律效力的全新发票，它不以纸质形式存在，不用介质支撑，无须申请领用、发票验旧及申请增版增量。它将纸质发票的票面信息全面数字化，将多个票种集成归并为电子发票单一票种，实行全国统一赋码、自动流转交付。已经纳入数电票开票、用票试点（不再使用增值税综合服务平台）的成品油企业，可以在电子发票服务平台办理成品油用途勾选的相关业务，开具和取得数电票。

二、发票的领用、开具与检查

任何单位和个人的交易活动需要使用发票的，均应依据《发票管理办法》及其实施细则的规定，依法合规地领用、开具和保管发票。

《中华人民共和国税收征收管理法》第二十一条规定，税务机关是发票的主管机关，负责发票印制、领购、开具、取得、保管、缴销的管理和监督。单位、个人在购销商品、提供或者接受经营服务及从事其他经营活动中，应当按照规定开具、使用、取得发票，发票的管理办法由国务院规定。第二十二条规定，增值税专用发票由国务院税务主管部门指定的企业印制；其他发票按照国务院税务主管部门的规定，分别由省、自治区、直辖市国家税务局、地方税务局指定企业印制。未经前款规定的税务机关指定，不得印制发票。

（一）发票的领用

发票的领用要求如下。

（1）需要领用发票的单位和个人，应当持设立登记证件或者税务登记证件，以及经办人身份证明，向主管税务机关办理发票领用手续。领用纸质发票的，还应当提供按照国务院税务主管部门规定式样制作的发票专用章的印模。主管税务机关根据领用单位和个人的经营范围、规模和风险等级，在5个工作日内确认领用发票的种类、数量及领用方式。

单位和个人领用发票时，应当按照税务机关的规定报告发票使用情况，税务机关应当按照规定查验。

领用发票单位可以书面向税务机关要求使用印有本单位名称的发票，税务机关确认印有该单位名称发票的种类和数量。

其中，经办人身份证明是指经办人的居民身份证、护照或者其他能证明经办人身份的证件。发票专用章是指领用发票单位和个人在其开具纸质发票时加盖的有其名称、统一社会信用代码或者纳税人识别号、发票专用章字样的印章。发票专用章式样由国家税务总局确定。税务机关对领用纸质发票单位和个人提供的发票专用章的印模应当留存备查。领用方式是指批量供应、交旧领新、验旧领新、额度确定等方式。税务机关根据单位和个人的税收风险程度、纳税信用级别、实际经营情况确定或调整其领用发票的种类、数量、额度及领用方式。发票使用情况是指发票领用存情况及相关开票数据。

（2）需要临时使用发票的单位和个人，可以凭购销商品、提供或者接受服务及从事其他经营活动的书面证明、经办人身份证明，直接向经营地税务机关申请代开发票。依照税收法律、行政法规规定应当缴纳税款的，税务机关应当先征收税款，再开具发票。税务机关根据发票管理的需要，可以按照国务院税务主管部门的规定委托其他单位代开发票。

禁止非法代开发票。

其中，书面证明是指有关业务合同、协议或者税务机关认可的其他资料。税务机关应当与受托代开发票的单位签订协议，明确代开发票的种类、对象、内容和相关责任等内容。

（3）临时到本省、自治区、直辖市以外从事经营活动的单位或者个人，应当凭所在地税务机关的证明，向经营地税务机关领用经营地的发票。

临时在本省、自治区、直辖市以内跨市、县从事经营活动领用发票的办法，由省、自治区、直辖市税务机关规定。

（二）发票开具与保管

发票的开具与保管要求如下。

（1）销售商品、提供服务及从事其他经营活动的单位和个人，对外发生经营业务收取款项，收款方应当向付款方开具发票；特殊情况下，由付款方向收款方开具发票。

其中，特殊情况下，由付款方向收款方开具发票是指在下列情况下：①收购单位和扣缴义务人支付个人款项时；②国家税务总局认为其他需要由付款方向收款方开具发票的。

向消费者个人零售小额商品或者提供零星服务的，是否可免予逐笔开具发票，由省税务局确定。

填开发票的单位和个人必须在发生经营业务，确认营业收入时开具发票。未发生经营业务的一律不准开具发票。

（2）所有单位和从事生产、经营活动的个人在购买商品、接受服务及从事其他经营活动支付款项时，应当向收款方取得发票。取得发票时，不得要求变更品名和金额。

其中，不得变更金额，包括不得变更涉及金额计算的单价和数量。

（3）不符合规定的发票，不得作为财务报销凭证，任何单位和个人有权拒收。

（4）开具发票应当按照规定的时限、顺序、栏目，全部联次一次性如实开具，开具纸质发票应当加盖发票专用章。

单位和个人在开具发票时，应当填写项目齐全，内容真实。

开具纸质发票应当按照发票号码顺序填开，字迹清楚，全部联次一次打印，内容完全一致，并在发票联和抵扣联加盖发票专用章。

开具发票应当使用中文，民族自治地方可以同时使用当地通用的一种民族文字。

（5）任何单位和个人不得有下列虚开发票行为：①为他人、为自己开具与实际经营业务情况不符的发票；②让他人为自己开具与实际经营业务情况不符的发票；③介绍他人开具与实际经营业务情况不符的发票。

其中，与实际经营业务情况不符是指具有下列行为之一的：①未购销商品、未提供或者接受服务、未从事其他经营活动，而开具或取得发票；②有购销商品、提供或者接受服务、从事其他经营活动，但开具或取得的发票载明的购买方、销售方、商品名称或经营项目、金额等与实际情况不符。

（6）单位和个人向委托人提供发票领用、开具等服务，应当接受税务机关监管，所存储发票数据的最大数量应当符合税务机关的规定。

（7）安装税控装置的单位和个人，应当按照规定使用税控装置开具发票，并按期向主管税务机关报送开具发票的数据。

（8）使用非税控电子器具开具发票的，应当将非税控电子器具使用的软件程序说明资料报主管税务机关备案，并按照规定保存、报送开具发票的数据。

(9) 单位和个人开发电子发票信息系统自用或者为他人提供电子发票服务的，应当遵守国务院税务主管部门的规定。

开发电子发票信息系统为他人提供发票数据查询、下载、存储、使用等涉税服务的，应当符合税务机关的数据标准和管理规定，并与委托人签订协议，不得超越授权范围使用发票数据。

(10) 任何单位和个人应当按照发票管理规定使用发票，不得有下列行为：①转借、转让、介绍他人转让发票、发票监制章和发票防伪专用品；②知道或者应当知道是私自印制、伪造、变造、非法取得或者废止的发票而受让、开具、存放、携带、邮寄、运输；③拆本使用发票；④扩大发票使用范围；⑤以其他凭证代替发票使用；⑥窃取、截留、篡改、出售、泄露发票数据。

税务机关应当提供查询发票真伪的便捷渠道。

(11) 除国务院税务主管部门规定的特殊情形外，纸质发票限于领用单位和个人在本省、自治区、直辖市内开具。

省、自治区、直辖市税务机关可以规定跨市、县开具纸质发票的办法。

(12) 除国务院税务主管部门规定的特殊情形外，任何单位和个人不得跨规定的使用区域携带、邮寄、运输空白发票。

禁止携带、邮寄或者运输空白发票出入境。

规定的使用区域是指国家税务总局和省税务局规定的区域。

(13) 开具发票的单位和个人应当建立发票使用登记制度，配合税务机关进行身份验证，并定期向主管税务机关报告发票使用情况。

其中，身份验证是指单位和个人在领用、开具、代开发票时，其经办人应当实名办税。

(14) 开具发票的单位和个人应当在办理变更或者注销税务登记的同时，办理发票的变更、缴销手续。

（15）开具发票的单位和个人应当按照国家有关规定存放和保管发票，不得擅自损毁。已经开具的发票存根联，应当保存5年。

使用纸质发票的单位和个人应当妥善保管发票。发生发票丢失情形时，应当于发现丢失当日书面报告税务机关。

（三）发票的检查

（1）税务机关在发票管理中有权进行下列检查：①检查印制、领用、开具、取得、保管和缴销发票的情况；②调出发票查验；③查阅、复制与发票有关的凭证、资料；④向当事各方询问与发票有关的问题和情况；⑤在查处发票案件时，对与案件有关的情况和资料，可以记录、录音、录像、照相和复制。

（2）印制、使用发票的单位和个人，必须接受税务机关依法检查，如实反映情况，提供有关资料，不得拒绝、隐瞒。

税务人员进行检查时，应当出示税务检查证。

税务机关在发票检查中，可以对发票数据进行提取、调出、查阅、复制。

（3）税务机关需要将已开具的发票调出查验时，应当向被查验的单位和个人开具发票换票证。发票换票证与所调出查验的发票有同等的效力，被调出查验发票的单位和个人不得拒绝接受。

税务机关需要将空白发票调出查验时，应当开具收据；经查无问题的，应当及时返还。

其中，发票换票证仅限于在本县（市）范围内使用。需要调出外县（市）的发票查验时，应当提请该县（市）税务机关调取发票。

（4）单位和个人从中国境外取得的与纳税有关的发票或者凭证，税务机关在纳税审查时有疑义的，可以要求其提供境外公证机构或者注册会计师的确认证明，经税务机关审核认可后，可作为记账核算的凭证。

（5）用票单位和个人有权申请税务机关对发票的真伪进行鉴别。收到申请的税务机关应当受理并负责鉴别发票的真伪；鉴别有困难的，可以提请发票监制税务机关协助鉴别。

在伪造、变造现场及买卖地、存放地查获的发票，由当地税务机关鉴别。

【实务举例1】

请思考：

例 1. 某成品油生产企业生产销售“汽油”100 吨，但是开具品名为“有机热载体”100 吨的发票，请问该企业是否违反《发票管理办法》?

例 2. 某成品油经销企业在没有真实货物交易的情况下，取得品名为“有机热载体”、数量为 1 000 吨的发票，开具品名也是“有机热载体”，数量为 1 000 吨的发票，请问该企业是否违反《发票管理办法》?

例 3. A 企业的车辆到加油站加油后，加油站根据 A 企业员工提供的错误信息，在不知情的情况下，将发票开给 B 企业，请问该加油站是否违反《发票管理办法》?

例 4. A 企业的车辆到加油站加 200 升汽油后，加油站员工根据 A 企业的要求，给 A 企业开具数量为 400 升汽油的发票，请问该加油站是否违反《发票管理办法》?

解答：开具发票的违法行为主要依据《发票管理办法》第二十一条的规定。该条包括两款内容。第一款内容是“如实”开具，何为“如实”?本书认为，可以参考《发票管理办法实施细则》第七条的规定，发票的基本内容包括：发票的名称、发票代码和号码、联次及用途、客户名称、开户银行及账号、商品名称或经营项目、计量单位、数量、单价、大小写金额、税率（征收率）、税额、开票人、开票日期、开票单位（个人）名称（章）等。如上述基本内容不按照真实交易开具，则为“不如实”。第二款内容是“主观故意”。表现形式是为他人、为自己开具与实际经营业务情况不符的发票、让他人为自己开具与实际经营业务情况不符的发票、介绍他人开具与实际经营业务情况不符的发票。

因此，违反《发票管理办法》第二十一条有两个条件：第一个条件为“不如实”，第二个条件为“主观故意”，即两个条件同时满足时，才是违反《发票管理办法》，才能按照《发票管理办法》进行处罚。

例 1、例 2、例 4 均同时满足以上两个条件，所以违反《发票管理办法》；例 3，只满足“不如实”条件，不满足“主观故意”条件，所以不违反《发票管理办法》。

第二节 成品油行业增值税发票的领用、开具与保管

一、成品油行业增值税发票开具的管理

对于成品油行业来说，增值税专用发票的种类按照发票的品名分为一般性的增值税专用发票和通过成品油增值税发票管理新系统发票开具模块开具的销售汽油、柴油、航空煤油、石脑油、溶剂油、润滑油、燃料油等成品油的增值税专用发票（以下简称“成品油专用发票”），通过电子发票服务平台开具的数电票及销售退回、折让时开具的增值税红字发票。

（一）增值税专用发票开具的一般性规定

成品油行业开具的增值税专用发票分为一般性的增值税专用发票和成品油专用发票。

1. 一般性增值税专用发票开具的基本规定及具体要求

（1）基本规定。

纳税人发生应税销售行为，应当向索取增值税专用发票的购买方开具增值税专用发票，并在增值税专用发票上分别注明销售额和销项税额。

（2）具体要求。

增值税专用发票开具应符合下列要求：①项目齐全，与实际交易相符；②字迹清楚，不得压线、错格；③发票联和抵扣联加盖发票专用章；④按照增值税纳税义务的发生时间开具。

对不符合要求的专用发票，购买方有权拒收。

增值税专用发票应按照下列要求填写。

①专用发票的“单价”栏，必须填写不含税单价。纳税人如果采用销售额和增值税额合并定价方法的，其不含税单价应按下列公式计算：

一般纳税人按增值税税率计算应纳税额的，不含税单价计算公式为

不含税单价＝含税单价/（1＋税率）

一般纳税人按简易办法计算应纳税额的和由税务所代开专用发票的小规模纳税人，不含税单价计算公式为

不含税单价＝含税单价/（1＋征收率）

②专用发票“金额”栏的数字，应按不含税单价和数量相乘计算填写，计算公式为

金额栏数字＝不含税单价×数量

不含税单价的尾数，“元”以下一般保留到“分”，特殊情况下也可以适当增加保留的位数。

③专用发票的“税率”栏，应填写销售货物或应税劳务的适用税率，“税额”栏的数字应按“金额”栏数字和“税率”相乘计算填写，计算公式为

税额＝金额×税率

（3）购买方须向销售方提供开票信息。

增值税纳税人购买货物、劳务、服务、无形资产或不动产，索取增值税专用发票时，须向销售方提供购买方名称（不得为自然人）、纳税人识别号、地址电话、开户行及账号信息，不需要提供营业执照、开户许可证、增值税一般纳税人登记表等相关证件或其他证明材料。个人消费者购买货物、劳务、服务、无形资产或不动产，索取增值税普通发票时，不需要向销售方提供纳税人识别号、地址电话、开户行及账号信息，也不需要提供相关证件或其他证明材料。

2. 成品油发票开具的基本规定

【政策依据】

依据《国家税务总局关于成品油消费税征收管理有关问题的公告》（国家税务总局公告2018年第1号）的规定。

自2018年3月1日起，所有成品油发票均须通过增值税发票管理新系统中成品油发票开具模块开具。

（1）成品油发票是指销售汽油、柴油、航空煤油、石脑油、溶剂油、润滑油、燃料油等成品油所开具的增值税专用发票（以下称“成品油专用发票”）和增值税普通发票。

（2）纳税人需要开具成品油发票的，由主管税务机关开通成品油发票开具模块。

（3）开具成品油发票时，应遵守以下规则。

①正确选择商品和服务税收分类编码。

②发票“单位”栏应选择“吨”或“升”，蓝字发票的“数量”栏为必填项且不为“0”。

③开具成品油专用发票后，发生销货退回、开票有误及销售折让等情形的，应按规定开具红字成品油专用发票。

销货退回、开票有误等原因涉及销售数量的，应在《开具红字增值税专用发票信息表》中填写相应数量，销售折让的不填写数量。

④成品油经销企业某一商品和服务税收分类编码的油品可开具成品油发票的总量，应不大于所取得的成品油专用发票、海关进口消费税专用缴款书对应的同一商品和服务税收分类编码的油品总量。

【实务举例2】

某经销企业开具成品油发票时，已取得成品油专用发票载明的柴油100吨、石脑油30吨，取得海关进口消费税专用缴款书载明的石脑油50吨，登录增值税发票选择确认平台，确认购入柴油和石脑油所取得的成品油专用发票、海关进口消费税专用缴款书信息，并通过成品油发票开具模块下载上述已经确认的信息后，可开具100吨柴油和80吨石脑油的成品油发票。

成品油经销企业开具成品油发票前，应登录增值税发票选择确认平台，确认已取得的成品油专用发票、海关进口消费税专用缴款书信息，并通过成品油发票开具模块下载上述信息。

【实务举例3】

某公司是生产溶剂油的企业，生产后装桶销售，每桶净重0.25吨。2023年11月，某公司生产销售溶剂油100桶，在开具成品油发票时，“单位”栏次可以填写“桶”吗？数量栏次可以填写“100”吗？

依据《国家税务总局关于成品油消费税征收管理有关问题的公告》（国家税务总局公告2018年第1号）的规定，自2018年3月1日起，纳税人需要开具成品油发票的，应当通过成品油发票开具模块；开具成品油发票时，发票“单位”栏应选择“吨”或“升”，蓝字发票的“数量”栏为必填项且不为“0”。某公司销售溶剂油开具成品油发票时，“单位”栏应当填写“吨”，“数量”栏应当填写“25”。

【政策解析】

国家税务总局公告2018年第1号文件的出台是为了加强成品油消费税的征收管理，维护公平的税收秩序，营造良好的营商环境，实施生产、批发、零售的全流程税收监控管理。国家税务总局公告2018年第1号文件的主要思想为，自2018年以来，所有成品油发票均须通过增值税发票管理新系统中成品油发票开具模块开具，该模块实现对成品油经销企业“以进控销”管理，即纳税人能够销售A种油品的前提是必须有购进A的库存。纳税人不能在没有“库存”的情况下开具某种油品的发票，有效地杜绝了一些“变票”现象。

【实务探讨】

与此同时，《国家税务总局有关消费税有关政策问题的公告》（国家税务总局公告2012年第47号）中条款一的规定，也是为了杜绝一些“变票”现象。该公告规定，工业企业以外的单位和个人的下列行为视为应税消费品的生产行为，按规定征收消费税：将外购的消费税非应税产品以消费税应税产品对外销售的，将外购的消费税低税率应税产品以高税率应税产品对外销售的。该公告的出台背景是，从2008年燃油费改革后，税务机关在管理过程中发现一些石油炼化企业将应税成品油变更为非应税成品油进行销售，经销企业又将非应税成品油变更为应税成品油，下游成品油生产企业购进这些成品油又能抵扣消费税，它们不仅没有缴纳相关税款，而且造成消费税的抵扣，给国家带来损失。但是，公告出台后面临两个问题。第一个问题是课税主体模糊。按规定，成品油消费税在生产销售环节课税，即成品油生产企业是应税油品的课税主体，本不应存在“视同生产行为”的情况。上游炼化企业通过“变名”偷逃缴纳的消费税本应该由炼化企业补缴，而不是下游工业企业以外的企业缴纳。第二个问题是税务机关难定性的是，工业企业以外企业将外购非应税消费品以应税消费品对外销售的，是属于虚开增值税专用发票还是抽逃缴纳消费税。所以，建议取消国家税务总局公告2012年第47号文件第三条的相关规定，成品油消费税仅在生产环节缴纳。

（二）增值税普通发票开具的限制性规定

成品油行业在某些特定的情况不得开具增值税专用发票，如《中华人民共和国增值税暂行条例》规定的一些情形，以及成品油零售行业售卖加油卡时，不得直接开具增值税专用发票。

1. 不得向消费者个人开具增值税专用发票

【政策依据】

依据《中华人民共和国增值税暂行条例》第二十一条的规定，属于下列情形之一的，不得开具增值税专用发票：应税销售行为的购买方为消费者个人的；发生应税销售行为适用免税规定的。

依据《财政部　国家税务总局关于全面推开营业税改征增值税试点的通知》（财税〔2016〕36号）附件1《营业税改征增值税试点实施方法》第五十三条的规定，属于下列情形之一的，不得开具增值税专用发票：向消费者个人销售服务、无形资产或者不动产；适用免征增值税规定的应税行为。

【政策解析】

根据前述文件规定，一般情况下，不得开具增值税专用发票。

一种是应税销售行为、服务购买方为消费者个人的，不得开具增值税专用发票。除以上政策外，还包括“一般纳税人向其他个人销售自行开发的房地产项目，不得开具增值税专用发票”[《国家税务总局关于发布〈房地产开发企业销售自行开发的房地产项目增值税征收管理暂行办法〉的公告》(国家税务总局公告 2016 年第 18 号)];“小规模纳税人向其他个人销售自行开发的房地产项目，不得申请代开增值税专用发票”[《国家税务总局关于发布〈房地产开发企业销售自行开发的房地产项目增值税征收管理暂行办法〉的公告》(国家税务总局公告 2016 年第 18 号)];“为自然人提供的保险服务不得开具增值税专用发票，可以开具增值税普通发票”[《国家税务总局货物和劳务税司关于做好增值税发票使用宣传辅导有关工作的通知》(税总货便函〔2017〕127 号)]。

另一种是适用免征增值税规定的应税行为、服务，不得开具增值税专用发票。除以上政策外，还包括“根据销售免税货物不得开具专用发票，法律、法规及国家税务总局另有规定的除外”[《国家税务总局关于修订〈增值税专用发票使用规定〉的通知》(国税发〔2006〕156 号)]。“一、增值税一般纳税人（以下简称‘一般纳税人’）销售免税货物，一律不得开具专用发票（国有粮食购销企业销售免税粮食除外）。如违反规定开具专用发票的，则对其开具的销售额依照增值税适用税率全额征收增值税，不得抵扣进项税额，并按照《中华人民共和国发票管理办法》及其实施细则的有关规定予以处罚。二、一般纳税人销售的货物，由先征后返或即征即退改为免征增值税后，如果其销售的货物全部为免征增值税的，税务机关应收缴其结存的专用发票，并不得再对其发售专用发票。税务机关工作人员违反规定为其发售专用发票的，应按照有关规定予以严肃处理”[《国家税务总局关于加强免征增值税货物专用发票管理的通知》(国税函〔2005〕780 号)]。

2. 免征增值税的跨境应税行为、应税服务，其免税收入不得开具增值税专用发票

【政策依据】

依据《国家税务总局关于发布〈营业税改征增值税跨境应税行为增值税免税管理办法（试行）〉的公告》（国家税务总局公告2016年第29号）的规定，纳税人发生跨境应税行为免征增值税的，应单独核算跨境应税行为的销售额，准确计算不得抵扣的进项税额，其免税收入不得开具增值税专用发票。

依据《国家税务总局关于发布〈适用增值税零税率应税服务退（免）税管理办法〉的公告》（国家税务总局公告2014年第11号）的规定，实行增值税退（免）税办法的增值税零税率应税服务不得开具增值税专用发票。

3. 商业企业一般纳税人零售的消费品不得开具增值税专用发票

依据《国家税务总局关于修订〈增值税专用发票使用规定〉的通知》（国税发〔2006〕156号）的规定，商业企业一般纳税人零售的烟、酒、食品、服装、鞋帽（不包括劳保专用部分）、化妆品等消费品不得开具专用发票。

4. 销售自己使用过的固定资产、旧货不得开具增值税专用发票

【政策依据】

依据《国家税务总局关于增值税简易征收政策有关管理问题的通知》（国税函〔2009〕90号）的规定，一般纳税人销售自己使用过的固定资产，凡依据《财政部　国家税务总局关于全国实施增值税转型改革若干问题的通知》（财税〔2008〕170号）和财税〔2009〕9号文件等规定，适用按简易办法依4%征收率减半征收增值税政策（注：国税函〔2009〕90号文件修改为“按简易办法依3%征收率减按2%征收增值税政策”）的，应开具普通发票，不得开具增值税专用发票。

小规模纳税人销售自己使用过的固定资产，应开具普通发票，不得由

税务机关代开增值税专用发票。

纳税人销售旧货，应开具普通发票，不得自行开具或者由税务机关代开增值税专用发票。

5. 预付卡业务不得开具增值税专用发票

预付卡分为单用途商业预付卡（以下简称“单用途卡”）和支付机构预付卡（以下简称“多用途卡”）。

单用途卡是指发卡企业按照国家有关规定发行的，仅限于在本企业、本企业所属集团或者同一品牌特许经营体系内兑付货物或者服务的预付凭证。发卡企业是指按照国家有关规定发行单用途卡的企业。售卡企业是指集团发卡企业或者品牌发卡企业指定的，承担单用途卡销售、充值、挂失、换卡、退卡等相关业务的本集团或同一品牌特许经营体系内的企业。

多用途卡是指发卡机构以特定载体和形式发行的，可在发卡机构之外购买货物或服务的预付价值。这种卡可以在不同场景下使用，如购物、转账、取款和消费等。多用途卡的发行机构可以是银行或其他金融机构，而其载体可包括塑料卡片或电子形式。与单用途卡相比，多用途卡的特点在于其多功能性和广泛的适用范围，因为它们不是仅限于特定的商户或品牌，而是可以在多个场所使用，甚至在不同国家和地区的连锁店通用。

【政策依据】

根据《国家税务总局关于营改增试点若干征管问题的公告》（国家税务总局公告2016年第53号）的规定。

（1）单用途卡业务按照以下规定执行。

①单用途卡发卡企业或者售卡企业（以下统称“售卡方”）销售单用途卡，或者接受单用途卡持卡人充值取得的预收资金，不缴纳增值税。售卡方可按照本公告第九条的规定，向购卡人、充值人开具增值税普通发票，不得开具增值税专用发票。

②售卡方因发行或者销售单用途卡并办理相关资金收付结算业务取得

的手续费、结算费、服务费、管理费等收入，应按照现行规定缴纳增值税。

③持卡人使用单用途卡购买货物或服务时，货物或者服务的销售方应按照现行规定缴纳增值税，且不得向持卡人开具增值税发票。

④销售方与售卡方不是同一个纳税人的，销售方在收到售卡方结算的销售款时，应向售卡方开具增值税普通发票，并在备注栏注明“收到预付卡结算款”，不得开具增值税专用发票。

售卡方从销售方取得的增值税普通发票，作为其销售单用途卡或接受单用途卡充值取得的预收资金不缴纳增值税的凭证，留存备查。

（2）多用途卡业务按照以下规定执行。

①支付机构销售多用途卡取得的等值人民币资金，或者接受多用途卡持卡人充值取得的充值资金，不缴纳增值税。支付机构可按照本公告第九条的规定，向购卡人、充值人开具增值税普通发票，不得开具增值税专用发票。

支付机构是指取得中国人民银行核发的《支付业务许可证》，获准办理“预付卡发行与受理”业务的发卡机构和获准办理“预付卡受理”业务的受理机构。

②支付机构因发行或者受理多用途卡并办理相关资金收付结算业务所取得的手续费、结算费、服务费、管理费等收入，应按照现行规定缴纳增值税。

③持卡人使用多用途卡，向与支付机构签署合作协议的特约商户购买货物或服务，特约商户应按照现行规定缴纳增值税，且不得向持卡人开具增值税发票。

④特约商户收到支付机构结算的销售款时，应向支付机构开具增值税普通发票，并在备注栏注明“收到预付卡结算款”，不得开具增值税专用发票。

支付机构从特约商户取得的增值税普通发票，作为其销售多用途卡或接受多用途卡充值取得预收资金不缴纳增值税的凭证，留存备查。

（三）数电票开具的一般性规定

1. 数电票概述

（1）数电票的概念。

数电票是具有法律效力的全新发票，不以纸质形式存在、不用介质支撑、无须申请领用、发票验旧及申请增版增量。

为了满足从事特定行业、发生特定应税行为及特定应用场景业务（以下简称“特定业务”）的试点纳税人开具发票的个性化需求，税务机关根据现行发票开具的有关规定和特定业务的开票场景，在数电票中设计了相应的特定内容。特定业务包括但不限于稀土、建筑服务、旅客运输服务、货物运输服务、不动产销售、不动产经营租赁服务、农产品收购、光伏收购、代收车船税、自产农产品销售、差额征税、成品油、民航、铁路等。成品油行业数电票（见图7－1）在标签栏标有“成品油”字样，除需要填写一些基本信息外，票面内容还包括项目名称、规格型号、单位、数量、单价、金额、税率/征收率、税额等。

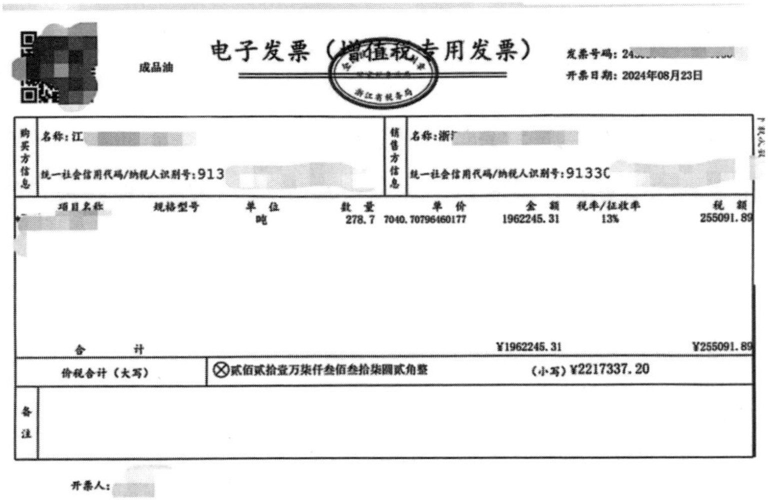

成品油

电子发票（增值税专用发票）

发票号码：24

开票日期：2024年08月23日

购买方信息 名称：江 统一社会信用代码/纳税人识别号：913	销售方信息 名称：浙 统一社会信用代码/纳税人识别号：9133C

项目名称	规格型号	单位	数量	单价	金额	税率/征收率	税额
		吨	278.7	7040.70796460177	1962245.31	13%	255091.89
合计					¥1962245.31		¥255091.89
价税合计（大写）	⊗贰佰贰拾壹万柒仟叁佰叁拾柒圆贰角整				（小写）¥2217337.20		
备注							

开票人：

图7－1　成品油行业数电票版式

（2）数电票的特征。

①去介质。去税控硬件防伪设备。数电票对人员管理更加严格：一是

依靠可信身份体系，对企业的六员信息进行真实身份认证（公安备案信息与生物识别），对开票人员首先进行自然人身份认证，再进行人企关联及权限认证，每天一次扫脸认证；二是通过发票服务平台网络开票，系统可记录与发票相关的行为数据，可追溯。

②去版式。目前，数电票有 PDF、OFD、XML 格式的文档，其中 PDF、OFD 格式可视化效果好；未来数电票全程电子化流转，XML 是国家规定的电子文档标准，取消 PDF 文档与 OFD 文档。

③标签化。通过标签实现对数电票功能、状态、用途的具体分类。一是动态管理多个票种的现状，二是实时标识发票流转中的各类状态。

④要素化。发票要素是指发票记载的具体内容，是构成发票信息的具体数据项。建立要素体系的目的是：从严格管理纸质发票转向管理发票背后的数据；发票数据颗粒度更细，覆盖面更广；更好地服务特定行业经济分析和防范税收风险；为纳税申报预填自动算税实现数据赋能。

⑤赋额制。税务机关根据动态“信用 + 风险”体系，结合纳税人生产经营、开票和申报行为，自动为纳税人赋予发票开具金额总额度并动态调整，实现“以系统授信为主，人工调整为辅”的赋额制管理。

⑥赋码制。在电票平台开发票时，自动赋予每张发票唯一编码的赋码机制。发票号码采用 20 位电子发票编码规则：第 1 ~ 2 位，共 2 位，取开票年份的末 2 位，如 2021 年开的发票为 21，2022 年为 22，以此类推；第 3 ~ 4 位，共 2 位，取代表省级行政区划编码；第 5 位，共 1 位，代表电子发票服务平台分配的码段，第 5 位为 0 的码段暂不使用；第 1 ~ 6 位代表电子发票服务平台在线分配的发票号码；第 7 ~ 9 位为自建平台、离线开票等功能暂保留；第 6 ~ 20 位，共 15 位，为顺序编码。

（3）数电票的法律效力、基本用途。

数电票的法律效力、基本用途等与现有纸质发票相同。其中，带有“增值税专用发票”字样的数电票，法律效力、基本用途与现有增值税专用发票相同；带有“普通发票”字样的数电票，法律效力、基本用途与现有普通发票相同；带有“航空运输电子客票行程单”字样的数电票，法律效力、基本用途与现有航空运输电子客票行程单相同；带有“铁路电子客票”字样的数电票，法律效力、基本用途与现有铁路车票相同。

2. 成品油用途勾选

成品油企业在被纳入“数电票”开票试点前，需要完成发票勾选、库存回退两步。

成品油企业被纳入数电票试点后，通过税务数字账户中“成品油业务”模块处理成品油相关事项。下面将介绍成品油用途勾选（包括库存查询）及成品油发票开具的具体操作。

已完成归类的成品油生产企业和经销企业，登录电子税务局官网，依次单击【我要办税】—【税务数字账户】—【成品油业务】—【成品油用途勾选】进行用途确认（见图7－2）。

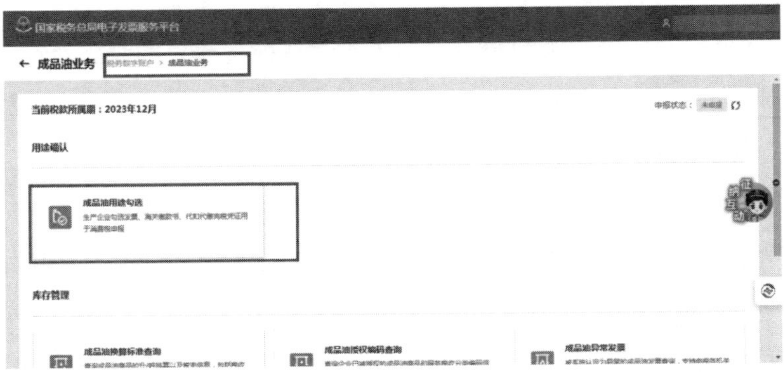

图7－2 成品油业务用途勾选界面

成品油生产企业在此模块勾选发票、海关缴款书、代扣代缴完税凭证用于消费税申报，按规定计算扣除已缴纳消费税税款。成品油经销企业在此模块勾选发票、海关缴款书，作为其开具成品油发票的油品总量。下面分别介绍成品油生产企业和成品油经销企业的勾选操作。

（1）成品油生产企业。

成品油生产企业进入“成品油用途勾选”页面后会显示“成品油生产企业消费税勾选”和“成品油消费税用途确认”两个页面。在“成品油生产企业消费税勾选”页面录入条件，单击【查询】，选中要勾选的数据，单击【提交】。

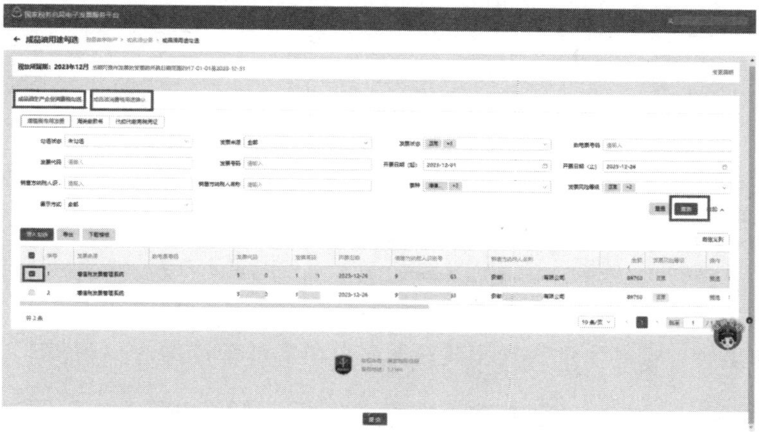

图 7－3　成品油生产企业用途勾选界面

系统弹出提示框，确认无误后单击【确定】（见图 7－4）。

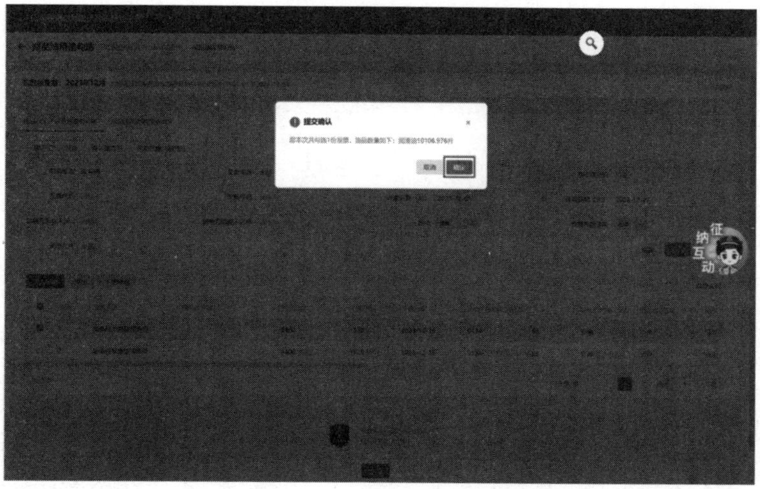

图 7－4　提交确认

完成勾选后，单击【成品油消费税用途确认】，单击下方【申请统计】按钮进行统计（见图 7－5）。

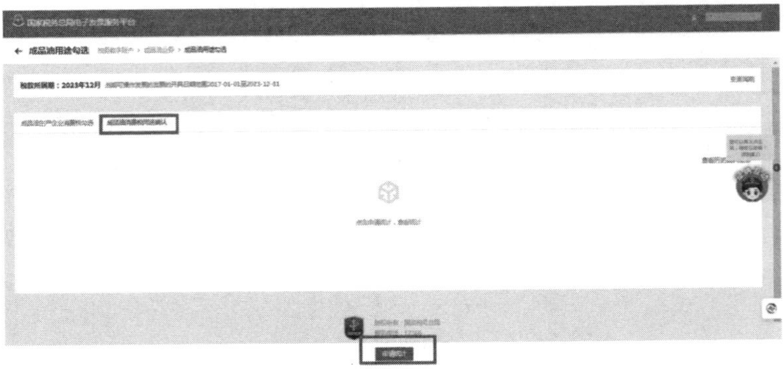

图 7－5　申请统计界面

弹出所勾选的明细数据，核对无误后单击【统计确认】（见图 7－6）。

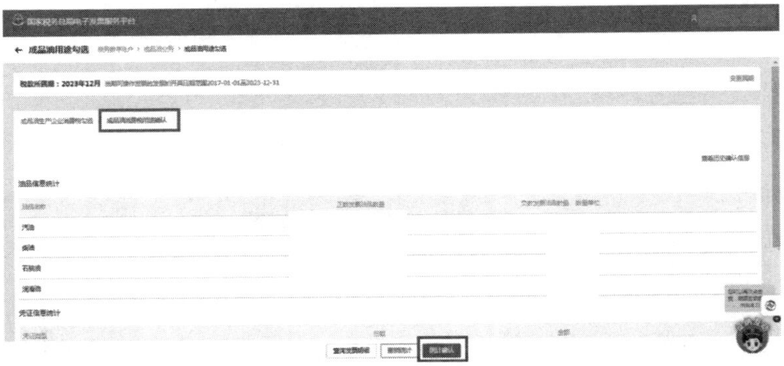

图 7－6　统计确认界面

系统再次弹出提示框，核对无误后单击【确定】，完成统计（见图7－7）。

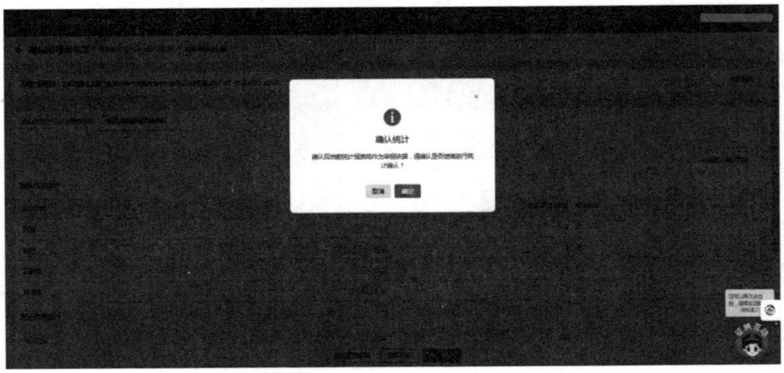

图 7－7　完成统计

（2）成品油经销企业。

成品油经销企业单击“成品油用途勾选”模块后，进入“成品油经销企业消费税勾选”页面，录入条件后单击【查询】，选中要勾选的数据，单击【提交】（见图7－8）。

图7－8　成品油经销企业用途勾选界面

系统弹出【提交确认】提示框，纳税人确认无误后单击【确定】，完成库存勾选后，无须进行下载库存操作，即可进行成品油蓝字发票开具（见图7－9）。

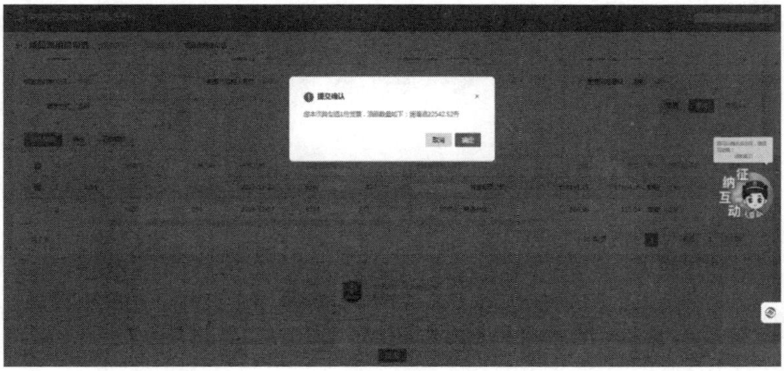

图7－9　提交确认

纳税人完成“成品油经销企业消费税勾选”后，可在“库存变动明细”模块查看企业库存变动情况（见图7－10）。

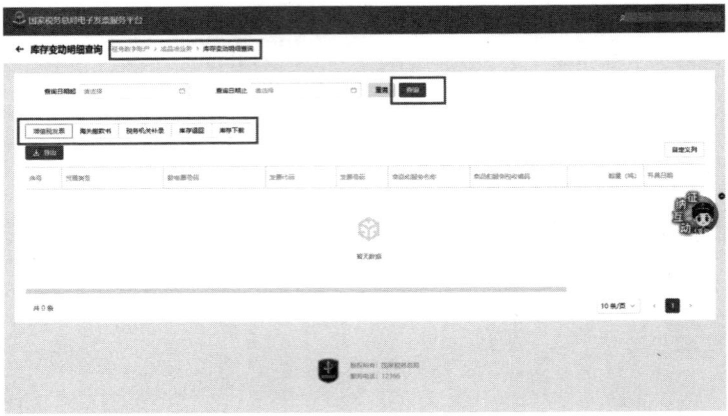

图 7-10　“库存变动明细”模块

3. 成品油数电票开具模块介绍

（1）登录电子税务局官网，单击【我要办税】，若企业符合可开具数电票条件则可在“我要办税”模块中显示【开票业务】和【税务数字账户】（见图 7-11）。

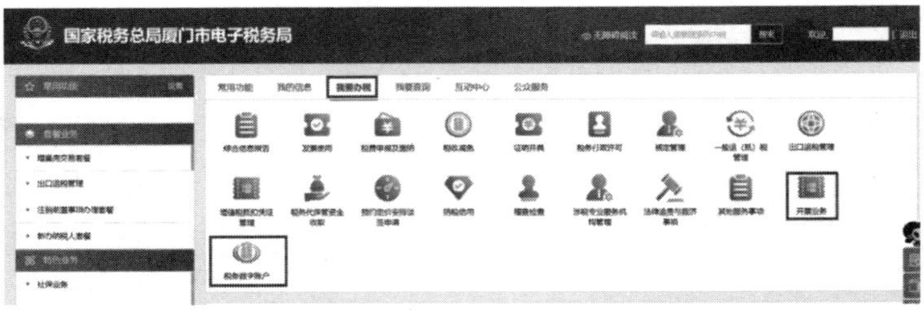

图 7-11　登录电子税务局“我要办税”模块

（2）已归类为成品油经销企业并符合可开具数电票的纳税人，在【税务数字账户】—【业务办理】中有“成品油业务”模块，可供纳税人处理成品油相关事项（见图 7-12）。

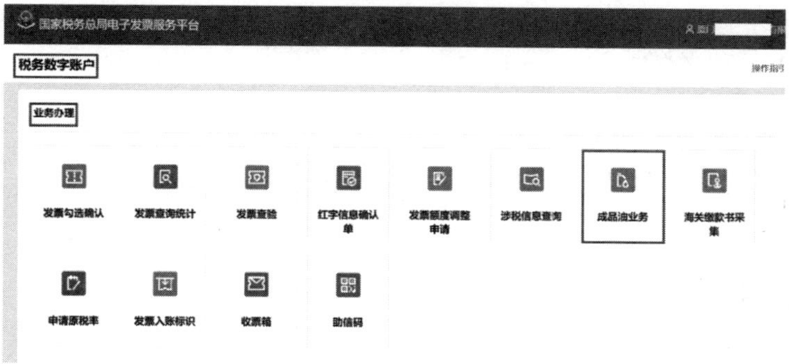

图7－12 “成品油业务”模块

（3）单击【成品油业务】，页面如图7－13所示。

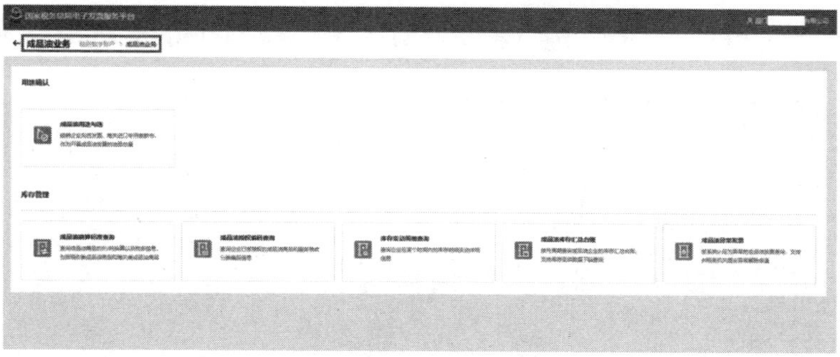

图7－13 【成品油业务】页面

（4）成品油库存勾选。

①企业可在“成品油用途勾选”模块勾选增值税专用发票、海关进口专用缴款书，作为其开具成品油发票的油品总量。单击【成品油用途勾选】，进入“成品油经销企业消费税勾选”页面（见图7－14）。

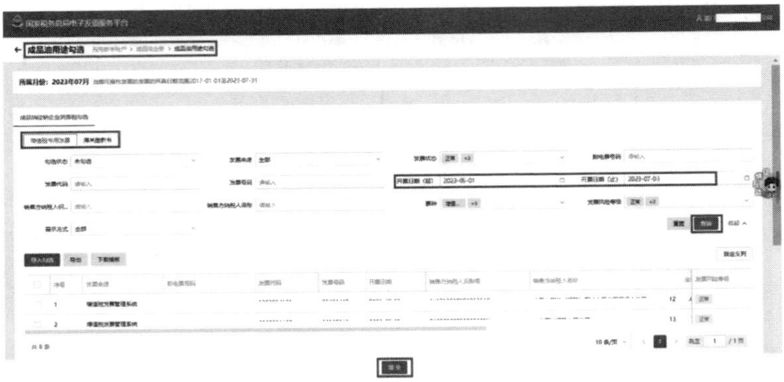

图 7-14 “成品油用途勾选”模块

②单击需要勾选的专用发票或海关缴款书，单击【提交】进入库存勾选确认页面，单击【确定】完成库存勾选（见图 7-15）。

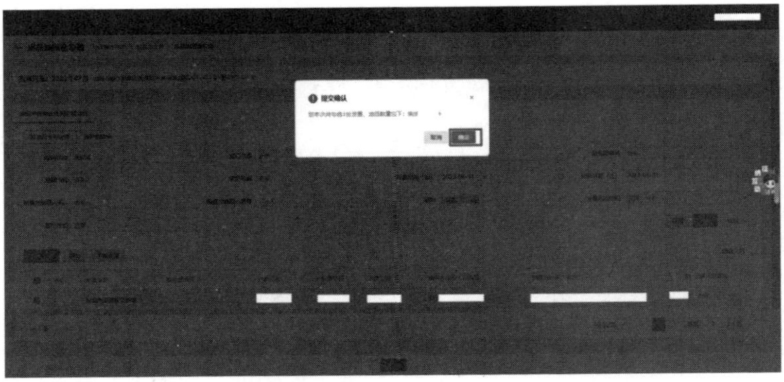

图 7-15 完成库存勾选

（5）在“成品油换算标准查询”模块，可查询成品油商品的升/吨换算及税率信息（见图 7-16）。

图 7－16 “成品油换算标准查询”模块

（6）在“成品油授权编码查询”模块，可查询企业已被授权的商品和服务税收分类编码信息。单击【成品油授权编码查询】，进入成品油授权编码查询页面，选择查询条件，单击【查询】，页面中“开票使用权限”为“是”，则纳税人可开具该编码的成品油发票（见图 7－17）。

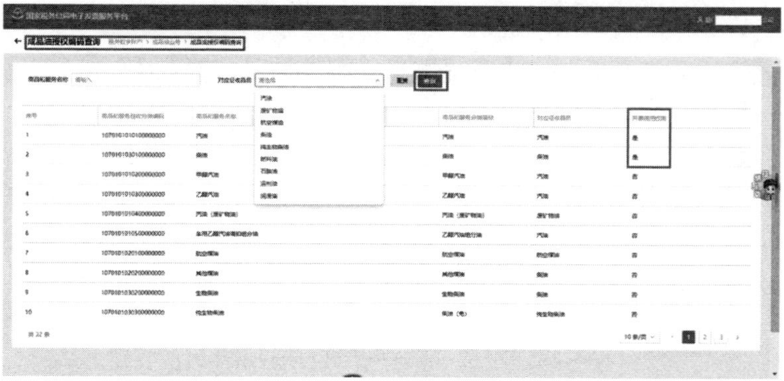

图 7－17 “成品油授权编码查询”模块

（7）在“库存变动明细查询”模块，可查询企业在某段时间库存情况，包括增值税发票、海关缴款书、税务机关补录、库存退回。单击【库存变动明细查询】，进入库存变动明细查询页面，录入“查询日期起”和“查询日期止”，单击【查询】则弹出该段时间库存变动明细页面（见图 7－18）。

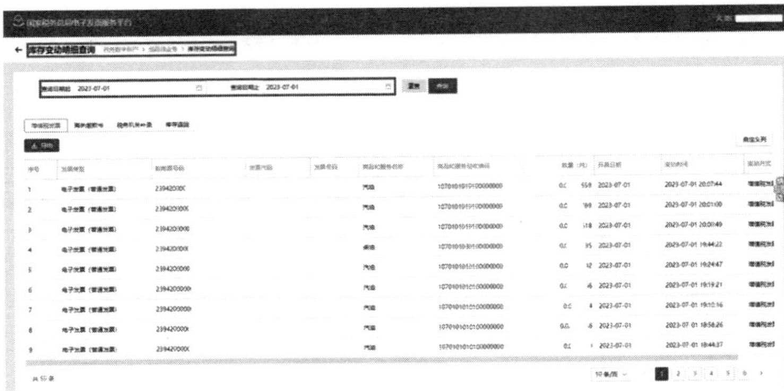

图 7－18 “库存变动明细查询”模块

（8）在“成品油库存汇总台账”模块，可查询企业对应月份的库存汇总台账，对所有油品的进销业务进行查询，实时显示进、销、存数量的滚动计算，并可点击查看具体每笔进销业务明细。单击【成品油库存汇总台账】，进入成品油库存汇总台账页面，选择所需查询月份，单击【查询】，则弹出该月企业期初库存、本期发生、期末库存情况（见图 7－19）。

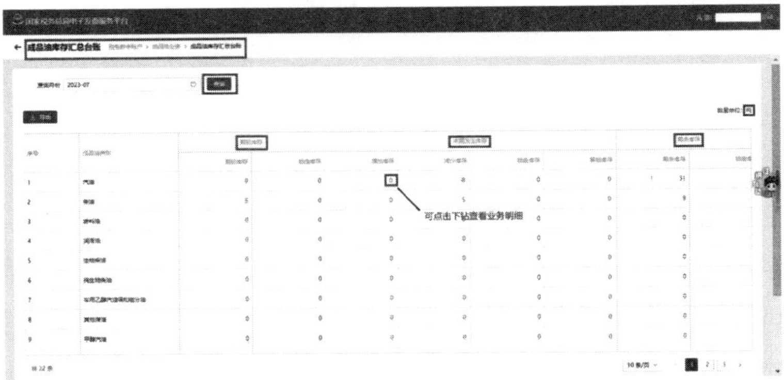

图 7－19 “成品油库存汇总台账”模块

（9）成品油异常发票处理。

① 在“成品油异常发票”模块，可查询企业被系统认定为异常发票的情况。单击【成品油异常发票】进入成品油异常发票页面，在【成品油异常发票查询】中，录入相应信息单击【查询】，系统会弹出该企业异常发票明细，包括发票号码、认定日期、认定原因、处理状态（见图 7－20）。

图 7－20　【成品油异常发票】查询页面

②企业可在此页面向税务机关提交“解除异常”申请，单击【解除异常】，录入申请原因，单击【提交】，完成解除异常申请，提交申请后可以在【查看详情】中查看处理进度（见图 7－21）。

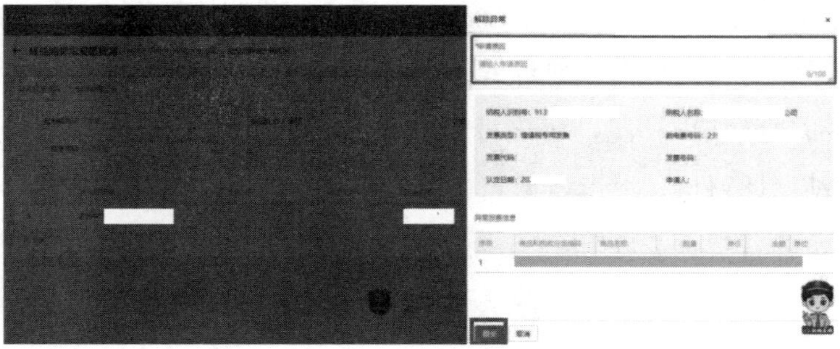

图 7－21　提交解除异常申请

4. 成品油企业开具数电票前注意事项

（1）存量成品油企业要在电票平台开具数电票，在主管税务机关通知纳入开票试点前，应确保税控设备中已下载未开具的库存全部退回税控系统，及确保增值税发票综合服务平台中已取得未勾选发票全部勾选完毕（勾选是购进数据选择），现有成品油库存全部迁移至电票平台。

（2）成品油纳税人在退回库存并核定数电票种后，严禁使用税控设备开具成品油发票。核定数电票后开具税控成品油发票可能造成的超开、认定风险纳税人、发票赋额等级降低、发票黄色预警等，后续解决会非常困难，请纳税人务必谨记。

(3) 纳税人结存电子增值税专用发票和电子增值税普通发票全部缴销/退回，纸质发票可以留下开完或者全部缴销，但绝对不可以再开成品油发票。

5. 纳税人税控端库存退回操作流程

存量成品油企业在被纳入开票试点前，一是确保税控设备已下载未开具的库存全部退回税控系统。

(1) 金税盘—开票软件【成品油管理】—【介质退回成品油库存数】—【库存退回】。

(2) 税控盘—开票软件【成品油】—【在线退回】；确保综合服务平台已取得未勾选成品油库存的发票全部勾选完，既有成品油库存全部迁移至数电票平台。

(3) 在税务 UKey—【成品油/库存管理/库存查询】菜单项，弹出成品油库存查询窗口，查询当前税务 UKey 可用的成品油库存信息。开票软件若显示有成品油库存量，单击【成品油/库存管理/库存查询】菜单项，弹出成品油退回窗口，单击该窗口下方的【本地成品油库存】的库存量，单击右上角的【退回】按钮，输入退回数量。若退回成功，则单击右上角的【查询】按钮，该退回油量就会显示在【税局端成品油库存】。

6. 核定数电票后操作提示

(1) 进入电子税务局—【税务数字账户】—【成品油库存台账】—【查询成品油底账】，查看纳税人退回库存的单位“升”换算为“吨”，查看库存是否正确。

(2) 核定数电票后，成品油企业可以通过电票平台勾选发票，并在“成品油业务”模块进行成品油用途勾选增加库存，在电票平台开具数电票。

二、增值税红字发票开具的管理

依据《中华人民共和国增值税暂行条例实施细则》《中华人民共和国发票管理办法实施细则》《增值税专用发票使用规定》《营业税改征增值税试点实施办法》(财税〔2016〕36 号) 相关规定，符合条件的纳税人，应当开具增值税红字发票。

（一）增值税红字发票开具的条件

纳税人发生应税行为，开具增值税专用发票后，发生开票有误或者销售折让、中止、退回等情形的，应当按照国家税务总局的规定开具红字增值税专用发票；未按照规定开具红字增值税专用发票的，不得按照规定扣减销项税额或者销售额。

（二）增值税红字发票开具要求

1. 增值税红字发票开具的一般性要求

开具增值税红字发票，应当符合以下要求。

（1）开具纸质发票后，如发生销售退回、开票有误、应税服务中止等情形，需要作废发票的，应当收回原发票全部联次并注明"作废"字样后才可称为作废发票。

（2）开具纸质发票后，如发生销售退回、开票有误、应税服务中止、销售折让等情形，需要开具红字发票的，应当收回原发票全部联次并注明"红冲"字样后才可开具红字发票。无法收回原发票全部联次的，应当取得对方有效证明后才可开具红字发票。

（3）开具电子发票后，如发生销售退回、开票有误、应税服务中止、销售折让等情形，应当按照规定开具红字发票。

2. 符合作废条件的红字发票开具要求

同时具有下列情形的，符合作废条件：①收到退回的发票联、抵扣联时间未超过销售方开票当月；②销售方未抄税并且未记账；③购买方未认证或者认证结果为"纳税人识别号认证不符""专用发票代码、号码认证不符"。

一般纳税人在开具专用发票当月，发生销货退回、开票有误等情形，收到退回的发票联、抵扣联符合作废条件的，按作废处理；开具时发现有误的，可即时作废。作废专用发票须在防伪税控系统中将相应的数据电文按"作废"处理，在纸质专用发票（含未打印的专用发票）各联次上注明

“作废”字样，全联次留存。

3. 不符合作废条件的红字发票开具要求

（1）开具红字增值税专用发票。

根据《国家税务总局关于红字增值税发票开具有关问题的公告》（国家税务总局公告2016年第47号）的规定。

一、增值税一般纳税人开具增值税专用发票（以下简称“专用发票”）后，发生销货退回、开票有误、应税服务中止等情形但不符合发票作废条件，或者因销货部分退回及发生销售折让，需要开具红字专用发票的，按以下方法处理。

（一）购买方取得专用发票已用于申报抵扣的，购买方可在增值税发票管理新系统（以下简称“新系统”）中填开并上传《开具红字增值税专用发票信息表》（以下简称《信息表》，见表7－1），在填开《信息表》时不填写相对应的蓝字专用发票信息，应暂依《信息表》所列增值税税额从当期进项税额中转出，待取得销售方开具的红字专用发票后，与《信息表》一并作为记账凭证。

购买方取得专用发票未用于申报抵扣，但发票联或抵扣联无法退回的，购买方填开《信息表》时应填写相对应的蓝字专用发票信息。

销售方开具专用发票尚未交付购买方，以及购买方未用于申报抵扣并将发票联及抵扣联退回的，销售方可在新系统中填开并上传《信息表》。销售方填开《信息表》时应填写相对应的蓝字专用发票信息。

（二）主管税务机关通过网络接收纳税人上传的《信息表》，系统自动校验通过后，生成带有“红字发票信息表编号”的《信息表》，并将信息同步至纳税人端系统中。

（三）销售方凭税务机关系统校验通过的《信息表》开具红字专用发票，在新系统中以销项负数开具。红字专用发票应与《信息表》一一对应。

（四）纳税人也可凭《信息表》电子信息或纸质资料到税务机关对

《信息表》内容进行系统校验。

二、税务机关为小规模纳税人代开专用发票，需要开具红字专用发票的，按照一般纳税人开具红字专用发票的方法处理。

三、纳税人需要开具红字增值税普通发票的，可以在所对应的蓝字发票金额范围内开具多份红字发票。红字机动车销售统一发票需与原蓝字机动车销售统一发票一一对应。

表 7-1　开具红字增值税专用发票信息表

填开日期：　年　月　日

<table>
<tr><td rowspan="2">销售方</td><td>名称</td><td></td><td rowspan="2">购买方</td><td>名称</td><td colspan="2"></td></tr>
<tr><td>纳税人识别号</td><td></td><td>纳税人识别号</td><td colspan="2"></td></tr>
<tr><td rowspan="10">开具红字专用发票内容</td><td>货物（劳务服务）名称</td><td>数量</td><td>单价</td><td>金额</td><td>税率</td><td>税额</td></tr>
<tr><td></td><td></td><td></td><td></td><td></td><td></td></tr>
<tr><td></td><td></td><td></td><td></td><td></td><td></td></tr>
<tr><td></td><td></td><td></td><td></td><td></td><td></td></tr>
<tr><td></td><td></td><td></td><td></td><td></td><td></td></tr>
<tr><td></td><td></td><td></td><td></td><td></td><td></td></tr>
<tr><td></td><td></td><td></td><td></td><td></td><td></td></tr>
<tr><td></td><td></td><td></td><td></td><td></td><td></td></tr>
<tr><td></td><td></td><td></td><td></td><td></td><td></td></tr>
<tr><td>合计</td><td>——</td><td>——</td><td></td><td>——</td><td></td></tr>
<tr><td>说明</td><td colspan="6">一、购买方□
对应蓝字专用发票抵扣增值税销项税额情况：
1. 已抵扣□
2. 未抵扣□
对应蓝字专用发票的代码：________ 号码：__________
二、销售方□
对应蓝字专用发票的代码：________ 号码：__________</td></tr>
<tr><td>红字专用发票信息表编号</td><td colspan="6"></td></tr>
</table>

（2）开具红字增值税电子专用发票。

由于电子专票不存在退票情况，将开具红字增值税专用发票信息表分为购买方已将电子专票用于申报抵扣和未用于申报抵扣两种情形。

依据《国家税务总局关于在新办纳税人中实行增值税专用发票电子化有关事项的公告》（国家税务总局公告2020年第22号）第七条的规定。

纳税人开具电子专票后，发生销货退回、开票有误、应税服务中止、销售折让等情形，需要开具红字电子专票的，按照以下规定执行：

（一）购买方已将电子专票用于申报抵扣的，由购买方在增值税发票管理系统（以下简称“发票管理系统”）中填开并上传《开具红字增值税专用发票信息表》（以下简称《信息表》），填开《信息表》时不填写相对应的蓝字电子专票信息。

购买方未将电子专票用于申报抵扣的，由销售方在发票管理系统中填开并上传《信息表》，填开《信息表》时应填写相对应的蓝字电子专票信息。

（二）税务机关通过网络接收纳税人上传的《信息表》，系统自动校验通过后，生成带有“红字发票信息表编号”的《信息表》，并将信息同步至纳税人端系统中。

（三）销售方凭税务机关系统校验通过的《信息表》开具红字电子专票，在发票管理系统中以销项负数开具。红字电子专票应与《信息表》一一对应。

（四）购买方已将电子专票用于申报抵扣的，应当暂依《信息表》所列增值税税额从当期进项税额中转出，待取得销售方开具的红字电子专票后，与《信息表》一并作为记账凭证。

（3）开具红字数电票。

根据《关于〈国家税务总局西藏自治区税务局关于开展全面数字化的

电子发票试点工作的公告〉的解读》第二十问。

试点纳税人发生开票有误、销货退回、服务中止、销售折让等情形，需要通过电子发票服务平台开具红字数电票或红字纸质发票的，按以下规定执行。

（一）受票方未做用途确认及入账确认的，开票方在电子发票服务平台填开并提交《确认单》后，电子发票服务平台依据《确认单》自动全额开具红字数电票，或由开票方全额开具红字纸质发票，无须受票方确认。其中，《确认单》需根据对应的蓝字发票信息填开。

（二）受票方已进行用途确认或入账确认的，受票方为试点纳税人，开票方或受票方均可在电子发票服务平台填开并提交《确认单》，经对方在电子发票服务平台确认后，开票方全额或部分开具红字数电票或红字纸质发票；受票方为非试点纳税人，由开票方在电子发票服务平台或由受票方在增值税发票综合服务平台填开并提交《确认单》，经对方确认后，电子发票服务平台依据《确认单》自动开具红字数电票，或由开票方开具红字纸质发票。其中，《确认单》需根据对应的蓝字发票信息填开。

受票方已将发票用于增值税申报抵扣的，应当暂依《确认单》所列增值税税额从当期进项税额中转出，待取得开票方开具的红字发票后，与《确认单》一并作为记账凭证。

（三）试点纳税人通过电子发票服务平台开具的数电票或纸质发票已用于申请出口退税、代办退税的，暂不允许开具红字发票。

4. 成品油红字发票开具要求

《国家税务总局关于成品油消费税征收管理有关问题的公告》（国家税务总局公告2018年第1号）第一条第（三）项规定：“开具成品油发票时，应遵守以下规则……3. 开具成品油专用发票后，发生销货退回、开票有误以及销售折让等情形的，应按规定开具红字成品油专用发票。销货退回、开票有误等原因涉及销售数量的，应在《开具红字增值税专用发票信息表》中填写相应数量，销售折让的不填写数量。”

三、成品油零售加油站发票开具的管理

【政策依据】

依据《成品油零售加油站增值税征收管理办法》（国家税务总局令第2号）第十二条的规定，发售加油卡、加油凭证销售成品油纳税人（以下简称“预售单位”）在售卖加油卡、加油凭证时，应按预收账款方法做相关账务处理，不征收增值税。具体开票规定见本书第四章第三节内容。

【政策解析】

该政策涉及售卡方、加油方和购卡方三方，这三方的涉税情况如下。

（1）售卡方在发售加油卡或加油凭证时可开具普通发票。此时，售卡方只开具发票但是没有发生纳税义务，因此依据《国家税务总局关于营改增试点若干征管问题的公告》（国家税务总局公告 2016 年第 53 号）第九条的规定，增加“未发生销售行为的不征税项目”，用于纳税人收取款项但未发生销售货物、应税劳务、服务、无形资产或不动产的情形。同时，还规定使用“未发生销售行为的不征税项目”编码，发票税率栏应填写“不征税”，不得开具增值税专用发票。编码 6 开头的“未发生销售行为的不征税项目”的下设子目 601 是“预付卡销售和充值”。该普通发票在税率栏次显示“不征税”，税额栏次显示“＊＊＊”。

但是，当购油单位要求开具增值税专用发票，待用户凭卡或加油凭证加油后，根据加油卡或加油凭证回笼记录，向购油单位开具增值税专用发票。此时，已经完成销售行为，开具正常税率的增值税专用发票即可。

（2）接受加油卡或加油凭证售油方，以收取加油凭证（簿）、加油卡方式销售成品油的，不得向用户开具增值税专用发票。根据实际结算的油款向预售单位开具增值税专用发票。

（3）购买预付卡单位购买预付卡时，只能向售卡单位取得增值税普通发票，发票注明“＊预付卡销售＊加油卡充值款”字样。一旦索取该发

票，在实际加油消费后就不能再取得增值税普通发票或增值税专用发票。注意，该发票上无“成品油”字样。若购买预付卡时未取得预付卡充值普通发票，则在实际加油消费后，根据向销售预付卡单位索取加油卡或加油凭证回笼记录，向购油单位开具增值税专用发票或者普通发票。注意，该发票左上角有“成品油”字样。

第三节　增值税抵扣凭证与企业所得税扣除凭证的管理

依据《中华人民共和国税收征收管理法》第二十一条第二款的规定：“单位、个人在购销商品、提供或者接受经营服务以及从事其他经营活动中，应当按照规定开具、使用、取得发票。”纳税人除开具增值税发票外，还要取得大量增值税发票，取得发票是否合规同样影响税务合规性问题。因此，本节主要研究增值税抵扣凭证合规与企业所得税扣除凭证合规问题。

一、增值税抵扣凭证的管理

我国增值税实行购进扣税法，也就是纳税人发生应税行为时按照销售额计算销项税额，购进货物、劳务、服务、无形资产或不动产时，以支付或负担的税款为进项税额，取得增值税专用发票等合法凭证时，允许从销项税额中抵扣进项税额。

（一）取得增值税专用发票的认证时限

根据我国增值税制度设计，实行增值税进项税额认证抵扣制度，即增值税一般纳税人购进货物、服务和不动产、无形资产支付增值税进项税额，需要进行增值税专用发票认证抵扣。

增值税一般纳税人取得增值税专用发票的认证抵扣的时限性要求分为几个重要的时点：在2009年12月31日前，增值税一般纳税人申请抵扣的防伪税控系统开具的增值税专用发票，必须自该专用发票开具之日起90日内到税务机关认证；2010年1月1日至2016年12月31日，该认证期限调整为180日；2017年1月1日至2020年2月29日，该认证期限调整为360日；自2020年3月1日起，取消了认证时限，明确规定增值税一般纳税人取得2017年1月1日及以后开具的增值税专用发票、海关进口增值税专用缴款书、机动车销售统一发票、收费公路通行费增值税电子普通发票，取消认证确认、稽核比对、申报抵扣的期限。纳税人在进行增值税纳税申报时，应当通过本省（自治区、直辖市和计划单列市）增值税发票综合服务平台对上述扣税凭证信息进行用途确认。

（二）增值税抵扣凭证的合规性要求

增值税合法抵扣凭证有：增值税专用发票、海关进口增值税专用缴款书、农产品收购发票或销售发票、代扣代缴的完税凭证、机动车销售统一发票、通行费发票、旅客运输凭证。

1. 增值税专用发票

依据《中华人民共和国增值税暂行条例》（国务院令691号）第八条第（一）项的规定：从销售方取得的增值税专用发票上注明的增值税额，准予从销项税额中抵扣。

2. 海关进口增值税专用缴款书

依据《中华人民共和国增值税暂行条例》（国务院令691号）第八条第（二）项的规定：从海关取得的海关进口增值税专用缴款书上注明的增值税额，准予从销项税额中抵扣。

3. 农产品收购发票或销售发票

依据《中华人民共和国增值税暂行条例》（国务院令691号）第八条第（三）项的规定：购进农产品，除取得增值税专用发票或者海关进口增值税专用缴款书外，按照农产品收购发票或者销售发票上注明的农产品买价和扣除率计算进项税额。计算公式为

进项税额＝买价×扣除率

其中，买价是指纳税人购进农产品在农产品收购发票或者销售发票上注明的价款和按照规定缴纳的烟叶税，按照《农产品增值税进项税额核定

扣除试点实施办法》抵扣进项税额的除外。

4. 代扣代缴的完税凭证

依据《中华人民共和国增值税暂行条例》（国务院令691号）第八条第（四）项的规定：从境外单位或者个人购进劳务、服务、无形资产或者境内的不动产，自税务机关或者扣缴义务人取得的代扣代缴的完税凭证上注明的增值税额，准予从销项税额中抵扣。纳税人凭完税凭证抵扣进项税额的，应当具备书面合同、付款证明和境外单位的对账单或者发票。资料不全的，其进项税额不得从销项税额中抵扣。

5. 机动车销售统一发票

依据《财政部　国家税务总局关于全面推开营业税改征增值税试点的通知》（财税〔2016〕36号）附件1《营业税改征增值税试点实施办法》第二十五条的规定：从销售方取得的税控机动车销售统一发票上注明的增值税额，准予从销项税额中抵扣。

6. 通行费发票

依据《财政部　国家税务总局关于租入固定资产进项税额抵扣等增值税政策的通知》（财税〔2017〕90号）第七条的规定：通行费是指有关单位依法或者依规设立并收取的过路、过桥和过闸费用。自2018年1月1日起，纳税人支付的道路、桥、闸通行费，按照以下规定抵扣进项税额：

（1）纳税人支付的道路通行费，按照收费公路通行费增值税电子普通发票上注明的增值税抵扣进项税额。

（2）纳税人支付的桥、闸通行费，暂凭取得的通行费发票上注明的收费金额按照下列公式计算可抵扣的进项税额：

桥、闸通行费可抵扣进项税额＝桥、闸通行费发票上注明的金额÷(1＋5%)×5%

7. 旅客运输凭证

依据《财政部　国家税务总局　海关总署关于深化增值税改革有关政策的公告》（财政部　税务总局　海关总署公告2019年第39号）第六条

的规定：纳税人购进国内旅客运输服务，其进项税额允许从销项税额中抵扣。对纳税人未取得增值税专用发票的，暂按以下规定确定进项税额：

（1）取得增值税电子普通发票的，按发票上注明的税额。

（2）取得注明旅客身份信息的航空运输电子客票行程单的，按照下列公式计算进项税额：

航空旅客运输进项税额 =（票价 + 燃油附加费）÷（1 +9%）×9%

（3）取得注明旅客身份信息的铁路车票的，按照下列公式计算进项税额：

铁路旅客运输进项税额 = 票面金额 ÷（1 +9%）×9%

（4）取得注明旅客身份信息的公路、水路等其他客票的，按照下列公式计算进项税额：

公路、水路等其他旅客运输进项税额 = 票面金额 ÷（1 +3%）×3%

（三）取得增值税专用发票不可抵扣的情形与处理

根据增值税计税原理，一般纳税人支付或者负担的增值税进项税额取得增值税专用发票从销项税额中抵扣的，应当符合一致性要求，其进项税额要与销项税额在内容上相对应；未用于增值税应税项目或者未采用一般计税办法的，税法规定不允许抵扣。

1. 取得增值税专用发票不可抵扣的情形

（1）取得不合规凭证不得抵扣的规定。

【政策依据】

依据《中华人民共和国增值税暂行条例》第九条的规定，纳税人购进货物、劳务、服务、无形资产、不动产，取得的增值税扣税凭证不符合法律、行政法规或者国务院税务主管部门有关规定的，其进项税额不得从销项税额中抵扣。

（2）用于非增值税项目不予抵扣的规定。

【政策依据】

依据《中华人民共和国增值税暂行条例》第十条的规定，下列项目的进项税额不得从销项税额中抵扣：①用于简易计税方法计税项目、免征增值税项目、集体福利或者个人消费的购进货物、劳务、服务、无形资产和不动产；②非正常损失的购进货物，以及相关的劳务和交通运输服务；③非正常损失的在产品、产成品所耗用的购进货物（不包括固定资产）、劳务和交通运输服务；④国务院规定的其他项目。

2. 进项税额不得从销项税额中抵扣的处理

依据《中华人民共和国增值税暂行条例实施细则》第二十七条和《财政部　国家税务总局关于全面推开营业税改征增值税试点的通知》（财税〔2016〕36 号）第二十七条的规定：已抵扣进项税额的购进货物或者应税劳务，发生条例第十条规定情形的（免税项目、非增值税应税劳务除外），应当将该项购进货物或者应税劳务的进项税额从当期的进项税额中扣减；无法确定该项进项税额的，按当期实际成本计算应扣减的进项税额。

下列项目的进项税额不得从销项税额中抵扣：①用于简易计税方法计税项目、免征增值税项目、集体福利或者个人消费的购进货物、加工修理修配劳务、服务、无形资产和不动产，其中涉及的固定资产、无形资产、不动产，仅指专用于上述项目的固定资产、无形资产（不包括其他权益性无形资产）、不动产。纳税人的交际应酬消费属于个人消费。②非正常损失的购进货物，以及相关的加工修理修配劳务和交通运输服务。③非正常损失的在产品、产成品所耗用的购进货物（不包括固定资产）、加工修理修配劳务和交通运输服务。④非正常损失的不动产，以及该不动产所耗用的购进货物、设计服务和建筑服务。⑤非正常损失的不动产在建工程所耗用的购进货物、设计服务和建筑服务。纳税人新建、改建、扩建、修缮、装饰不动产，均属于不动产在建工程。⑥购进的旅客运输服务、贷款服务、餐饮服务、居民日常服务和娱乐服务。⑦财政部和国家税务总局规定的其他情形。

上文所指“客观原因”包括如下类型：①因自然灾害、社会突发事件等不可抗力因素造成增值税扣税凭证逾期；②增值税扣税凭证被盗、抢，或者因邮寄丢失、误递导致逾期；③有关司法、行政机关在办理业务或者检查中，扣押增值税扣税凭证，纳税人不能正常履行申报义务，或者税务机关信息系统、网络故障，未能及时处理纳税人网上认证数据等导致增值税扣税凭证逾期；④买卖双方因经济纠纷，未能及时传递增值税扣税凭证，或者纳税人变更纳税地点，注销旧户和重新办理税务登记的时间过长，导致增值税扣税凭证逾期；⑤由于企业办税人员伤亡、突发危重疾病或者擅自离职，未能办理交接手续，导致增值税扣税凭证逾期；⑥国家税务总局规定的其他情形。

增值税一般纳税人因客观原因造成增值税扣税凭证逾期的，按照《国家税务总局关于逾期增值税扣税凭证抵扣问题的公告》（国家税务总局公告2011年50号）附件《逾期增值税扣税凭证抵扣管理办法》的规定，申请办理逾期抵扣手续。具体操作情况如下：

逾期增值税扣税凭证抵扣管理办法

一、增值税一般纳税人发生真实交易但由于客观原因造成增值税扣税凭证逾期的，可向主管税务机关申请办理逾期抵扣。

二、纳税人申请办理逾期抵扣时，应报送如下资料。

（一）《逾期增值税扣税凭证抵扣申请单》。

（二）增值税扣税凭证逾期情况说明。纳税人应详细说明未能按期办理认证或者申请稽核比对的原因，并加盖企业公章。其中，对客观原因不涉及第三方的，纳税人应说明的情况具体为：发生自然灾害、社会突发事件等不可抗力原因的，纳税人应详细说明自然灾害或者社会突发事件发生的时间、影响地区、对纳税人生产经营的实际影响等；纳税人变更纳税地点，注销旧户和重新办理税务登记的时间过长，导致增值税扣税凭证逾期的，纳税人应详细说明办理搬迁时间、注销旧户和注册新户的时间、搬出及搬入地点等；企业办税人员擅自离职，未办理交接手续的，纳税人应详细说明事情经过、办税人员姓名、离职时间等，并提供解除劳动关系合同及企业内部相关处理决定。

（三）客观原因涉及第三方的，应提供第三方证明或说明。具体为：企业办税人员伤亡或者突发危重疾病的，应提供公安机关、交通管理部门或者医院证明；有关司法、行政机关在办理业务或者检查中，扣押增值税扣税凭证，导致纳税人不能正常履行申报义务的，应提供相关司法、行政机关证明；增值税扣税凭证被盗、抢的，应提供公安机关证明；买卖双方因经济纠纷，未能及时传递增值税扣税凭证的，应提供卖方出具的情况说明；邮寄丢失或者误递导致增值税扣税凭证逾期的，应提供邮政单位出具的说明。

（四）逾期增值税扣税凭证电子信息。

（五）逾期增值税扣税凭证复印件（复印件必须整洁、清晰，在凭证备注栏注明“与原件一致”并加盖企业公章，增值税专用发票复印件必须裁剪成与原票大小一致）。

三、由于税务机关自身原因造成纳税人增值税扣税凭证逾期的，主管税务机关应在上报文件中说明相关情况。具体为，税务机关信息系统或者网络故障，未能及时处理纳税人网上认证数据的，主管税务机关应详细说明信息系统或网络故障出现、持续的时间，故障原因及表现等。

四、主管税务机关审核无误后，应向上级税务机关正式上报，并将增值税扣税凭证逾期情况说明、第三方证明或说明、逾期增值税扣税凭证电子信息、逾期增值税扣税凭证复印件逐级审核后上报至省税务局。

五、省税务局对上报的资料进行案头复核，并对逾期增值税扣税凭证信息进行认证、稽核比对，对资料符合条件、稽核比对结果相符的，允许纳税人继续抵扣逾期增值税扣税凭证上所注明或计算的税额。

六、主管税务机关可定期或者不定期对已抵扣逾期增值税扣税凭证进项税额的纳税人进行复查，发现纳税人提供虚假信息，存在弄虚作假行为的，应责令纳税人将已抵扣进项税额转出，并按《中华人民共和国税收征收管理法》的有关规定进行处罚。

二、企业所得税扣除凭证的管理

发票是企业所得税税前扣除凭证重要的一部分，能否取得合规的企业所得税税前扣除凭证，关系到企业税前扣除是否合规。

（一）企业所得税扣除凭证的合规性要求

1. 企业所得税扣除内容符合法律规定

【政策依据】

依据《中华人民共和国企业所得税法》第八条的规定，企业实际发生的与取得收入有关的、合理的支出，包括成本、费用、税金、损失和其他支出，准予在计算应纳税所得额时扣除。

2. 企业所得税税前扣除凭证的一般性规定

【政策依据】

根据《国家税务总局关于发布〈企业所得税税前扣除凭证管理办法〉的公告》（国家税务总局公告 2018 年第 28 号）第八条的规定，具体内容见本书第二章第三节。

【政策解析】

税前扣除凭证是企业计算企业所得税应纳税所得额时，扣除相关支出的依据。企业支出的税前扣除范围和标准应当按照《企业所得税法》及其实施条例等相关规定执行。

税前扣除凭证归类如下。

（1）内部凭证，如企业支付给员工的工资，工资表等会计原始凭证即为内部凭证。

（2）发票，包括纸质发票和电子发票，也包括税务机关代开的发票。发票是最常见的税前扣除凭证，多数是基于发生增值税应税行为情形下开具的发票；偶有特例允许的不征税发票，但不征税发票并不是强制性的要求取得。

（3）财政性票据，如支付政府部门的出让金等财政收据，或行政事业性单位收据、公益事业捐赠票据等。

（4）境外发票或者收据，境外国家或地区或许没有统一制式的发票，其自制的单据或自制的发票可以作为入账凭证，企业从境外购进货物或者劳务发生的支出，以对方开具的发票或者具有发票性质的收款凭证、相关税费缴纳凭证作为税前扣除凭证。

（5）收款凭证。

（6）自制凭证，如企业支付给员工的薪酬、福利、出差补贴等，以自制的明细表加上支付的记录（如银行转账记录）作为税前扣除的凭证。员工工作不视为向单位提供增值税应税服务，是非经营活动。

（7）完税凭证，如支付的税费，以完税凭证作为支出的凭据。

（8）分割单。

（9）其他外部凭证。

3. 企业所得税税前扣除凭证的特殊性规定

【政策依据】

依据《国家税务总局关于发布〈企业所得税税前扣除凭证管理办法〉的公告》（国家税务总局公告 2018 年第 28 号）第九条第一、第二款的规定，企业在境内发生的支出项目属于增值税应税项目的，对方为已办理税务登记的增值税纳税人，其支出以发票（包括按照规定由税务机关代开的发票）作为税前扣除凭证；对方为依法无须办理税务登记的单位或者从事小额零星经营业务的个人，其支出以税务机关代开的发票或者收款凭证及内部凭证作为税前扣除凭证，收款凭证应载明收款单位名称、个人姓名及身份证号、支出项目、收款金额等相关信息。小额零星经营业务的判断标准是个人从事应税项目经营业务的销售额不超过增值税相关政策规定的起征点。

第十条规定，企业在境内发生的支出项目不属于应税项目的，对方为单位的，以对方开具的发票以外的其他外部凭证作为税前扣除凭证；对方为个人的，以内部凭证作为税前扣除凭证。企业在境内发生的支出项目虽不属于应税项目，但按国家税务总局规定可以开具发票的，可以发票作为税前扣除凭证。

第十一条规定，企业从境外购进货物或者劳务发生的支出，以对方开具的发票或者具有发票性质的收款凭证、相关税费缴纳凭证作为税前扣除凭证。

（二）未取得或者取得不合规扣除凭证的处理

根据《企业所得税税前扣除凭证管理办法》第十二条的规定，企业取得私自印制、伪造、变造、作废、开票方非法取得、虚开、填写不规范等不符合规定的发票，以及取得不符合国家法律、法规等相关规定的其他外部凭证，不得作为税前扣除凭证。

第十三条至第十七条规定，企业在规定期限内取得符合规定的发票、其他外部凭证的，相应支出可以税前扣除。应当取得而未取得发票、其他外部凭证或者取得不合规发票、不合规其他外部凭证的，可以按照《企业所得税税前扣除凭证管理办法》的其他规定处理。

三、税务机关对纳税人虚开增值税专用发票的税务处理

（一）取得虚开增值税专用发票的税务处理

税务机关认定纳税人取得虚开增值税专用发票的，应当根据纳税人是否明知其取得增值税专用发票为销售方非法取得、违法开具，以及对缴纳增值税有无影响进行判断，采取进一步的税务处理。

1. 取得虚开增值税专用发票影响增值税的税务处理

纳税人取得虚开增值税专用发票抵扣税款的税务处理有三种方式："善意"取得、"恶意"取得与"非善非恶"取得。

（1）"恶意"取得虚开增值税专用发票。

所谓"恶意"取得虚开增值税专用发票，即纳税人明知取得发票与所购进货物不一致，或者没有购进货物而取得增值税专用发票并认证抵扣，造成少缴税款。根据《国家税务总局关于纳税人善意取得虚开的增值税专用发票处理问题的通知》（国税发〔2000〕187号）的规定，如有证据表明购货方在进项税款得到抵扣，或者获得出口退税前知道该专用发票是销售方以非法手段获得的，对购货方应按《国家税务总局关于纳税人取得虚开的增值税专用发票处理问题的通知》（国税发〔1997〕134号）和《国家税务总局关于〈国家税务总局关于纳税人取得虚开的增值税专用发票处理

问题的通知〉的补充通知》（国税发〔2000〕182 号）的法规处理。

【问题延伸】

思考 1：“恶意”取得虚开增值税专用发票如何处理？

解答：依据《中华人民共和国增值税暂行条例》第九条的规定：“纳税人购进货物、劳务、服务、无形资产、不动产，取得的增值税扣税凭证不符合法律、行政法规或者国务院税务主管部门有关规定的，其进项税额不得从销项税额中抵扣。”

思考 2：“恶意”取得虚开增值税专用发票是否属于“偷税”？

解答：首先，我们需要明确，什么情况下会被定性成为偷税。依据《国家税务总局关于〈国家税务总局关于纳税人取得虚开的增值税专用发票处理问题的通知〉的补充通知》（国税发〔2000〕182 号）的规定：“有下列情形之一的，无论购货方（受票方）与销售方是否进行了实际的交易，增值税专用发票所注明的数量、金额与实际交易是否相符，购货方向税务机关申请抵扣进项税款或者出口退税的，对其均应按偷税或者骗取出口退税处理。（一）购货方取得的增值税专用发票所注明的销售方名称、印章与其进行实际交易的销售方不符的，即 134 号文件第二条规定的‘购货方从销售方取得第三方开具的专用发票’的情况。（二）购货方取得的增值税专用发票为销售方所在省（自治区、直辖市和计划单列市）以外地区的，即 134 号文件第二条规定的‘从销货地以外的地区取得专用发票’的情况。（三）其他有证据表明购货方明知取得的增值税专用发票系销售方以非法手段获得的，即 134 号文件第一条规定的‘受票方利用他人虚开的专用发票，向税务机关申报抵扣税款进行偷税’的情况。”即符合上述 3 种情况之一的，即被定性成为偷税，而这 3 种情形有一个共同点，就是主观故意。

此外，依据《国家税务总局关于纳税人取得虚开的增值税专用发票处理问题的通知》（国税发〔1997〕134 号）第一条的规定：“受票方利用他人虚开的专用发票，向税务机关申报抵扣税款进行偷税的，应当依照《中华人民共和国税收征收管理法》及有关规定追缴税款，处以偷税数额五倍以下的罚款；进项税金大于销项税金的，还应当调减其留抵的进项税额。利用虚开的专用发票进行骗取出口退税的，应当依法追缴税款，处以骗税数额五倍以下的罚款。”第二条规定：“在货物交易中，购货方从销售方取得第三方开具的专用发票，或者从销货地以外的地区取得专用发票，向税务机关申报抵扣税款或者申请出口退税的，应当按偷税、骗取出口退税处理，依照《中华人民共和国税收征收管理法》及有关法规追缴税款，处以偷税、骗税数额五倍以下的罚款。”

综上所述，“恶意”取得虚开增值税专用发票并认证抵扣造成不缴、少缴、多退税款的，按偷税、骗取出口退税定性处理，纳税人应做增值税进项税额转出处理。税务机关应加收滞纳金的，依据《中华人民共和国税收征收管理法》第三十二条、第六十六条、第六十三条的规定，依法追缴纳税人不缴、少缴或者多退的增值税税款，加收滞纳金。

（2）“善意”取得虚开增值税专用发票。

所谓“善意”取得虚开增值税专用发票，依据《国家税务总局关于纳税人善意取得虚开的增值税专用发票处理问题的通知》（国税发〔2000〕187号）的规定，同时符合三个条件的，即为“善意”：①购货方与销售方存在真实的交易；②销售方使用的是其所在省（自治区、直辖市和计划单列市）的专用发票；③专用发票注明的名称、印章、货物数量、金额及税额等全部内容与实际相符；④没有证据表明购货方知道销售方提供的专用发票是以非法手段取得的。对购货方“善意”取得虚开增值税专用发票抵扣税款的，虽不以偷税论处，但应按照有关规定不予抵扣进项税款或者不予出口退税；购货方已经抵扣的进项税款或者取得的出口退税，应依法追缴。

“善意”取得虚开增值税专用发票如何处理？首先，依据《中华人民共和国增值税暂行条例》第九条的规定：“纳税人购进货物、劳务、服务、无形资产、不动产，取得的增值税扣税凭证不符合法律、行政法规或者国务院税务主管部门有关规定的，其进项税额不得从销项税额中抵扣。”其次，依据《国家税务总局关于纳税人善意取得虚开增值税专用发票已抵扣税款加收滞纳金问题的批复》（国税函〔2007〕1240号）的规定："纳税人善意取得虚开的增值税专用发票指购货方与销售方存在真实交易，且购货方不知取得的增值税专用发票是以非法手段获得的。纳税人善意取得虚开的增值税专用发票，如能重新取得合法、有效的专用发票，准许其抵扣进项税款；如不能重新取得合法、有效的专用发票，不准其抵扣进项税款或追缴其已抵扣的进项税款。""纳税人善意取得虚开的增值税专用发票被依法追缴已抵扣税款的，不属于税收征收管理法第三十二条'纳税人未按照规定期限缴纳税款'的情形，不适用该条'税务机关除责令限期缴纳外，从滞纳税款之日起，按日加收滞纳税款万分之五的滞纳金'的规定。"

【政策解析1】

依据《中华人民共和国增值税暂行条例》第九条、《国家税务总局关于纳税人虚开增值税专用发票征补税款问题的公告》（国家税务总局公告2012年第33号）两个文件的规定，对纳税人"善意"取得虚开增值税专用发票的增值税处理总结如下：①纳税人取得虚开的增值税专用发票，不得作为增值税合法有效的扣税凭证抵扣其进项税额；②如果购货方能够重新从销售方取得合法、有效的专用发票，则准许其抵扣进项税款；③纳税人善意取得虚开的增值税专用发票被依法追缴已抵扣税款的，不再按日加收滞纳税款万分之五的滞纳金。

【政策解析2】

从民法中的善意取得制度可以看出，民法中的善意取得制度是均衡所有权人和善意受让人利益的一项制度。首先，它在一定程度上维护所有权人的利益，保证所有权安全。其次，它侧重维护善意受让人的利益，促进交易安全，即当所有权人与善意受让人发生权利冲突时，应当侧重保护善意受让人。例如，《中华人民共和国民法典》第三百一十一条规定："无处分权人将不动产或者动产转让给受让人的，所有权人有权追回；除法律另有规定外，符合下列情形的，受让人取得该不动产或者动产的所有权：（一）受让人受让该不动产或者动产时是善意；（二）以合理的价格转让；（三）转让的不动产或者动产依照法律规定应当登记的已经登记，不需要登记的已经交付给受让人。受让人依据前款规定取得不动产或者动产的所有权的，原所有权人有权向无处分权人请求损害赔偿。”该条款的本意是，在民事活动中，一般而言，要求当事人对每个交易对象的权利是否属实加以查证不太现实。如果受让人不知道或不应当知道转让人无权转让该财产，在交易完成后方因出让人的无权处分而使交易无效使其善意第三人退还所得的财产，则不仅要推翻已形成的财产关系，还会使当事人在交易中心存疑虑，从而造成当事人交易的不安全。为了避免这些不安全因素的干扰，法律规定了善意取得制度。这种善意的保护，是公信原则的体现。

民法是万法之母，是一切部门法的基础，其他各种法都是从不同侧面对民事法律关系和基本原则的保护、充实和发展，因此，民法中的善意取得制度同样被行政法律制度所确认。由此可以认为，国家税务总局颁布的国税发〔2000〕187 号和国税函〔2007〕1240 号两个文件，虽然在文字表述上有所不同，但真实意思是善意取得制度的适用，受票方不知道或不应当知道取得了虚开的增值税专用发票，要求其提供不知情的证据是不现实的。税务机关应当根据经验法则和实质课税原则对交易事项进行实质判断，既不能因没有证据表明受票方知道取得虚开发票而推定为善意取得，也不能因没有证据表明受票方不知道取得虚开发票而推定为非善意取得。

（3）“非善非恶”取得虚开增值税专用发票。

税收不应有法外之地，但是客观上存在法律、法规没有穷尽的规定。对既非“善意”取得又非“恶意”取得虚开增值税专用发票的情形，在税收征管过程中，仍然大量存在。税务机关现有证据无法证实是否“善意”或者“恶意”的情况下，可以适用“非善非恶”取得虚开增值税专用发票的判断。一些人民法院的审判案例也大量援引了《国家税务总局关于纳税人虚开增值税专用发票征补税款问题的公告》（国家税务总局公告 2012 年第 33 号）的规定，纳税人虚开增值税专用发票，未就其虚开金额申报并缴纳增值税的，应按照其虚开金额补缴增值税；已就其虚开金额申报并缴纳增值税的，不再按照其虚开金额补缴增值税。税务机关对纳税人虚开增值税专用发票的行为，应按照《中华人民共和国税收征收管理法》及《中华人民共和国发票管理办法》的有关规定给予处罚。纳税人取得虚开的增值税专用发票，不得作为增值税合法有效的扣税凭证抵扣其进项税额。在税务处理上，税务机关应当依法追缴增值税税款并加收滞纳金。

2. 取得虚开增值税专用发票影响企业所得税的税务处理

纳税人以取得虚开增值税专用发票作为企业所得税前扣除凭证扣除的，税务处理应当遵循合法性、真实性和关联性原则进行综合判断。税务机关的税务处理有三种方式。一是有真实交易如实开具发票的，对虚开的增值税发票做“作废”处理，在税务机关告知后60日内，能够换开、补开、重开发票，允许其依据合法的扣税凭证抵扣税款。纳税人汇算清缴后5年内发现取得虚开发票扣除税款的，也允许其依据换开、补开、重开的合法凭据扣除。二是无法换开、补开、重开发票，但能够向税务机关提交相关资料证明交易的真实性，允许其据实扣除。三是不能提交相关资料证明交易真实性的，或者提交的相关资料不足以证明交易真实性的，税务机关不允许扣除。由此造成不缴或者少缴企业所得税的，税务机关依法追缴税款并加收滞纳金。同时，税务机关依据其是否具有“欺骗”“隐瞒”性质而对其是否定性为偷税处理。

（二）对外虚开增值税专用发票的税务处理

税务机关认定纳税人开具的增值税专用发票为虚开违法行为的，除依照《中华人民共和国发票管理办法》规定进行行政处罚（没收违法所得）之外，还应当判断虚开的增值税专用发票是否有真实交易。如果有真实交易，则要判断是否存在不缴或者少缴增值税、企业所得税税款的情况，由此进一步判断是否存在偷税或者骗取出口退税，并依据《中华人民共和国税收征收管理法》与《中华人民共和国增值税暂行条例》《中华人民共和国企业所得税法》的相关规定追缴税款、加收滞纳金等问题。

第四节　成品油行业发票违法行为及判断标准

在税收征管实践中，存在着成品油企业违反发票管理行政法规、税收法规和刑事法律法规的违法行为，本节结合行为人采取不同的违法手段、追求不同的违法目的，系统地分析由发票违法导致的追究纳税人行政责任、税收责任，以及刑事责任、单位责任与个人责任等问题。

一方面，从发票行政违法层面，基于我国行政法规的规定，要求行为人遵循《中华人民共和国发票管理办法》及其实施细则相关规定，对发票违法行为，由税务机关对其进行行政处罚。另一方面，《中华人民共和国税收征收管理法》对于一些涉税违法行为需要进行税务处理，甚至给予加收滞纳金和处以罚款等处罚。从发票刑事犯罪层面，基于我国刑事法律规定，对违法行为人构成犯罪的，依法追究刑事责任。行为人为单位的，追究单位的刑事责任；行为人为个人的，追究个人的刑事责任。由于发票具有计税功能，发票行政违法将不可避免地触犯《中华人民共和国税收征收管理法》的相关规定，按照“一事不二罚”原则，在进行行政处罚时，要考虑具体的法律适用问题。

因此，本节将重点讲述成品油行业的发票违法行为在《中华人民共和国发票管理办法》《中华人民共和国税收征收管理法》和《中华人民共和国刑法》上的处罚规定。

一、《中华人民共和国发票管理办法》关于发票违法的处罚规定

【政策依据】

现行有效的《中华人民共和国发票管理办法》中的处罚规定，体现在“罚则”中。

第六章　罚　则

第三十三条　违反本办法的规定，有下列情形之一的，由税务机关责令改正，可以处1万元以下的罚款；有违法所得的予以没收：

（一）应当开具而未开具发票，或者未按照规定的时限、顺序、栏目，全部联次一次性开具发票，或者未加盖发票专用章的；

（二）使用税控装置开具发票，未按期向主管税务机关报送开具发票

的数据的；

（三）使用非税控电子器具开具发票，未将非税控电子器具使用的软件程序说明资料报主管税务机关备案，或者未按照规定保存、报送开具发票的数据的；

（四）拆本使用发票的；

（五）扩大发票使用范围的；

（六）以其他凭证代替发票使用的；

（七）跨规定区域开具发票的；

（八）未按照规定缴销发票的；

（九）未按照规定存放和保管发票的。

第三十四条　跨规定的使用区域携带、邮寄、运输空白发票，以及携带、邮寄或者运输空白发票出入境的，由税务机关责令改正，可以处1万元以下的罚款；情节严重的，处1万元以上3万元以下的罚款；有违法所得的予以没收。

丢失发票或者擅自损毁发票的，依照前款规定处罚。

第三十五条　违反本办法的规定虚开发票的，由税务机关没收违法所得；虚开金额在1万元以下的，可以并处5万元以下的罚款；虚开金额超过1万元的，并处5万元以上50万元以下的罚款；构成犯罪的，依法追究刑事责任。

非法代开发票的，依照前款规定处罚。

第三十六条　私自印制、伪造、变造发票，非法制造发票防伪专用品，伪造发票监制章，窃取、截留、篡改、出售、泄露发票数据的，由税务机关没收违法所得，没收、销毁作案工具和非法物品，并处1万元以上5万元以下的罚款；情节严重的，并处5万元以上50万元以下的罚款；构成犯罪的，依法追究刑事责任。

前款规定的处罚，《中华人民共和国税收征收管理法》有规定的，依照其规定执行。

第三十七条　有下列情形之一的，由税务机关处1万元以上5万元以下的罚款；情节严重的，处5万元以上50万元以下的罚款；有违法所得的予以没收：

（一）转借、转让、介绍他人转让发票、发票监制章和发票防伪专用品的；

（二）知道或者应当知道是私自印制、伪造、变造、非法取得或者废止的发票而受让、开具、存放、携带、邮寄、运输的。

第三十八条　对违反发票管理规定2次以上或者情节严重的单位和个人，税务机关可以向社会公告。

第三十九条　违反发票管理法规，导致其他单位或者个人未缴、少缴或者骗取税款的，由税务机关没收违法所得，可以并处未缴、少缴或者骗取的税款1倍以下的罚款。

《中华人民共和国发票管理办法实施细则》进一步规定：

第三十九条　税务机关对违反发票管理法规的行为依法进行处罚的，由县以上税务机关决定；罚款额在2000元以下的，可由税务所决定。

第四十条　《办法》第三十三条第六项规定以其他凭证代替发票使用的，包括：

（一）应当开具发票而未开具发票，以其他凭证代替发票使用；

（二）应当取得发票而未取得发票，以发票外的其他凭证或者自制凭证用于抵扣税款、出口退税、税前扣除和财务报销；

（三）取得不符合规定的发票，用于抵扣税款、出口退税、税前扣除和财务报销。

构成逃避缴纳税款、骗取出口退税、虚开发票的，按照《中华人民共和国税收征收管理法》《办法》相关规定执行。

第四十一条　《办法》第三十八条所称的公告是指，税务机关应当在办税场所或者广播、电视、报纸、期刊、网络等新闻媒体上公告纳税人发票违法的情况。公告内容包括：纳税人名称、统一社会信用代码或者纳税人识别号、经营地点、违反发票管理法规的具体情况。

第四十二条　对违反发票管理法规情节严重构成犯罪的，税务机关应当依法移送司法机关处理。

二、《中华人民共和国税收征收管理法》关于发票违法造成税款流失的处罚规定

根据《中华人民共和国税收征收管理法》的规定：

第六十三条　纳税人伪造、变造、隐匿、擅自销毁账簿、记账凭证，或者在账簿上多列支出或者不列、少列收入，或者经税务机关通知申报而拒不申报或者进行虚假的纳税申报，不缴或者少缴应纳税款的，是偷税。对纳税人偷税的，由税务机关追缴其不缴或者少缴的税款、滞纳金，并处不缴或者少缴的税款百分之五十以上五倍以下的罚款；构成犯罪的，依法追究刑事责任。

扣缴义务人采取前款所列手段，不缴或者少缴已扣、已收税款，由税务机关追缴其不缴或者少缴的税款、滞纳金，并处不缴或者少缴的税款百分之五十以上五倍以下的罚款；构成犯罪的，依法追究刑事责任。

第六十六条　以假报出口或者其他欺骗手段，骗取国家出口退税款，由税务机关追缴其骗取的退税款，并处骗取税款一倍以上五倍以下的罚款；构成犯罪的，依法追究刑事责任。

对骗取国家出口退税款的，税务机关可以在规定期间内停止为其办理出口退税。

第七十一条　违反本法第二十二条规定，非法印制发票的，由税务机关销毁非法印制的发票，没收违法所得和作案工具，并处一万元以上五万元以下的罚款；构成犯罪的，依法追究刑事责任。

第七十二条　从事生产、经营的纳税人、扣缴义务人有本法规定的税收违法行为，拒不接受税务机关处理的，税务机关可以收缴其发票或者停止向其发售发票。

第八十六条　违反税收法律、行政法规应当给予行政处罚的行为，在五年内未被发现的，不再给予行政处罚。

三、《中华人民共和国刑法》关于发票违法犯罪的处罚规定

《中华人民共和国刑法》对于增值税专用发票的责任追究更为明确和详细，对于增值税专用发票与普通发票违法犯罪的处罚依据和规则也是有所区分的。

《中华人民共和国刑法》有如下规定：

第二百零五条　【虚开增值税专用发票、用于骗取出口退税、抵扣税款发票罪】虚开增值税专用发票或者虚开用于骗取出口退税、抵扣税款的其他发票的，处三年以下有期徒刑或者拘役，并处二万元以上二十万元以下罚金；虚开的税款数额较大或者有其他严重情节的，处三年以上十年以下有期徒刑，并处五万元以上五十万元以下罚金；虚开的税款数额巨大或者有其他特别严重情节的，处十年以上有期徒刑或者无期徒刑，并处五万元以上五十万元以下罚金或者没收财产。

单位犯本条规定之罪的，对单位判处罚金，并对其直接负责的主管人员和其他直接责任人员，处三年以下有期徒刑或者拘役；虚开的税款数额较大或者有其他严重情节的，处三年以上十年以下有期徒刑；虚开的税款数额巨大或者有其他特别严重情节的，处十年以上有期徒刑或者无期徒刑。

虚开增值税专用发票或者虚开用于骗取出口退税、抵扣税款的其他发票，是指有为他人虚开、为自己虚开、让他人为自己虚开、介绍他人虚开

行为之一的。

第二百零五条之一　【虚开发票罪】虚开本法第二百零五条规定以外的其他发票，情节严重的，处二年以下有期徒刑、拘役或者管制，并处罚金；情节特别严重的，处二年以上七年以下有期徒刑，并处罚金。

单位犯前款罪的，对单位判处罚金，并对其直接负责的主管人员和其他直接责任人员，依照前款的规定处罚。

第二百零六条　【伪造、出售伪造的增值税专用发票罪】伪造或者出售伪造的增值税专用发票的，处三年以下有期徒刑、拘役或者管制，并处二万元以上二十万元以下罚金；数量较大或者有其他严重情节的，处三年以上十年以下有期徒刑，并处五万元以上五十万元以下罚金；数量巨大或者有其他特别严重情节的，处十年以上有期徒刑或者无期徒刑，并处五万元以上五十万元以下罚金或者没收财产。

单位犯本条规定之罪的，对单位判处罚金，并对其直接负责的主管人员和其他直接责任人员，处三年以下有期徒刑、拘役或者管制；数量较大或者有其他严重情节的，处三年以上十年以下有期徒刑；数量巨大或者有其他特别严重情节的，处十年以上有期徒刑或者无期徒刑。

第二百零七条　【非法出售增值税专用发票罪】非法出售增值税专用发票的，处三年以下有期徒刑、拘役或者管制，并处二万元以上二十万元以下罚金；数量较大的，处三年以上十年以下有期徒刑，并处五万元以上五十万元以下罚金；数量巨大的，处十年以上有期徒刑或者无期徒刑，并处五万元以上五十万元以下罚金或者没收财产。

第二百零八条　【非法购买增值税专用发票、购买伪造的增值税专用发票罪】非法购买增值税专用发票或者购买伪造的增值税专用发票的，处五年以下有期徒刑或者拘役，并处或者单处二万元以上二十万元以下罚金。

【虚开增值税专用发票、用于骗取出口退税、抵扣税款发票罪】【伪造、出售伪造的增值税专用发票罪】【非法出售增值税专用发票罪】非法购买增值税专用发票或者购买伪造的增值税专用发票又虚开或者出售的，分别依照本法第二百零五条、第二百零六条、第二百零七条的规定定罪处罚。

第二百零九条 【非法制造、出售非法制造的用于骗取出口退税、抵扣税款发票罪】伪造、擅自制造或者出售伪造、擅自制造的可以用于骗取出口退税、抵扣税款的其他发票的，处三年以下有期徒刑、拘役或者管制，并处二万元以上二十万元以下罚金；数量巨大的，处三年以上七年以下有期徒刑，并处五万元以上五十万元以下罚金；数量特别巨大的，处七年以上有期徒刑，并处五万元以上五十万元以下罚金或者没收财产。

【非法制造、出售非法制造的发票罪】伪造、擅自制造或者出售伪造、擅自制造的前款规定以外的其他发票的，处二年以下有期徒刑、拘役或者管制，并处或者单处一万元以上五万元以下罚金；情节严重的，处二年以上七年以下有期徒刑，并处五万元以上五十万元以下罚金。

【非法出售用于骗取出口退税、抵扣税款发票罪】非法出售可以用于骗取出口退税、抵扣税款的其他发票的，依照第一款的规定处罚。

【非法出售发票罪】非法出售第三款规定以外的其他发票的，依照第二款的规定处罚。

第二百一十条 【盗窃罪】盗窃增值税专用发票或者可以用于骗取出口退税、抵扣税款的其他发票的，依照本法第二百六十四条的规定定罪处罚。

【诈骗罪】使用欺骗手段骗取增值税专用发票或者可以用于骗取出口退税、抵扣税款的其他发票的，依照本法第二百六十六条的规定定罪处罚。

第二百一十条之一 【持有伪造的发票罪】明知是伪造的发票而持有，数量较大的，处二年以下有期徒刑、拘役或者管制，并处罚金；数量巨大的，处二年以上七年以下有期徒刑，并处罚金。

单位犯前款罪的，对单位判处罚金，并对其直接负责的主管人员和其他直接责任人员，依照前款的规定处罚。

第二百一十一条 【单位犯危害税收征管罪的处罚规定】单位犯本节第二百零一条、第二百零三条、第二百零四条、第二百零七条、第二百零八条、第二百零九条规定之罪的，对单位判处罚金，并对其直接负责的主管人员和其他直接责任人员，依照各该条的规定处罚。

第二百一十二条 【税收征缴优先原则】犯本节第二百零一条至第二百零五条规定之罪，被判处罚金、没收财产的，在执行前，应当先由税务机关追缴税款和所骗取的出口退税款。

四、发票违法触犯三部法律规范的法律适用规则

（一）“一事不二罚”规则

行为人实施发票违法行为触犯《中华人民共和国发票管理办法》与《中华人民共和国税收征收管理法》的法律适用，应依据《中华人民共和国行政处罚法》（以下简称《行政处罚法》）关于“一事不二罚”原则的规定，择一重处。

关于“一事不二罚”规则，法律依据有两个。一是依据《行政处罚法》第二十九条的规定，对当事人的同一个违法行为，不得给予两次以上罚款的行政处罚。同一个违法行为违反多个法律规范应当给予罚款处罚的，按照罚款数额高的规定处罚。二是依据《税务行政处罚裁量权行使规则》（国家税务总局公告2016年第78号）第十三条的规定，对当事人的同一个税收违法行为不得给予两次以上罚款的行政处罚。当事人同一个税收违法行为违反不同行政处罚规定且均应处以罚款的，应当选择适用处罚较重的条款。

在税收征管实践中，对适用“一事不二罚”规则需要明确三个问题。一是何为“同一个违法行为”。依据《行政处罚法》第三十六条第二款的规定，前款规定的期限，从违法行为发生之日起计算；违法行为有连续或者继续状态的，从行为终了之日起计算，即违法行为同时触犯《中华人民共和国发票管理办法》与《中华人民共和国税收征收管理法》两部法律规范的，根据违法行为具有连续或者继续状态进行判断。二是如何认识条文中的“法律规范”。一种观点认为，法律规范就是指法律，由于《中华人民共和国发票管理办法》是行政法规，这里面的“一事不二罚”规则应当

适用《中华人民共和国税收征收管理法》，因其是法律；另一种观点认为，法律规范应包括一切立法机关制定或者认可的行为规范，如法律、行政法规、规章等，既可以适用《中华人民共和国税收征收管理法》，也可以适用《中华人民共和国发票管理办法》。三是如何判断“罚款数额高”。是先按各法条确定罚款金额，再选择罚款金额较高的法律条文进行处罚，还是同一违法行为比较法条的法定最高处罚金额，选择适用法定最高处罚金额的条文，再确定应给予当事人的罚款金额。本书认为，实务中应本着立法目的和更有利于行政相对人的原则适用。

（二）行刑衔接中的法律适用原则

行为人实施发票违法行为触犯《中华人民共和国刑法》与《中华人民共和国税收征收管理法》的，税务机关应将案件移送司法机关处理。关于税款和罚款的执行权，应当遵循税款征缴优先和罚款刑事优先的原则。

1. 税收优先和税款征缴优先原则

依据《中华人民共和国税收征收管理法》第四十五条第二款的规定，纳税人欠缴税款，同时又被行政机关决定处以罚款、没收违法所得的，税收优先于罚款、没收违法所得。同时，依据《中华人民共和国刑法》第二百一十二条【税收征缴优先原则】的规定，犯本节第二百零一条至第二百零五条规定之罪，被判处罚金、没收财产的，在执行前应当先由税务机关追缴税款和所骗取的出口退税款。为此，行为人以骗取税款或者逃避缴纳税款为目的实施发票违法行为，无论司法机关是否先行立案、调查、处理，税款追缴入库都统一归属国家税务机关。

2. 刑事优先的原则

依据《中华人民共和国行政处罚法》第八条第二款的规定，违法行为构成犯罪，应当依法追究刑事责任的，不得以行政处罚代替刑事处罚。第二十七条第一款规定，对依法不需要追究刑事责任或者免予刑事处罚，但应当给予行政处罚的，司法机关应当及时将案件移送有关行政机关。第三十五条第二款规定，违法行为构成犯罪，人民法院判处罚金时，行政机关已经给予当事人罚款的，应当折抵相应罚金；行政机关尚未给予当事人罚款的，不再给予罚款。

依据《最高人民法院关于执行〈中华人民共和国刑事诉讼法〉若干问题的解释》第三百五十九条第三款的规定，行政机关对被告人就同一事实已经处以罚款的，人民法院判处罚金时应当予以折抵。

同时，最高人民法院《关于在司法机关对当事人虚开增值税专用发票罪立案之后刑事判决之前，税务机关又以同一事实以偷税为由对同一当事人能否作出行政处罚问题的答复》（行他字〔2008〕第1号）的规定，税务机关在发现涉嫌犯罪并移送公安机关进行刑事侦查后，不再针对同一违法行为做出行为罚和申诫罚以外的行政处罚。刑事被告人构成涉税犯罪并被处以人身和财产的刑罚后，税务机关不应再做出罚款的行政处罚。

因此，税务机关应将案件移送司法机关处理的，应当遵从刑事优先的原则，一般情况下不得先行处罚。特殊情况下，可以由税务机关先行处罚；税务机关先行处罚的，罚款折抵罚金。

参考文献

[1]孙丽英．税务稽查执法争议问题分析[M]．北京：中国经济出版社，2023.

[2]郝龙航，姜瀚钧，崔晓晗，等．发票风险识别与应对[M]．北京：中国市场出版社，2023.

[3]樊剑英，段文涛，王骏．房地产开发企业税收与会计实务[M]．北京：中国经济出版社，2023.

[4]厦门税务．成品油用途勾选介绍[EB/OL]．(2023-08-02)．https://mp.weixin.qq.com/s/HmBe6hWe5w43Z4gAP2W31Q.

[5]安徽税务．数电票扩围专题之成品油用途勾选和发票开具[EB/OL]．(2023-12-29)．https://mp.weixin.qq.com/s/i125h0QqCr6vUPrbfC8n1A? from=singlemessage&isappinstalled=0&scene=1&clicktime=1727232928&enterid=1727232928.